JN028474

刑法演習サブノート210問

井田良＋大塚裕史＋城下裕二＋髙橋直哉 

Makoto Ida＋Hiroshi Ohtsuka＋Yuji Shiroshita＋Naoya Takahashi

第2版

弘文堂

第２版のためのはしがき

刑法（学）の学修にあたっては、まず教科書を読み、その上で、事例問題の解き方を学ぶために演習書に取り組む、というのが王道でしょう。しかし、より生産的かつ効率的なのは、教科書と演習書の間にあるギャップを埋める「論点書」を利用し、教科書→論点書→演習書という大きな流れの中で学び進めることです。本書は、刑法総論・各論の重要論点を網羅し、教科書に書かれていることがどのように事実に当てはめられるかを示すことを通じて、事例演習に立ち向かうのに十分な知識と思考力を読者に与える論点書として構想されました。その趣旨が理解されたのでしょう、初版刊行後、増刷を重ねることができました。ただ、この間に重要な法改正があり、注目すべき判例も登場してきているところから、内容をアップデートし、第２版として世に送ることといたしました。

改訂の機会に、全体にわたる工夫も施しました。まず、解説の中で重要なところや特に注意すべきところをゴシック体で示しました。また、数個のキーワードを挙げることにより、論点は何かがひと目で分かるようにし、読者の記憶に残りやすいようにしました。内容面についても、新たな判例・裁判例や、新たに生じてきた論点は、設問を変更・増加したり、解説に加筆したりすることでそれらの説明を盛り込みました。旧版の説明をより分かりやすく書き直したところも少なくありません。さらに、210問の中で特に重要と思われる100問には★マークを付け、メリハリの効いた学修が可能となるようにしました。総じて、この第２版は全面改訂版というべきものとなっています。限られた期間の中で加筆・訂正して下さった著者の先生方、そして編集作業の全般を強力に引っ張って下さった弘文堂編集部長の北川陽子さんに、この場を借りて心から感謝申し上げます。

この第２版が、読者がストレスなく・楽しく刑法を学び進めることに役立つよう、心から願っています。

2024（令和６）年２月

編者
井田　良・大塚裕史
城下裕二・髙橋直哉

はしがき

よく勉強をしている学部や法科大学院の学生たちでも、基礎知識がすっぽり抜け落ちていることを知って驚かされることがあります。どの教科書にもしっかり書かれていることであるのに、注意が向けられず、読み落としているとか、教科書の文章はそのまま頭に入っていても、それが意味する本当のところを理解していなかったり、教科書の別の箇所で説明されていることとの密接な関係をまったく無視していたり、ということがしばしばあるのです。そうしたことが起こるのは、コンパクトで親切に書かれた教科書·概説書は数多く公刊されているものの、重要な事柄にピンポイントに光を当てて、種々の角度から（とりわけ、それを具体的ケースに適用するとどのような解決になるか、また、それが他の事項とどのように関連しているか等に留意しつつ）説き明かす本がないことによると考えられます。

かつて『ワークブック刑法』（福田平・大塚仁編）という本がありました。表の頁に簡単な設例・設問があり、頁をめくるとそこに簡潔な解説があるというものでした。1つの項目につき表と裏の2頁ですから読者にはそれほど負担がかかりませんし、ちょっとした「謎解き」のスリルも楽しめます。ドイツでも、それよりずっと以前から、定評のある『君の知識を試そう（Prüfe Dein Wissen）』シリーズが各法分野で版を重ねており、現在でも学生たちがこれを利用しています。私たちは、こういう種類の本を作れないだろうかと考えました。刑法学の全般にわたる重要項目を漏れなく選び、授業や教科書で学んだことを簡単な設例・設問で確認できるような本、特に学部の学生たちが頁をめくるたびに「あっ、そうだったのか」という「アハ体験」（Aha-Erlebnis）をくり返すことができるような、そんな本ができないだろうかと考えたのです。そういう本があれば、初学者はじっくりとこの一冊に取り組んで基礎を固めることができるでしょうし、法科大学院の学生であれば、短期間で集中的にこれを読み、知識の欠落部分を補うこともできるでしょう。

本書は、そのような狙いででき上がった本です。ここには、刑法総論と各論の全般にわたる210の（文字通り必須の）基本的事項が取り上げられています。執筆者の先生方は、それぞれの項目につき適切な設例・設問を作って下さり、簡にして要を得た解説を（ときには遊び心も交えつつ、ときにはかなり専門的なレベルにまで踏み込んで）書いて下さいました。たしかに、本書が伝授しようとするものは、刑法学を学ぶ上で、最低限おさえなければならない基礎知識にすぎません。しかし、基礎知識は、その上に応用的知識が積み重なっていく土台になるものであり、その理解がいい加減であれば、中級者・上級者の段階に進むことはおよそできないでしょう。何より、基礎知識が身についていてはじめて刑法の学習もより楽しく･面白く、また、より効率的になります。基礎知識は汎用性があるものであり、その用途は広く、刑法学や、さらには法律学の枠を超えて教養の一部となり、法を学ぶ人たちが狭い意味の法律家になるかならないかにかかわらず、その一生の宝となりうるものでさえあります。本書が、そのような意味で読者の皆さんに役立つことを心から願っています。

最後になりましたが、本書の企画段階から、編集作業の全般にわたり、私たちを完璧にバックアップして下さった弘文堂編集部長の北川陽子さんに篤くお礼を申し上げます。

2020（令和2）年2月

編者
井田　良・大塚裕史
城下裕二・髙橋直哉

●編者紹介

井田良（いだ・まこと）

中央大学大学院法務研究科教授

『変革の時代における理論刑法学』（慶應義塾大学出版会・2007)、『刑法各論（新・論点講義シリーズ 2)〔第 3 版〕』（共著、弘文堂・2017)、『講義刑法学・総論〔第 2 版〕』（有斐閣・2018)、『刑法ポケット判例集』（共編著、弘文堂・2019)、『基礎から学ぶ刑事法〔第 6 版補訂版〕』（有斐閣・2022)、『死刑制度と刑罰理論』（岩波書店・2022)

大塚裕史（おおつか・ひろし）

神戸大学名誉教授・弁護士

『海上保安法制』（共著、三省堂・2009)、『刑法総論の思考方法〔第 4 版〕』（早稲田経営出版・2012)、『基本刑法Ⅱ各論〔第 2 版〕』（共著、日本評論社・2018)、『基本刑法Ⅰ総論〔第 3 版〕』（共著、日本評論社・2019)、『ロースクール演習刑法〔第 3 版〕』（法学書院・2022)、『応用刑法Ⅰ総論』（日本評論社・2023 年）

城下裕二（しろした・ゆうじ）

北海道大学大学院法学研究科教授

『量刑基準の研究』（成文堂・1995)、『事例 DE 法学入門』（共著、青林書院・1998)、『テキスト刑法各論〔補訂第 2 版〕』（共著、青林書院・2007)、『量刑理論の現代的課題〔増補版〕』（成文堂・2009)、『New Live 刑事法』（共編著、成文堂・2009)、『生体移植と法』（編著、日本評論社・2009)、『責任と刑罰の現在』（成文堂・2019)

髙橋直哉（たかはし・なおや）

中央大学大学院法務研究科教授

『刑法基礎理論の可能性』（成文堂・2018)、『医事刑法入門』（エリック・ヒルゲンドルフ著／訳、中央大学出版部・2019)、『刑法ポケット判例集』（共編著、弘文堂・2019)、『刑法演習ノート〔第 3 版〕』（共著、弘文堂・2022)、『刑法の授業　上巻・下巻』（成文堂・2022)、『刑罰のパラドックス』（トーマス・J・ミチェリ著／訳、中央大学出版部・2023)

●執筆者一覧（五十音順・敬称略）　＊印：編著者

安達　光治	（あだち・こうじ）	立命館大学法学部教授
天田　　悠	（あまだ・ゆう）	香川大学大学院創発科学研究科准教授
荒木　泰貴	（あらき・たいき）	千葉大学大学院社会科学研究院准教授
井田　　良＊	（いだ・まこと）	中央大学大学院法務研究科教授
内田　　浩	（うちだ・ひろし）	岩手大学人文社会科学部教授
内田　幸隆	（うちだ・ゆきたか）	明治大学法学部教授
大塚　裕史＊	（おおつか・ひろし）	神戸大学名誉教授・弁護士
小名木明宏	（おなぎ・あきひろ）	北海道大学大学院法学研究科教授
嘉門　　優	（かもん・ゆう）	立命館大学法学部教授
小池信太郎	（こいけ・しんたろう）	慶應義塾大学大学院法務研究科教授
後藤　啓介	（ごとう・けいすけ）	亜細亜大学法学部准教授
佐川友佳子	（さがわ・ゆかこ）	関西大学大学院法務研究科教授
佐藤　拓磨	（さとう・たくま）	慶應義塾大学法学部教授
佐藤　結美	（さとう・ゆみ）	上智大学大学院法学研究科法曹養成専攻准教授
佐藤　陽子	（さとう・ようこ）	成蹊大学法学部教授
塩谷　　毅	（しおたに・たけし）	岡山大学法学部教授
嶋矢　貴之	（しまや・たかゆき）	神戸大学大学院法学研究科教授
城下　裕二＊	（しろした・ゆうじ）	北海道大学大学院法学研究科教授
菅沼真也子	（すがぬま・まやこ）	小樽商科大学商学部准教授
杉本　一敏	（すぎもと・かずとし）	早稲田大学大学院法務研究科教授
瀬川　行太	（せがわ・こうた）	北海学園大学法学部准教授
関根　　徹	（せきね・つよし）	獨協大学法学部教授
十河　太朗	（そごう・たろう）	同志社大学大学院司法研究科教授
髙橋　直哉＊	（たかはし・なおや）	中央大学大学院法務研究科教授
田山　聡美	（たやま・さとみ）	早稲田大学法学部教授
冨川　雅満	（とみかわ・まさみつ）	九州大学大学院法学研究院准教授
豊田　兼彦	（とよた・かねひこ）	大阪大学大学院法学研究科教授
仲道　祐樹	（なかみち・ゆうき）	早稲田大学社会科学総合学術院教授

成瀬　幸典　（なるせ・ゆきのり）　東北大学大学院法学研究科教授
野村健太郎　（のむら・けんたろう）　愛知学院大学法学部准教授
橋爪　　隆　（はしづめ・たかし）　東京大学大学院法学政治学研究科教授
原口　伸夫　（はらぐち・のぶお）　駒澤大学法学部教授
古川　伸彦　（ふるかわ・のぶひこ）　名古屋大学大学院法学研究科教授
星　周一郎　（ほし・しゅういちろう）　東京都立大学法学部教授
本庄　　武　（ほんじょう・たけし）　一橋大学大学院法学研究科教授
曲田　　統　（まがた・おさむ）　中央大学法学部教授
松尾　誠紀　（まつお・もとのり）　北海道大学大学院法学研究科教授
南　　由介　（みなみ・ゆうすけ）　日本大学法学部教授
安井　哲章　（やすい・てっしょう）　中央大学法学部教授
安田　拓人　（やすだ・たくと）　京都大学大学院法学研究科教授
箭野章五郎　（やの・しょうごろう）　桐蔭横浜大学法学部准教授
山本　高子　（やまもと・たかこ）　亜細亜大学法学部准教授
山本　輝之　（やまもと・てるゆき）　成城大学法学部教授
山本　紘之　（やまもと・ひろゆき）　大東文化大学法学部教授
和田　俊憲　（わだ・としのり）　東京大学大学院法学政治学研究科教授

総　論

各　論

凡　　例

1　本書は、210の設例について、1頁目（表）に設例と参考判例を載せ、2頁目（裏）にその解説を載せている。

2　法令は、2024年1月1日現在による。

3　判例の引用については、大方の慣例に従った。判例集等を略語で引用する場合には、以下の例によるほか、慣例に従った。

刑集	最高裁判所（大審院）刑事判例集
民集	最高裁判所（大審院）民事判例集
刑録	大審院刑事判決録
集刑	最高裁判所裁判集　刑事
高刑集	高等裁判所刑事判例集
判特	高等裁判所刑事判決特報
裁特	高等裁判所刑事裁判特報
高検速	高等裁判所刑事裁判速報集
東時	東京高等裁判所刑事判決時報
裁時	裁判所時報
下刑集	下級裁判所刑事裁判例集
刑月	刑事裁判月報
新聞	法律新聞
判時	判例時報
判タ	判例タイムズ

4　法令の表記についての略語は、以下の例によるほか、慣例に従った。ただし、刑法典については、法令名を省略している。

医師	医師法
覚醒剤	覚醒剤取締法
関税	関税法
刑訴	刑事訴訟法
軽犯	軽犯罪法
国立法人	国立大学法人法
国公	国家公務員法
古物	古物営業法
裁判員	裁判員の参加する刑事裁判に関する法律

自動車運転致死傷	自動車の運転により人を死傷させる行為等の処罰に関する法律
児童買春	児童買春、児童ポルノに係る行為等の規制及び処罰並びに児童の保護等に関する法律
銃刀	銃砲刀剣類所持等取締法
消防	消防法
臓器移植	臓器の移植に関する法律
組織犯罪	組織的な犯罪の処罰及び犯罪収益の規制等に関する法律
大麻取締	大麻取締法
地公	地方公務員法
鳥獣保護	鳥獣の保護及び管理並びに狩猟の適正化に関する法律
著作	著作権法
通信傍受	犯罪捜査のための通信傍受に関する法律
道交	道路交通法
保助看	保健師助産師看護師法
母体保護	母体保護法
麻薬	麻薬及び向精神薬取締法
民	民法
民訴	民事訴訟法
民訴規	民事訴訟規則

5　解説中のかっこ内の条文の表記は、「条」「項」「号」を省略するほか、以下の略語を用いている。

Ⅰ・Ⅱ・Ⅲ…	項
①・②・③…	号
本	本文
但	ただし書
前	前段
後	後段

1　刑罰理論

刑法、刑罰の働き・目的として、一般に「応報」、「一般予防」、「特別予防」の３つが挙げられる。

(1)　これらは、それぞれ、刑法、刑罰のどのような働きに着目した概念か。

(2)　これらの働き・目的が問題となる具体的な「場面」はどこか。また、このような刑法、刑罰の働き・目的に関する議論は、どのような実践的意義を持っているか。

参考　❶最判昭和 58 年 7 月 8 日刑集 37 巻 6 号 609 頁

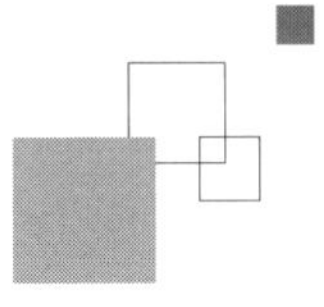

▶▶解説

Key Word 応報 一般予防 特別予防

1．「応報」とは、刑罰は犯罪に対する反作用（リアクション）である、という見方をいう。古い「同害報復」（目には目を、歯には歯を）の発想もその一種といえる。この発想を徹底し、刑罰とは、なされた犯罪に相応する反作用として科されるだけのものであり、そこに何らかの目的（予防目的など）が伴ってはならない、と主張する考え方を「絶対的応報刑論」という。しかし現在では、応報は、科されうる刑罰の上限を画する原理にとどまり、その枠内で予防目的などを考慮することができる、とする「相対的応報刑論」が主流となっている。

2．応報刑論とは異なり、刑法・刑罰には「目的」がある、という前提から出発する考え方を「目的刑論」と呼ぶ。そのうち、刑罰の威嚇によって人の意思に働きかけ、人が犯罪に出ないという効果を追求する発想を「消極的一般予防」（威嚇予防）という。この発想はわかりやすいが、「脅しの効果」だけを考えてしまうと、法定刑や、行為者に対する宣告刑の高さに原理上歯止めがかからない。

3．近時は、刑法・刑罰は、威嚇によって人の行動を操作しようとするものではなく、もっと象徴的な（イメージの）次元において、処罰によって刑法のルールを再確認し、人々のルールに対する信頼を維持させるものである、とする「積極的一般予防」の考え方が有力化している。犯罪はルールに対する「反論」であり、それに対して処罰という「再反論」が加えられることでルールの動揺が抑えられる。そのためには、科される刑罰（再反論）も犯罪（反論）に対するリアクションとして「公正」だと感じられる限度のものでなければならず、過剰な刑罰はかえってルールの再確認の効果を生まない、とされるのである。

4．「特別予防」とは、犯罪行為者の危険性を取り除く、という刑罰の働きをいう（再犯防止）。犯罪行為者を隔離して物理的に無害化するという方法もありうるが、現在では主として、犯罪行為者の社会復帰（再社会化）を目指した働きかけが、追求すべき特別予防の内容として承認されている。

5．以上のような刑法・刑罰の目的論は、①刑事立法をする際の指導原理として理論的な意味を持つほか、②刑法解釈論（特に「責任」の要件論）における議論や、量刑判断の枠組みの理論的な説明において（例えば❶は、死刑判断にあたって「罪刑の均衡」〔応報〕と「一般予防」の見地が指導原理となることを示している）、実践的な意味を持ちうる。なお、③特別予防の観点は、専ら行刑（刑の執行）を考える際に意味を持つ。

［杉本一敏］

2　刑法の適用範囲

以下の場合において、甲・乙・丙および丁の行為に日本刑法を適用することができるか。

(1)　A国に住むA国人の甲は、BからC殺害のための毒薬の調達を依頼され、Bに毒薬を郵送した。Bは、その毒薬を用いて日本国内においてCを毒殺した。

(2)　日本人乙は、D国内においてEを殺害した。

(3)　F国人の丙は、日本で日本銀行券の偽札を使用する目的で、F国内において1万円札を1億円分偽造した。

(4)　G国人の丁は、G国内において、日本の外務大臣Hに対して、「同行している家族を誘拐する」と脅迫した。

参考　❶最決平成6年12月9日刑集48巻8号576頁

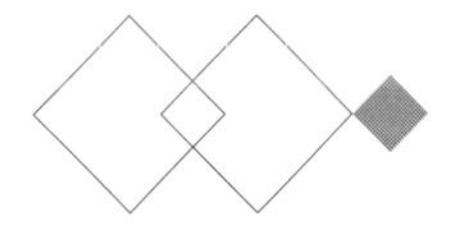

▶▶解説

Key Word 属地主義 属人主義 保護主義 世界主義

1．刑法はどの範囲で効力が及ぶのかという問題を「刑法の適用範囲」という。現行刑法は、属地主義を基本とし、属人主義、保護主義、世界主義で補充している。

2．まず、属地主義とは、自国の領土内の犯罪に対しては犯人の国籍を問わず誰が犯しても自国の刑法を適用するという原則である。教唆犯や幇助犯の犯罪地は、教唆・幇助行為が行われた場所のほかに正犯行為が行われた場所も含む（❶参照）。**(1)**について、正犯のＢが日本国内においてＣを殺害しているので、Ｂを幇助した甲には、たとえ日本国外で幇助行為を行ったとしても殺人幇助として日本刑法が適用される。

3．次に、属人主義とは、自国民が外国で自国の刑罰法規に触れる行為をした場合に自国の刑法を適用するという原則である。**(2)**について、乙は日本国外で殺人を犯しているので、属地主義からは日本刑法を適用できない。しかし、乙は日本人であり、かつ、殺人罪は３条７号に掲げられているから、同条により乙には日本刑法が適用される。

4．さらに、保護主義とは、自国または自国民の利益を保護するために、これを侵害する行為が外国で行われたときに犯人の国籍を問わず自国の刑法を適用するという原則である。**(3)**について、日本銀行券の偽造が外国で行われているので、属地主義からは丙に日本刑法を適用できない。また、丙は日本人ではないので、属人主義からも日本刑法を適用できない。しかし、自国の通貨の真正に対する公共の信用という法益を保護するため通貨偽造罪が２条４号に掲げられているから、同条により丙には日本刑法が適用される。

5．最後に、世界主義とは、犯罪地や犯人の国籍を問わず、自国の刑罰法規に反する行為について自国の刑法を適用するという原則である。４条の２は、刑法各則上の罪について、２条から４条までの規定では国外犯が処罰できない場合に、条約の定める範囲で日本刑法を適用できるとしている。**(4)**について、脅迫が外国で行われているので属地主義からは丁に日本刑法を適用できない。また、丁は日本人ではないので属人主義からも日本刑法を適用できない。さらに、脅迫罪は２条・３条の２・４条に掲げられていないので保護主義からも丁に日本刑法を適用できない。しかし、脅迫罪は国家代表等保護条約２条１項ｃ号に掲げられているので、４条の２により丁には日本刑法が適用される。

［塩谷　毅］

3 罪刑法定主義(1)
——拡張解釈と類推解釈

(1) 旧鳥獣保護法1条の4第3項およびこれを受けた昭和53年環境庁告示43号3号は、狩猟鳥獣の保護繁殖のため、弓矢を使用する方法による鳥獣の捕獲を禁止し、それに違反した場合の罰則を設けていた。甲は、洋弓銃（クロスボウ）を使用して鴨を狙って矢を4本発射したが、いずれも命中せず、結果として鴨を捕えることはできなかった。この場合、甲は前記規定により処罰されるか（矢を放った行為が「捕獲」に該当するか）。

(2) 国家公務員法102条1項は、職員が、人事院規則で定める政治的行為を行うことを禁止し、111条の2第2号（令和3年改正以前は110条1項19号）に罰則を設けている。それを受けて、人事院規則14−7の6項8号は、政治的目的をもって公職選挙において投票するようにまたはしないように勧誘運動をすることを政治的行為と規定する。さらに同規則5項1号は、政治的目的として、公職選挙において「特定の候補者」を支持しまたはこれに反対すること、を掲げている。国家公務員である乙は、来るべき衆議院議員選挙において立候補が期待されるAを支援するため、Aが立候補した際にはAに投票を依頼する趣旨で、多数の選挙人を饗応接待した。乙は国家公務員法102条1項に違反するか（この場合のAが「特定の候補者」に該当するか）。

参考　❶最判平成8年2月8日刑集50巻2号221頁
❷最判昭和30年3月1日刑集9巻3号381頁

▶▶解説

Key Word 罪刑法定主義
類推解釈
拡張解釈

1． 罪刑法定主義は、国家権力による刑罰権の恣意的な行使を阻むために、近代刑法が採用した大原則である。**犯罪と刑罰を事前に明示しておくことにより、国民に対して、処罰に関する予測可能性を与えるとともに、反面においてそれ以外の行動の自由を保障する機能を有する。**その自由保障機能を実効あらしめるためには、犯罪と刑罰は国民の代表が国会において制定する法律という形をとって定められる必要があり（法律主義）、それが遡って適用されることがあってはならない（事後法の禁止）。また、制定された法の解釈・適用の場面においても、恣意的な処罰とならないよう、類推解釈を禁止することが強く要請される。

2． 禁止される類推解釈と境を接する概念として、拡張解釈と呼ばれるものがある。刑法の解釈の出発点は文理解釈であり、法文上に示された文言を日常の用語法に従い読み解くのが基本であるが、それぞれの規定の趣旨・目的に応じた形での目的論的解釈が不可欠となる場合もある。そのような合目的性を加味した場合に、日常の用語法を多少拡大することがあっても、それが言葉の可能な意味の範囲に収まっているのであれば、国民の予測可能性に反するとまではいえない。そこで、**言葉の可能な意味の範囲に収まる解釈を「拡張解釈」として許容し、それを超えてしまう場合を「類推解釈」として区別する**必要が生じる。

3． **(1)**の「捕獲」という文言につき、❶は、現実の捕捉に至らずとも捕捉しようとする行為があれば足りるとする解釈をとり、矢を放ったが命中しなかった場合をも含むとの判断を示した。たしかに、狩猟鳥獣の保護繁殖という目的を達成するためには、現実の捕捉のみならず、捕捉行為をも処罰する方が効果的であることは間違いない。しかし、**「捕獲」という言葉の中に矢が外れた場合をも含むとする解釈は、拡張解釈の域を超えた類推解釈である**との指摘もなされている（なお、❶後の法改正を経て、現在の鳥獣保護法においては、未遂処罰規定が置かれている）。

4． **(2)**の「特定の候補者」について、❷は、中立性を維持すべき公務員の本質を根拠に「立候補しようとする特定人」をも含むと解した原審を破棄して、**正式の届出により候補者としての地位を有するに至った者に限定すべき**とし、国家公務員法 102 条 1 項違反を否定した。刑罰法令における類推解釈に対して厳しい態度を示したことが注目される。

［田山聡美］

4 罪刑法定主義(2)
――刑罰法規の明確性・広汎性

(1)　A市の条例は、公共の場所で集団行進等を行う場合に公安委員会への届出を必要としたうえで、集団行進等を行う際の遵守事項として「交通秩序を維持すること」を定め、これに違反して行われた集団行進等の指導者には罰則を設けている。甲は、反戦団体の集団示威行進に参加し、先頭付近に位置して笛を吹き、両手を上げて前後に振るなどして、集団行進者に蛇(だ)行進をさせるよう刺激を与えた。甲の行為は、「交通秩序を維持すること」という遵守事項に反するといえるか。

(2)　B市の暴走族追放条例では、暴走族の定義として、暴走行為を目的とする集団以外に「公共の場所において、公衆に不安若しくは恐怖を覚えさせるような特異な服装若しくは集団名を表示した服装で、集会若しくは示威行為を行う集団」を含ませている。さらに、「何人も」公共の場所において許可を得ずに公衆に不安または恐怖を覚えさせるような集会等を行ってはならない旨を規定し、その行為が公共の場所において、特異な服装をし、顔面の全部もしくは一部を覆い隠し、円陣を組み、または旗を立てる等威勢を示すことにより行われたときは、市長が中止命令を発することができるとし、その命令に違反した者に6月以下の懲役または10万円以下の罰金を科す旨規定している。本条例の処罰範囲は適正か。

参考　❶最大判昭和50年9月10日刑集29巻8号489頁
❷最判平成19年9月18日刑集61巻6号601頁

▶▶解説

Key Word 明確性の原則
適正処罰の原則
合憲限定解釈

1．犯罪と刑罰が、いかに国会制定法（例外として、条例等）という形をとって事前に規定されていたとしても、その内容が不明確・不適正なものであれば、罪刑法定主義の主眼である自由保障機能は貫徹されない（項目**3**参照）。そこで、罪刑法定主義の内容として、歴史的に比較的新しく加えられるようになったものとして、明確性の原則と、適正処罰の原則（実体的デュー・プロセスの理論）がある。

2．**明確性の原則とは、いかなる行為にいかなる刑罰が科せられるのかを、国民からみて予測可能な程度に具体的かつ明確に規定しなければならないという原則である。明確性を欠く刑罰法規は憲法 31 条に反し無効**とされる。❶（徳島市公安条例事件）は、禁止される行為とそうでない行為を識別できなければ、国民に対する告知機能が果たされないだけでなく、国家による恣意的判断を許す等の弊害を生ずるという点を明示的に確認したうえで、ある刑罰法規が明確であるか否かは、**「通常の判断能力を有する一般人の理解において、具体的場合に当該行為がその適用を受けるものかどうかの判断を可能ならしめるような基準**が読みとれるかどうかによってこれを決定すべきである」としている。その基準に照らした場合、**(1)**の条例における「交通秩序を維持すること」という遵守事項に自己の行為が違反するか否かの判断が、一般人の理解において可能であるとする❶の結論には疑問の余地もあり、本条例については明確性原則違反の疑いも残る。

3．**適正処罰の原則とは、刑罰法規がその内容において実質的な合理性・必要性を有していなければならず、かつ、罪刑の均衡がとれていなければならないとする原則である**。とりわけ、**適用範囲が過度に広汎な刑罰法規については**、国民に萎縮的効果をもたらすことから、**内容の適正さを欠くものとして憲法 31 条に反し無効**とされる。**(2)**の条例は、「暴走族」を広汎に定義し、集会規制の対象者を「何人も」としている点で、表現の自由を広汎に規制するものとして違憲・無効の疑いがある。その点につき❷（広島市暴走族条例事件）は、文言通りに適用すれば違憲のおそれがある広汎な規定を、当該条例の全体の趣旨や条例の施行規則等を総合したうえで限定的に解釈することにより、違憲判断を回避した（合憲限定解釈）。すなわち、当該条例は、本来的な暴走族に加え、社会通念上これと同視することができる集団のみを規制の対象としているものと解釈したが、そのような限定解釈は一般人には困難であるという反対意見も付されている。

［田山聡美］

5 犯罪論の体系

(1) Ａに対する恨みからＡの殺害を決意した甲は、何の根拠もなく「Ａの乗る電車が事故を起こすに違いない。Ａを電車に乗せ、事故に遭わせて死亡させよう」と考えた。甲は、Ａに対し、「世話になっている君へのプレゼントだ。これで旅行にでも行ってきてくれ」と言って電車のチケットを渡し、Ａは、これを受け取った。Ａが甲に渡されたチケットを使って電車に乗ったところ、偶然、その電車が事故を起こし、Ａは死亡した。

甲に殺人罪は成立するか。

(2) Ｂの態度に立腹した乙は、Ｂに怒りの気持ちをぶつけることとし、もしＢが怒って乙に素手で殴ってきたらナイフで反撃してＢを刺殺して恨みを晴らそうと考えた。乙が上着にナイフを隠し持ち、Ｂに罵詈雑言（ばりぞうごん）を浴びせかけたところ、予想通り、Ｂが乙に素手で殴りかかってきた。そこで、乙は、殺意をもってナイフでＢの腹部を刺し、Ｂを失血死させた。行為当時、乙は、精神の障害により是非弁別能力および制御能力が著しく低下していた。

乙に殺人罪は成立するか。

参考　❶最決昭和 52 年 7 月 21 日刑集 31 巻 4 号 747 頁
❷最決平成 29 年 4 月 26 日刑集 71 巻 4 号 275 頁

▶▶解説

Key Word 構成要件該当性 違法性阻却 責任阻却

1． 犯罪とは、構成要件に該当する違法かつ有責な行為と定義され、**犯罪の成否は、①構成要件該当性→②違法性阻却→③責任阻却の順に判断して決められる**。

構成要件とは、殺人罪や窃盗罪といった刑罰法規に規定された犯罪類型のことである。構成要件の要素には、行為の主体、行為の客体、行為、結果、因果関係、故意・過失などがあるが、その中核となるのが実行行為（構成要件該当行為）である。実行行為とは、結果発生の現実的危険性を有する行為をいう。

(1)において、Aは、甲の計画通りに死亡している。甲の行為とAの死亡との間には因果関係があるともいえる。しかし、甲に殺人罪（199）は成立しない。それは、甲の行為が殺人罪の実行行為といえないからである。

一般に電車が死亡事故を起こす確率はかなり低いから、甲がAを電車に乗せた行為は、人を死亡させる現実的危険性を有するものではなく、殺人罪の実行行為にあたらない。実行行為でない行為から結果が発生しても、殺人罪の構成要件該当性は認められない。それゆえ、違法性阻却や責任阻却を判断するまでもなく、甲に殺人罪は成立しないという結論に至る。

2． **(2)**はどうだろうか。第1に、乙の行為は殺人罪の構成要件に該当する。ナイフでBの腹部を刺す行為は殺人罪の実行行為にあたり、この行為とBの死亡との間には因果関係が存在し、殺人罪の故意も認められるからである。

第2に、違法性は阻却されない。正当行為、正当防衛、緊急避難など**行為を正当化する事情を違法性阻却事由**という。乙には正当防衛（36 Ⅰ）が成立するようにも思えるが、乙は、侵害の機会を利用して積極的に相手に対して加害行為をする意思（積極的加害意思）を有しており、❶によると、急迫性の要件を欠き（❷も、「刑法36条の趣旨に照らし許容されるものとは認められ」ないとする）、正当防衛は成立しない（項目**33**参照）。その他の違法性阻却事由も見当たらない。

第3に、責任も阻却されない。責任無能力、違法性の意識の可能性の不存在など**非難可能性を否定する事情を責任阻却事由**という。乙は、是非弁別能力や制御能力が低下していたものの欠如していたわけではないので、心神喪失（39 Ⅰ）にはあたらない。また、他の責任阻却事由も存在しない。

このように、乙には殺人罪が成立する。ただ、**犯罪の成立が認められた後、刑の免除・加重・減軽事由がないかを判断する必要がある**。行為当時、乙は心神耗弱（項目**47**参照）だったため、39条2項により刑が減軽される。　［**十河太朗**］

6 法人の刑事責任

甲社は、関東に複数の店舗を持ち、各店舗で料理店を経営する会社である。社長Aの下に複数の役員、管理課長、経理課長、調理課長、各店の支配人が置かれ、各店で従業員が働いている。そのうちのB店で調理責任者として従業員関係を担当していた乙が、午後10時から午前5時までの間に、当時15歳のCを調理人として使用した。乙の行為は、労働基準法の定める18歳未満の者についての深夜業の制限に違反しており（同61 Ⅰ本）、それに対する罰則もある（同119①）。乙は罰されるとしても、甲社は罰されないのか。

(1)　どのような規定があれば、甲社も罰されることがありうるか。

(2)　その規定によって甲社を罰することを正当化する根拠は何か。

(3)　どのような事情があれば、甲社はその規定の適用を免れるか。

参考　❶最大判昭和32年11月27日刑集11巻12号3113頁
❷最判昭和33年2月7日刑集12巻2号117頁
❸最判昭和38年2月26日刑集17巻1号15頁
❹最判昭和40年3月26日刑集19巻2号83頁
❺東京高判昭和48年2月19日東時24巻2号14頁

▶▶解説

Key Word 事業主処罰 法人処罰 両罰規定 過失推定説

1．刑法は、罪となるべき人の行為を類型化し、罪ごとに科されるべき刑の種類と範囲を規定している。いわゆる行政刑法等、特別刑法上の罰則も同様であり、労働基準法における深夜業の制限とその違反に対する罰則も、それ自体は、18歳未満の者を深夜時間帯に使用する行為をした者を罰すべきことを意味している。それによって罰されるべき使用者は乙である。しかし、乙は、甲社の業務として、甲社のB店の従業員関係を担当していた。違反行為をした者は乙であるが、甲社もそれについて刑責を負うべきではないか。

かかる刑事政策的な要請は、**事業主は自己の事業のために人を従業者として使用しているのだから、その業務に関して従業者が違反行為をしてしまった場合には、事業主も知らぬ存ぜぬでは通らない**との発想に基づく。それを実定化する方法として定着しているのが、**従業者が違反行為をした場合にはそれに応じた罰金刑を事業主にも科すとの規定（両罰規定）**である。労働基準法においても、「この法律の違反行為をした者が、当該事業の労働者に関する事項について、事業主のために行為した代理人、使用人その他の従業者である場合においては、事業主に対しても各本条の罰金刑を科する」との規定がある（同121Ⅰ本）。

2．両罰規定によって事業主が刑を科されるべき理由については、古くは、業務上の違反行為を取り締まるうえでは事業主に罰金を科してこそ効果が期待できるからだとも考えられたが、最高裁は、そうした結果責任に等しい考えを退けて、**従業者の違反行為を防止しなかった過失（選任監督上の過失）**があるからだと解するに至った（❶）。事業主は、従業者が違反行為をしないよう注意を払う必要がある。その注意を怠った責任が、事業主が自然人ならばその人に負わされ（❷❸）、法人ならばその法人に負わされる（❹）。

3．こうして両罰規定には、法人にも犯罪能力があることを承認する意味を持ちうる面もあるが、それはあくまで従業者の違反行為についての事業主の過失を問責するという限度においてである。**事業主が従業者の違反行為を防止するうえで必要な注意を尽くしていたことが証明されれば、事業主の処罰は正当化されなくなる**。労働基準法において、事業主が従業者の「違反の防止に必要な措置をした場合」には両罰規定を適用しない旨が明定されているのは（同121Ⅰ但）、もとより正当であるが、両罰規定の法意からして必定の理である（過失推定説）。ただし、必要な注意を尽くしていたことの証明は容易ではない（❺）。 ［**古川伸彦**］

7★ 不作為犯(1)
——不作為による殺人

(1)　忘年会シーズンの夜、泥酔したAが道路脇に横たわっていたところ、その場を通りかかった甲は、こんなに寒い中で放置しておいたら命が危ないのではないかと思いながらも、特に助けることなく通りすぎた。その後、Aはアルコールの影響と寒さのため死亡するに至った。少なくとも甲が通りかかった時点で救急車を呼んでいれば、間違いなくAは助かったものと考えられる。甲に殺人罪（199）が成立するか。

(2)　乙は、自動車運転中の過失によってBをはねてしまった。乙は、そのまま放置したらBが死亡してしまうかもしれないと思いつつ、怖くなってそのまま走り去った。乙に殺人罪が成立するか。

(3)　丙は、自動車運転中の過失によってCをはねてしまい、すぐに病院に連れていくためにCを自車に乗せて走り始めたが、途中で刑事責任を問われることを恐れて山中に遺棄しようと考え、Cが死亡してもかまわないと思いつつ長時間走り続けたところ、車中でCが死亡した。丙がすぐに病院に向かっていれば、Cは助かったと認められる場合、丙に殺人罪が成立するか。

参考　❶東京地判昭和40年9月30日下刑集7巻9号1828頁
❷最決平成17年7月4日刑集59巻6号403頁

▶▶解説

Key Word 不真正不作為犯　作為との同価値性　作為義務の発生根拠

1． 不作為犯は、作為犯のように積極的に結果発生に向けた因果を設定しているわけではなく、既に発生している因果の流れを止めないだけであるため、主体が無限に広がる可能性がある。とりわけ、条文上に特定の不作為が明記されていない不真正不作為犯については、**作為による結果惹起と同視できる場合に処罰を限定する**ため、結果発生を阻止すべき義務（作為義務）を負う地位（保障人的地位）にある人に主体を限定する必要が生じる。どのような場合に作為義務が認められるかについては、従来、**①法令、②契約、③条理（自己の先行行為を含む）といった形式的根拠**が掲げられることが多かったが、法令や契約に基づく何らかの義務が認められる場合であっても、それが直ちに刑法上の犯罪の成立を基礎づける作為義務となりうるかについては疑問がある。そこで、**近時は作為義務の発生根拠をより実質的に限定していく必要性が認識され、結果発生の因果の流れを自らの掌中に収めていること（排他的支配）や、被害者の法益につき保護の引受けがあること（❶参照）などに着目する考え方が有力**である。❷（シャクティパット事件）も、先行行為・保護の引受け・排他的支配といった複数の要素を総合的に考慮して、実質的に作為による殺人と同視できるかを判断していると解される。

2． **(1)**の甲については、Aの死に向かう因果の流れを止めていないものの、一通行人にすぎないことから、法令・契約上の救護義務がないことはもちろん、排他的支配や保護の引受けも認められず、不作為による殺人罪は成立しない。

3． **(2)**の乙については、法令に基づく救護義務（道交72Ⅰ）が認められるが、判例においてもこのような法令上の義務のみを根拠に不作為による殺人罪を認めた例は見当たらない。作為との同価値性を担保するという視点から、排他的支配や保護の引受けといった要素が存在しない本設例においては、乙に作為義務を肯定することはできず、不作為による殺人罪は成立しない。

4． **(3)**の丙については、過失でCをはねた先行行為に加え、病院に連れていくために自車に乗せたことによる保護の引受け、さらにはCの生命が専ら丙に依存している点から排他的支配も肯定できる。以上を総合すれば、丙にはCを病院に搬送し救護措置を受けさせるべき作為義務が認められ、その作為可能性（項目**8**参照）も肯定できる。Cを病院に搬送しなかった丙の作為義務違反行為とCの死亡結果との間に因果関係も肯定でき（項目**9**参照）、故意（項目**8**参照）も認められるから、丙には殺人罪が成立する。

［田山聡美］

8 不作為犯(2)
——不作為による放火

甲は、宿直室等も備えた営業所の事務室で、火鉢にあたりながら1人で残業していたところ、気分が悪くなったため、2時間ほど別室で仮眠をとった。目を覚まし事務室に戻ったところ、自己の不始末によって火鉢の火が移り、自席の木製机が燃えているのを発見した。その時の火勢であれば、自ら消火にあたることで容易に火を消し止められる状態であった。それにもかかわらず、甲は、自己の失策の発覚を恐れるあまり、そのまま放置すれば建物全体が燃えてしまうことを認容しつつ、とっさにその場を立ち去った。

(1) 甲につき、失火罪（116 I）ではなく、不作為による現住建造物放火罪（108）の成否を検討するにあたり、甲に作為義務と作為可能性が肯定できるか。

(2) 甲に、現住建造物放火罪の故意が認められるか。

(3) 甲に不作為による放火罪が認められるためには、故意のほかに「既発の火力を利用する意思」が必要か。

参考　❶大判大正7年12月18日刑録24輯1558頁
❷大判昭和13年3月11日刑集17巻237頁
❸最判昭和33年9月9日刑集12巻13号2882頁

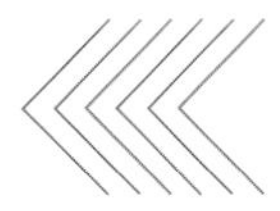

▶▶解説

Key Word 作為義務 作為可能性 不作為犯の主観的要件

1. 不真正不作為犯は、結果惹起につながるすべての不作為を処罰するものではなく、結果を防止すべき一定の作為義務を負う者による不作為のみを処罰するものであるが（項目7参照）、作為義務を負うべき地位にある者が、期待された当該作為を行うことが困難である場合には処罰が否定される。すなわち、**当該行為者にとって作為可能性がない場合あるいは作為に出ることが困難である場合に、法がそれを義務づけることはできないから、そのような場合の不作為は実行行為性を欠く**とされる（作為可能性の要件）。以上の観点から**(1)**の場合を検討すると、甲には、自己の重大な過失による先行行為が存在するうえ、その現場に居合わせている唯一の残業職員であることから排他的支配性も認められるため、机の火が建物に燃え移らないよう消火すべき作為義務が肯定されよう。次に、机が燃えていることを発見した当時の火勢では、甲が自分で消火することも容易な状況であったことから、作為可能性も肯定される。

2. 不作為犯であっても、犯罪事実の認識・認容としての故意が必要であることはいうまでもない。**(2)**において、甲は、そのまま火を放置すれば建物に燃え移り建物全体が**焼損に至ることを認識・認容していることに加え、作為義務を基礎づける前提事実（自己の先行行為・排他的支配性）についても十分認識している**といえるから、不作為による現住建造物放火罪の故意が認められる。

3. **(3)**につき、不作為による放火に関する判例の中には、作為義務や作為可能性の他に、故意とは異なる特別の主観的要件として「既発の火力を利用する意思」を要求しているようにみえるものがあった。例えば、❶では養父殺害の証拠を隠滅する目的、❷では保険金取得の目的が、積極的利用意思として認定されている。しかし、同じく不真正不作為犯でありながら、殺人罪等においては要求されていない主観的要件が、なぜ放火罪の場合にのみ要求されるのかについては疑問である。その点につき、❸は明確に「認容の意思」で足りるとしつつ、これを判例変更とはせず、❶❷の趣旨と相容れないものではないと説明している。この点の理由は明確にされていないが、❶❷も、積極的利用意思を常に必要とするものではなく、作為義務の認定との相関関係において、作為義務が弱い場合に、強い主観的要素を要求する趣旨とも考えられなくはない。いずれにせよ、現在の通説は、**特別な主観的要件は不要であり、未必の故意があれば十分である**としている。

［田山聡美］

9★ 不作為犯(3)
――不作為の因果関係

甲は、甲の母乙と妻Ａとともに暮らしていたが、かねてより乙とＡの不和に悩みを募らせていた。ある晩、乙が、酒に酔ったＡの頭を階段に打ちつけるなどして外傷を負わせたところ、物音に気づいた甲が駆けつけた。その際、甲は、Ａの頭部から多量の出血があることと、呼吸がまだあることを確認したものの、乙の犯行が発覚してしまうことを恐れ、救急車を呼ばないことを決意し、止血措置等も行うことなくそのまま放置した結果、Ａは死亡するに至った。

(1)　甲が負傷したＡを発見した時点で、救急車を呼ぶなど、速やかな救命措置を施していれば、Ａの死亡は確実に回避できたと認められる場合、甲に保護責任者不保護致死罪（219）が成立するか。

(2)　甲が速やかに救命措置を施したとしても、Ａの死亡が回避できた可能性は50％程度だった場合はどうか。

参考　❶札幌地判平成15年11月27日判タ1159号292頁
❷最決平成元年12月15日刑集43巻13号879頁
❸最決昭和63年1月19日刑集42巻1号1頁

▶▶解説

Key Word 不作為の条件関係
結果回避可能性

1．不作為犯においては、実行行為（作為義務違反行為）と結果との間の事実的因果関係（条件関係）の判断において、作為犯とは異なる考慮が必要となる。作為犯の場合、「その作為がなければその結果は発生しなかった」といえるかにつき、当該作為を取り除く形で判断するのに対して、不作為犯においては、仮定的条件を付加する形で、「期待された作為がなされていればその結果は発生しなかった」といえるかを判断する必要がある。これは、不真正不作為犯だけでなく、保護責任者不保護罪（218後）のような真正不作為犯でも問題となる。

2．甲には、負傷している妻Aに対して、同居の夫としての親密な親族関係ないし排他的支配等を根拠に218条の保護責任が認められるから、甲がAを保護しなかったことは、少なくとも同条後段の保護責任者不保護罪に該当する。問題は、甲の不保護と、Aの死亡との間の因果関係である。両者の間に因果関係が肯定されれば、甲に219条の保護責任者不保護致死罪が成立するが、因果関係が否定されれば、甲の罪責は218条の限度にとどまることになる。**(1)**の場合は、救命措置がなされていればAは死亡しなかったと確実にいえる以上、不保護と結果との間の因果関係が肯定され、保護責任者不保護致死罪が肯定される。

3．しかし、仮に救命措置が施されたとしても、本当に助かったかどうかは分からない場合もある。❶は、その点に合理的疑いが残るとして219条の適用を否定した例である。一方、❷は、「十中八九の救命可能性」があることを根拠に、被害者の救命が「合理的な疑いを超える程度に確実」であるとして因果関係を肯定した。100％の確実性までは要求しないとしても、ほぼ確実な程度の救命可能性がなければ、必要な証明水準をクリアできないという趣旨であると解すれば、**(2)**の程度では因果関係は否定され、218条の限度での処罰となろう。なお、「救命」可能性は低かったとしても、「延命」が確実である場合につき、保護責任者遺棄致死罪を肯定したものとして❸がある。

4．不作為の条件関係は、「結果回避可能性」の問題といわれるが、これと「作為可能性」の問題（項目**8**参照）とは異なる。作為可能性は、当該不作為の実行行為性の問題であるのに対して、結果回避可能性は実行行為と結果との間の条件関係の問題であり、作為可能性はあったが結果回避可能性がなかった場合は、未遂犯や保護責任者遺棄罪など、結果を除いた部分の犯罪のみが問題となりうる。

［田山聡美］

10 因果関係(1)
——条件関係

甲と乙は、同じ会社に勤めているが、お互いの存在を知らない。この会社の社長Ａが、冬のボーナスカットを強行したため、両名ともＡを恨んでいた。そうした中、Ａが、自分のやり方に不満のある社員はリストラすると社内の会議で発言していることを聞いた甲と乙は怒りを募らせ、それぞれ別個に、Ａの殺害を決意した。某日午前中、甲はＡの不在を見計らって、社長室のブランデーに致死量の猛毒αを投入した。さらに同日午後、乙が、同じブランデーに致死量の猛毒αを投入した。仕事あがりに社長室でアルコールを飲む習慣のあったＡは、同日の夕方に、このブランデーを飲んで即死した。αは即効性の毒薬のため、致死量以上を服用した場合、量のいかんにかかわらず即時に致死的作用を発揮するものであった。

(1) 刑法における因果関係にはどのような意義があるか。

(2) 甲がαをブランデーに投入しなかったと仮定した場合、条件関係は認められるか。また、この場合に想定される甲の罪責を答えなさい。

(3) **(2)**で解答した甲の罪責は妥当といえるか。そうでない場合、どのような解決法が考えられるか。

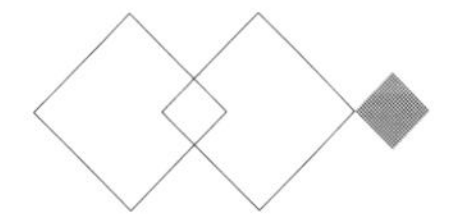

▶▶解説

1．**因果関係は、発生結果につき行為者に責任を問うための要件である。**例えば、XがVを殺害する意思で発砲し傷害を負わせたが、収容先の病院が火災に遭ってVが焼死したという場合、発砲の危険が焼死に現実化したとは考えられないので、発砲とVの死亡の間に因果関係は認められない。その場合、発生結果につき責任を問えないので、未遂処罰規定のある犯罪では未遂罪が、傷害致死罪のような結果的加重犯では基本犯（傷害罪など）が成立するにとどまる。上の例では、Xは殺人未遂罪（199・203）の罪責を負う。また、過失致死罪（210）などの未遂犯処罰規定のない犯罪では、結果発生につき不可罰となる。**刑法における因果関係の判断は、条件関係と法的因果関係の2段階で行われる。**

2．**因果関係の判断は、問題となる行為がなかったと仮定したとき、結果は発生しなかった（あれなければこれなし）という公式による条件関係の検討から出発する。**本問の事例では、甲が毒薬αをAのブランデーに投入しなかったと仮定した場合、乙の投入した致死量のαによりAは同じように死亡している。なお、Aのブランデーには致死量の2倍の毒薬が入っているので、死亡時期が早まったとも考えられる。しかし、事例では、αは即効性の猛毒であり、致死量以上を服用した場合、量にかかわらず致死的作用を発揮するから、両名の毒薬の投入はAの死亡時期を早めていない（＝結果は変わらない）。そのため、「あれなければこれなし」の公式では、甲の罪責は殺人未遂罪にとどまる。乙も同様である。

3．致死量の毒薬で被害者を死亡させた者が、殺人未遂罪にとどまるとの結論は納得し難い。このことは、甲、乙がそれぞれ致死量の半分の量の毒薬を投入した場合には条件関係が認められることと比較しても明らかである。結論の不合理を避けるため、両名の毒薬投入行為を一括消去して考える見解もある。たしかに、甲、乙ともに毒薬を投入していなければ、Aは死ななかったであろう。しかし、個人責任の原則からは、単独犯である甲・乙それぞれの行為につき因果関係を判断するため、この見解は説得的な根拠を欠く。**ここでは、条件関係の意味に着目する必要がある。**それは、猛毒投入行為とAの死亡結果に事実的なつながりがあることである。甲が投入した猛毒αが現に作用してAが死亡した事実が確認できれば、刑法上の因果関係の前提的判断として十分といえる。**こうした事実の確認は、問題となる行為と発生結果の間に一定の法則的なつながりがあれば条件関係を認める合法則的条件公式によるとする見解が有力である。**　［安達光治］

11★ 因果関係(2)
――行為時の特殊事情

甲は、Aと居酒屋で食事をしていたところ、Aが甲の過去の失恋について馬鹿にするような発言をしてきた。これに激高した甲は、手拳でAの左目のあたりを殴打した。これによりAは眼底部がうっ血する傷害を負ったが、2人はそのまま別れて帰宅した。ところが、Aは重度の脳梅毒に罹(り)患し脳組織が軟化していたため、甲による殴打を機縁とする脳組織の崩壊により、3日後に死亡した。甲によるAの左目への傷害は、健常な者であれば、10日ほどの加療で治癒するものであった。

(1) 甲の殴打行為とAの死亡の間に条件関係はあるか。また、両者の間に法的因果関係が認められない場合、甲はどのような罪責を負うか。

(2) 甲の殴打行為とAの死亡の間の因果関係を判断する際に、Aが脳梅毒に罹患していたという事情を考慮する場合としない場合とで、判断過程にどのような違いが出るか。

(3) 脳梅毒のような、一般には認識し得ない被害者の持病や特異体質を因果関係の判断において考慮しない見解には、どのような批判があるか。危険の現実化説からはどのように考えられるか。

参考 ❶最判昭和25年3月31日刑集4巻3号469頁
❷最判昭和46年6月17日刑集25巻4号567頁

▶▶解説

相当因果関係説
折衷説・客観説
危険の現実化説

1. 本問では、甲に傷害致死罪（205）が成立するか否かが問題となる。**甲の殴打行為とAの死亡結果の間に因果関係が認められる場合、甲は傷害致死罪の罪責を負う**。因果関係が否定される場合には、甲は、Aの左目を殴打して傷害を負わせたことになるので、傷害罪（204）となる。甲には傷害の意思がないことから、過失傷害罪（209）だと考える人がいるかもしれない。しかし、208条の文言からわかるように、暴行の意思で人を傷害した場合には、傷害罪が成立する。因果関係の判断として、まず、甲の殴打行為とAの死亡結果の条件関係を検討する。Aは重度の脳梅毒に罹患していたとはいえ、甲の殴打がなければ、3日後に死亡することはなかったであろう。それゆえ、条件関係は肯定できる。

2. **因果関係の判断において、条件関係の存在に加え、問題となる行為と発生結果の間に、通常ありうるという相当性が必要とする見解を相当因果関係説という**（「通常ありうる」とは、およそ異常なものではないという意味に理解される）。本設例では、Aが脳梅毒に罹患し脳組織が軟化していたという事情を考慮する場合、顔面を殴打されて脳組織が崩壊し死に至ることは、通常ありうるといえ、法的因果関係が肯定される。逆に、Aが脳梅毒に罹患していたという事情を考慮しない場合には、Aは健常な者で、加療約10日の傷害を負っていたものと想定されるので、暴行と死亡結果の間の法的因果関係は否定される。

3. Aの脳梅毒のように、行為時に外部から認識し得ず、行為者も認識していない被害者の持病や特異体質（被害者の素因）を法的因果関係の判断において考慮するか否かは、難しい問題である。そのような被害者の素因は考慮しないとする**相当因果関係説の折衷説が、以前は通説とされていた**。被害者がたまたまそのような素因を有していたというだけで、死亡の結果について行為者が責任を負うのは不合理であるという理由による。つまり、折衷説の結論が妥当だとされていた。このような**折衷説の考え方は、客観的な因果関係の判断に一般人の認識可能性や行為者の認識といった主観的事情を持ち込むもので、理論的に不当であると批判されてきた**。この批判は、相当因果関係説の客観説によるものであるが、危険の現実化説からも、危険判断の客観性の見地から同様の批判がありうる。**危険の現実化説は、実行行為の危険が結果発生に現実化した場合に法的因果関係を肯定する見解である**。この場合、**実行行為の危険性は、客観的事情をもとに判断され、実行行為と発生結果の間の法的因果関係は肯定されることになる**。［**安達光治**］

12 因果関係(3)
——行為者の行為の介在

猟師である甲は、某日未明、親しい狩猟仲間のAとともに熊を撃つために山に入った。山中でAと別れて熊を追うことにした甲は、前方の茂みで黒い影が動くのを熊だと速断し、所携のライフル銃を発射した（第1行為）。弾は「熊」に命中したようであるが、人のうめき声がするので影のあった方に駆け寄ってみると、甲が熊だと思ったのは実はAであり、弾丸を腹部に受け、大量の血を流して苦悶していた。Aがすでに虫の息であるのを目にした甲は、早く楽にしてやろうと、殺害の意図でAの胸部に目がけて至近距離からライフルを発射した（第2行為）。Aは数分後に息を引き取った。なお、最初の発砲によりAの心臓は治療不可能な程度に損傷しており、第2行為がなくても、Aは第1行為による被弾から20分程度で絶命していた。

(1) 第1行為とAの死亡結果の間に条件関係は存在するか。

(2) 第2行為とAの死亡結果の間の条件関係はどのように判断されるか。

(3) 第2行為とAの死亡結果の間に法的因果関係は認められるか。また、第1行為とAの死亡結果の間に法的因果関係は認められるか。

参考 ❶最決昭和53年3月22日刑集32巻2号381頁
❷最決平成2年11月20日刑集44巻8号837頁

▶▶解説

Key Word 行為者の故意行為の介在
因果関係の中断
被害者の死亡時期

1．本設例は、「熊撃ち事件」として知られる❶を素材としたものである。本設例で検討を要するのは、**過失行為後に行為者の故意行為が介在した場合の因果関係の判断と、2つの行為の罪数関係**である。ここでは、前者を中心に解説する。まず、第1行為とAの死亡結果との間の条件関係が問題となる。「あれなければこれなし」の公式にあてはめると、第1行為がなければ、Aが瀕死の状態になることはなかった。Aが瀕死の状態でなければ、甲は楽にするために殺害の意図でAに発砲することもなかったであろう。そのため、甲の第1行為とAの死亡結果との間には、条件関係が認められる。第1行為が猟師である甲の業務上の過失によるならば、業務上過失致死罪（211前）の罪責が問題となる。

2．問題は、甲自身の第2行為が介在していることである。第2行為とAの死亡結果の条件関係につき、**第2行為がなかったと仮定した場合、一見すると、第1行為により遅からずAは死亡していたことから、発生結果は変わらず、否定されるようにみえる**。しかし、たとえ20分に満たないとはいえ、第2行為はAの死を早めている。**死因や死亡の態様だけでなく、死亡時期も死亡結果の基本要素である**。そうでなければ、殺人犯は、自分が殺さなくとも被害者はいずれは死んでいたという理由で、自分の罪責は殺人未遂罪だと主張できてしまう。殺人とは、人の死亡時期を人為的に早めることである。それゆえ、第2行為がなければ、具体的なAの死の結果は生じなかったので、条件関係が存在する。

3．胸部に至近距離からライフルを発射した**第2行為には、その危険がAの死亡結果に現実化したものとして、法的因果関係を認めてよい**。❶も第2行為を殺人既遂罪としている。また、第2行為により被害者の死亡時期が早められたことから、第2行為がなかった場合に第1行為でもたらされるはずであった結果（＝第1行為による被弾から約20分後と想定されるAの死）は、現実のものとなっていない（つまり、第1行為の危険は現実化していない）。そのことを踏まえると、**第1行為の因果関係は、第2行為のために中断したといえる**。それゆえ、第1行為は業務上過失致傷罪となる（❶もこの結論をとる）。そして、両行為は併合罪（45）とされる。これに対して、第2行為が実際に被害者の死期を早めたのではなく、若干早める影響を持つ（実際に死期を早めたという具体的認定はない）にすぎない場合には、第2行為を考慮することなく、第1行為に死亡結果との間の法的因果関係が認められる。❷は、そのような事案であった。

［**安達光治**］

13★ 因果関係(4)
——被害者の行為の介在

甲・乙・丙・丁とAは、ともに20代の若者で同じ会社で働いていた。甲らは、仕事の重大な不始末をAから上司に告げ口されて解雇されたことでAを恨み、同人に制裁を加えることにした。某年某日深夜2時頃、甲らはAを職場付近の公園に呼び出し、激しい暴行を加えた。暴行の開始から約2時間が過ぎた頃、付近の住民が苦情を言いに来たので、甲らがこれに応対している隙にAは現場から逃走した（この時点でAは、致命的でない傷害を負っていた）。Aは甲らに追いつかれないように必死で逃げたが、1㎞ほど進んだところで高速道路に突きあたった。Aは極度の恐怖心から、一刻も早く逃げ切るために高速道路内に進入した。Aは、折から時速80㎞で走行してきたBの運転する乗用車にはねられて即死した。

(1) 甲らの暴行とAの死亡結果の間に条件関係は認められるか。法的因果関係が認められるとした場合、甲らはどのような罪責を負うか。

(2) Aが逃走の過程で高速道路内に進入するという事情は、行為時に予見可能か。

(3) 危険の現実化の基準で検討する場合、甲らの暴行とAの死亡結果の間に法的因果関係は認められるか。

参考　❶最決平成15年7月16日刑集57巻7号950頁
❷最決平成4年12月17日刑集46巻9号683頁
❸最決平成16年2月17日刑集58巻2号169頁

▶▶解説

Key Word 被害者の行為の介在
介在事情の予見可能性
危険の現実化

1．本設例は、「高速道路進入事件」として知られる❶を素材としたものである。**高速道路への進入という被害者の落度ある行為と行為者による暴行との関係をどのように捉えるかが**、本設例の課題である（被害者の落ち度ある行為の介在に関する判例として、ほかに❷や❸など）。条件関係については、甲らが暴行しなければ、Aは逃走して高速道路に入ることはなく、B運転の自動車にはねられて死ぬこともなかったので、肯定される。そして、両者の間に法的因果関係が認められるなら、甲らは傷害致死罪（205）の罪責を負う。逆に否定されれば、甲らは傷害罪（204）にとどまる。

2．長時間暴行を加えてきた者らから逃走するためとはいえ、未明の暗い時間に高速道路内に立ち入るという危険な行為に出ることは、Aが十分な判断能力の備わった若者であることも考慮すれば、通常は想定し難い（❶の第1審判決は、付近に助けを求められそうな場所が存在していたことなども踏まえ、傷害罪としていた）。一見すると、**Aの高速道路内への立入りの予見可能性は否定され、甲らの暴行とAの死亡結果の間には法的因果関係がないようにみえる**。

3．しかしながら、**因果関係は、問題となる行為と発生結果の間の具体的なつながりである**。それゆえ、暴行の被害者が逃走の過程で高速道路内に立ち入ることがありうるかを、抽象的・一般的にのみ問うことは適切でない。甲らの暴行がAの後の行動に与えた影響を考慮に入れる必要がある。Aは、甲らから約2時間にわたって激しい暴行を受けており、その結果、極度の恐怖心を抱いている。そうした心理状態において、一刻も早く安全圏に逃れるために、一般には正常と言い難い危険な手段を選択することは十分ありうる。このように、甲らの暴行が与えたAの心理状態への影響を踏まえると、高速道路内への進入も予見可能な事情といえる。換言すると、**高速道路内に進入したことによるAの死の結果は、甲らの暴行に内在する危険が現実化したものということができる。人に対する暴行は、相手の身体的状況のみならず、恐怖を与えるなどの形で心理状態を悪化させる危険を内在しているからである**。この点を踏まえ、近時は、危険の現実化の基準による見解が有力となっており、判例もこれを採用する。もっとも、危険の現実化の基準は、介在事情の予見可能性を基準とする相当因果関係の判断を排斥しない。むしろ、危険の現実化の概念には、相当因果関係の抽象的な判断基準を具体的に把握するという意義もあるといえる。

［**安達光治**］

14★ 因果関係(5)
——第三者の行為の介在

甲は、乙を助手席に乗せて、国道を普通乗用自動車で走行していた。甲は、乙との会話に夢中で前をよく見ていなかったため、折から交差点内に自転車で進入してきたAに気づくのが遅れ、自車をAの自転車に衝突させた（第1行為）。それにより、Aは自動車の屋根の上にはね上げられたが、甲らはそれに気づかず、そのまま走行を続けた。その後、約5km進んだところで、前方の車両が急な減速をしたため、慌ててスピードを落とすと、その勢いで左の窓の外にAの右腕が垂れてくるのが見えた。これに驚いた乙は、ガラス窓を開けてAの腕をつかんで引きずり降ろした（第2行為）。そのため、Aは頭から路面に転落した。Aは、脳挫傷により死亡したが、それが第1行為と第2行為のいずれによるものか、確定できなかった。

(1) 死因が第1行為と第2行為のいずれによるものか不明である点は、甲の行為の法的因果関係の判断において、どのように考慮されるか。

(2) 第2行為は第1行為の時点で予測可能か。また、第1行為とAの死亡結果の間の法的因果関係はどのように判断されるか。

(3) 予測不可能な事情が介在した場合、法的因果関係は常に否定されるのか。

参考
❶最決昭和42年10月24日刑集21巻8号1116頁
❷東京高判昭和63年5月31日判時1277号166頁
❸最決平成2年11月20日刑集44巻8号837頁
❹最決平成16年10月19日刑集58巻7号645頁

▶▶解説

Key Word 第三者の行為の介在
第三者の行為の予測可能性
第三者の行為の影響力

1．本設例は、「米兵ひき逃げ事件」として知られる❶を素材としている。まずポイントとなるのは、Aの死因となった傷害が、第1行為と第2行為のいずれによって生じたのか不明だということである。この場合、「疑わしきは被告人の利益に」という刑事裁判の鉄則（利益原則）から、行為者（被告人）甲に有利に、Aの死因は第2行為によるものであることを前提として、第1行為とAの死亡結果の間の因果関係の検討を行う。❶も、明言こそしないが、そのような前提に立っている。なお、第2行為も行為者自身によるものである場合に、行為者にAの死亡結果を帰責できるかについても考えてみてほしい。ちなみに、❷は、路上に横臥していた被害者に気づかないまま自動車を発進させて、自動車の底部と路上の間に被害者を引きずったまま走行し、これに気づいた後に被害者を振り落としたところ、被害者が死亡したという事案で、発進には業務上過失傷害罪(211)、振り落としには傷害罪（204）が成立するとしており、どちらも傷害結果についてしか刑事責任を認めていない。

2．第2行為の予測可能性については、本設例のような場合、否定するのが一般的な考え方である。同乗者が被害者を走行中の自動車の屋根から引きずり降ろすような行動に出ることは、通常ありうるものと言い難い。❶も同様の立場に立つ。また、第1行為もAの死をもたらしかねない危険なものではあるが、第2行為によるAの死因形成の可能性も考え合わせると、Aの死は第1行為の危険が現実化したものとはいえない。それゆえ、第1行為とAの死亡結果の間の法的因果関係は否定される。他方、❹のように、被告人が第三者に高速道路上で停車を強制して暴行を加えるような事案では、後続の自動車による追突は予測可能といえることから、停車を強制する過失行為と追突による人の死亡結果の間の法的因果関係を肯定しうる（ただし、第三者の不適切な行動を誘発したとされる被告人の暴行は過失行為の内容となっていないことに注意）。

3．もっとも、予測不可能な他人の行為が介在する場合に、法的因果関係が常に否定されるわけではない。本設例では、被害者の死因の不確定性から、第三者の行為が被害者の死因をもたらしたことを前提にした。これに対し、項目12でみたように、❸のような第三者の行為が被害者の死を実際にもたらしたと評価し難い事案では、死亡結果の発生に対する第三者の行為の影響力を度外視して考えてよいであろう。

［安達光治］

15 （構成要件的）故意(1)
——犯罪事実の認識・認容

甲は、車の運転をしていたところ、険悪な仲であるＡを見かけ、

(1)　この機会にＡを殺害しようと思い立ち、ハンドルを切ってアクセルを踏み、Ａを背後からひき死亡させた。

(2)　道路も狭く、このまま運転を続ければ背後からＡに衝突し、Ａを死亡させるかもしれないと思ったが、この機会にＡが死ぬのであればそれはそれでかまわないと考え、減速をせずに運転を続けたところ、Ａを背後からひき死亡させた。

(3)　道路も狭く、このまま運転を続ければ正面からＡに衝突し、Ａを死亡させるかもしれないと思ったが、Ａもこちらを認識している以上、よけてくれるだろうと考え、減速をせずに運転を続けたところ、Ａは気づいておらず、Ａを正面からひき死亡させた。

以上の事例につき、甲に何罪が成立するか。

参考　❶最判昭和 23 年 3 月 16 日刑集 2 巻 3 号 227 頁
❷最判令和 3 年 1 月 29 日刑集 75 巻 1 号 1 頁

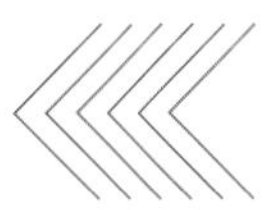

▶▶解説

Key Word 確定的故意 未必の故意 認識ある過失 認識なき過失

1. 過失犯が処罰される場合を除いて、犯罪の処罰には故意が必要である（38 Ⅰ）。**故意とは、「罪を犯す意思」であり、犯罪事実の認識・認容と定義される。犯罪成立のためには、構成要件で定められている各種要件を基礎づける事実が客観的に必要であるが、故意としては、それら基礎づける事実についての認識・認容が必要となる。**例えば、殺人罪（199）では、人を殺す行為（実行行為）、それにより（因果関係）、人が死亡すること（結果）が必要となり、故意としては、それに対応する認識が必要となる。設例では、いずれも車を衝突させる行為（実行行為）、それによる（因果関係）、A の死亡（結果）があり客観的要件を充たしうる。

(1)では、それに対応して、車でひき殺す行為をする認識、それにより、A が死亡することの認識と積極的な意図があり、殺人罪を基礎づける事実に対応する認識・認容を有しており、同罪の故意が認められる（**確定的故意**）。それに対して、仮に、脇見運転をしていた結果、A を全く認識することなくひいて死亡させた場合には、いずれの認識もなく、過失犯しか成立しない（**認識なき過失**）。

2. **(2)**では、**(1)**と異なり、積極的に A を殺害しようと意図していないし、確実に A が死亡すると認識・予見してもいない。しかし、A が死亡するというそれなりに高度な可能性を認識しつつ、そのような事態が発生してもかまわないと思いながらあえて車の運転を継続しており、認識のみならず認容も肯定でき、故意を認めることができる。このように**犯罪事実を基礎づける事実につき、意図したわけでも確定的に認識していたわけでもないが、その実現可能性を打ち消すことなく、行為に出た場合に認められる故意のことを未必の故意と呼ぶ**（❶）。

3. 未必の故意と区別が微妙なのが**(3)**で、**(2)**と同様の危険性の認識を有し、かつ同様の行為を行っている。しかし、A がよけてくれるであろうと最終的には思っており、車でひいて A を死亡させることを認容しているとはいえず故意はない（**認識ある過失**）。故意の有無は、理論的には、甲の認識・認容の問題になるが、実際には、行為者の認識した諸般の事情からそれが認定できるかの問題である。**(3)**では、甲における、A がこちらを向いているという事実認識と、それをもとにしたよけてくれるであろうという判断と行動から故意の否定が導かれる。**故意の認定は、まずは認識が前提となり、高度な結果発生の危険性とその認識があれば、基本的には故意は認められるが**（争われた近時の例として❷）、**その認識が不確定な場合には、その認容の問題が前面に出てくる。** ［嶋矢貴之］

16 （構成要件的）故意(2)
——意味の認識

外国人である甲は、性器が映り込んでいる動画（わいせつな電磁的記録にかかる記録媒体にあたる）を記録したUSBメモリを販売したが、以下の場合において、それぞれわいせつ物頒布罪の故意は認められるか。

(1) 友人から何も記録されていない空のUSBメモリだと伝えられて受け取り、その通り信じて販売した場合

(2) 友人から譲り受け、USBメモリ表面に「わいせつ（無修正）」と書かれており、平仮名だけは辛うじて読めたが、「わいせつ」の意味がわからず、販売した場合

(3) 友人から譲り受け、中身を確認したが、自己の出身国ではその程度の性的描写を含む動画は、全く規制されておらず、日本でも同様だろうと思い販売した場合

参考　❶最大判昭和32年3月13日刑集11巻3号997頁

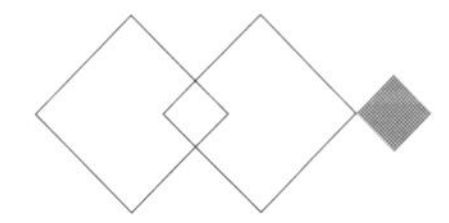

▶▶解説

Key Word 意味の認識 違法性の錯誤 規範的構成要件要素

1．設例の場合、客観的には、わいせつ物を頒布（販売を含む）しており、同罪の客観的な構成要件を充たしている（175 Ⅰ）。しかし、犯罪の成立には原則故意が必要で、設例の場合に、それが認められるか問題となる。**故意とは、犯罪事実の認識・認容を意味するが**（項目 **15** 参照）、**そのためには、構成要件にあたる事実を、その意味を理解しつつ、認識している必要がある。(1)**の場合には、そもそも何の記録もされていない記録媒体としか認識しておらず、およそわいせつ物の認識を欠いており、事実の錯誤として故意が認められない。

2．それに対して、**(2)**の場合には、甲は、平仮名は辛うじて読めるので、「わいせつ」という表面の書き込みは認識し、「わいせつと書かれたUSBメモリ」だと認識はしている。通常の日本人が、「わいせつ（無修正）」と書かれていることを認識すれば、そこからUSBメモリ内の記録が性的描写を含むと推測ができる。仮に、中身を実際に確認しなかったとしても、無修正のわいせつ動画が記録されているものと理解し、その通りに違いないと思って販売すれば、（基本的には）故意は認めうるであろう。それに対して、日本語の能力が十分でない外国人甲は、「わいせつ」という平仮名文字列だけを認識しており、中に性的動画が記録されていることには思い至らないであろう。このように、**「わいせつ物」という構成要件該当事実の認識があるというためには、**上記のような**「規制がなされる趣旨に対応した理解」を伴った認識が要求される。**本罪の場合には、相当程度の強力な性的動画であることの認識が必要となろう。これを**意味の認識**といい、それを欠く場合には犯罪事実の認識を欠き、事実の錯誤として故意が認められない。

3．**(3)**の場合には、中身を確認し、性器が映り込んでいる相当程度強力な性的動画であることを認識している。甲が外国人であったとしても、意味の認識はあり、犯罪事実の認識は認められ、故意は肯定される。この場合には、日本でそれが適法であると勝手に思い込んでいるだけであり、**違法性の錯誤**にすぎず、故意は阻却されない（項目 **17** 参照）。**判例上（❶）も、行為者において、文書につき「問題となる記載の存在の認識」があれば、わいせつではないと法的解釈を誤っても、故意は阻却されない**とされている。わいせつ物のように、認識を肯定するために一定の法的解釈を必要とする構成要件要素を**規範的構成要件要素**と呼び、正確な法的解釈の理解までは要求されないが（それを誤っても違法性の錯誤である）、意味の認識までは必要とされる。

［嶋矢貴之］

17★ （構成要件的）故意(3)
——事実の錯誤と違法性の錯誤の区別

甲は、自分の家の庭にあったＡの所有する自転車を廃棄した。器物損壊罪（261）の成否に関し、以下の設問を検討しなさい。

(1)　甲が、その自転車を同型の自分の自転車であると誤信していた場合と、Ａの自転車であると認識していたが、他人の物を廃棄しても、賠償すれば足り、犯罪になるとは思っていなかった場合では犯罪の成否は異なるか。

(2)　甲が、その自転車をＡの自転車であると認識していたが、他人が自己の家に忘れていったものは、「自己の物」になると考え、廃棄した場合と、同じくＡの自転車であると認識していたが、Ａが自分にくれたと早とちりし、しかし、不要だと思い廃棄した場合で犯罪の成否は異なるか。

(3)　甲が、その自転車をＡの自転車であることは認識していたが、その処置に困り、弁護士と警察に相談をしたところ、廃棄してよいとの助言を受け、廃棄した場合はどうか。

参考　❶最決昭和62年7月16日刑集41巻5号237頁

▶▶解説

Key Word 事実の錯誤
違法性の錯誤
違法性の意識(の可能性)

1．事実の錯誤は故意を阻却し、違法性の錯誤は故意を阻却しない、というのが前提理解である。「罪を犯す意思がない行為は、罰しない」(38 Ⅰ)が、「法律を知らなかったとしても、そのことによって罪を犯す意思がなかったとすることはできない」(38 Ⅲ)。その典型として、**(1)**の前半の設例では、客観的には器物損壊罪の構成要件にあたる「他人の物」を損壊しているが、主観的には、自己の物を壊す認識であり、「他人の物」を壊している認識はない。この場合には、構成要件該当性を基礎づける事実の認識を欠き、故意が認められない(＝事実の錯誤)。それに対して、**(1)**の後半の設例では、以上の**構成要件該当性を基礎づける事実に誤認は存在しない。ただ、それが(刑)法的に許容されるかどうかにのみ誤認が存在し、故意は認められる(＝違法性の錯誤)**。

2．以上の原則に対し、残る問題は、①事実の錯誤につき、故意が肯定される場合はないか、②両錯誤をどのように区別するのか、③違法性の錯誤の場合に、罪責が否定される可能性はないのか、という3点である。①については、構成要件的に重要でない事実の錯誤は故意を阻却しない(項目**18**参照)。②について、**法律違反を基礎づける事実の面に誤認があれば、事実の錯誤であるが**、その点に誤認がなく、(刑)法に違反するかの解釈について誤認がある場合には、違法性の錯誤として故意は阻却されない。**(2)**の後半の設例では、Aの譲渡を誤信しており、**(1)**の前半の設例と同じく、「他人の物」の認識を欠き、重要な事実の錯誤として故意は阻却される。それに対し、**(2)**の前半の設例では、(刑)法解釈を誤り「自己の物」と判断をしているだけであるので、違法性の錯誤となろう。ただし、多くの裁判例では区別の限界問題と後述の違法性の錯誤により例外的に罪責を否定される場合の問題が混合して処理されているため、その整合的な理解は難しい。

3．③につき、違法性の錯誤があり、違法性の意識を欠いている場合に、罪責が否定される可能性がないかどうかは、議論の余地がある(38条3項ただし書で情状による減軽は規定されている)。それを故意の問題とみるか、故意とは独立の責任要件の問題とみるかは争いがあるが、**違法性の錯誤のうち、違法性の意識の可能性すらない場合、違法性の意識を欠くにつき相当の理由がある場合には、故意ないし責任が阻却され不可罰となる可能性は根強く主張されている**。**(3)**のように、十分に慎重に法律専門家・公的機関の助言に従ったような場合である(慎重さを欠き罪責が肯定された例として❶)。

［嶋矢貴之］

18★ 具体的事実の錯誤(1)
——客体の錯誤・方法の錯誤

甲は、Aを殺害しようと計画し、

(1) Aの勤める店舗の開いた窓越しにAと思った人影の頭に銃撃をしたが、実際には人影は店舗のマネキン人形であり、人形の頭部を破壊したにとどまった場合の罪責はどうなるか（なお、同店はかなり前に廃業し、人はおらず、通常人であればマネキン人形であることに気づきうるため、殺人未遂の客観的構成要件は充たさないと考えること）。

(2) 夜間路上でAと思った通行人を銃撃したが、実際には、通行人はBであり、Bは銃弾にあたって死亡した場合と、Aを実際に銃撃したが、銃弾はAを貫通し、付近を歩いていた通行人Bにあたり、AおよびBが銃弾にあたって死亡した場合で罪責は異なるか。

(3) **(2)**の後半の場合に異なる結論となる見解はないか。

参考　❶大判大正11年2月4日刑集1巻32頁
❷最判昭和53年7月28日刑集32巻5号1068頁

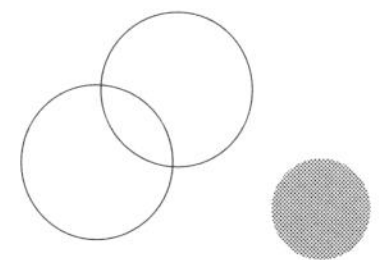

▶▶解説

Key Word 抽象的事実の錯誤 具体的事実の錯誤 法定的符合説 数故意犯説

1． 項目**17**の通り、事実の錯誤は故意を阻却する。**(1)**は、客観的には器物損壊を実現しているが（＝実現事実）、主観的には、Aに対する殺人を認識している（＝認識事実）。前提として、錯誤の問題以前に、いくら殺意があっても、客観的に殺人の構成要件に該当しなければ、殺人罪は成立し得ない。

他方で、客観的に実現した器物損壊については、「他人の物」の「損壊」が構成要件であり、故意としてその事実の認識を要する。甲は、「人」を「殺害」する認識しかなく、器物損壊を基礎づける事実の認識はないため、事実の錯誤があり、同罪の故意は認められない。このように**実現事実と認識事実が異なる構成要件にまたがる場合を抽象的事実の錯誤といい、原則として、故意が阻却される**（項目**20**参照）。**(1)**の場合、殺人未遂も不能で、同予備罪（201）にとどまる。

2． それに対し、**(2)**は、いずれも殺人の故意で、実際に人を死亡させている。このように**実現事実と認識事実が同一の構成要件にあたる（ここでは殺人罪）場合を、具体的事実の錯誤と呼ぶ。**

これらの場合には、事実の錯誤ではあるが、故意は阻却されない。**(2)**の前半のように殺害しようと特定した「人」が人違いであった場合を、客体の錯誤と呼ぶ。**(2)**の後半のように、殺害しようと特定した「人」（＝A）とは別の人（＝B）を（も）死亡させた場合を、方法の錯誤と呼ぶ。判例・通説によれば、**客観的に殺人を実現し（実現事実）、主観的に殺人を認識している（認識事実）以上、両事実に食い違いがあっても、殺人という同一構成要件内部の重要ではないズレであり、故意が認められる**（客体の錯誤につき❶、方法の錯誤につき❷）。これは、犯罪を基礎づける事実に錯誤があっても、「殺人罪」に該当する事実は認識しており、同罪への反対動機は形成可能であったのであり、その責任非難が可能であると考えるからである。これを、**法定的符合説（構成要件的符合説）**と呼ぶ。判例によれば、**(2)**の前半の場合はBに対する殺人既遂、**(2)**の後半の場合は、Aに対する殺人既遂、Bに対する殺人既遂（**両罪は観念的競合**）が成立する（**数故意犯説**）。

3． これに対して、殺人の場合、被害者ごとに構成要件該当事実が別個に生じる以上は、方法の錯誤の場合には、同一構成要件とはいえないとして、Bに対する故意を否定する具体的（法定）符合説も有力であり、また、判例・通説と同じ法定的符合説においても、1人しか殺す意思がなかった甲に2つの殺人罪を認めるのは妥当ではないとする異論（一故意犯説）もある。

［嶋矢貴之］

19★ 具体的事実の錯誤(2)
——因果関係の錯誤

甲は、Aを溺死させて殺害しようと考え、Aを橋の上から突き落としたところ、Aは橋脚で頭を打って脳挫傷で死亡した。

(1) 法定的符合説からは因果関係の錯誤につき、どのような判断を行うか。

(2) 法定的符合説から因果関係の錯誤により故意が否定される場合はあるか。

参考 ❶大判大正12年4月30日刑集2巻378頁
❷最決平成16年3月22日刑集58巻3号187頁

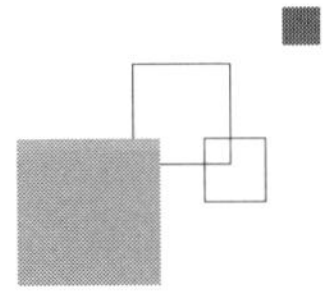

▶▶解説

Key Word 因果関係の錯誤 法定的符合説 危険の現実化

1．結果を必要とする構成要件においては、当該結果（殺人罪における人の死）が、行為者の行為により発生したことが必要となる（＝因果関係）。それは、行為の危険性が結果に実現したかにより判断される。因果関係も構成要件要素である以上、犯罪事実にあたり、故意の認識の対象となる。

設例において、客観的には、「甲によるAを橋の上から突き落とすという実行行為から橋脚で頭を打って脳挫傷で死亡する」（実現事実）という結果が生じている。それに対して、主観においては、「Aを橋の上から突き落とし、溺死させる」（認識事実）という結果を認識・予見する殺人の故意を有していた。このように行為と結果との間の因果経過が実現事実と認識事実とで食い違う場合を因果関係の錯誤という。この場合、因果関係を基礎づける事実に食い違いがあり、（具体的）事実の錯誤ではあるが、故意は阻却されない。前述（項目**18**参照）の通り、事実の錯誤であっても、認識事実と実現事実が法定の範囲内で符合している限り、故意が認められる（法定的符合説）。

具体的には、実現事実として、橋の上から人を突き落とす行為には、橋脚で頭を打ち死亡するという危険性があり、危険の現実化が認められる。また、認識事実においても、橋から人を突き落とす行為には、溺死する危険性があり、溺死が実際に生じた場合には、危険の現実化が認められる。つまり、因果関係として法的に要求されるのは、危険の現実化であり、設例の実現事実も認識事実も、危険の現実化を充たすものであり、法的に要求される要件として一致しており、両者は符合する。具体的（法定）符合説に立っても、（抽象的）法定的符合説に立っても以上の思考過程および結論は同じである。

なお、結果を発生させようとした直接の実行行為より、①後の行為で結果が発生した場合（❶・項目**23**参照）や、②先行する行為から結果が発生した場合（❷・項目**58**参照）も、因果関係の錯誤が問題となり、同様の検討が必要となる。

2．以上のように考えると、行為者の認識事実が危険の現実化を充たさない場合（荒唐無稽な因果経過を想定している）以外に、実現事実と認識事実が符合しないことはあり得ない。そもそもそのような場合には、実行行為性の認識あるいは危険の現実化の認識を欠き、故意は認められない。因果関係の錯誤により、故意が否定される場合は、実質あり得ないという理解もあり、因果関係の認識不要説や因果関係の錯誤を検討する意味はないとする見解も主張されている。［**嶋矢貴之**］

20★ 抽象的事実の錯誤(1)
——軽い罪の故意で重い罪を実現した場合

(1)　Aは、複数の愛人を作ったりギャンブルに使うために借金を重ねたりするなど、結婚以来、妻の甲に散々迷惑をかけてきた。Aは、甲に対し、冗談で「俺がこれまでお前にしてきたことを思うと、お前に殺されても仕方がない。殺してくれ」と言った。Aの言葉を本気にした甲は、Aが殺害されることに同意していると誤信し、Aの殺害を決意して青酸カリでAを毒殺した。

甲の罪責について論じなさい。

(2)　乙は、普段から折合いの悪いBに恨みを晴らすため、Bの飼い犬を怪我させてやろうと思い、BがBの犬を連れて散歩しているところに、犬を目がけて石を投げた。すると、その石は、犬ではなく、Bにあたり、Bが怪我を負った。

乙の罪責について論じなさい。

参考　❶最決昭和54年3月27日刑集33巻2号140頁
❷最決昭和61年6月9日刑集40巻4号269頁
❸名古屋地判平成7年6月6日判時1541号144頁

▶▶解説

Key Word 構成要件の重なり合い
保護法益と行為態様の共通性
軽い罪の客観的要件の充足

1．(1)において、甲は殺害されることに同意しているAを殺害しようと思っており、甲が認識していたのは、同意殺人罪（202後）に該当する事実である。これに対し、実際には、甲は殺害されることに同意していないAを殺害したのであるから、発生した事実は殺人罪（199）にあたる。つまり、**(1)**は、認識した事実と発生した事実とが異なる構成要件に属する抽象的事実の錯誤の事例であり、その中でも、軽い罪の意思で重い罪を実現した場合にあたる。

このような場合について、**38条2項は、重い罪によって処断することはできないと定めている**。これは、重い罪が成立し科刑だけ軽い罪にするのではなく、重い罪が成立しないという趣旨であり（❶）、甲に殺人罪は成立しない。

それでは、同意殺人罪は成立するか。上述の通り、甲は同意殺人罪の故意を有していた。しかし、殺害に同意している者を殺害するという同意殺人罪の事実は存在しないことから、同意殺人罪の客観的要件を充たすかが問題となる。

判例（❶❷）・通説は、この場合、**認識した事実と発生した事実とが構成要件的に重なり合う限りで軽い罪の客観的要件を充たす**と解している。そのときには、重い罪の構成要件の中に軽い罪の構成要件が実質的に含まれているとみなしてよいからである。**構成要件の重なり合いが認められるかは、両構成要件における保護法益の共通性や行為態様の共通性から判断する。**

殺人罪と同意殺人罪は、いずれも生命を保護法益とし、生命の断絶という点で行為態様も共通しているから、構成要件の重なり合いが認められる。したがって、同意殺人罪の客観的要件を充たすと評価され、同意殺人罪が成立する（❸）。

2．(2)の乙は、Bの犬を怪我させる器物損壊罪（261）の意思でBを怪我させて傷害罪（204）を実現している。傷害罪は器物損壊罪より法定刑が重く、**(2)**も、軽い罪の意思で重い罪を実現した抽象的事実の錯誤の事例である。

38条2項により、重い罪である傷害罪は成立しない。ただし、乙に過失があれば、（重）過失傷害罪（209・211後）が成立する。

それでは、器物損壊罪はどうか。器物損壊罪の故意は認められるが、問題は、同罪の客観的要件を充たすかである。器物損壊罪の保護法益は物の効用であるのに対し、傷害罪の保護法益は身体の安全であるから、両罪の保護法益は共通しておらず、構成要件の重なり合いは認められない。したがって、器物損壊罪の客観的要件を充たすとはいえず、同罪は成立しない。

［十河太朗］

21★ 抽象的事実の錯誤(2)
——重い罪の故意で軽い罪を実現した場合

(1)　Aは、複数の愛人を作ったりギャンブルに使うために借金を重ねたりするなど、結婚以来、妻の甲に散々迷惑をかけてきた。甲は、これまでAの仕打ちに耐えてきたが、遂に恨みを晴らすためAの殺害を決意した。Aは、甲の様子から、甲が自分に殺意を抱いていることを察したが、自分がこれまで甲にしてきたことを思うと甲に殺されても仕方がないと考え、覚悟した。甲は、そのようなAの気持ちに気づかないまま、青酸カリでAを毒殺した。

甲の罪責について論じなさい。

(2)　乙は、普段から折合いの悪いBを痛い目にあわせてやろうと思い、BがBの飼い犬を連れて散歩しているところに、Bを目がけて石を投げた。すると、その石は、Bではなく、Bの連れていた犬にあたり、犬が怪我を負った。

乙の罪責について論じなさい。

参考　❶最決昭和 54 年 4 月 13 日刑集 33 巻 3 号 179 頁

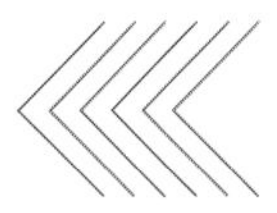

▶▶解説

Key Word 構成要件の重なり合い
保護法益と行為態様の共通性
軽い罪の故意の成否

1．**(1)**において、甲は、殺害されることに同意していないAを殺害しようと思っていたのであるから、甲の認識していたのは、殺人罪（199）に該当する事実である。これに対し、実際には、Aは、殺害されることに同意していたため、発生した事実は同意殺人罪（202後）にあたる。つまり、**(1)は、認識した事実と発生した事実とが異なる構成要件に属する抽象的事実の錯誤の事例であり、その中でも、重い罪の意思で軽い罪を実現した場合である。**

上記の通り、甲の行為は同意殺人罪の客観的要件は充たす。しかし、甲に同意殺人罪を実現する意思がないことから、同意殺人罪の故意が認められるかが問題となる。

判例（❶）・通説の採用する法定的符合説によれば、この場合、**認識した事実と発生した事実とが構成要件的に重なり合う限りで軽い罪の故意が認められる。**そのときには、重い罪の故意の中に軽い罪の故意が実質的に含まれているとみなしてよいからである。**構成要件の重なり合いが認められるためには、両構成要件における保護法益の共通性と行為態様の共通性の両者が必要となる。**

(1)において、殺人罪と同意殺人罪は、いずれも生命を保護法益としており、生命の断絶という点で行為態様も共通しているから、構成要件の重なり合いが認められる。したがって、甲には、構成要件の重なり合う限度で同意殺人罪の故意が認められ、同意殺人罪が成立することになる。なお、甲の行為について、同意のない者を殺す危険性があったと認められるときは、殺人未遂罪が成立しうる。

2．**(2)**において、乙はBを怪我させようと思っていたのに、実際にはBの犬を怪我させたのであるから、傷害罪（204）の意思で器物損壊罪（261）を実現したといえ、抽象的事実の錯誤が生じている。傷害罪は器物損壊罪より法定刑が重いから、**(2)**も、重い罪の意思で軽い罪を実現した場合である。

上記の通り、乙の行為は器物損壊罪の客観的要件は充たすが、乙に器物損壊を実現する意思がないことから、器物損壊罪の故意が認められるかが問題となる。

傷害罪の保護法益は身体の安全であるのに対し、器物損壊罪の保護法益は財産であるから、両罪の保護法益は共通しておらず、構成要件の重なり合いは認められない。それゆえ、乙には器物損壊罪の故意は認められず、同罪は成立しない。

なお、傷害の危険を生じさせる有形力の行為は、身体に接触しなくても暴行にあたるとすれば（項目**105**参照）、Bに対する暴行罪（208）が成立する。［**十河太朗**］

22 抽象的事実の錯誤(3)
――法定刑が同一の場合

甲は、ヘロイン（ジアセチルモルヒネ）であると思って薬物を日本国内に輸入した。しかし、その薬物は、実際には覚醒剤だった。

(1) 甲の罪責は、どうか。

(2) 覚醒剤輸入罪の故意としては、「覚醒剤を含む身体に有害で違法な薬物類であるとの認識」があれば足りるとされている。これを前提に、「甲には、身体に有害で違法な薬物類であるとの認識があったから、錯誤の点を検討するまでもなく、甲には覚醒剤輸入罪の故意が認められる」とする見解は妥当か。

＊覚醒剤取締法 41 条 1 項

覚醒剤を、みだりに、本邦若しくは外国に輸入し、本邦若しくは外国から輸出し、又は製造した者……は、1 年以上の有期懲役に処する。

＊麻薬及び向精神薬取締法 64 条 1 項

ジアセチルモルヒネ等を、みだりに、本邦若しくは外国に輸入し、本邦若しくは外国から輸出し、又は製造した者は、1 年以上の有期懲役に処する。

参考　❶最決昭和 54 年 3 月 27 日刑集 33 巻 2 号 140 頁
❷最決平成 2 年 2 月 9 日判時 1341 号 157 頁

▶▶解説

Key Word 構成要件の重なり合い　保護法益と行為態様の共通性　同一の法定刑

1. 麻薬（ヘロイン）輸入罪は、麻薬及び向精神薬取締法64条1項に規定されており、覚醒剤輸入罪は、覚醒剤取締法41条1項に規定されている。このように、両罪は、別の法律に規定されているから、構成要件も異なる。したがって、本設例では、認識した事実である麻薬輸入と、発生した事実である覚醒剤輸入とが異なる構成要件に属するため、抽象的事実の錯誤が問題となる。

抽象的事実の錯誤については、認識した事実と発生した事実とが構成要件的に重なり合う限度で故意犯の成立を認める法定的符合説が、判例・通説である。**構成要件の重なり合いは、両罪の保護法益と行為態様の共通性から判断される。**麻薬輸入罪と覚醒剤輸入罪は、いずれも薬物からの身体の安全・健康を保護法益としている。また、依存性が高く有害な薬物を日本国内に持ち込むという行為態様も共通している。したがって、両罪は構成要件的に重なり合う。

ただ、麻薬輸入罪と覚醒剤輸入罪は、法定刑が同一である。そうすると、本設例では、認識した罪と実現された罪とが同一の法定刑であることになるため、構成要件の重なり合う限度の罪とは、麻薬輸入罪であるのか、覚醒剤輸入罪であるのかが問題となる。

この点について、❶は、**構成要件の重なり合う限度の罪とは、実現された罪であるとしている**。一般に、構成要件該当性は、客観的要件→主観的要件という順に判断するから、本設例でも、まず、甲の行為が覚醒剤輸入罪の客観的要件を充たすことを認め、次に、同罪の故意について、「甲はヘロインの輸入を認識していたが、構成要件の重なり合いがあるから覚醒剤輸入罪の故意が認められる」として、覚醒剤輸入罪の成立を肯定することになる。

2. 覚醒剤所持罪の故意の内容について、❷は、「この薬物は覚醒剤である」という明確な認識はなくても、「覚醒剤を含む身体に有害で違法な薬物類であるとの認識」があれば足りるとする。ただ、この場合は、自分の所持する薬物が覚醒剤である可能性を排除していないことに注意する必要がある。

他方、甲が「この薬物はヘロインだ」と認識していたということは、「覚醒剤でない」と思い、薬物が覚醒剤である可能性を排除していたことを意味する。そのため、覚醒剤輸入罪の故意があるとはいえず、麻薬輸入罪の故意で覚醒剤輸入罪を実現した点で錯誤が問題となるのである。

［十河太朗］

23★ 遅すぎた結果の発生

甲は、知人Aと口論になり、激高してとっさにAを殺害することを決意し、部屋にあったゴルフクラブでAの頭を力任せに数回殴打したところ（第1行為）、頭蓋骨を骨折したAは、意識を失いその場に転倒した。甲は、Aの様子をみててっきり死亡したと思い込み、死体を山中に遺棄しようとAを自動車に乗せ走行した。山中に到着した甲は、穴を掘りその中にAを投げ込み土をかけて埋めたところ（第2行為）、まだ生きていたAは5分後に窒息死した。

(1) ゴルフクラブで殴打する行為（第1行為）と穴に生き埋めにする行為（第2行為）を1個の実行行為とみて甲に殺人罪（199）の成立を認めることができるか。

(2) 第1行為を殺人罪の実行行為とみた場合、甲には殺人未遂罪（203・199）が成立するのか、それとも殺人罪が成立するのか。

(3) 第1行為に殺人罪が成立すると解した場合、第2行為は正面から検討しなくてもよいか。

参考　❶大判大正12年4月30日刑集2巻378頁

▶▶解説

行為の一体性
危険の現実化
因果関係の錯誤
包括一罪

1．行為は客観・主観の統合体であるから、2つの行為を1個の行為とみるためには、両行為が客観的にも主観的にも密接に関連したものでなければならない。かつてドイツでは、第1行為時に存在する故意が結果にまで概括的に及んでいるという理由で2つの行為の一体性を肯定する見解が主張されたことがある（ウェーバーの概括的故意）。しかし、第2行為の際にはすでに当初の故意は失われているためこの考え方には無理がある。第1行為は殺人の故意に基づく行為、第2行為は死体遺棄の故意に基づく行為であるから、両行為に主観的な関連性は認められない。したがって、両行為を1個の実行行為とみることはできない。

2．遅すぎた結果の発生が問題となった❶において、弁護人は第1行為に殺人未遂罪、第2行為に過失致死罪（210）が成立すると主張したが、裁判所は第1行為について殺人罪が成立するとした。これは、裁判所が、第1行為と死亡結果との間の因果関係を肯定したためである。たしかに、Aの死因は窒息死であるから第2行為の結果に対する寄与度は大きく、そのため因果関係を否定するという考えもあり得る。しかし、先行する殺人行為が後行する死体遺棄行為を誘発したといえるし、殺人犯が死体遺棄行為に出ることは必ずしも異常なことではない。したがって、ゴルフクラブで殴打する行為の中には、穴を掘って埋めるという介在事情を経由して窒息死させる危険が含まれており、その危険が結果に現実化したにすぎないので因果関係は肯定される。なお、甲は、殴打による死を認識していたところ現実には窒息死しているので因果関係の錯誤があるが、因果関係の錯誤は故意を阻却しないので（項目**19**参照）、甲には殺人罪が成立する。

3．第1行為に殺人罪が成立すると解した場合、第2行為は第1行為と結果との間の介在事情として評価されている。しかし、Aの死因は窒息死であるから、それを直接惹起した行為の可罰性を正面から検討しないのは妥当ではない。Aを生き埋めにして窒息死させた第2行為は客観的には殺人罪に該当するが、甲には死体遺棄の故意しかないので抽象的事実の錯誤の問題となる。ところが、死体遺棄罪（190）と殺人罪の構成要件は、保護法益に共通性がないので重なり合いが認められず、故意犯は成立しない（項目**20**参照）。ただ、甲に過失があれば過失致死罪が成立する。もっとも、甲はAの生命という1個の法益を侵害したにすぎないので、過失致死罪は殺人罪に包括評価され殺人罪一罪が成立する。

［大塚裕史］

24 過失犯(1)
——過失犯の処罰と明文の要否

甲は、古物営業法上の許可を得て古物商を営んでいた（古物３Ⅰ）。古物商は、古物の受取り・引渡しをした場合には、その都度、帳簿に必要事項を記載しなければならない（古物16）。甲は、某日、Ａからバイクを１台、翌週、Ｂからバイクを１台、それぞれ古物として買い受けたが、いずれも記帳し忘れたまま数週間が経過した。甲は、Ａから買い受けたバイクのことは思い出して記帳したが、Ｂから買い受けたバイクのことは忘れたまま記帳しなかった。必要な記帳をしなかった者に対しては、罰則がある（古物33②）。

(1) 甲の法令違反行為は、罪を犯す意思がある行為だといえるか。
(2) 罪を犯す意思がなくても、他に甲の責めに帰すべき事由はないか。
(3) 甲を罰するためには、追加的に特別規定を置く必要があるか。

参考　❶最決昭和 28 年 3 月 5 日刑集 7 巻 3 号 506 頁
❷最判昭和 37 年 5 月 4 日刑集 16 巻 5 号 510 頁
❸最判昭和 57 年 4 月 2 日刑集 36 巻 4 号 503 頁

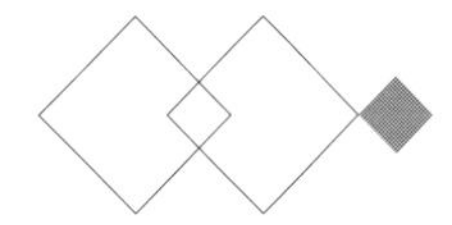

▶▶解説

Key Word 故意犯処罰の原則　過失犯処罰　特別の規定

1．刑法は、**罪を犯す意思がない行為は罰しない**との原則を定めている（38 Ⅰ本〔故意犯処罰の原則〕）。古物営業法上の記帳義務違反の罪についていえば、古物商は取引をした「その都度」の記帳を義務づけられている以上、甲は、A・Bからの古物の受取りの際に必要な記帳をしなかったそれぞれの時点で記帳義務違反を犯したことになる。だが、甲は、記帳を忘れていたのであって、例えば何かやましい事情があって記帳しないまま放置したわけではない。記帳義務違反の「罪を犯す意思」があったとはいえない。

2．とはいえ、甲は、古物商として、古物営業法上の記帳義務を知っていたはずだし、仮に知らなかったとしても、知るべきであった。記帳義務があることを知っていれば、必要な記帳を仕損じないよう注意を払わなければならない。すなわち、A・Bそれぞれと取引をするにあたり、「その都度」の記帳を忘れることがないよう気をつけるべきであった。甲は、かかる注意を怠り、記帳を失念してしまった。**罪を犯す意思がなくても、罪を犯さないよう注意すべきであり、そのために必要な注意を怠ったことを「過失」と呼ぶ**。

3．刑法は、**「法律に特別の規定がある場合」には故意犯処罰の原則が及ばない**旨を定めている（38 Ⅰ但）。そこにいう「特別の規定」の代表的なものが、過失によって罪を犯した場合を罰する規定である（過失犯処罰規定）。とりわけ人を死傷させる行為については、包括的・段階的に過失犯処罰規定が設けられている（209 Ⅰ〔過失傷害〕、210〔過失致死〕、211〔業務上・重過失致死傷〕、自動車運転致死傷5本〔過失運転致死傷〕）。他方で古物営業法には、一部の法令違反については特別の過失犯処罰規定があるが（古物37）、**記帳義務違反については過失によって犯した場合の処罰を特に定めた条文がない**。

では、甲の、過失による記帳義務違反は罰されないのだろうか。**判例は、この種の行政取締法規の罰則は、それ自体が、取締りの目的を考慮して（故意犯のみならず）過失犯も罰する「特別の規定」だと解しうることを認めている**（❶）。記帳義務違反の罰則もまた、忘れていたとの弁解によって刑責を免れてしまうのでは十分に取り締まれないことから、同様に解されている（❷）。学説上、当該罰則の文言に故意犯に限るとは書かれていないからといって、解釈によって当該罰則に過失犯処罰をも読み込むのは無理があり、過失犯処罰を明文で定めることを要するはずだとの批判も根強いが、判例の態度は変わらない（❸）。　**［古川伸彦］**

25 過失犯(2)
——結果的加重犯と過失の要否

甲は、妻Ａと口論となった際、激高してＡを押し倒し、馬乗りになってＡの頸部を両手で圧迫した。Ａは、その場で死亡した。当初、甲が頸部を圧迫したせいで窒息死したのではないかと疑われたが、捜査の結果、窒息させるほどの強い力で圧迫したわけではなく、しかもＡの死因は急性心筋梗塞であったことが判明した。Ａは、かねて高血圧のせいで心臓肥大の状態にあり、そこに甲が上記暴力を振るったせいで血圧が上昇してついに冠動脈が損傷し、心筋梗塞を発症し、心原性ショックに陥って死亡したのであった。

(1) 甲に、過失傷害罪ではなく傷害罪の刑責を負わせてよいか。

(2) 甲に、傷害罪より重い傷害致死罪の刑責を負わせてよいか。

本問は特別に条文を読んで考えよ：傷害（204条）「人の身体を傷害した者は、15年以下の拘禁刑又は50万円以下の罰金に処する。」／傷害致死（205条）「身体を傷害し、よって人を死亡させた者は、3年以上の有期拘禁刑に処する。」／暴行（208条）「暴行を加えた者が人を傷害するに至らなかったときは、2年以下の拘禁刑若しくは30万円以下の罰金又は拘留若しくは科料に処する。」／過失傷害（209条1項）「過失により人を傷害した者は、30万円以下の罰金又は科料に処する。」／過失致死（210条）「過失により人を死亡させた者は、50万円以下の罰金に処する。」

参考　❶最判昭和32年2月26日刑集11巻2号906頁

▶▶解説

Key Word 暴行による傷害・傷害致死
重い結果の予見可能性（過失）

1．甲の行為はＡの身体を傷害するものであったが、甲に傷害の罪を犯す意思はない。しかし、Ａに暴力を振るえばその身体を傷つけるおそれがあることは、誰でも想像がつく。そんなことにも気がつかずに暴力を振るった点で、甲には明らかに過失がある。過失傷害罪の成立を認めることは当然に可能である。ところが、甲が同じ行為をして、もし幸いにもＡを傷害するに至らなかった場合には、暴行罪しか成立しない。暴行罪の刑は、過失傷害罪の刑（罰金または科料）より重い。これでは罪刑の軽重関係が逆転している。

そこで、**暴行を加えた者が人を傷害するに至ったときは、傷害の故意がなくても、傷害罪の適用を受ける**べきだと解されている。甲が、Ａを押し倒し、馬乗りになってＡの頸部を両手で圧迫した行為は、上述の通りＡに「暴行を加えた」ことにあたる。暴行の罪を犯す意思も認められる。その結果、Ａの身体を傷害するに至った以上、甲は、傷害罪の刑責を免れることはできない。こうした解釈は、学説上一般に、**傷害罪には暴行罪の「結果的加重犯」の側面がある**ことを承認する意味を持つものだと受け止められている。

2．この「結果的加重犯」という概念は、典型的には、傷害の罪において傷害致死罪がどういう趣旨で設けられているのかを理解するためのものである。人の身体を傷害する行為は多様な害をもたらしうるが、最悪の害は死亡である。その場合には、結果の重大性に鑑みて、通常の傷害罪の刑より重い刑が科されてしかるべきである。それを実定するのが傷害致死罪であり、この法意から同罪は傷害罪の「結果的加重犯」と呼ばれる。そしてここでも、傷害の故意がなくても、過失致死罪の刑が暴行罪の刑より軽いことから、**暴行を加えた者が人を傷害し、よって死亡させたときは、傷害致死罪の適用を受ける**べきだと解されている。

それゆえ、甲は、傷害致死罪の刑責を免れることはできないとも考えられる。だが、甲の暴行は、それ自体としてはＡを死亡させるほど強度のものではなく、Ａの死亡は、Ａの（隠れた）身体的素因と相まって生じたものである。そんな暴力を振るったら死なせるおそれがあるとの予測はまず難しく、過失致死罪の成立を認めることすら無理がある。**判例は、Ａの死亡を予見できなくても傷害致死罪を適用してよいと解し**（❶）、**結果的加重犯の適用にあたって重い結果についての過失を不問とするが**、通説は、それでは結果責任に等しく刑法上の責任主義に沿わないと考え、重い結果についての過失が必要だと解している。［**古川伸彦**］

26 過失犯(3)
——結果発生の予見可能性

Ａ乳業は、同社Ｂ工場で粉ミルクを製造し、販売していた（商品名「Ａドライミルク」)。粉ミルクは、原料となる牛乳を加工して製造するものであるが、Ｂ工場では、その加工過程において、原乳の凝固を防ぐために第二燐酸ソーダを安定剤として添加する方法がとられた。Ｂ工場は、Ｃ産業（薬種商）に第二燐酸ソーダを発注し、Ｃ産業から納品された薬剤を安定剤として添加する方法により、Ａドライミルクの製造・販売を続けたところ、同商品を飲用した多数の乳児が、砒素中毒の症状を呈して死傷する事態が起きた。

捜査の結果、Ｃ産業から納品された薬剤が多量の砒素を含有しており、それでＡドライミルクにも砒素が混入したという事実が判明した。同薬剤の製造元はＤ製薬であり、Ｄ製薬は、アルミニウム製造過程で出る廃棄物を仕入れて加工した物を第二燐酸ソーダと称して売っていたが、それは化学的には第二燐酸ソーダではなく、しかも多量の砒素を含有していた（Ｄ製剤）。Ｄ製剤は工業用として売られていたが（いわゆる無規格品）、Ｂ工場では、規格品より廉価だったため、それをＡドライミルクの製造に使用していた。

(1)　Ｂ工場の製造課長甲に、業務上過失致死傷罪（211前）の刑責を問えるか。

(2)　Ｂ工場の工場長乙にも、同罪の刑責を問えるか。

参考　❶徳島地判昭和48年11月28日刑月5巻11号1473頁

▶▶解説

Key Word 過失
注意義務違反
結果発生の予見可能性

1．業務上の「過失」とは、業務上「必要な注意を怠」ったこと（注意義務違反）であるが、その意味するところは、人の生命・身体に対する危険に注意を払わない、いうなれば「漫然とした」心理状態である。かかる心理状態で行動し、それに「よって人を死傷させた」と認められるかどうかは、注意を払っていたらどうなったかという仮定的事実、すなわち、①注意を払っていれば人の生命・身体に対する危険を予見でき、②その危険を防止する措置を講じることによりその危険の現実化を回避することができたかによる。

上記①は、結果発生の予見可能性が認められるかどうかの問題であり、上記②は、結果発生の回避可能性が認められるかどうかの問題である（結果回避可能性〔項目**28**〕）。前者を結果予見義務違反、後者を結果回避義務違反と呼ぶこともある。過失犯の成否の判断の重心を前者に置く（旧過失論）か後者に置く（新過失論）かという理論の争いもあったが、両者が必要であることは一致しており、現在では役割を終えている。重要なのは、注意深く行動していればどういう危険に気づき、どういう対処ができたのかである。

甲は、D製剤が無規格品であるがゆえの漠然とした危惧感ないし不安感を覚えるべきであり、それに基づいて何らかの対処をすべきだったという論じ方もありうる（❶）。だが、そのような一般的・抽象的な予見内容から具体的な措置内容を導き出すのは困難である。より具体的な予見として、添加する薬剤が注文通りのものでなければ飲用者の命に関わる危険があると気づくべきであった、そしてそれに基づいてD薬剤の検査や規格品発注への切替え等を行うべきであったと認定してこそ、過失犯の成立を肯定できる。

2．甲に負わされる過失犯の刑責は、厳密にいうと、B工場でAドライミルク製造に携わっていた甲配下の従業員らに対する、甲の監督上の落ち度を問うものである（いわゆる監督過失〔項目**30**〕）。そして甲の上にはさらに乙がいる。乙についても同様に刑責を問えるか否かは、乙に、甲と同様の予見可能性が認められるか否かによる。Aドライミルクの安全性に関しては甲が必要な注意を尽くしてその製造を掌理しているはずだという信頼が成り立つ場合には、予見可能性は認められない（いわゆる信頼の原則〔項目**29**〕）。

［古川伸彦］

27★ 過失犯(4)
――因果経過の予見可能性

ある病院において、動脈管開存症患者A（当時2歳）に対する手術が、執刀医甲以下9名（甲、助手3名、看護師3名、麻酔医2名）から成るチームによって行われた。手術は、電気メス器の対極板のAの右足関節上部への装着、心電計の接地電極のAの両手両足への装着等の準備の後、甲が執刀して行われた。執刀前の電気メス器のケーブルの接続は看護師の担当業務とされており、看護師3名のうちの乙が行った。手術終了後、Aの右足関節上部に重度の熱傷が生じていることが判明し、Aの右下腿を切断するに至った。

熱傷発生の原因は、電気メス器のメス側ケーブルと対極板側ケーブルの交互誤接続にある。その状態で電気メスを用いると、高周波電流は正接続の場合の反対方向に流れるが、それだけではなく、本件手術においては、心電計の接地電極の1つがAの右下腿部の、電気メス器の対極板の装着箇所の近くに装着され、電気メス器と心電計の双方に接地アースが取りつけられ、心電計にヒューズ等の安全装置がないという事情があり、これらの事情が備わった場合、Aの右下腿部にも分流する。それで同部位に熱傷が生じた。

(1) 乙に、業務上過失傷害罪（211前）の刑責を問えるか。

(2) 甲にも、同罪の刑責を問えるか。

参考　❶札幌高判昭和51年3月18日高刑集29巻1号78頁

▶▶解説

Key Word 過失
結果発生の予見可能性
因果経過の予見可能性

1．電気メス器の仕組みは、高周波電流を発生させてメス先で高密度化し、その先端を患者の身体に接触させると瞬時に放電が起こり、その接触箇所の周辺組織が一気に発熱して蒸気爆発し（ジュール熱）、それによって切開を行えると同時に、その切開箇所の周辺では血液凝固が生じて止血も行えるというものである。高周波電流は、患者の身体に装着された対極板を通して本体に帰っていく。**身体に高周波電流を流入させる以上、その使用方法を誤ると熱傷等の傷害を負わせるおそれがある**ことは、誰でも想像がつくだろう。

かかる危険への配慮は、乙がケーブルの接続を行う際に怠ってはならない「業務上必要な注意」である。ただし、A に熱傷が生じたメカニズムは手術当時は全く知られておらず、むしろケーブルの誤接続それ自体は（特殊な条件が備わらない限り）無害である。そこから、**乙が上記注意を払っていても、本件熱傷事故の発生を予見することはできなかったのではないかとの疑問も湧く**（**因果経過の予見可能性**）。そうだとすると、本件熱傷は、乙の不注意とは関係なく起きた（乙の過失によらない）事故だということになる。

だが、電気メス器を正しく使用しなかったら熱傷事故が発生する危険があるということは、電流の仕組み等を知らなければ分からないのであろうか。そうではない。**電気メス器がどういう器具であるかさえ知っていれば、使い方を誤ると熱傷等の事故に至りかねないことを予想できる**（**結果発生の予見可能性**）。裁判例上、「特定の構成要件的結果及びその結果の発生に至る因果関係の基本的部分の予見」とも表現されるが（❶）、乙は、そうした予見に基づき、ケーブルの接続方法を間違えないよう気をつけるべきだった。

2．電気メス器の使用方法を誤って人を傷害することのないよう注意すべきなのは、電気メスを用いて執刀する際の甲もそうである。ならば甲もまた、ケーブルの接続方法に誤りがないかを気にすべきだったといえるだろうか。しかし本来的には、甲は、執刀ミスをしないよう注意を集中すべきである。**乙らが電気メス器のセッティングを含む準備を必要な注意を尽くして行っているはずだという信頼**が成り立つ限り、準備段階のミスの有無についてまで気を回す必要はない（いわゆる信頼の原則〔項目 **29**〕）。甲に業務上過失傷害罪の刑責を問うことができるのは、上記信頼を不相当とすべき特段の理由がある場合に限られる。 ［**古川伸彦**］

28 過失犯(5)
——結果回避可能性

甲は、自動車（以下、「甲車」）を運転して交差点（以下、「本件交差点」）にさしかかったが、対面信号は黄色の灯火の点滅（「他の交通に注意して進行することができること」）を表示していた。甲は、時速約 30 ～ 40 km の速度を維持したまま、本件交差点に進入したところ、交差する道路上を左から進行してきた乙運転の自動車（以下、「乙車」）に衝突し、甲車に同乗していた A が車外に放出されて死亡した。乙は、足元に落とした携帯電話を拾うため、前方注視を怠り、交差点の対面信号が赤色の灯火の点滅（「停止位置において一時停止しなければならないこと」）であったにもかかわらず、指定最高速度が時速 30 km である交差道路上を時速約 70 km の速度で本件交差点に進入したものである。

甲には、過失運転致死罪（自動車運転致死傷 5）が成立するか。

参考　❶最判平成 15 年 1 月 24 日判時 1806 号 157 頁
❷最判平成 4 年 7 月 10 日判時 1430 号 145 頁

▶▶解説

Key Word 結果回避可能性
注意義務違反

1．過失結果犯の成立には、**結果回避可能性**が必要である。これは、行為者の態度に注意義務違反（過失犯の実行行為）が認められた場合であっても、**「仮に行為者が注意義務を遵守したとしても、当該事実状況から考えて、問題の結果は同じように発生しただろう」という（合理的な疑いを排除できない）場合**には、過失結果犯の成立が否定される、という要件論である。このような判断が認められる根拠は、「当該状況の下では、仮に注意義務を遵守していたとしても結果発生を回避できなかっただろう」という事情が認められるならば、当該結果発生について、行為者の態度を「注意義務違反」（結果発生の許されない危険を生じさせる態度）だと評価したことの正しさが確証されておらず、**当該結果は「注意義務違反のせいで生じた結果」とはいえない**、という点にある。この場合には、注意義務違反性を基礎づけた危険が結果に現実化したとは評価できないのである。

2．結果回避可能性が問題となるためには、まず、**行為者の態度に「注意義務違反」が認められること**がその前提となる。そして、**それを「注意義務を遵守した態度」に置き換えてみて、その場合に結果回避が可能であったか**のシミュレーションを行う。その際、純粋に物理的な計算上の回避可能性だけが問われるわけではない。例えば、行為者が前方不注視で自動車を運転し、他の自動車と衝突事故を起こした場合には、「前方を注視していた運転」を仮定して考えることになる。その場合、仮に前方を注視していたならば、他の自動車を発見できた時点で、物理的に衝突を回避できる運転操作に出るための時間が、わずかに（1～2秒程度）残されていたかもしれない。しかし、そのようなわずかな時間内では、行為者に冷静な状況判断と適切な運転操作を要求することができない、と考えられる場合もある。そのような場合には、なお、結果回避可能性が否定されることになる（❷）。

3．設例（❶の事案）では、甲が、交通整理が行われておらず（信号は黄色灯火の点滅）、左右の見通しのきかない交差点に、漫然と時速30～40 kmの速度で進入した態度に「注意義務違反」を認めることができる。そこで次に、甲が仮に減速して交差点に進入した場合に（注意義務の遵守を仮定）、乙との衝突、ひいてはAの死亡結果を回避できたかが問われる。乙車を発見してから衝突回避動作に出るまでに残されていた時間、乙の異常な運転態様等から考えて、衝突は回避不可能だったと認められれば、甲の過失運転致死罪は否定される。　**［杉本一敏］**

29★ 過失犯(6)
――信頼の原則

(1)　甲は、大型貨物自動車（以下、「甲車」）を運転し、甲車の左側を同じ方向に進行していたＡの自転車を、交差点にさしかかる35 m前の地点で追い抜いた。甲は、交差点を左折しようとし、交差点の手前6 mの地点で、サイドミラーで後方のＡの自転車を一度確認したが、問題ないと考えてそのまま左折を始めたところ、Ａが、そのまま甲車の左側をすり抜けようとして交差点に進入し、左折中の甲車に衝突して死亡するに至った。甲に過失運転致死罪（自動車運転致死傷5）は成立するか。

(2)　病院において、患者Ｂと患者Ｃが、取り違えられて手術室に搬送された。その際、麻酔医であった乙は、搬送されてきたＢに対し、「Ｃさん、おはようございます」などと声をかけ、相手がうなずくのを見て麻酔を開始したが、入れ歯や髪、肺動脈圧の計測結果などの著しい相違から、この患者がＣではないとの疑問を抱き、他の医師らにその旨を告げた。しかし、病棟への電話でＣが手術室に降りたと確認されたことなどから、それ以上の確認が行われず、Ｂに対してそのまま手術が実施された。乙に業務上過失傷害罪（211前）は成立するか。

参考　❶最判昭和41年12月20日刑集20巻10号1212頁
❷最判昭和42年10月13日刑集21巻8号1097頁
❸最判昭和46年6月25日刑集25巻4号655頁
❹最決平成19年3月26日刑集61巻2号131頁

▶▶解説

Key Word 信頼の原則 信頼の相当性 注意義務違反

1．**(1)**は❸の事案であり、最高裁は「信頼の原則」を適用して甲の過失致死の罪責を否定した。**信頼の原則とは、複数の者においてそれぞれ結果回避を可能にする措置が考えられる場合に、他の者が結果回避措置を講じることを前提にして行為者の注意義務（結果回避義務）の内容を考えることが許される、という原則である**（❶❷参照）。この原則が適用されたならば、甲は、後続のAが、左折を開始した先行車両の進行を妨げてはならないという道路交通法の規則を遵守することを信頼すれば足り、「あえて法規に違反し自車の左方を強引に突破しようとする車両のありうることまでも予想したうえでの周到な後方安全確認をなすべき注意義務はない」（❸）、という結論になる。

2．信頼の原則が適用され、注意義務が軽減されるためには、**他者のルール遵守を信頼することが許される状況でなければならない（信頼の相当性）**。他者がすでにルール違反に出る徴候を示していた場合（**(1)**において、仮に、Aが甲車の左側をすり抜けようとして進行してきている様子が甲にも見えた場合）には、他者のルール遵守を前提にしてはならない。また、行為者側にもルール違反があったことが、直ちに信頼の原則の適用を否定する結論に至るわけではないが、**行為者側のルール違反が相手のルール違反をひき起こした場合には、相手のルール遵守を信頼することは許されない**。例えば、甲が左折の合図を出さずに突然左折を開始したので、甲車は直進すると思っていたAが対応できずに甲車の左側をすり抜けようとしたのであれば、左折時に周到な後方安全確認をしなかった甲の態度に注意義務違反が認められることになるだろう。

3．信頼の原則は、交通事件だけでなく、複数の者が関与するチーム医療の現場などにおいても、その適用が問題となりうる。**(2)**は❹の事案であるが、手術室に搬送された患者の同一性確認について、乙に他の看護師・医師による（事前の）確認を信頼することが許され、それによって注意義務（同一性確認の義務）が軽減されうるかが問われた。❹は、本件では「病院全体が組織的なシステムを構築し、……医師や看護師の間でも役割分担を取り決め、周知徹底し、患者の同一性確認を徹底する」ような状況がなかったとして、乙も、他の関係者が適切に同一性確認を行ったと信頼することは許されず、「重畳的に」確認義務を負うとし、乙に業務上過失傷害罪の成立を認めた。これは、本件では信頼の相当性を欠いている、との判断が示されたものといえる。

［**杉本一敏**］

30★ 過失犯(7)
――管理・監督過失

ホテルHにおいては、スプリンクラーの設置、防火区画の設置、消防計画の作成、火災時の消火・避難誘導訓練の実施などが行われていなかった。そのため、宿泊客の寝たばこ（過失行為）によって火災が発生したとき、消火が行われず、ホテル全体に火勢が拡大することになり、適切な避難誘導もなされないまま、多数の宿泊客が死傷した。

(1) 甲は、Hの代表取締役社長としてHの経営全般を実質的に統括しており、乙は、Hの支配人兼総務部長であり、甲から防火管理者（消防８Ⅰ）に選任され、防火管理業務に従事していた。甲・乙は、業務上過失致死傷罪に問われるか。

(2) 防火管理者に選任されていないHの取締役丙は、取締役であるという立場を根拠に、業務上過失致死傷罪に問われうるか。

参考　❶最決平成 5 年 11 月 25 日刑集 47 巻 9 号 242 頁
❷最判平成 3 年 11 月 14 日刑集 45 巻 8 号 221 頁

▶▶解説

Key Word 管理過失 監督過失 進言義務 予見可能性

1．**結果防止のための物的設備の設置・人的体制の確立を怠ったことが注意義務違反とされる場合を管理過失、他者に対する監督の不備が注意義務違反とされる場合を監督過失と呼ぶ。**設例の**(1)**（❶）では、甲・乙について、防火体制の確立を怠ったという管理過失が、さらに甲について、乙の防火管理業務の遂行を監督しなかった監督過失が問題となる。

2．設例で問題となるのは、注意義務に違反してホテルの防火体制の確立を怠ったという過失不作為犯である。そのため、**保障人的地位**（項目**7**・**8**参照）と、具体的な行為の**注意義務違反性**が認められなければならない。設例のように、企業の活動による過失事件において、個人の過失責任を問う際には、まず、①**企業が保障人的地位にあるか、企業全体としてどのような注意義務を負うか**を確定し、次に、②その組織内の職責に照らし、**誰が保障人的地位を分担し、どのような注意義務を負うか**を確定する、という思考方法がとられる。Hは、火気を伴う大規模な宿泊施設に客を受け入れていることから、客の生命・身体に対して保障人的地位に立つ。そしてHの負う注意義務の内容は防火体制の確立である。次に、H内の個人として、代表取締役社長であり経営統括者であった甲、および、消防法上の「防火管理者」に選任された乙に保障人的地位が認められる。具体的な注意義務として、甲は、スプリンクラーや防火区画の設置など自分だけが権限を持つ措置については自ら実現し、消防計画作成や訓練実施などの防火管理業務については乙の遂行を監督する義務を負う。乙は、防火管理業務を遂行する義務を負い、スプリンクラー設置など自分の権限で実現できない措置については、甲に実現を進言する義務を負う。他方、丙のように、取締役の一員であるというだけでは、保障人的地位がなく、進言義務も負わない（❷）。

3．甲・乙に注意義務を課す前提として要求される**予見可能性は、「何らかの出火原因によっていったん火災が発生すれば、現状の防火体制では人の死傷結果を免れない」という程度の事実の認識可能性で足りる**。また、設例では、客の重大な過失行為（寝タバコによる出火）の介入があるため、**因果関係**も問題となる（項目**14**参照）。ホテル内の出火は一定程度ありうる事態であるところ、甲・乙の不作為は、出火があれば大規模火災に発展してしまう状態を「お膳立て」するものであり、客の致死傷結果はまさにそのような不作為の危険性が現実化したものと評価でき、業務上過失致死傷罪が成立する。

［杉本一敏］

31 過失犯(8)
——危険の引受け

(1) 甲は、ダートトライアル（非舗装路面のコースを自動車で走行する競技）のチームに所属していたが、競技会の出場経験のない初心者であった。甲が、ダートトライアル用自動車（以下「甲車」とする）に乗ってコースで走行練習をしようとしたとき、競技歴の長いAが、甲車に同乗して走行技術向上のためにアドバイスをすることを申し出た。甲は、助手席にAを乗せて甲車を発進させ、Aの指示で、経験上初めて直線コースでギアを3速まで入れるなどして走行したところ、下り急勾配のカーブにさしかかった際にブレーキが足りずにふくらみ、土手に衝突しそうになったのを必死で回避してコントロールを失い、その結果、甲車をコースの防護柵に激突させ、Aを死亡させた。甲に、過失運転致死罪（自動車運転致死傷5）は成立するか。

(2) 乙とBは、飲酒したうえ、真夜中に、カーブの続く下り坂の国道上をオートバイで走って競争することにした。両者は、高速度で、互いにぶつかりそうになるまで車体を接近させるなどして走行していたが、乙が操作を誤ってBのオートバイと接触し、Bを事故死させた。乙に、危険運転致死罪（自動車運転致死傷2④）は成立するか。

参考　❶千葉地判平成7年12月13日判時1565号144頁

▶▶解説

Key Word 危険の引受け　行為の危険に対する同意　社会的相当性

1．設例のように、**被害者（A・B）が、行為者（甲・乙）の行為の危険性を認識しながらその行為に身をさらすことを被害者による「危険の引受け」という**。この場合、被害者は、法益侵害の危険に身をさらすことは同意しているが、法益侵害結果は発生しないと信じており、**結果発生についての同意はない**。そのため、「被害者の同意」の論理（項目**44**参照）を介して甲・乙を不可罰とすることはできない（仮にA、Bに死亡結果の同意があったならば、甲・乙は「過失による同意殺人」を遂げたことになり、刑法典に過失同意殺人罪の規定がない以上、不可罰となる）。

2．被害者に危険の引受けがある場合、行為者を不可罰とする理論構成は複数考えられる（それらの併用もありうる）。第1に、被害者に危険の自覚と危険回避能力があるならば、被害者は自分で危険を回避するのが通常だから、それにもかかわらず被害者が危険を回避せずに法益侵害を被った場合には、「被害者の異常な態度」の介入があったとして因果関係を否定する、という理論構成がある。競技歴の長いAは、未熟な甲の運転の危険を認識し、かつ、甲に無理な運転を避ける指示を出すことで危険を回避できたのだから、それをしなかったAの態度は異常であり、甲の因果関係は否定されて不可罰となる。これに対し、Bには、当該状況における危険を自分で遠ざける能力が認められないので、乙の因果関係は肯定される。この理論構成の疑問点は、被害者に自覚と回避能力があったというだけで、果たして行為者の「因果関係」が否定されるのか、という点である。

3．第2に、**被害者が「結果発生」に同意していなくても、「行為の危険」に同意していたのであれば、その危険が現実化した結果も「被害者が同意した危険が現実化したもの」にすぎず、結果犯の成立が否定される**、という理論構成がある。これによれば、甲・乙は不可罰となる。しかし、この理論構成は、「行為」に対する被害者の同意があっただけで結果犯の成立を否定していることにならないか、という疑問が残る。

4．第3に、一定の危険が伴う「スポーツ行為」としての正当化を考える余地がある。競技スポーツとして**社会的に認知されたルールが存在し、当事者間でルールが遵守されている限り**、それに則った行為は正当行為（35）として正当化されうる。この論理に従うと、甲の行為は正当化されうるが、乙の行為に正当化の余地はない。❶は、第2、第3の論理を援用して、**(1)**の事案につき、甲を不可罰としている。

［**杉本一敏**］

32　違法性阻却事由・概説

以下の場合において、甲・乙・丙および丁の罪責はどうなるか。

(1)　警察官甲は、被疑者Ａが窃盗を犯したと疑われる相当な理由があったので、裁判所に申請して逮捕状を取得してＡを逮捕した。

(2)　父親乙は、未成年のわが子Ｂがひどいいたずらをしたので、Ｂの尻を叩いて説教した。

(3)　弁護士丙は、自己が弁護する被告人の利益のために、記者会見を開いて関係者Ｃの名誉を傷つけるような発言をした。

(4)　新聞記者丁は、外務省職員Ｄに対して取材をし、国際条約に関する情報を入手したが、それはＤの公務員としての守秘義務に違反する内容を含んでいた。

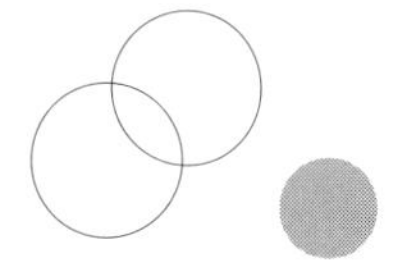

▶▶解説

Key Word 正当行為 緊急行為 法令行為 正当業務行為

1．構成要件該当性と違法性阻却事由は「原則と例外」の関係にある。すなわち、行為は、構成要件に該当することによって違法であると推定され、何らかの違法性阻却事由があったときのみ例外的に違法でなくなるが、違法性阻却事由が存在しなければ、原則通りその行為の違法性が確定するのである。

2．このように、**法益を侵害する行為であっても、具体的事情の下では許されることがあるが、違法性を阻却する効果を持つ事情を「違法性阻却事由」という。**違法性阻却事由は、通常時における行為か緊急時における行為かによって2つに分けることができる。まず、**通常時における行為は「正当行為（35）」といい、法令行為や正当業務行為やその他の正当行為がこれにあたる。**その他の正当行為としては、被害者の承諾（項目**44**）や安楽死・尊厳死（項目**45**）などがある。これに対して、**公的機関の救済を待っていては権利を守ることができない緊急事態において、自らの実力で救済を図る行為を「緊急行為」といい、**正当防衛（項目**33**～**39**）や緊急避難（項目**40**～**42**）や自救行為（項目**43**）がこれにあたる。正当防衛は「不正対正」の関係にあるのに対して、緊急避難は「正対正」の関係にあるという点で異なっている。

3．まず、**法令行為としては、職務行為や権利・義務行為などがある。(1)**について、Aを逮捕した甲の行為は、逮捕罪（220）の構成要件に該当する。しかし、それは警察官の職務行為（刑訴199）であり、法律がそれを行うことを許容しているので、法令行為として違法性が阻却される。同様に、**(2)**について、Bの尻を叩いた乙の行為は、暴行罪（208）の構成要件に該当する。しかし、それは親権者の未成年の子に対する懲戒行為（民822）としての権利・義務行為であり、法令行為として違法性が阻却される。

4．次に、**正当業務行為としては、法律家の弁護活動や報道機関の取材活動などがある。(3)**について、公然とCの名誉を傷つける発言をした丙の行為は、名誉毀損罪（230 Ⅰ）の構成要件に該当する。しかし、それが自分が弁護する被告人の利益を擁護するためにした正当な弁護活動であるときは、法律家の正当業務行為として違法性が阻却される。同様に、**(4)**について、Dに取材をして守秘義務に違反する内容を漏らさせた丁の行為は、国家公務員法上の秘密漏示そそのかし罪に該当する。しかし、それが国民の知る権利に奉仕するための正当な取材活動であるときは、報道機関の正当業務行為として違法性が阻却される。［**塩谷　毅**］

33★ 正当防衛(1)
——急迫性の意義

(1)　甲は、以前から不和であったＡから、自宅（マンション６階）の玄関扉を消火器で叩かれたり、電話で怒鳴られるなどの嫌がらせを繰り返し受け、立腹していた。ある日の深夜、甲が自宅にいたところ、Ａから電話があり、「今、お前のマンションの前にいる。男だったら逃げるな。出てこい」などと呼び出されたため、甲は何らかの凶器を用いた喧嘩になると思いつつ、自宅にあった包丁を携帯して、自宅マンション前の路上に赴いた。甲を見つけたＡは、同人を殴打しようとしてハンマーを振り上げて甲の方に駆け寄ってきた。甲は、Ａに包丁を示すなどの威嚇的行動を取ることなく、歩いてＡに近づき、Ａのハンマーによる攻撃を避けながら、包丁を取り出し、殺意を持って、Ａの胸部を包丁で強く突き刺し、同人を殺害した。甲について正当防衛または過剰防衛が成立するか。

(2)　**(1)**において、甲が自宅マンションの前に赴いた後、ハンマーを振り上げるＡの姿を見て、急に怖じ気づき、逃げ出したが、Ａに追い詰められ、逃げ場を失ったため、やむを得ずに包丁による刺突行為に及んだ場合であれば、結論が異なってくるか。

参考　❶最大判昭和 23 年 7 月 7 日刑集 2 巻 8 号 793 頁
❷最決昭和 52 年 7 月 21 日刑集 31 巻 4 号 747 頁
❸最決平成 29 年 4 月 26 日刑集 71 巻 4 号 275 頁

▶▶解説

Key Word 侵害の急迫性
積極的加害意思

1．喧嘩闘争の事例については、相手の不正の侵害が時間的に切迫しているとしても、常に正当防衛・過剰防衛が成立するわけではない。正当防衛の判断においては、防衛行為時の事情だけではなく、それに至った経緯を含めた「全般的観察」によって、「正当防衛の観念を容れる余地」があるか否かを検討する必要があるからである（❶）。このような前提から、**❷は、被告人が侵害を予期しているだけではなく、積極的加害意思で侵害に臨んだ場合には、侵害の急迫性が否定される旨の判断を示した**。すなわち、相手の侵害を予期しつつ、これに対抗する意思を固めて現場に向かい、あるいは、相手を待ち構えて侵害に臨む場合は、不正の侵害は行為者自らが受け入れた帰結にすぎず、行為者を正当防衛によって保護すべき状況とはいえない。

2．もっとも、このように不正の侵害に先行する事情によって行為者の保護の必要性を判断するのであれば、その際の考慮要素を積極的加害意思に限定する必要はない。おそらくこのような理解から、**❸は、行為者が侵害を予期していた場合、侵害の急迫性の存否は「対抗行為に先行する事情を含めた行為全般の状況に照らして検討すべきであ」り、事案に応じて、予期の内容・程度、侵害回避の容易性、侵害場所に出向く必要性、侵害場所にとどまる相当性、対抗行為の準備の状況、現実の侵害と予期された侵害の異同、行為者が侵害に臨んだ状況およびその際の意思内容等を考慮する必要があるとした**。ここでは、予期された侵害の事前回避が期待される状況にもかかわらず、行為者がこれを受け入れて、侵害に臨んだという事情などが重視され、侵害の急迫性が否定されている。

3．**(1)**は❸とほぼ同様の事実である。甲はＡによる凶器を用いた侵害を十分に予期しつつ、Ａの呼び出しに応ずる必要がないのに、あえて包丁を持参して現場に赴いている。このように甲は予期された侵害を事前に回避することが十分に期待される状況にあり、現場においても、威嚇的行動を取らずに直ちに刺突行為に及んでいる。これらの事情を考慮して、**(1)**については侵害の急迫性が否定され、甲に正当防衛・過剰防衛は成立しない。**(2)**は、現場に行くまでの事情は**(1)**と共通であるが、侵害に直面した後、甲は加害意欲を失い、防御的な行動に転じている。事前の状況を重視して侵害の急迫性を否定する理解も十分にありうるが、現場での消極的な態度を例外的に考慮して急迫性を認める理解もあり得るだろう。

［橋爪　隆］

34★ 正当防衛(2)
――侵害の継続性

甲は、アパートの２階の通路で、突然、背後からＡに鉄パイプで頭部を殴打された。甲は、Ａから鉄パイプを取り上げようとしたが、Ａは鉄パイプを離そうとせずに、両者は激しいもみ合いになった。その後、Ａが鉄パイプを振り上げて甲を殴打しようとしたため、甲は１階に通じる階段の方に向かって逃げ出したが、Ａは鉄パイプを振り回した勢いでバランスを崩し、鉄パイプを握りしめたまま、通路に設置されていた手すりに上半身を前のめりに乗り出した状態になっており、直ちに殴打行為に転ずることが困難な状況にあった。そこで、甲は再びＡに近づくと、Ａの左足を持ち上げて、同人を手すりから転落させ、重傷を負わせた。

(1)　甲がＡを手すりから転落させる暴行に出た際にも、Ａによる急迫不正の侵害は継続していたと評価できるか。それとも、直ちに殴打行為に及ぶことが困難であった以上、侵害行為は終了していたと評価すべきか。

(2)　仮に**(1)**について侵害の継続性が認められる場合、Ａを転落させて重傷を負わせる行為は「やむを得ずにした行為」にあたるか。

参考　❶最判昭和 24 年 8 月 18 日刑集 3 巻 9 号 1465 頁
❷最判平成 9 年 6 月 16 日刑集 51 巻 5 号 435 頁

▶▶解説

Key Word 侵害の急迫性 侵害の継続性

1．正当防衛における急迫性の意義について、❶は、「法益の侵害が間近に押し迫ったことすなわち法益侵害の危険が緊迫したこと」と解している。したがって、例えば相手方が凶器を示して駆け寄ってきた場合は、侵害が間近に押し迫っており、急迫性が認められる。また、一度殴られた後、さらに殴られるおそれがある場合も、新たな法益侵害の危険が切迫している以上、侵害の急迫性を継続的に認めることができる。これに対して、新たな侵害の危険が消失した場合については、侵害がすでに終了したと評価され、急迫性が否定される。

急迫性が継続的に認められるか否かは、法益侵害の危険性を考慮して判断されるから、犯罪の終了時期と完全に一致する必要はない。例えば窃盗犯人が財物を奪って逃走している場合、すでに窃盗罪は既遂に達しているが、財物の占有状態がなお不安定な状況が続いているから、財物に対する侵害はなお継続していると評価する余地がある。

2．侵害が中断した場合、侵害の急迫性を継続的に認めることができるか、それとも侵害が終了したと評価されるかが重要な問題となる。この点に関し、❷は、本設例と類似の事件について、①Aが手すりの外側に乗り出した時点においても、同人の加害の意欲は継続していたこと、②被告人の行為がなければ、Aは「間もなく」態勢を立て直し、再度の攻撃に及ぶことが可能であったことから、被告人がAを転落させた時点でも、Aの不正の侵害は継続していたと判断した。ここではAの主観的・客観的な事情を考慮しつつ、攻撃が（多少のインターバルがあっても）「間もなく」再開される可能性が高いことが重視されている。

このような理解からは、①Aが加害意欲を放棄した場合、あるいは、②Aが重傷を負うなど、攻撃を再開することが物理的に困難な場合には、侵害がすでに終了しているとして、急迫性が否定される。もっとも、この場合でも、侵害が終了したことを十分に認識せずに対抗行為を継続した場合には、一連の対抗行為を量的過剰防衛と評価して、36条2項を適用する余地がある（項目**38**参照）。

3．❷は、侵害の急迫性を肯定したが、被告人の防衛行為が極めて危険なものであったことを考慮し、防衛行為の相当性を否定し、被告人を過剰防衛としている。ここでは、侵害行為と防衛行為の危険性の程度の比較が重視されているが、学説においては、行為者に他に有効な防御手段があったか否かを重視する見解も有力に主張されている（項目**36**参照）。

［橋爪　隆］

35★ 正当防衛(3)
――防衛の意思

(1)　甲は、以前から不和であったＡを殺害しようとして、深夜、暗闇の中でＡを待ち伏せしていた。甲は、Ａが近づいてきたことから、同人を狙って拳銃を発砲し、Ａを殺害した。もっとも、Ａも甲を発見した直後に、甲を殺害しようと思って拳銃を構えていたが、甲はそのような状況を認識していなかった。甲に正当防衛が成立するか。

(2)　乙女は、夫であるＢから日常的に暴力を受けていたが、ある日、これまで以上に激しい暴行を受けた。乙はキッチンの包丁を取り出すと、殺意を持ってＢの胸を刺し、同人に重傷を負わせた。乙は、Ｂの暴行に生命の危険を覚え、これを排除しようとしていたが、同時に、今回の暴行をきっかけにＢに対する憤懣が爆発して、同人に対する強い加害意思を有していた。乙に正当防衛が成立するか。

(3)　丙とＣは飲酒中、口論になり、興奮したＣは立ち上がり、丙に対して包丁を突きつけた。もっとも、高齢のＣは泥酔しており、包丁を持つ手も震えており、また、直ちに丙を刺すようなそぶりも示していなかった。丙はＣのことが怖いとは思わなかったが、その態度に激高して、ウイスキーの空き瓶を手に取ると、これで同人の頭を多数回殴打し、同人を死亡させた。丙に正当防衛が成立するか。

参考　❶大判昭和 11 年 12 月 7 日刑集 15 巻 1561 頁
❷最判昭和 50 年 11 月 28 日刑集 29 巻 10 号 983 頁
❸東京高判昭和 60 年 10 月 15 日東時 36 巻 10 〜 12 号 82 頁

▶▶解説

Key Word 防衛の意思
偶然防衛
積極的加害行為

1．正当防衛が成立するためには、対抗行為が「防衛するため」の行為である必要がある。この要件の解釈として、客観的に防衛に向けられた行為であることに加えて、主観的要件として防衛の意思が必要かが問題となる。**判例は、❶から一貫して、防衛意思必要説を採用している。**この立場からは、(1)の甲には防衛の意思が認められず、正当防衛が成立しない（(1)の事例を偶然防衛と呼ぶ）。これに対して、防衛の意思を不要とする立場からは、甲には正当防衛を認める余地があるが、甲の発砲行為は、仮にAが拳銃を構えていなかった場合、正当防衛を構成しなかった可能性があることから、未遂犯の成立を認める見解もある。
2．防衛の意思を必要とする見解からは、さらに防衛の意思の内容が問題となる。学説においては、急迫不正の侵害を認識していれば防衛の意思を認める見解もあるが、これに加えて、侵害を排除しようとする意思（侵害を避けようとする心理状態）を要求するのが一般的である。もっとも、**不正な侵害に直面した防衛行為者が憤激し、攻撃意思を有することは当然といえるから、攻撃的な意思が併存していても防衛の意思は否定されない。**❷も同様の観点から、被告人の防衛の意思を認めている。

このような前提からは、防衛の意思が否定されるのは、「防衛に名を借りて侵害者に積極的に攻撃を加える行為」のように、専ら攻撃的な意思で対抗しており、侵害を排除しようとする意思が認められない場合に限られる。(2)の乙は攻撃的な意思を有しているが、Bの暴行に生命の危険を覚え、これを排除しようとして刺突行為に及んでいることから、防衛の意思は否定されない。したがって、防衛行為の相当性の要件を充たす場合には、乙に正当防衛が成立する。
3．**このような判例の理解からは、防衛の意思が否定されるのは、侵害行為の危険性が極めて乏しく、行為者が生命・身体に対する重大な危険を覚えていないにもかかわらず、意図的に過剰性が著しい対抗行為に出た場合（積極的加害行為）に限られることになる。**生命・身体に対する危険性が高い侵害に直面した場合には、当然にそれを避けようとする意思が生じるからである。❸は、(3)のような事実関係について、「専ら憤激のあまりCに制裁を加えようという意思つまりは積極的な攻撃の意思であった」として、防衛の意思を否定している。このように防衛意思必要説からも、防衛の意思が否定される場合は例外的な事例にとどまることに注意が必要である。

［橋爪　隆］

36★ 正当防衛(4)
——防衛行為の相当性

(1)　甲は自動車の駐車位置をめぐってＡと口論になった。その後、Ａが「お前、殴られたいのか」と言って手拳を前に突き出し、足を蹴り上げる動作をしながら、甲に近づいてきたため、甲は、年齢も若く体格にも優れたＡから殴られるかもしれないと思って怖くなったが、自動車の車内に菜切包丁を置いていることを思い出し、これを取り出すと、右手で腰のあたりに構えたうえ、Ａに対して「殴れるのなら殴ってみろ、切られたいのか」などと申し向けた。甲はＡを包丁で刺すような態度を示しておらず、あくまでも防御的な行動に終始していた。甲のＡに対する脅迫行為について、正当防衛が成立するか。

(2)　乙女は、夜道を１人で歩いていたところ、突然、Ｂ男に襲われ、性的暴行を受けそうになった。乙は手を伸ばしたところ、大きな石があることに気がつき、これをＢの頭部に振り下ろし、同人に重傷を負わせた。行為当時、周囲には誰もおらず、助けを求めることも不可能であり、乙にとっては、本件行為が、性的暴行を確実に回避するためにとりうる唯一の手段であった。乙の殴打行為について、正当防衛が成立するか。

参考　❶最判昭和 44 年 12 月 4 日刑集 23 巻 12 号 1573 頁
❷最判平成元年 11 月 13 日刑集 43 巻 10 号 823 頁

▶▶解説

Key Word 防衛行為の相当性 武器対等原則

1． 正当防衛が成立するためには、防衛行為が「やむを得ずにした行為」であること、すなわち防衛行為の相当性の要件を充たす必要がある。防衛行為の相当性の意義について、❶は、「急迫不正の侵害に対する反撃行為が、自己または他人の権利を防衛する手段として必要最小限度のものであること、すなわち反撃行為が侵害に対する防衛手段として相当性を有するものであること」と判示したうえで、「侵害に対する防衛手段として相当性を有する以上、その反撃行為により生じた結果がたまたま侵害されようとした法益より大であっても、その反撃行為が正当防衛行為でなくなるものではない」として、治療45日を要する頭部打撲傷を負わせた行為について、防衛行為の相当性を認めている。その後の実務では、❶が結果の大小は重要ではなく、防衛手段としての相当性が重要であると判示した点を重視して、侵害行為の危険性と防衛手段の危険性を比較衡量しつつ、防衛行為の相当性を判断する立場が有力になった（いわゆる武器対等原則）。

2． 侵害行為の危険性と防衛手段の危険性の比較衡量の際には、行為態様を形式的に比較するのではなく、危険性を実質的観点から比較する必要がある。❷は、**(1)**と同様の事例について、甲とAの年齢差や体格差を前提として、さらに、甲が「Aからの危害を避けるための防御的な行動に終始していた」こと、すなわち凶器の「使い方」も考慮したうえで、防衛行為の相当性を認めており、実質的な観点から、危険性の比較衡量を行ったものと評価できる。このような理解からは、**(1)**の甲には防衛行為の相当性が認められ、正当防衛が成立する。

3． **(2)**の乙は、大きな石を振り下ろしてBに致命的な重傷を負わせており、乙が女性であり、Bよりも体力に劣っていたことを考慮しても、これは危険性の高い防衛手段である。もっとも、乙には、自らの利益を防衛するために他に有効な手段がない。この場合に防衛行為の相当性を否定した場合、乙には、自らの性的自由に対する侵害を甘受するか、それとも、過剰防衛として処罰されるか以外の選択肢がないことになり、妥当な解決とはいえない。このような問題意識から、学説では、危険性が高い防衛手段であっても、防衛行為者にとって他に有効な防衛手段がない場合、すなわち、「必要最小限度」の防衛手段である場合には、防衛行為の相当性を認める立場も主張されている。そもそも❶もこのような趣旨の判断を示していた、と評価することができる。

［橋爪　隆］

37★ 正当防衛(5)
――自招侵害

Aが自転車にまたがったまま、歩道上に設置されたごみ集積所にごみを捨てていたところ、帰宅途中に徒歩で通りかかった甲が、その捨て方を注意したことから、両名は言い争いとなった。甲はいきなりAの左頬を手拳で1回殴打し（第1暴行）、直後に走って立ち去った。Aは「待て」と言いながら、自転車で甲を追いかけ、第1暴行の現場から約80mの歩道上で甲に追いつくと、自転車に乗ったまま、甲の背後から、同人の背中や首あたりを狙って、プロレスのラリアットのような暴行を加えた（第2暴行）。甲は、Aの攻撃によって前方に倒れたが、起き上がり、護身用に携帯していた特殊警棒を衣服から取り出すと、Aの顔面や左手を数回殴打する暴行を加え（第3暴行）、同人に傷害を負わせた。

(1) 甲の第3暴行について、正当防衛が成立するか。

(2) 甲が第1暴行に出たのではなく、侮辱的な発言によって、Aの攻撃を招いた場合はどうか。

参考　❶最決平成20年5月20日刑集62巻6号1786頁

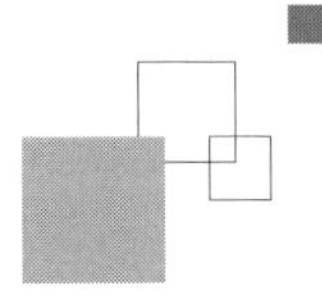

▶▶解説

Key Word 自招侵害

1． 本設例の甲のように、不正の侵害を自ら招いた場合（自招侵害）に正当防衛が成立するかが問題となる。なお、Aの第2暴行が、甲の第1暴行に対する正当防衛を構成する場合には、これは不正の侵害ではないから、甲には正当防衛が成立しない。また、Aによる第2暴行がすでに終了した後、甲が第3暴行に出たとしても、侵害の急迫性を欠くから、これは防衛行為にあたらない。したがって、本設例については、Aによる第2暴行が正当防衛に該当しないこと、かつ、甲が第3暴行に出る時点で、Aによる不正の侵害が継続していたと評価されることを前提として、初めて自招侵害が問題となる。

2． ❶は、本設例と同様の事案について、「Aの攻撃は、被告人の暴行に触発された、その直後における近接した場所での一連、一体の事態ということができ、被告人は不正の行為により自ら侵害を招いたものといえるから、Aの攻撃が被告人の前記暴行の程度を大きく超えるものでないなどの本件の事実関係の下においては、被告人の本件傷害行為は、被告人において何らかの反撃行為に出ることが正当とされる状況における行為とはいえないというべきである」と判示して、正当防衛の成立を否定している。したがって、❶を前提とすれば、(1)の甲には正当防衛の成立が否定される。

❶では、被告人が不正の侵害によって自ら侵害を招いたという客観的な事実関係のみが考慮されており、侵害の予期や積極的加害意思などの被告人の主観面が考慮されていない。予期された侵害については行為全般の状況を考慮して、侵害の急迫性を否定する余地があるが（項目**33**参照）、❶は、専ら客観的な自招行為を前提とするものであり、これとは異なる判断である点に注意が必要である。

3． ❶は、被告人が暴行によって侵害を自招した事件に関する判断であるため、(2)のように侮辱的発言によって侵害を自招した場合に関する帰結は必ずしも明らかではない。行為者が「不正の侵害」によって侵害を自招したという事実が重要であり、暴行が先行しているか否かは重要ではないと解するのであれば、侮辱的言動が「不正」と評価できる場合には、❶と同様に解することができる。なお、甲がAの反撃を予期しつつ、必要がないにもかかわらず、あえて侮辱的発言によってAの侵害を招いたと評価できる場合には、侵害の急迫性を否定する余地もある（項目**33**参照）。

［橋爪　隆］

38★ 正当防衛(6)
——量的過剰防衛

甲は以前から仲の悪かったAと口論となり、激高したAからいきなり素手で顔面を殴られた。Aが甲の胸倉を掴み、さらに殴ろうとしたため、甲は、身を守るために、Aの胸元を両手で強く突き飛ばした（第1暴行）。甲に突き飛ばされたAは、足を滑らせ、後方に倒れて、後頭部をアスファルトの地面に強く打ちつけ、仰向けに倒れたまま意識を失ったように動かなくなった。Aが動かなくなった様子をみた甲は、顔面を殴打されたことに対するAへの怒りと、以前からのAに対する嫌悪の情から、動かなくなっているAに対し、さらに暴行を加えた（第2暴行）。Aは、第1暴行に起因する頭蓋骨骨折に伴うクモ膜下出血によって死亡した。なお、第2暴行によって、Aが傷害を負うことはなかった。甲の罪責について論じなさい。

参考　❶最判昭和34年2月5日刑集13巻1号1頁
❷最決平成20年6月25日刑集62巻6号1859頁

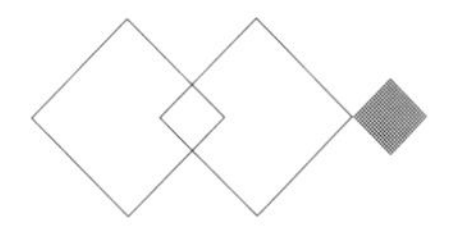

▶▶解説

Key Word 量的過剰防衛
量的過剰防衛の成否の判断方法

1. 甲の第1暴行は傷害致死罪（205）の構成要件に該当するが（殺人罪の故意を認めることは困難であろう）、Aがさらに殴ろうとしたことに対応して、身を守るために行った行為であるため、急迫不正の侵害に対する相当な防衛行為として正当防衛（36 I）にあたるといえよう。

2. では、第2暴行はどのように扱われるべきであろうか。この点、第2暴行が行われた時点ではAは動かなくなっていたことから、客観的にはすでにAの不正な侵害は終了しており、第2暴行は、急迫不正の侵害に対する防衛行為ではなく、ただの犯罪行為にすぎない（過剰防衛の成立の余地はない）ように思える。もっとも、Aの侵害が終了していたとしても、そこから、直ちに第2暴行の防衛行為性が否定されるわけではない。**正当防衛として行われた行為の結果、相手方の侵害が終了したにもかかわらず、引き続き攻撃を加える場合について、多数説は、正当防衛にあたる部分を含めて全体として過剰防衛になることがあると解しているからである。このような過剰防衛を「量的過剰防衛」**といい、❶は量的過剰防衛を認めた判例とされている（これに対して、急迫不正の侵害に対して、相当性の程度を超えた強い反撃を加える場合を「質的過剰防衛」という）。

3. では、本設例の場合、量的過剰防衛が成立するであろうか。**量的過剰防衛の成否の判断方法については、様々な見解が主張されているが、重要であるのは、「一連の行為全体」が「防衛行為としての法的実体」を備えているか否かである。**そして、量的過剰防衛はその定義から明らかなように、客観的に、相手方の侵害が終了したことが前提になっているため、上記の法的実体を備えているか否かを判断するにあたっては、**主観的に、防衛的な心理状態が継続しているか否かを重視すべきである**（過剰防衛の刑の減免根拠に関して、責任減少という観点を重視する場合には、このように解することが容易になるであろう）。本設例の場合、第2暴行の時点で、甲はAが直ちに起き上がって攻撃を再開できる状況にないことを認識したうえで、怒りに基づいて、身体の防衛にとって不必要な暴行を加えているため、第2暴行は防衛的な心理状態に基づくものとはいえず、第1暴行から第2暴行に至る一連の行為全体を「防衛行為としての法的実体」を備えたものと認めることはできないであろう。したがって、量的過剰防衛は成立せず、第2暴行については暴行罪（208）が成立することになる（❷参照）。

［**成瀬幸典**］

39 正当防衛(7)
——防衛行為と第三者

同一の野球チームに所属していた甲とAは、日頃から折り合いが悪かった。某日の試合の終了後、野球場のベンチ内で甲とAは、その日の試合について話をしていたが、Aが甲のエラーについて非難したために両者は口論となった。

短気なAが、甲の態度に憤慨し、側にあったB所有のバットで甲に殴りかかったため、甲は身を守るために足下にあったボールをAに向かって投げつけた（以下「第1行為」という）。しかし、ボールはAにあたらず、チームのマネージャーでAと交際していたCに命中し、Cが負傷した。甲がCを負傷させたことに激高したAが、上記B所有のバットで再び甲に殴りかかったため、甲は身を守るために、側にあったD所有のバットを、Dのものだと認識しつつ、手に取り、それを用いてAからのバットの攻撃を防いだところ、両者のバットが折れた（以下「第2行為」という）。

甲の罪責について論じなさい。

参考　❶大阪高判平成14年9月4日判タ1114号293頁

▶▶解説

Key Word 防衛行為による第三者の法益の侵害
不正対正の関係
正対正の関係

1． 第1行為は法定的符合説（抽象的法定符合説）を前提にすると、Cに対する傷害罪（204）の構成要件に該当する。もっとも、それはAに対する防衛行為として行われているため、Aとの関係で正当防衛（36 Ⅰ）が成立するのであれば、Cに発生した結果についても全体的に評価し、正当防衛を認めるべきであるようにも思われる。しかし、甲とCの間には正当防衛の前提である**「不正対正」の関係が存在しないので、正当防衛の成立を認めることはできない**であろう。そこで、主観的には正当防衛であると認識しつつ、Cに対して侵害行為を行った甲は、規範の問題に直面しておらず、**誤想防衛（の一種）にあたる**ので、故意責任を問うことはできず、過失犯（Cに対する過失傷害罪〔209 Ⅰ〕）が成立しうるにすぎないと解することが考えられる。❶もこの種の事案を「誤想防衛の一種」とした。しかし、甲にはCから侵害を受けているという誤想はなく、また、Cとの関係で正当防衛を行っているとの誤想もないので、誤想防衛とすることも困難であろう。第1行為については、その意味を客体ごとに相対化して捉え、甲に不正な侵害を加えているAとの関係では急迫不正の侵害に対する行為として正当防衛の成否が問題になるが、無関係の第三者であるCとの関係では現在の危難を避けるために行われた行為として**緊急避難（37 Ⅰ）が問題になる**と解すべきように思われる（ただし、補充性の有無に関しては、事案に即した慎重な検討が必要である）。

2． 第2行為は故意が認められれば、2本のバットに関する器物損壊罪（261）の構成要件に該当する。このうち、①D所有のバットの損壊については、Aからの急迫不正の侵害（これは現在の危難でもある）によって危険にさらされた自己の利益を他者（D）の利益を侵害して保全したものといえるから、**補充性等の要件が充たされることを条件に、緊急避難として違法性が阻却される**。②B所有のバットの損壊についても、Bは甲に不正な侵害を加えているわけではないので、甲とBの間には「正対正」の関係しか認められず、緊急避難が問題になるように思えるが、当該バットはAの侵害行為の一部を構成するものであり、また、第三者（B）の所有物を用いた攻撃であることを根拠に甲に当該攻撃を甘受する義務が生じるとも考えられないので、**Aによる B所有のバットを用いた「不正な侵害」に対する正当防衛として違法性が阻却される**と解される（所有者Bに故意・過失がないにもかかわらず、Bの所有物が他者に危害を加えているという意味で対物防衛の一種ともいえる）。

［**成瀬幸典**］

40★ 緊急避難(1)
――強要による緊急避難

(1) 甲とAは、いずれも犯罪組織Pに属していたが、家族のためにPを抜けたいと考えていた。Pが脱税をしていたことを知っていた甲とAは、夜間は人がいなくなるPの事務所に忍び込み、脱税の証拠を持ち出し、それをもとにしてPの長であるBと交渉して、組織を抜けることをBに認めさせようと考えた。某月某日の深夜、甲とAが、上記計画に基づき、Pの事務所に立ち入ったところ、甲らの計画を察知したBらに発見され、取り押さえられた。Bの前に引き出された甲はBに対して、「許して下さい」と哀願した。それを聞いたBは、「Aを殺せば、お前は許してやる。断れば、お前を殺す」と言った。甲は、自己の生命を守るために、Bの脅迫に従って、Aを殺害した。甲の行為が緊急避難にあたるか論じなさい。

(2) **(1)**の下線部を「『Aが大切にしている腕時計を壊せば、お前は許してやる。断れば、お前を殺す』と言った。甲は、自己の生命を守るために、Bの脅迫に従って、Aが身に着けていた腕時計を損壊した」と置き換えた場合、甲の行為が緊急避難にあたるか論じなさい。

参考　❶東京地判平成8年6月26日判時1578号39頁
❷東京高判平成24年12月18日判時2212号123頁
❸仙台高判令和2年2月13日高検速（令和2）563頁

▶▶解説

Key Word 強要による緊急避難
緊急避難に対する正当防衛

1．第三者からの脅迫等によって犯罪行為を行うように強制され、その指示に従って構成要件該当行為を行う場合を「強要による緊急避難」といい、緊急避難（37 Ⅰ）の成立を認めることの当否が論じられている。通説に従い、緊急避難を違法性阻却事由と解したうえで、この場合に緊急避難の成立を認めると、強要者を不当に利することになるのではないかとの疑問、すなわち、この場合に緊急避難の成立を認めると、避難行為の対象者（A）は、適法な避難行為（甲のAに対する殺害行為）に対して正当防衛を行うことができないことになるが、これでは、強要者（B）が、対象者（A）の正当防衛を封じつつ、自己の犯罪目的を達成することが可能になってしまう（強要者自らが対象者を侵害しようとした場合、正当防衛による反撃を受けることになることと不均衡である）という疑問が生じるからである。

2．上記の疑問を重視し、強要による緊急避難の場合、緊急避難の成立を認めるべきではないとする見解もあるが（この見解による場合でも、期待可能性の欠如等による責任阻却の余地はある）、多数説は、強要者側の悪質性は避難行為者を不利益に扱う理由にはならないなどとして、緊急避難の成立を認めるべきであるとしている。❶❷も緊急避難が成立しうることを前提にその成否を検討しており、❷は緊急避難を認めた（もっとも、❷はけん銃を突きつけられて、覚せい剤を注射するように強制されたという事案であり、避難行為の対象者の保護〔避難行為の対象者による正当防衛の可否〕が問題になり難い事案であったことに注意する必要がある。❸も参照）。緊急避難の個々の要件の充足性判断（特に、項目 **41** で扱う「避難行為の相当性」の充足性判断）において「強要による行為である」という事実が意味を持つことはありうると考えられるが、それを超えて、一般的に緊急避難の成立を否定することはできないように思われる。

3．仮に、**(1)**について甲に緊急避難を認めず、Aに正当防衛を認めるべきだと考えたとしても、**(2)**の場合には、甲に緊急避難を認め、甲の避難行為に対して、Aは正当防衛を行うことはできないと解すべきであろう。学説には、そのように解すべき実質的理由を保全法益（生命）と侵害法益（財産）の著しい差に求め、緊急避難について違法性が阻却されるのは著しい法益の優越がある場合のみであり、それ以外は、責任が阻却されるにすぎないと解することで、強要による緊急避難について妥当な解決を図ろうとするものもある。 ［**成瀬幸典**］

41 緊急避難(2)
——避難行為の相当性

犯罪組織Ｐの構成員である甲は、Ｐの資金を私的に使用していた。そのことを知ったＰの長であるＡは激高し、Ｐの事務所（以下「本件事務所」という）に甲を閉じ込め、配下の構成員Ｂら数名に24時間休むことなく甲を監視させて、甲が本件事務所から脱出することを不可能にするとともに、同所において甲に対して断続的に暴行を加えさせた。監禁されて５日後、暴行により衰弱し、このままでは近いうちに殺されてしまうと考えた甲は、本件事務所から脱出するためには、本件事務所に放火し、火事の騒ぎの隙に逃走するしかないと考え、Ｂらの隙をみて、石油ストーブの給油タンク内に入っていた灯油を本件事務所内に撒き、ライターで点火して、その壁や天井を焼損させるとともに、Ｂらが混乱した隙に乗じて本件事務所から脱出した。なお、本件事務所は住宅街に建てられた古いマンションの一室にあり、放火後、複数の消防車が駆けつけ、野次馬が多数集まるなど、付近は一時騒然となった。甲の罪責について論じなさい。

参考　❶最大判昭和24年5月18日刑集3巻6号772頁
❷大阪高判平成10年6月24日高刑集51巻2号116頁
❸東京地判平成8年6月26日判時1578号39頁

▶▶解説

Key Word 補充性 相当性

1．現住建造物等放火罪（108）の構成要件に該当する甲の行為は、監禁状態（場所的移動の自由の侵害）という現在の危難を回避するためのものではあるが（生命に対する危険は「現在」のものとはいえないであろう。ただし、❸参照)、不特定または多数の人の生命・身体・財産に危険を生じさせるもので、害の均衡を欠くため、緊急避難にはあたらない。では、過剰避難の成立を認めることはできるであろうか。学説上、37条1項の「やむを得ずにした行為」という要件を欠く場合、過剰避難とはなりえないとする見解と、その場合にもなりうるとする見解が対立しているが、いずれにせよ、甲の行為が「やむを得ずにした行為」といえれば過剰避難と認めうるので、この点を検討しよう。

2．「やむを得ずにした行為」という文言が、「補充性（当該行為以外に危難を回避する手段がなかったこと)」を意味することについて争いはないが、それに加えて、「相当性（当該行為を行うことが条理上肯定できること〔無理もないといえること〕)」をも含むかについては見解が分かれている。❶が「当該避難行為をする以外には他に方法がなく、かかる行動に出たことが条理上肯定しうる場合を意味する」として以来、裁判例上は、相当性を含むとしているものが多い（❷❸等)。

3．緊急避難は「利益の衝突状況（利益を侵害することなく危難を回避する方法がない状況)」の存在を前提とするが、補充性とは当該状況が事実として存在することを意味し、相当性とはその存在が規範的観点から肯定できることを意味する。例えば、「高価な着物を着ている人は、濡れて着物が台無しになるのを防ぐ唯一の方法だとしても、粗末な服を着ている人の傘を奪ってはならない（「雨傘事例」)」といわれるが、それは、事実として、利益の衝突状況は存在するが、規範的にはそれを肯定することができない（補充性は認められるが、相当性は認められない）ことを表しているのである。本設例の場合、甲が放火による混乱に乗じることでしか監禁状態を逃れることができなかったとすれば補充性は肯定できるが、監禁状態を逃れるために、不特定・多数の人の生命・身体に対する重大な危険を生じさせることは、条理上許されず、相当性は認められないというべきであろう。したがって、甲の行為は「やむを得ずにした行為」とはいえないことになる。そして、相当性が欠けるということは、緊急避難の前提である利益の衝突状況が規範的には認められないことを意味するので、甲の行為は避難行為にあたらず、過剰避難を認めることもできないことになろう。

［成瀬幸典］

42 緊急避難(3)
——自招危難

甲は、山でキャンプを行うために、友人ＡからＡ所有の自動車（以下「Ａ車」という）を借り、妻Ｂおよび娘Ｃ（２歳）とＤ山に行った。８月某日午後２時頃、Ｄ山に到着した甲は、テントを張るのに適した場所を探すために、ＣをＡ車に設置したチャイルドシートに乗せたまま、ＢとともにＡ車から降りたが、その際、誤って、Ａ車の鍵をＡ車内に置いたまま、ドアをロックしてしまった。当日は気温が高く、車内の温度が急激に上昇し始めたため、Ｃの顔面が紅潮し始めた。その様子を見た甲は、Ｃが熱中症で死亡してしまうと考え、Ａ車のドアを開けようと試みたが、開けることはできなかった。そこで、甲はＡ車の助手席側の窓を石で割って、ＣをＡ車から助け出した。なお、その日、Ｄ山にいたのは甲とＢのみであり、また、甲とＢは携帯電話をＡ車内においていたため、警察や消防に通報することもできなかった。甲がＣを助け出した時点で、Ｃは脱水症状を呈しており、そのまま放置すれば、１時間ほど後には死亡する危険があった。甲がＡ車の助手席側の窓を割った行為（以下「本件行為」という）について緊急避難が成立するか論じなさい。

参考　❶大判大正 13 年 12 月 12 日刑集 3 巻 867 頁
❷東京高判昭和 45 年 11 月 26 日東時 21 巻 11 号 408 頁

▶▶解説

Key Word 自招危難に対する緊急避難
避難行為の相当性

1．本件行為は器物損壊罪（261）の構成要件に該当するが、それはＣの生命に対する現在の危難を避けるための唯一の方法として行ったものであり、また、Ｃの生命はＡ車という財産よりも、はるかに高い価値を有するので、緊急避難（37Ⅰ）にあたるように思われる。もっとも、ＣがＡ車内に取り残され、生命の危険にさらされたのは甲の過失（甲が鍵をＡ車内に置いたままドアをロックしたこと等）が原因である。このように、自らの過失により危難を招いた者が、それを避けるために行った行為について緊急避難の成立を認め（違法でないと評価す）ることには違和感を覚えるかもしれない。この違和感は危難を故意で招いた場合を想定すると、さらに増すことになる。そこで、学説上、**自らの故意または過失によって招いた現在の危難を回避するための行為について緊急避難を認めることができるかが、自招危難に対する緊急避難の可否**として論じられている。

2．この点につき、❷は「行為者が自己の故意又は過失により自ら招いた危難を回避するための行為は、緊急避難に当たらない」として、自招危難に対する緊急避難は認められないとした。これによれば、本件行為は緊急避難にあたらないことになるが、Ｃの生命を保護する行為を萎縮させることになりかねず、結論的に不当であろう。そこで、現在の多数説は、自招危難の場合、一律に緊急避難の成立を否定すべきではなく、**事案ごとに、当該行為が「やむを得ずにした行為」といえるか否か**（**特に、避難行為の相当性**〔項目**41**〕**の有無**）**によって、その成否を判断すべき**だとしている。なお、過失による自招危難に関する❶は「危難は行為者が其の有責行為に因り自ら招きたるものにして社会の通念に照し已むを得ざるものとして其の避難行為を是認する能はざる場合」には緊急避難の成立を認めることはできないとしたが、これは、社会通念に照らしてやむを得ないものと是認できる場合には、緊急避難の成立を認めうることを示唆したものだと解する見解が多い。

上記の多数説によれば、本設例の場合、**保全法益が生命という最も価値の高い利益であること、侵害法益と保全法益の差が大きいこと、侵害法益の原状回復が可能なこと、危難の切迫性が高いこと、危難を招いた甲の過失は必ずしも重大とは言い難いこと等の諸事情**が認められるので、本件行為は「やむを得ずにした行為」といえ、緊急避難が成立すると解することになろう。

［**成瀬幸典**］

43 正当行為(1)
——自救行為

以下の場合において、甲および乙の罪責について論じなさい。

(1) 甲は、Ａに自転車を盗まれた。甲がたまたまＡの家の前を通りかかったとき、庭先に１週間前に盗まれた自分の自転車が置いてあるのを見つけたので、Ａの庭に無断で入って行き、Ａが取りつけた鍵を壊して自転車を持って帰った。

(2) 乙は、自己所有地に家を建造中であったが、乙所有地の隣にＢの家があり、その庇(ひさし)が乙所有地にはみ出していたので工事の支障となっていた。乙とＢの間で話し合いがもたれ、Ｂは測量によって庇が境界線からはみ出していることを納得し、その切り取りに一度は同意したが、その後もいろいろと工事を妨害した。乙は、Ｂの同意を得た後に人夫を手配しており、工事を続行しなければ莫大な損害が生じることから、その時点ではＢが切り取りに反対していたにもかかわらず、庇の先端を切断した。

参考
❶福岡高判昭和 45 年 2 月 14 日高刑集 23 巻 1 号 156 頁
❷最決平成元年 7 月 7 日刑集 43 巻 7 号 607 頁
❸最判昭和 30 年 11 月 11 日刑集 9 巻 12 号 2438 頁
❹岐阜地判昭和 44 年 11 月 26 日刑月 1 巻 11 号 1075 頁

▶▶解説

Key Word 自救行為 緊急性 手段の相当性

1． 権利を侵害された者が、その回復を国家機関の救済に求めては時機を失するときに私人の実力でその回復を図ることを「自救行為」（民事法では自力救済）という。自救行為は、緊急行為の１つであるが、過去の侵害に対するものであるという点で正当防衛と異なる。自救行為が違法性を阻却するためには、一般に、①必要性（侵害状態の除去が権利回復のために必要であること）、②緊急性（法の保護を求めるいとまがなく、すぐにこれをしないと権利の実現を不可能もしくは困難にするおそれがあること）、③手段の相当性（権利回復の方法として、適切な手段で行われること）、④自救の意思（自己の権利を回復しようという意思があること）、が要件とされる。このうち、特に、**緊急性と手段の相当性の要件が充足されるか否かが違法性阻却にとって鍵となる**ことが多い。正当防衛と異なり、自救行為には明文上の規定はない。最高裁判決としては自救行為を認めたものは未だ存在しないが、下級審には認めたものがある（❶参照）。

2． 窃盗罪の保護法益に関する判例の立場からは、**(1)**のような「自己所有物の取戻し」であっても窃盗罪（235・242）の構成要件に該当する（項目**131**参照）。しかし、その場合でも、自救行為として違法性が阻却される可能性がありうる（❷参照）。ただし、**(1)**の場合は、①必要性と④自救の意思はあるとしても、②警察に通報するなどして適法な手続でもって権利を回復することができたはずであり、**すぐに実力行使をしないと権利の回復が不可能もしくは困難になるような特段の事情はなく**（緊急性）、また、③**住居侵入や器物損壊といった方法を用いているので権利回復の手段としても適切でない**（手段の相当性）ことから、自救行為は成立しない。したがって、違法性は阻却されず、窃盗罪が成立することになる。

3． これに対して、**(2)**の場合、Aの意思に反してAの家の庇の先端を切り取った乙の行為は、建造物等損壊罪（260）の構成要件に該当する。しかし、①工事を続行するために庇を切り取る必要があり（必要性）、②工事を続行しなければ莫大な損害が生じることから、**庇を切り取るしかない緊急の事態であり**（緊急性）、③敷地上に他の建物の庇がはみ出していて邪魔になれば、通常、**庇を切り取るより他に方法がなく**（手段の相当性）、④乙は**自己の権利を回復する意思で行った**（自救の意思）ことから、自救行為が成立する。したがって、違法性が阻却され、不可罰になる（❸❹参照）。 ［**塩谷　毅**］

44★ 正当行為(2)
——被害者の承諾（同意）

暴力団の幹部甲は、末端の組員であるＡから指をつめる（切断する）ことを依頼されて、出刃包丁や金づちなどを用意し、Ａの左小指の根元を釣糸で縛って血止めをしたうえ、風呂のあがり台の上にのせた小指の上に出刃包丁をあて、金づちで2、3回叩いて左小指の末節を切断した。

(1)　Ａが、別組織の者との親しい交際を難詰されて、幹部である甲から指をつめるよう強要され渋々承諾したという場合、Ａの承諾は有効か。

(2)　Ａが、潔く指をつめればその報償として組織内における幹部の地位が与えられると甲から欺罔されたので指つめを承諾した場合、Ａの承諾は有効か。

(3)　Ａが、錯誤なく自発的に指つめを承諾した場合、甲の罪責はどうなるか。

参考　❶仙台地石巻支判昭和 62 年 2 月 18 日判時 1249 号 145 頁
❷福岡高宮崎支判平成元年 3 月 24 日高刑集 42 巻 2 号 103 頁
❸最判昭和 33 年 11 月 21 日刑集 12 巻 15 号 3519 頁
❹最決昭和 55 年 11 月 13 日刑集 34 巻 6 号 396 頁

▶▶解説

Key Word 被害者の承諾　錯誤に基づく承諾　傷害罪における承諾

1．被害者の承諾（同意）が有効であるためには、承諾の真意性および任意性が認められなければならない。 したがって、ある程度強度の強制に基づく承諾はその有効性が否定される（❷参照）。**(1)**の場合、暴力団社会という特殊な状況の下で、幹部甲に指つめを強要されたのであるから、Aにそれを拒む自由はほとんど存在せず、真意かつ任意とはいえない承諾をしたにすぎないので、その承諾は無効である。承諾が無効であれば傷害罪の違法性は阻却されない。

2．欺罔による錯誤に基づく承諾の有効性について、錯誤に陥っていなければ承諾しなかったであろうという場合（欺罔・錯誤と承諾の間に条件関係がある場合）には承諾は無効であるとするのが判例の立場である（❸参照）。**(2)**の場合、この立場からは、指つめの報償として幹部の地位が与えられるのでなければAは指つめを承諾しなかったであろうと考えられるので、承諾は無効である。なお、学説では、法益侵害の種類や程度など法益に関係する事実の錯誤がある場合のみ承諾は無効であるとする考え方がある。この立場からは、**(2)**の場合、報償として幹部の地位が与えられるか否かにのみ錯誤があり、身体という傷害罪の法益については錯誤なく承諾しているのであるから、その承諾は有効である。

3．傷害罪における承諾について、承諾の要件がすべて充たされて有効なものであるとしても、その承諾に傷害罪の違法性を阻却する効果が認められるかには争いがある。この点、**判例は「承諾を得た動機、目的、身体傷害の手段、方法、損傷の部位、程度など諸般の事情を照らし合せて決すべき」としている**（❹参照）。行為者の主観も含めて様々な点を総合考慮のうえで、行為の社会的相当性の観点から判断するのである。**(3)**の場合、甲の行為は公序良俗に反する暴力団の指つめに関わるものであり、また、その傷害の方法も、医学的な知識に裏づけされた消毒等適切な措置を講じたうえで行われたものではなく、全く野蛮で無惨な方法であることから、甲の行為が社会的相当性の範囲内にあるということはできず、Aの承諾は、傷害罪の違法性を阻却する効果を持たない（❶参照）。以上により、甲にはAに対する傷害罪（204）が成立する。なお、学説では、（生命に危険なほど）重大な傷害の場合のみ傷害罪における承諾に傷害罪の違法性を阻却する効果が認められないとする考え方がある。この立場からは、**(3)**の場合、左小指の末節の切断は、（生命に危険なほど）重大な傷害とはいえないので、Aの承諾に傷害罪の違法性を阻却する効果が認められ、甲は不可罰になる。　［**塩谷　毅**］

45 正当行為(3)
——安楽死・尊厳死

大学病院の医師甲は、患者Aが治癒不可能ながんに冒され鎮痛処理を施されて意識不明のまま余命数日という状況を迎えた際、Aの苦しみを終わらせるために安楽死を施すことを決意し、筋弛緩剤を注射して即座にAを死亡させた。

(1)　積極的安楽死に関する判例❶の基準（①病者が不治の病に冒され、その死が目前に迫っていること、②病者の苦痛が甚しいこと、③専ら病者の死苦緩和目的でなされたこと、④病者が意思を表明できる場合には、真摯な嘱託または承諾のあること、⑤原則として医師の手によること、⑥その方法が倫理的に妥当なものとして認容しうること）からは、甲の罪責はどうなるか。

(2)　積極的安楽死に関する判例❷の基準（①患者が耐え難い肉体的苦痛に苦しんでいること、②患者は死が避けられず、その死期が迫っていること、③患者の肉体的苦痛を除去・緩和するために方法を尽くし他に代替手段がないこと、④生命短縮を承諾する患者の明示の意思表示があること）からは、甲の罪責はどうなるか。

(3)　仮に、筋弛緩剤の注射ではなく、チューブの抜管などの治療中止行為によって患者Aが死亡した場合で、かつ、家族らが予め確認していた患者の事前の意思が治療中止を許容するというものであった場合、甲の罪責はどうなるか。

参考　❶名古屋高判昭和37年12月22日高刑集15巻9号674頁
❷横浜地判平成7年3月28日判時1530号28頁
❸最決平成21年12月7日刑集63巻11号1899頁

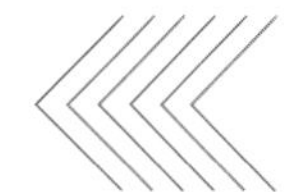

▶▶解説

Key Word 積極的安楽死 患者の自己決定権 明示の意思表示

1． 安楽死を行った甲の行為は殺人罪（199）の構成要件に該当する。わが国には、現在、安楽死を合法化する法律は存在しないが、下級審裁判例においては、**積極的安楽死**の場合に一定の要件が揃えば違法性が否定されると考えられている。

2． **(1)** について、古い裁判例❶は、①病者が不治の病に冒され、その死が目前に迫っていること、②病者の苦痛が甚しいこと、③専ら病者の死苦緩和目的でなされたこと、④病者が意思を表明できる場合には、真摯な嘱託または承諾のあること、⑤医師の手によること、⑥その方法が倫理的に妥当なものとして認容しうること、の6要件を充たす場合に違法性が阻却されるとしている。本設例の場合、要件①（治癒不可能ながんで余命数日）、③（苦しみを終わらせるため）、⑤（医師の手による）、⑥（筋弛緩剤の注射）が充たされることは明白である。Aの死への嘱託はないが、意識不明という意思を表明できない場合なので、要件④も充たされるであろう。あとは要件②の充足が問題であり、仮に末期がん患者の死へのプロセスは全体的な苦痛であると考えればこの要件も充たされ、違法性が阻却されて甲は不可罰になるであろう。

3． **(2)** について、新しい裁判例❷は、**①患者が耐え難い肉体的苦痛に苦しんでいること、②患者は死が避けられず、その死期が迫っていること、③患者の肉体的苦痛を除去・緩和するために方法を尽くし他に代替手段がないこと、④生命短縮を承諾する患者の明示の意思表示があること、の4要件を充たす場合に積極的安楽死が許容されるとしている。苦痛を肉体的苦痛に限定した点と、患者の明示の意思表示を必要不可欠なものとした点に特徴がある。**本設例の場合、要件②（治癒不可能ながんで余命数日）と③（鎮痛処理を施していた）は充たされる。しかしながら、行為時に意識不明であれば「肉体的苦痛」に苦しんでいるとはいえないので要件①は充足しない。また、死への嘱託がないので要件④も充足しない。よって積極的安楽死は許容されず、甲には殺人罪が成立することになる。

4． **(3)** について、治療中止による生命短縮行為は殺人罪の構成要件に該当する。**❸は、治療中止という消極的安楽死（尊厳死）の適法化のための一般的な要件は示さず、事例判断として、①被害者の回復可能性および余命と②被害者の推定的意思を判断要素とした。**これを参考にすれば、本設例の場合、判断要素①（治癒不可能ながんで余命数日）も②（家族らが予め確認していた患者の事前の意思による推定的意思）も充足するので、甲は不可罰になりうるであろう。［**塩谷　毅**］

46 責任論・概説

甲は、殺意を持ってＡの胸部を包丁で刺してＡを死亡させたが、Ａの胸部を包丁で刺したとき、甲は心神喪失の状態であった。

(1) 甲の罪責はどうなるか。犯罪論の体系に従い、簡潔に説明しなさい。

(2) 心神喪失と責任の関係について、責任の本質に立ち返って説明しなさい。

(3) 責任の要素にはどのようなものがあるか。

(4) 責任と人間の意思の自由との関係について、説明しなさい。

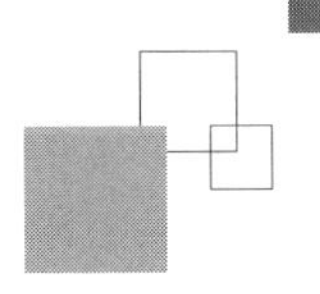

▶▶解説

Key Word 非難可能性　他行為可能性

1. 甲の行為は殺人罪（199）の構成要件に該当し、違法性もあるが、行為のとき甲は心神喪失（39 Ⅰ）であったため責任能力がなく、責任が阻却されるため、殺人罪は成立しない。

2. ここにいう責任とは、犯罪成立の３番目の要件としての責任であり、その本質は、構成要件に該当する違法な行為を行ったことについて行為者を法的に非難できること、すなわち**非難可能性**にある。甲の行為について、先に心神喪失を理由に責任が阻却されることを確認したが、心神喪失者の行為の責任が阻却されるのは、心神喪失者を非難することはできないからである。

では、なぜ心神喪失だと非難できないのか。**心神喪失とは、精神の障害により行為の是非善悪を弁識する能力またはその弁識に従って行動する能力が欠けた状態をいうが**（項目**47**参照）、このような状態にある行為者には他の行為を選択する自由がなく、どうすることもできなかったからである。言い換えれば、行為者を非難できるのは、構成要件に該当する違法な行為を選択しない自由があったのに、あえてそれを選択した場合ということになる。要するに、**責任とは他行為可能性を前提とした非難可能性であり、これが欠けるのが心神喪失である。**

3. では、責任はどのような要素から成り立っているか。責任が非難可能性であるとすると、責任の要素は、非難可能性の有無や程度を基礎づける要素ということになる。その代表が**責任能力**である（項目**47**参照）。心神喪失（39 Ⅰ）、刑事未成年（41）は責任能力が欠ける場合であり、心神耗弱（39 Ⅱ）は責任能力が限定的な場合である。また、通説によれば、**故意・過失**は、構成要件の要素であると同時に責任の要素でもあるとされているほか、有力な見解によれば、**違法性の意識の可能性**も責任の要素とされている（項目**53**参照）。さらに、学説では、**期待可能性**も責任の要素とされている（項目**54**参照）。

4. ところで、責任とは他行為可能性を前提とする非難可能性であるが、伝統的に、**他行為可能性は、他の行為を選択できる意思の自由を前提にする**と考えられてきた。これによれば、責任は、人間の意思には行為を選択する自由があるとする意思自由論（非決定論）に基づくものとなる。もっとも、今日の有力説は、人間の意思には決定される部分と決定されない自由な部分とがあり、後者が非難可能性を基礎づけていると考えている。

［**豊田兼彦**］

47　責任能力の判断基準

近隣住人と何かと暴力沙汰のトラブルを起こし、それがもとで措置入院歴（その際の診断は「統合失調症の疑い」）もあった甲は、精神状態が悪化し、近隣住人の１人であるＡの家族から盗聴などの嫌がらせを受けていると思い込んで、Ａ方へ金属バットとナイフを携行して侵入し、殺意を持ってＡとその息子Ｂをバットで殴打しナイフで刺すなどし、Ａを死亡させＢに重傷を負わせた。かかる殺人・殺人未遂事案につき、甲の責任能力が争点とされ、２度の精神鑑定が実施された。すなわち、第１の鑑定では、人格障害の一種である統合失調型障害に罹（り）患しており、完全責任能力であることが示唆され、第２の鑑定では、統合失調症に罹患しており、犯行時に一過性に急性増悪しており、犯行は統合失調症の病的体験に直接支配されて引き起こされているため、責任無能力であるとされた。

(1)　39条の定める心神喪失・心神耗弱とはどのようなものか。

(2)　精神医学の専門家である鑑定人の責任能力に関する見解と裁判所の責任能力判断の関係はどのようなものか。また、鑑定人の見解に拘束されるのか（鑑定に拘束力はあるのか）。

参考
❶大判昭和6年12月3日刑集10巻682頁
❷最決昭和58年9月13日判時1100号156頁
❸最決昭和59年7月3日刑集38巻8号2783頁
❹最判平成20年4月25日刑集62巻5号1559頁
❺最決平成21年12月8日刑集63巻11号2829頁

▶▶解説

Key Word 心神喪失・心神耗弱の意義
弁識能力・制御能力
鑑定の拘束力

1. 判例・多数説によると、**精神の障害により、行為の違法性を認識する能力（弁識能力ないし認識能力）あるいはそれに従って行動を制御する能力（制御能力）が欠如する場合が心神喪失であり、このような能力の少なくともいずれかが著しく減少している場合が心神耗弱であるとされる**（この定義に関するリーディングケースとして❶）。このうち、「精神の障害」は生物学的要素と呼ばれ、「弁識・制御能力（の欠如・著しい減少）」は心理学的要素と呼ばれ、この２つの要素から判定する方法は混合的方法と呼ばれる。責任能力は有責行為能力とされ、責任非難のための要素に位置づけられ受刑能力とは区別され、かつ、このため、法規範による動機づけが問題となる責任能力（特に制御能力）と行為能力とは区別されなければならない。

2. 心神喪失・耗弱に関する上記の定義からも窺われるように、責任能力判断については、精神医学の専門家の知識や経験による助力なしに法律家（裁判官、場合によっては裁判員）だけで判断することは通常は困難であり、多くの場合精神鑑定が実施される。このことから、**専門家の見解は当然に十分に尊重されなければならず、採用しない場合にはそれなりの合理的根拠が必要となる**（このような精神鑑定と裁判所の判断の一般的な関係を明確に示したものが❹といえよう）。

だが他方で、**責任能力の有無・程度は実体法上の要件の問題として法的判断であり、最終的に裁判所の判断に委ねられなければならない**（例えば❷❸等）。また鑑定結果も証拠方法の１つであり、証拠の証明力評価は自由心証主義に服するものである。したがって、鑑定人の能力・公正さへの疑い、鑑定資料の不備、等々の**鑑定を採用できない合理的事情がある場合には、鑑定の一部または全部を採用しないことも当然に可能となる**（不拘束説。判例・通説）。よって、この立場では、例えば、統合失調症にかかる事案で鑑定書結論部分に心神喪失との旨の記載があったとしても、その鑑定をも参考としながら、被告人の犯行時の病状・犯行前の生活状態・犯行の動機や態様等を総合考慮して、心神耗弱であると認定することは、合理的理由がある限り是認される判断方法ということになる（いわゆる総合判断。❸❺等）。もっとも近時では、法律家と精神科医の役割分担という視点から、弁識・制御能力の有無・程度や心神喪失・耗弱については、鑑定人は意見を示さないことが望ましく、精神障害の有無・程度、それが犯行に与えた影響の有無・程度の報告にとどめるべきとの主張もなされている。 **［箭野章五郎］**

48 原因において自由な行為(1)
——過失犯の場合

甲は、酒を飲むと高度の酩酊状態に陥り他人に危害を加える性癖の持ち主であり、甲もそのことを自覚していた。ある日、甲は、知人Ａとともに飲食店へ行き、今回は問題行動を起こさないだろうと安易に考え酒を飲んだ。その後甲は、飲食店の調理場に赴き、そこにいた女性従業員Ｂにちょっかいを出し顔を近づけるなどしたところ、Ｂから冷たくあしらわれ拒絶されたため、腹を立て大声で怒鳴るなどした。そこで、Ａが制止したところ、甲はさらに激怒し、咄嗟に傍らにあった包丁を手にし、Ａを殺意を持って刺し、出血多量で死亡させた。

この場合において、甲の包丁での刺殺行為については、その行為時には多量の飲酒によって病的酩酊状態に陥っており、それによる心神喪失（39 Ⅰ）が認められた。

(1) 甲は、刺殺行為時に心神喪失であり罪には問えないようにもみえる。この事例において、甲の処罰を肯定するとして、どのような罪に問いうるのか。またその際、原因において自由な行為の理論が援用されるべきか。

(2) あるいは、同理論を用いることなく可罰性を肯定することは可能か。可能である場合、その理論構成はどのようなものか。

参考　❶最判昭和 26 年 1 月 17 日刑集 5 巻 1 号 20 頁

▶▶解説

Key Word 同時存在原則 構成要件モデル 例外モデル（責任モデル） 一般的な過失理論

1．**構成要件該当行為（実行行為）の時点で責任要素のすべては同時に存在していなければならない。**これが実行行為と責任の同時存在原則と呼ばれるものである。同原則からすると、本設例のような場合に、一切処罰できないということにもなりうる。この結論を回避するために展開されたものが原因において自由な行為の理論である。同理論については学説は多岐にわたるが、**主要な考え方としては、「構成要件モデル」と「例外モデル（責任モデル）」がある。**前者は、直接に結果惹起につながった刺突等の結果行為からそれに先行する飲酒等の原因行為へと構成要件該当行為を遡及ないし拡張して原因行為を実行行為と解する見解であり、後者は、結果行為を実行行為としつつ、原因行為時の意思決定への非難可能性に着目し責任非難の対象のみを（同時存在原則に対する例外として）、原因行為にまで遡及させ犯罪の成立を認めようとする見解である。これらの見解は、主として故意犯を中心に論じられたものである。他方、過失犯については、（とりわけ構成要件モデルからは）実行行為の定型性の弱さ等を理由に原因において自由な行為の理論の適用が比較的容易に認められる、ともされてきたのである。

2．では本設例の甲について、故意犯である殺人罪につき原因において自由な行為の理論を適用して処罰することは可能か。上述のいずれの考え方においても**原因行為時に故意があることを要するため、**飲酒時に殺人等の故意のない甲について故意犯処罰は不可能といえよう。次に、過失犯（〔重〕過失致死）につき同理論を適用して処罰することは可能か。本設例と同種事案である❶では、たしかに、結論としては過失致死罪（210）の成立が認められており、かつ、原因において自由な行為の理論を適用して過失犯の成立を認めた判例との評価もかつては有力であった。だが近時では、**過失犯では原因において自由な行為の理論を適用する必要はほとんどない、または不要であるとし、一般的な過失理論に基づき過失犯の成立要件を検討することで足るとの見解が多数説となっている。**かかる立場から甲につき検討するならば、甲は自分の性癖を自覚していたため、他人に危害を加える行為による殺傷の予見可能性・結果回避可能性があり、酩酊状態に陥って他人に危害を加えないよう飲酒を控えるべき注意義務があったといえる。よって飲酒行為は義務違反行為（過失実行行為）といえ、その行為の危険がＡの死という結果に現実化しているともいえ、（重）過失致死罪が成立することになるであろう。

［**箭野章五郎**］

49★ 原因において自由な行為(2)
――故意犯の場合

覚醒剤常用者であった甲には、覚醒剤濫用によって幻覚妄想等の症状を呈し、その状態下で他人に暴力を振るった経験があった。甲は、母親Aと2人で暮らしており、そろそろ覚醒剤をやめたいなどとも思っていたが、自宅でいつものように覚醒剤を注射による方法で使用した。するとその作用により幻覚妄想にとらわれ極度の厭世観に陥り、その状態下で母Aを殺して自分も死のうと決意した。そして、甲は、就寝中のAを包丁で刺し死亡させたが、自身は自殺行為には出なかった。

この場合において、甲については、A殺害の決意とAを刺殺する行為の時点では心神喪失（39Ⅰ）と認定されたが、他方で、覚醒剤注射に先行する時点で、注射をすれば精神に異常を招きその状態で周囲の人に暴行を加えるかもしれないと思いながらも、そうなっても仕方がないとも考え、注射するに至っていたとも認定された。

(1)　この事例における甲の罪責はどうか。特に原因において自由な行為の理論を適用して故意犯として処罰できるのか。

(2)　結果行為時に心神喪失ではなく心神耗弱（39Ⅱ）にとどまった場合にも原因において自由な行為の理論の適用は可能か。

参考　❶名古屋高判昭和 31 年 4 月 19 日高刑集 9 巻 5 号 411 頁
❷大阪地判昭和 51 年 3 月 4 日判時 822 号 109 頁
❸最決昭和 43 年 2 月 27 日刑集 22 巻 2 号 67 頁

▶▶解説

Key Word 原因行為時の故意
結果行為時に心神耗弱であった場合

1. 項目 **48** の解説でも示したように、原因において自由な行為の理論は故意犯を中心に展開されてきた。だが**実際の事案において同理論が適用され故意犯が成立する場合はかなり少数**にとどまっており、その少数例として、理論構成は必ずしも明らかではないが本設例も参考とした❶（や、さらに❷等）が挙げられる。**その主たる要因は、構成要件モデル、例外モデルのいずれにおいても要求される原因行為時の故意を肯定することの困難さにあるといえよう。**本設例では、甲は、覚醒剤摂取時に周囲の人に暴行を加えるかもしれないと思いつつ、そうなっても仕方がないとも考えており、この点を暴行（・傷害）の未必の故意と捉えるならば、他の要件（原因において自由な行為に関する各説の示す他の要件、例えば、正常な精神機能が損なわれることの認識などの正犯性を基礎づける認識等）も充たす限りで、**この主観面を限度に故意犯である傷害致死罪（205）が成立しうる場合といえよう。**

2. また別に、原因において自由な行為の理論をめぐっては、結果行為時に心神耗弱であった場合にも適用があるのかも問題となる。従来、例外モデルでは、責任能力ある原因行為時の意思決定が結果行為に実現していれば完全な責任を問えるとの考え方を本質的内容とすることから、原因行為後の喪失状態か耗弱状態かは重要ではなく適用があるとされ、他方、構成要件モデル、特にこれに属する伝統的な間接正犯類似説では、耗弱状態では自己を道具とするとはいえず、適用できないとされてきた。だが、近時では、構成要件モデルでも、原因行為を正犯行為と評価できるのかが重要であるとの視点から、原因・結果行為の意思連続性による意思支配や法益侵害への確実性・自動性を持つこと等を理由に正犯性を肯定することは可能であり、**耗弱の場合でも適用があるとの見解が有力といえる**（結論として❸も 39 条 2 項による減軽を否定している）。

3. なお構成要件モデルでは、原因行為時に未遂犯成立にとっての「実行の着手」が常に認められるのかも問題となる。この点について、近時では、原因行為に構成要件該当性ないし正犯性が認められたとしても、常に「実行の着手」が認められるわけではなく、結果発生の時間的切迫性が必要となる場合がある、あるいは切迫した危険を含む結果行為がなければ未遂犯は成立しない、などとする見解が有力である。

［箭野章五郎］

50 実行行為と責任能力

甲は、夫Aと夫婦関係がうまくいっておらず、不満を募らせていた。ある夜、Aとの口論の後、甲は、ベッドで横たわっていたAを背後から空き瓶で腹立ち紛れに数回殴打したところ、Aは甲を突き飛ばし怒鳴るなどした。すると甲は、近くにあった鋭利なハサミを用いて、Aを死なせるかもしれないがそうなってもやむを得ないと考えながらAの腹部のあたりを数回突き刺した。Aと甲は激しくもみ合ったが、やがてAは刺された傷の苦痛から床に崩れ落ちた。その後、甲は、抵抗できなくなったAを長時間にわたって執拗にハサミで刺し続け失血死させるに至った。

この場合において、ハサミで腹部のあたりを数回刺した行為の時点では責任能力の減弱はなかったが、その後の犯行途中で情動性朦朧状態に陥り心神耗弱状態になっていたとの認定がなされた。

甲に殺人の（未必の）故意があり殺人罪（199）が成立するとして、39条2項を適用し減軽すべきか、あるいは適用を否定すべきか。

参考　❶東京高判昭和54年5月15日判時937号123頁
❷大阪地判昭和58年3月18日判時1086号158頁
❸長崎地判平成4年1月14日判時1415号142頁

▶▶解説

Key Word 実行途中での心神喪失・心神耗弱
因果関係の錯誤

1． 責任能力のある時点で犯罪の実行行為を故意を持って開始したが、途中で心神喪失または心神耗弱状態に陥り、その状態の下で結果を惹起した場合に39条が適用されるのかも問題となる。この場合、当初の実行行為と結果との間に法的因果関係が認められ、かつ、全体として一連一体の実行行為ないし1個の実行行為と認められる限り、せいぜい一種の因果関係の錯誤（項目**19**・**23**・**58**参照）があるにすぎないと解し、それに基づく処理がなされるとするのが多数の見解といえよう（原因において自由な行為の理論を持ち出すまでもないとの立場）。そこでは例えば、行為者の予見した因果経過と現実の因果経過とが法的因果関係の範囲内で符合している限り故意阻却はないとされており、これによると、本設例でも甲につき、故意阻却はなく、殺人（既遂）が認められ39条2項の適用もないということになるであろう（もっとも、因果関係の錯誤は因果関係論に解消されるとの見解も有力であり、その立場では、ここでの問題は法的因果関係の有無が決定的となるであろう）。

2． 判例についても、本設例が参考とした❶において、その理論構成は明らかではないが、ⓐ責任能力がある時点での加害行為の重大性、ⓑ犯行の継続性、ⓒ責任能力低下の自招性を根拠とし、39条2項の適用が否定されている（❷でも同様に適用が否定されている）。ただし❶に対しては学説では、原因において自由な行為の理論を適用すべきとの視点から、その内容に応じて責任能力低下状態で行為を行う認識も要するとの立場をとり、意図せざる責任能力低下であって39条2項の適用を肯定すべきとの主張や、より厳格な因果性を要求する立場（ⅰ能力低下前の行為→ⅱ精神的興奮状態の招来→ⅲ能力低下後の行為という関係が必要との立場）から、因果性が認められないのではないかとの疑問なども存するところである。またさらに、傷害致死事案で、当初暴行から、その度をエスカレートさせ強力な暴行時に心神耗弱に至っていた場合である❸でも、上記❶のⓑⓒに対応するものを理由としつつ、ⓐについては根拠とはされず39条2項の適用が否定されており、実行途中での責任能力低下事案につき、射程をやや広げているとの評価もなされている。この❸に対しても学説では、能力低下前の段階での致死結果の予見可能性を重視して、その段階で重大結果をもたらす加害行為のない本事案ではこれが認められず、39条2項の適用を肯定すべきではないかといった批判なども存するところである。

［箭野章五郎］

51★ （責任）故意(1)
――誤想防衛

暗い夜道を歩いていた甲は、Aが突然包丁で襲いかかってきたので、身を守るため、Aを負傷させてもやむを得ないと思いながら、とっさにAの腰部を1回蹴ってAを転倒させた。これにより負傷したAは、甲への襲撃をあきらめて逃走した。甲は、直ちに警察に電話し、警察官の到着を待っていたところ、近くを通りかかったBが甲を驚かそうとして折り畳み傘を振りかざした。甲は、Bも包丁で襲いかかってきたと誤想し、自分の身を守るため、Bを負傷させてもやむを得ないと思いながら、とっさにBの腰部を1回蹴ってBを転倒させ、Bに傷害を負わせた。

(1) 甲のAに対する罪責について論じなさい。

(2) 甲のBに対する罪責について論じなさい。

参考　❶広島高判昭和35年6月9日高刑集13巻5号399頁
❷大阪地判平成23年7月22日判タ1359号251頁
❸大阪高判平成14年9月4日判タ1114号293頁

▶▶解説

Key Word 誤想防衛

1. 甲は、A・Bを蹴って負傷させており、いずれの行為も傷害罪（204）の構成要件に該当する。このうち、Aに対しては正当防衛（36 Ⅰ）が成立し（項目**33**参照）、違法性が阻却されて傷害罪が成立しないことは明らかである。

2. では、Bに対してはどうか。Bが甲を驚かそうとして折り畳み傘を振りかざした行為は、Aの行為と異なり、急迫不正の侵害にあたらないから、これに対して正当防衛は成立せず、違法性は阻却されない。しかし、甲は、Bが刃物で襲いかかってきたと誤想して行為に出ており、甲の認識においては、Aに対するのと異なるところはない。つまり、甲は、**正当防衛にあたる事実を認識しつつ、正当防衛にあたらない行為をしたことになる。これを誤想防衛という。**

この場合、通説によれば、**故意が否定される。**故意があるといえるためには違法な事実の認識が必要であるところ（それがなければ、「違法な行為に出るな」という規範の問題に直面したとはいえず、故意非難を向けることができない）、この場合の行為者には**正当防衛という違法でない事実の認識があるだけで、違法な事実の認識があるとはいえないからである。**最高裁の判例はないが、下級審も通説と同様に考えているようである（❶❷❸参照）。これによれば、Bに対しては甲に故意がなく、傷害罪は成立しない。ただし、**誤想した点に過失があれば過失犯が成立するとされており、**甲の誤想に過失があれば、過失傷害罪（209 Ⅰ）が成立する。

3. このように、通説は、誤想防衛の場合には故意を否定し、過失犯が成立しうるにすぎないとするが、故意を否定する手順については通説内部で見解が分かれている。多数説は、構成要件の犯罪個別化機能を重視し、故意を構成要件該当性の段階で検討する見解に立ちつつ（項目**15**参照）、誤想防衛が問題となる場合には、それに加えて責任の段階でも故意を検討する。前者の故意を構成要件的故意、後者の故意を責任故意という。これによると、Bを負傷させることを認識している甲には傷害罪の構成要件的故意が認められるが、誤想防衛により責任故意が欠けるため傷害罪は成立せず、別途、過失傷害罪の成否を検討すべきことになる。構成要件の犯罪個別化機能を重視して故意を構成要件の要素とし、故意犯の構成要件該当性を肯定しておきながら、故意犯ではなく過失犯が成立しうるというのでは、この見解の出発点にある構成要件の犯罪個別化機能は果たされていないといわざるを得ないが、これに代わる誰もが納得する解決策はみつかっていない。

［**豊田兼彦**］

52★ (責任)故意(2)

——誤想過剰防衛・誤想過剰避難

(1) 暗い夜道を歩いていた甲は、Aが甲を驚かそうとして折り畳み傘を振りかざしたのを木の棒で殴りかかってきたものと誤想し、自分の身を守るため、そばにあった鉄パイプでAの頭部や顔面を複数回殴打し、Aに重傷を負わせた。甲の罪責について論じなさい。

(2) 暗い夜道を歩いていた乙は、Bが乙を驚かそうとして折り畳み傘を振りかざしたのを木の棒で殴りかかってきたものと誤想し、これを避けるため、真後ろの方向に逃げようとしたところ、Cが逃げ道を塞ぐように立っていたため、Cを突き飛ばして転倒させた。その結果、Cは負傷した。乙の誤想を前提として他に逃げ道があったかを検討した場合、他にも逃げ道があり、このことを乙が認識していたとして、乙の罪責について論じなさい。

参考 ❶最決昭和62年3月26日刑集41巻2号182頁
❷大阪簡判昭和60年12月11日判時1204号161頁

▶▶解説

Key Word 誤想過剰防衛
誤想避難

1．(1)の甲の行為は、傷害罪（204）の構成要件に該当する。また、急迫不正の侵害は存在しないので、正当防衛（36 Ⅰ）も成立しない。では、誤想防衛として故意が否定されるか（項目**51**参照）。甲は、木の棒で襲われた、つまり急迫不正の侵害があると誤想してAを殴打している。しかし、この殴打行為は、鉄パイプでAの頭部や顔面を複数回殴打するというもので、防衛行為の相当性を逸脱する過剰なものである。しかも、甲は、この過剰な事実を認識していたと考えられる。このように、急迫不正の侵害を誤想して過剰な行為に出た場合で、過剰な事実の認識がある場合を（狭義の）誤想過剰防衛という。この場合、正当防衛の範囲を超える過剰な事実、つまり違法な事実の認識があるので、故意は否定されない。よって、甲には傷害罪が成立する（これに対し、例えば、釘のついた木の棒で反撃したが、過剰性を基礎づける、釘がついていたという事実を認識していなかった場合には、正当防衛にあたる事実の認識しかないので、誤想防衛となる）。

なお、誤想過剰防衛の場合に36条2項の適用があるかが問題となるが、判例は、同項による刑の減軽を認めている（❶参照）。これによれば、甲にも、同項による刑の減軽の余地がある。

2．(2)の乙の行為も、傷害罪の構成要件に該当する。また、現在の危難は存在しないので、緊急避難（37 Ⅰ本）も成立しない。もっとも、乙は、木の棒で襲われた、つまり現在の危難があると誤想し、これを避けるために逃げようとしてCを突き飛ばしている。ここで、甲の認識した事実が緊急避難にあたる事実であれば誤想避難となり、この場合、緊急避難の法的性格を違法性阻却事由と解する立場によれば、誤想防衛と同様、違法な事実の認識が欠けることから、故意が否定される。しかし、乙は、他に逃げ道があると認識しながらCを突き飛ばしており、補充性の要件を逸脱する事実、つまり違法な事実を認識していることから、故意は否定されない（❷参照）。よって、乙にも傷害罪が成立する（これに対し、他に逃げ道がないと認識していたのであれば、誤想避難となる余地がある）。

なお、害の均衡の要件を充たさない場合だけでなく、補充性の要件を充たさない場合も過剰避難になるとする立場によれば、乙の行為は誤想過剰避難となり、37条1項ただし書の適用があるかが問題となる。下級審には、同ただし書による刑の減軽を認めたものがあり（❷参照）、これによれば、乙にも、同ただし書による刑の減軽の余地がある。

［**豊田兼彦**］

53★ 違法性の意識の可能性

エアガンを所持していた甲は、これを改造したくなり、この程度の改造であれば銃刀法の「けん銃」に該当せず、それを所持しても違法ではないと思い、エアガンを改造して所持した。元のエアガンは銃刀法の「けん銃」に該当しないものであったが、改造エアガンは「けん銃」に該当するものであった。以上の事実に加え、次の**(1)**ないし**(3)**の各事実があったとした場合、甲に銃刀法のけん銃所持罪（銃刀31の3）が成立するか。

(1)　甲が改造エアガンを「けん銃」に該当しないものだと思ったのは、甲の勝手な判断によるものであった。

(2)　甲は、事前に交番に赴き、そこに勤務する巡査に改造エアガンの設計図や威力を示しながら、これが「けん銃」に該当するかを尋ね、この程度の改造であれば「けん銃」に該当しないだろうとの回答を得ていた。

(3)　甲は、警察庁の専門部署や警視庁の銃器担当者に事前に念入りに問い合わせ、改造後に現物を示して確認を求めるなどし、**(2)**と同じ回答を得ていた。

参考　❶最決昭和 62 年 7 月 16 日刑集 41 巻 5 号 237 頁
❷東京高判昭和 27 年 12 月 26 日高刑集 5 巻 13 号 2645 頁
❸東京高判昭和 44 年 9 月 17 日高刑集 22 巻 4 号 595 頁
❹東京高判昭和 55 年 9 月 26 日高刑集 33 巻 5 号 359 頁
❺大阪高判平成 21 年 1 月 20 日判タ 1300 号 302 頁

▶▶解説

Key Word 違法性の意識
相当の理由
違法性の意識の可能性

1． 甲は、けん銃所持にあたる事実をそれにあたらないと思っていたが、それは「あてはめの錯誤」であり、それだけではけん銃所持罪（銃刀31の3）の故意は否定されない。しかし、甲は、**違法性の意識**を欠いていた。そこで、この点がけん銃所持罪の成否に影響するかが問題となる。

判例・通説によれば、違法性の意識そのものは故意の要素ではなく、故意犯の成否に影響しない。よって、**違法性の意識を欠いただけで故意犯の成立が否定されるわけではない**。しかし、下級審には、**違法性の意識を欠いたことについて相当の理由がある場合には故意が認められない**として、故意犯の成立を否定する裁判例が多数ある（❷❸❹❺）。最高裁も、この下級審の見解を否定していない（❶）。現在の実務においては、この見解が支配的であるといえよう。

2． そこで、これに従って検討すると、**(1)**の場合、甲は自分の勝手な判断で違法性がないと思っており、違法性の意識を欠いたことについて相当の理由はない。よって、故意は否定されず、けん銃所持罪が成立する。

では、**(2)**の場合はどうか。この場合も、違法性の意識を欠いたことについて相当の理由はなく、けん銃所持罪が成立すると解される。たしかに、甲は、交番勤務の巡査に問い合わせ、「けん銃」に該当しないだろうとの回答を得ている。しかし、交番勤務の巡査は銃器の専門家ではないから、その回答を信じたことに相当の理由があるとはいえない（❶参照）。

これに対し、**(3)**の場合には故意が否定され、けん銃所持罪が成立しないと解される。甲は、銃刀法を所管する警察庁の専門部署や銃器対策の実務を担う警視庁の担当者に念入りに問い合わせ、現物確認も求めており、その回答を信じて違法性の意識を欠いたことには相当の理由があると解されるからである（❺参照）。

3． 通説は、**故意犯の成立には違法性の意識の可能性が必要である**とするが、これは下級審の見解と軌を一にするものといえる。**違法性の意識の可能性がない場合とは、違法性の意識を欠いたことに相当の理由がある場合にほかならないからである**。もっとも、通説内部において、違法性の意識の可能性がない場合には故意が否定されるとする制限故意説と、責任が阻却されるとする責任説とが対立している（後者が有力）。下級審の見解は制限故意説のようにみえるが、それは故意犯の成立を否定する理由を法文上の根拠がある故意の阻却に求めたにすぎず、責任説を否定するものではないとする理解が有力である。 ［**豊田兼彦**］

54 期待可能性

甲は、船長として船を運航していたが、ある日、定員の５倍に上る乗客を乗せたため船が沈没し、28名が死亡、８名が負傷した。船長は、業務上過失致死傷等の罪（211）に問われ、２審で禁錮６月の刑を言い渡された。これに対し、大審院（❶）は、乗客が通勤のために殺到していたこと、船主が甲の再三の注意にもかかわらず多数の乗客を乗せるように命じていたことなどの事情を考慮し、軽い罰金刑にとどめた（第五柏島丸事件）。

(1)　業務上の過失により多数の死傷者が出たにもかかわらず、大審院が軽い罰金刑にとどめたことは、理論的にどのように説明することができるか。

(2)　**(1)**で示した理論に対し、その後の判例・学説はどのような態度を示しているか。

(3)　**(1)**で示した理論は、今日どのような意義を有しているか。

参考　❶大判昭和8年11月21日刑集12巻2072頁
❷東京高判昭和25年10月28日判特13号20頁
❸最判昭和31年12月11日刑集10巻12号1605頁
❹最判昭和33年7月10日刑集12巻11号2471頁
❺東京地判平成8年6月26日判時1578号39頁

▶▶解説

Key Word 期待可能性

1．大審院が軽い罰金刑にとどめたことは、**期待可能性**の理論によって説明することができる。この理論は、故意または過失があったとしても、行為時の具体的事情の下で、ある具体的な行為をすることが無理もない場合、換言すれば、**その行為に出ないことを期待することができない場合には、行為者を非難することができず、責任が阻却される**とするもので、責任の本質を他行為可能性を前提とする非難可能性に求める一般的な理解（項目**46**参照）からの帰結とされる。この理論によれば、期待可能性がない場合には、責任が阻却されて犯罪不成立となるほか、期待可能性が減少していた場合には、その点が刑の選択や量刑において考慮される。

甲については、乗客や船主の態度などの具体的事情を考慮すると、期待可能性がなかったとはいえないものの、それが減少していたといえることから、大審院は、軽い罰金刑にとどめた、と説明することができる。

2．その後、下級審の中に、期待可能性がないことを理由に無罪を言い渡したものがいくつか現れ（例えば、❷）、学説においても、期待可能性の理論は通説となった。最高裁も、期待可能性の不存在について「超法規的責任阻却事由と解すべきである」と述べたことがあり（❸）、期待可能性の理論を否定していない。しかし、**最高裁は、期待可能性の不存在を理由に無罪を言い渡したことはなく、期待可能性の理論に対して慎重な態度を示している**（❹）。期待可能性の理論については、期待できるか否かの判断基準に争い（行為者標準説、一般人標準説、国家標準説の争い）があるほか、適用の限界も明らかでないと指摘されることがあり、このことが最高裁の慎重な態度の背景にあると考えられる。

3．もっとも、例えば、犯人自身による犯人蔵匿・証拠隠滅が犯罪とされず（103・104）、親族による犯人蔵匿・証拠隠滅の刑が任意的に免除され（105）、親族による盗品等関与の刑が必要的に免除され（257）、過剰防衛・過剰避難の刑が任意的に減免される（36 Ⅱ・37 Ⅰ但）のは、期待可能性の欠如ないし減少によると説明されている。また、現在の実務においても、期待可能性の有無が検討されたり、その減少が量刑で考慮されたりすることがある（例えば、❺）。その意味で、**期待可能性の理論は、今日も意義を失っていない。**

［豊田兼彦］

55 未遂犯の処罰根拠

甲は、以前から恨みを持っていたＡが路上を歩いているのを発見して、Ａを殺害するチャンスだと考え、①付近を警邏中であった警察官Ｂに襲いかかってＢが携帯していたけん銃を奪い取り、②それをＡに向け、引き金に指をかけて発砲しようとしたが、③Ｂに取り押さえられたため目的を遂げることができなかった。

(1)　この場合の甲には殺人未遂罪（203・199）が成立すると解されているが、そもそも、Ａの死亡という結果が発生していないにもかかわらず犯罪として処罰されるのはなぜか。

(2)　一般的には、甲が①の段階で取り押さえられたとすれば殺人予備罪（201）、②の段階で取り押さえられた場合には殺人未遂罪が成立すると考えられているが、②に至らなければ殺人未遂罪が成立しない実質的な理由は何か。

(3)　仮に、たまたまＢがけん銃に弾丸を装填することを失念していたため、このけん銃でＡを殺害することはいずれにしても不可能であった場合には、刑法上どのような問題が生じるか。

参考　❶最決平成 16 年 3 月 22 日刑集 58 巻 3 号 187 頁
❷宇都宮地判昭和 40 年 12 月 9 日下刑集 7 巻 12 号 2189 頁
❸福岡高判昭和 28 年 11 月 10 日判特 26 号 58 頁

▶▶解説

Key Word 未遂犯の処罰根拠
実行の着手
不能犯

1．未遂犯は、①犯罪の「実行の着手」があり、かつ②これを遂げなかったこと（既遂結果の発生に至らなかったこと）をその成立要件として（43本）、明文のある場合に限って処罰される（44）。既遂結果が発生していないのになぜ未遂犯として処罰されるのかという根拠については、それを行為者の意思（ないし性格）の危険性に求めるⓐ主観的未遂論はすでに少数説となり、現在では既遂結果発生の具体的・現実的危険性に求めるⓑ客観的未遂論が通説化している。ⓐのように意思が危険であるがゆえに未遂犯として処罰するというのでは、予備と未遂の区別が不明確となり、「実行の着手」によって未遂犯の成立を限定するためにはⓑを前提とする必要があるからである。これによれば **(1)** については、Aが死亡するという具体的危険性が発生していることが処罰の根拠となる。

2．客観的未遂論に依拠する場合でも、「実行の着手」の判断基準については、構成要件該当行為（実行行為）ないしそれに密接な行為の開始に求める形式的客観説と、既遂結果の具体的・現実的危険の発生に求める実質的客観説が対立してきた（項目 **56**・**57** 参照）。もっとも最近では、客観的未遂論からは実質的客観説が支持されるとしつつも、「危険」概念が必ずしも明確ではないことから、条文の文言に制約された「実行」（＝構成要件該当行為）という形式的限定も必要であるとして、両説を相互補完的に用いる見解が有力化している。**(2)** については、Aが死亡する具体的危険性は、客体にけん銃が向けられ弾丸発射がいつでも可能な②の段階に至って初めて認められるとともに、「人を殺す行為」に密接な行為も認められることが、甲に「実行の着手」が肯定される根拠といえよう（殺人罪の実行の着手について、❶❷および項目 **58** 参照）。

3．外形的には「実行の着手」の段階に至っていても、既遂結果を発生させることが不可能であるために、上述した未遂犯の処罰根拠である既遂結果の具体的危険が認められない場合には、「不能犯」とされ、不可罰となる。**(3)** では、たしかにこのけん銃によって弾丸を発砲してAを殺害することは物理的には不可能であり、Aが死亡するという具体的危険性は発生していないようにも思われるが、「一般の警察官であったら弾丸は装填していたはずだ」という観点からは、そうした危険を認める余地も生じる（❸参照）。これが「未遂犯と不能犯の区別」の問題であり、既遂結果発生の具体的危険性の意義とその判断方法を論じるべきことになる（項目 **59**～**61** 参照）。

［**城下裕二**］

56★ 実行の着手(1)
——不同意性交等罪

甲は、友人乙をダンプカーに同乗させ、ともに女性を物色して情交を結ぼうとの意図のもとに徘徊走行していたところ、1人で通行中のA女を認め、「車に乗せてやろう」等と声をかけ、約100m尾行したが、相手にされないことに苛立った乙が下車して、Aに近づいて行くのを認めたので、付近の空き地に車を停めて待ち受けていた。乙が、Aを背後から抱きすくめてダンプカーの助手席前まで連行して来たため、乙がAに不同意性交を行う意思を有することを甲は察知した。甲は、乙と不同意性交を行う意思を相通じたうえ、必死に抵抗するAを乙とともに、ダンプカーの運転席に引きずり込み、発進して約5km離れた護岸工事現場に至り、運転席内でAの反抗を抑圧して、乙・甲の順に不同意性交した。なお、Aは、ダンプカーの運転席に引きずり込まれた際の暴行により、全治約10日間の傷害を負った。甲の罪責について論じなさい。

参考
❶最決昭和45年7月28日刑集24巻7号585頁
❷京都地判昭和43年11月26日判時543号91頁
❸大阪地判平成15年4月11日判タ1126号284頁

▶▶解説

Key Word 実行の着手　危険性＋密接性基準説　進捗度説

1． 甲が乙と不同意性交を行う意思を相通じたうえ、Aをダンプカーの運転席に引きずり込む行為に不同意性交等罪（177 Ⅰ）の実行の着手が認められる場合、甲に不同意性交等致傷罪の共同正犯（60・181 Ⅱ）が成立する。実行の着手が認められない場合、甲に不同意性交等罪の共同正犯（60・177 Ⅰ）および傷害罪の共同正犯（60・204）が成立する。

2． では、実行の着手はどのように判断されるのか。43条は、「実行に着手して」と規定していることから、実行行為の開始または実行行為に密接な行為の開始という観点に着目する立場（形式的客観説）が存在する。他方で、実行の着手があれば未遂犯として処罰されることから、未遂犯の処罰根拠を結果発生の現実的危険性に求める立場（実質的客観説）（項目**55**参照）からは、実行の着手とは、結果発生の現実的危険性が生じた時点と定義される。そこで、**実行の着手の判断に際しては、「結果発生の現実的危険性」および「実行行為への密接性」という観点を相互補完的に考慮する見解（危険性＋密接性基準説）が有力である**。本設例は、❶を簡略化したものであるが、最高裁は、「Aをダンプカーの運転席に引きずり込もうとした段階ですでに強姦［旧罪名］に至る客観的な危険性が明らかに認められる」として、不同意性交等罪の実行の着手を認め、甲に不同意性交等致傷罪の共同正犯の成立を認めている（なお、項目**74**も参照）。Aをダンプカーの運転席に引きずり込む行為については、「実行行為への密接性」が認められ、甲と乙の2人でAをダンプカーの運転席に引きずり込めば、Aは逃げることがほぼ不可能であるため、「不同意性交に至る現実的危険性」が生じていると判断でき、最高裁の結論は、前述した2つの観点から説明することができる。❷❸は、本設例と同様に、不同意性交を行う目的で、被告人が女性を自動車に無理やり引きずり込もうとした行為に、不同意性交等罪の実行の着手を否定したものである。

3． 他方で、近時は、結果発生の危険性ではなく、**犯行計画の進捗度から実行の着手を判断し、最近の最高裁と同様の結論を導く見解（進捗度説）**も主張されている。同見解からは、犯行計画が未遂として処罰する段階といえるかどうか、すなわち、**既遂実現または実行行為を基点として、その直前段階といえるかどうかが重要**となり、直前段階かどうかの判断に際しては、「事象経過が妨害されなければ中間行為なく既遂実現に至るか」、「時間的場所的近接性」の基準が有用とされる。同見解からも、本設例の最高裁の結論は支持されうる。　**［瀬川行太］**

57★ 実行の着手(2)
——詐欺罪

前日、特殊詐欺の被害に遭い100万円を交付してしまったAは、その翌日、警察官を名乗る氏名不詳者からの電話で、「昨日、駅の所で、不審な男を捕まえたんですが、その犯人がAの名前を言っています」「昨日、詐欺の被害に遭っていないですか」「口座にはまだどのくらいの金額が残っているんですか」「銀行に今すぐ行って全部下ろした方がいいですよ」「前日の100万円を取り返すので協力してほしい」などと言われ（1回目の電話）、その約1時間40分後に、再度、警察官を名乗る氏名不詳者らからの電話で、「僕、向かいますから」「2時前には到着できるよう僕の方で態勢整えますので」などと言われた（2回目の電話）。甲は、氏名不詳者から、警察官を装ってAから現金を受け取るように指示され、詐取金の受取役を担うことを認識して、指示通りにA宅に向かったが、A宅到着前に警察官によって逮捕された。氏名不詳者らの計画は、詐欺の被害を回復するための協力という名目で、警察官であると誤信させたAに預金から現金を払い戻させたうえで、警察官を装ってA宅を訪問する予定でいた甲にその現金を交付させてだまし取るというものであり、甲はこの計画に基づいて氏名不詳者らと行動していた。氏名不詳者らおよび甲の罪責について論じなさい。

参考　❶最判平成30年3月22日刑集72巻1号82頁
❷最決令和4年2月14日刑集76巻2号101頁

▶▶解説

Key Word 特殊詐欺 すり替え窃盗

1. 本設例は、❶を簡略化したものであるが、最高裁は、氏名不詳者らおよび甲に詐欺未遂罪の共同正犯（60・250、246 Ⅰ）の成立を認め、その理由として、①本件嘘の内容は、犯行計画上、A が現金を交付するか否かを判断する前提となるよう予定された事項にかかる重要なものであったこと、② A に現金の交付を求める行為に直接つながる嘘が含まれていること、③すでに詐欺被害に遭っていた A に対し、本件嘘を真実であると誤信させることは、A において、間もなく A 宅を訪問しようとしていた甲の求めに応じて即座に現金を交付してしまう危険性を著しく高めるものといえること、を指摘している。実行の着手の判断に際して、「結果発生の現実的危険性」および「実行行為への密接性」という観点を相互補完的に考慮する見解（危険性＋密接性基準説）からは、理由①②は「実行行為への密接性」に対応し、理由③は「結果発生の現実的危険性」に対応するため、最高裁の考え方は支持されうる。もっとも、甲は警察官に逮捕されているため、A が現金を交付する危険性はなかったともいえるが、最高裁は、被害者の錯誤が実際に生じたかどうかを考慮せず、危険性の有無を判断している（項目 **61** 参照）。

2. 他方で、犯行計画の進捗度から実行の着手を判断する見解（進捗度説）からは、基点を実行行為に求める場合、本件犯行計画上の最終行為である交付要求行為までの進捗度が問題となり、理由②が本質的要素となる。一方、基点を既遂実現に求める場合、財物交付に至るまでの進捗度が問題となり、経過の自動性を示すものとして理由③が重要となる。いずれの場合も、同見解から最高裁の考え方は支持されうる。

3. ❷は、特殊詐欺グループによるキャッシュカードすり替え型の窃盗で、被告人が被害者宅から約 140m の地点で警察官に気付き犯行を断念した事案だが、最高裁は、密接性には言及せず、「占有を侵害する危険性」を根拠として窃盗罪の実行の着手を認めている。最高裁が、被告人の被害者宅付近までの接近という観点を考慮している点を捉え、密接性判断をなお維持していると考えれば、危険性＋密接性基準説の立場から、最高裁の考え方は支持されうる。他方で、進捗度説の立場からは、本件のような事案では、架け子の嘘が、その指示に従えば事態を一気にすり替え行為（最終行為）または占有侵害（既遂実現）まで進展させてしまうものと考えれば、架け子の嘘の時点で実行の着手を認めることも可能となり、最高裁の考え方は支持されうる。

［瀬川行太］

58★ 早すぎた結果の発生

甲はAを事故死にみせかけて殺害し生命保険金を詐取しようと考え、乙にA殺害の実行を依頼した。これを引き受けた乙は、実行犯3名を仲間に加えた。乙は、実行犯3名が乗った車を、Aの運転する車に衝突させ、示談交渉を装ってAを実行犯3名が運転する車の方へと誘い込み、クロロホルムを使ってAを失神させたうえ、車ごと崖から転落させて溺死させるという計画を立て、実行犯3名に計画の実行を指示した。実行犯3名は計画通り、自分たちが運転する車をAが運転する車に追突させ、示談交渉を装ってAを自分達の車の助手席に誘い入れ、多量のクロロホルムを染み込ませてあるタオルをAの背後からその鼻口部に押しあて、Aを昏倒させた（第1行為）。その後、実行犯3名は、Aを約2km離れた港まで運び、電話で乙を呼び寄せ、第1行為から約2時間後、動かなくなったAをAの車の運転席に運び入れ、車ごと岸壁から海中に転落させた（第2行為）。Aは、実際には第1行為により死亡していた。乙および実行犯3名は、第1行為自体によってAが死亡する可能性があるとの認識を有していなかった。しかし、客観的にみれば、第1行為は、人を死に至らしめる危険性の相当高い行為であった。実行犯3名、甲および乙の罪責について論じなさい。

参考　❶最決平成16年3月22日刑集58巻3号187頁
❷横浜地判昭和58年7月20日判時1108号138頁
❸名古屋高判平成19年2月16日判タ1247号342頁

▶▶解説

Key Word 早すぎた結果の発生 一連の実行行為

1. 実行犯3名は、計画に基づいて一連の殺人行為を行い、第2行為によりAが死亡すると認識していたが、Aは実際には第1行為により死亡していたため、実行犯3名の認識と現実の因果関係との間に錯誤が生じている。**犯人が既遂結果を発生させるために必要であると考えていた行為をすべて行う前に既遂結果が発生した場合を、「早すぎた結果の発生（早すぎた構成要件の実現）」と呼ぶが、**この場合、犯人に故意既遂犯の成立を認めることができるかが問題となる。この問題の検討に際しては、既遂結果を生じさせた行為に、当該犯罪の実行の着手が認められるかどうかが重要である。なぜならば、実行の着手前の予備行為から既遂結果が発生した場合には故意既遂犯は成立せず、本設例でも第1行為に殺人罪の実行の着手が認められなければ、実行犯3名には殺人予備罪の共同正犯（60・201）および傷害致死罪の共同正犯（60・205）が成立するにすぎないからである。

2. 本設例は、❶を簡略化したものであるが、**最高裁は、「第1行為は第2行為を確実かつ容易に行うために必要不可欠なものであったこと」、「第1行為に成功した場合、それ以降の殺害計画を遂行する上で障害となるような特段の事情はなかったこと」、「第1行為と第2行為との間に時間的場所的近接性が存在したこと」を指摘して、第1行為に実行の着手を認めている**（❶以前の判例として❷があり、❶に準拠した判例として❸がある）。重要な点は、最高裁が、「犯行計画に含まれている第2行為との関係を考慮して、第1行為に実行の着手を認めている点」である。実行犯3名は第1行為の危険性を認識しておらず、第1行為だけを問題にしては、実行犯3名に故意を認めることができない。しかし、第2行為を考慮して、第1行為に実行の着手を認めることで、「第1行為と第2行為が一連の実行行為」として評価され、「第1行為と第2行為を含めた一連の実行行為の危険性」については、実行犯3名も認識していたので、故意を認めることができる（なお学説では、未遂の故意と既遂の故意を区別する立場から、実行犯3名には既遂の故意を認めることができず、殺人未遂罪の共同正犯〔60・203、199〕および〔重〕過失致死罪の共同正犯〔60・210ないし211後〕が成立するにとどまるとの見解もある）。

3. このように考えると、実行犯3名の認識と実際の因果経過の錯誤は、「一連の実行行為内部の錯誤」にすぎず、故意が阻却されない。甲と乙との共謀に基づいて殺人行為に及んだ実行犯3名には殺人罪の共同正犯（60・199）が成立し、甲と乙にも殺人罪の共同正犯が成立する。

［瀬川行太］

59 不能犯(1)
——客体の不能

甲および乙は暴力団の組員であるが、かねてから同組に属する一派の首領Ａに対し不快の念を懐いていた。ある夜、乙はＡに殴られて憤激したことから、Ａに対する殺意を抱き、組事務所前の道路で、Ａをめがけてけん銃を１発発砲した。甲は、組事務所玄関に荷物を運んでいたところ、屋外でけん銃音がしたことから、外に出ると、乙がＡを殺そうとしてけん銃を発砲し命中させたことを知った。その直後、甲は、乙に加勢するために、組事務所玄関付近にあった日本刀を携えて急行し、倒れていたＡに対し、Ａがまだ生きていると信じて、殺意を持ってＡの腹部を日本刀で突き刺した。鑑定の結果、Ａは乙の発砲行為によってすでに死亡していたことが判明した。甲の罪責について論じなさい。

参考　❶広島高判昭和 36 年 7 月 10 日高刑集 14 巻 5 号 310 頁
❷大判大正 3 年 7 月 24 日刑録 20 輯 1546 頁

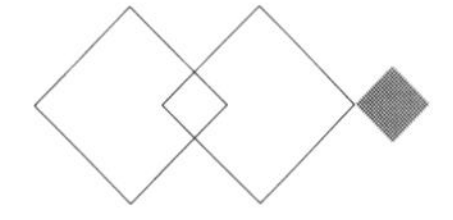

▶▶解説

Key Word 不能犯 具体的危険説 客観的危険説 仮定的蓋然性説

1． 甲の罪責の検討に際して、鑑定結果である「Aは乙の発砲行為によってすでに死亡していたこと」を考慮すれば、甲の刺突行為は、不能犯（行為の性質上、結果を発生させることが不可能な場合）であるため、甲に殺人未遂罪（203・199）は成立しない。他方で、鑑定結果を考慮せず、「乙の発砲行為後も、Aはまだ生きていた可能性がある」と考えれば、甲の刺突行為はAを死亡させる危険性があるので、甲に殺人未遂罪が成立する。つまり、未遂犯と不能犯の区別においては、どのような事実を基礎にして、どのような基準で危険性の有無を判断するかが重要な意味を持つ。

2． 行為時に一般人が認識し得た事情および行為者が特に認識していた事実を基礎に、一般人の立場から危険性の有無を判断する「具体的危険説」によれば、鑑定結果である「Aは乙の発砲行為によってすでに死亡していたこと」は、事後に判明したことであるから、行為時に一般人には認識し得ない。よって、鑑定結果は除外して、「乙の発砲直後の、死亡しているかどうかわからないAの腹部に甲が日本刀を突き刺した」という事実を基礎に、一般人の立場から殺人の危険性の有無を判断することになり、甲に殺人未遂罪が成立する。本設例は、❶を簡略化したものであるが、判例もこのような理由から殺人未遂罪の成立を認めている。❷は、懐中物を所持していない通行人を引き倒して懐中物を奪取しようとした事案だが、「通行人が懐中物を所持することは通常予想できる」として、判例は同様の判断枠組みに基づき、被告人に強盗未遂罪の成立を認めている。もっとも、同説に対しては、事実を過度に抽象化して危険性を判断することになるとの批判や、一般人の危険感を基準とすることは妥当ではないとの批判がある。

3． 他方で、行為時および行為後に判明したすべての事実を基礎に、科学的見地から危険性の有無を判断する「客観的危険説」によれば、鑑定結果である「Aは乙の発砲行為によってすでに死亡していたこと」は考慮され、甲に殺人未遂罪は成立しない。しかし、同説に対しては、科学的な事後判断を行うと未遂犯はすべて不能犯になりうるとの批判があるため、近時は、事実がいかなるものであれば結果の発生があり得たかという仮定的な事実の有無を、一般人の立場から事後的に判断する「仮定的蓋然性説（修正された客観的危険説）」が主張されている。同説からは、鑑定結果より、甲の刺突行為時にAが生きていた可能性はないと考えると、甲に殺人未遂罪は成立しない。

［瀬川行太］

60★ 不能犯(2)
——方法の不能

甲は、病気の予防のためであるとだまし、容量 30 ccの注射器を用いてAの静脈内に空気を注射し、空気栓塞によってAを殺害することを計画し、計画通りAに注射したが、死に至らしめることはできなかった。Aは20歳代前半の男性で、健康状態は極めて良好であった。鑑定によれば、空気栓塞により死に至らせるためには、少なくとも 70 cc以上の量の空気の注入が必要であった。なお、甲は続けて2度目以降の注射をするつもりはなく、また、それはそのときの事情から不可能であった。

(1) 不能犯が問題になるのはどのような場合であり、不能犯とされた場合、条文上どの要件を欠くことにより不可罰となるのか。

(2) 方法の不能のケースにおいて、判例は、「目的を達するにつき絶対に不能である」とか、「結果発生の危険が絶対にないとはいえない」といった判断をしたものが多いが、これはどのような立場をとるものと理解できるか。そのような立場に問題はないか。問題があるとすればそれはどのような点か。

(3) 甲の罪責はどうなるか。

参考 ❶大判大正 6 年 9 月 10 日刑録 23 輯 999 頁
❷最判昭和 37 年 3 月 23 日刑集 16 巻 3 号 305 頁
❸福岡高判昭和 28 年 11 月 10 日判特 26 号 58 頁

▶▶解説

Key Word 不能犯
方法の不能
絶対的不能・相対的不能説

1．現行法上、不能犯を直接定める規定はない。しかし、学説・判例は、**行為の性質上または行為客体の不存在などから、その行為がおよそ既遂に至る可能性のない場合を不能犯**とし、43条の「実行」行為の要件を否定する見解が多い。端的に、未遂罪成立に必要な危険性を欠くことを理由に不可罰とする理解もある。客体の不能（項目**59**参照）、方法の不能、主体の不能の場合がある。本設例は、致死量に足りない物質を用いた殺人の企てであり、方法の不能の場合である。

2．**判例は、(2)**のような判示をし、**硫黄粉末による殺害の企てにつき不能犯を認め**（❶）、一方で、致死量に足りない毒物を投与した事案、毒物混入の食べ物を苦味・臭気・外観の異様さから被害者が食べなかった事案等において未遂罪の成立を認めてきた（❷等）。かかる判断は、**「およそ」結果発生の可能性がない（絶対的不能＝不能犯）か、「たまたま」その可能性がなかった（相対的不能＝未遂犯）かにより区別する絶対的不能・相対的不能説に立つ**ものといえる。判例に対して、絶対的不能・相対的不能の区別が明確でなく、また、抽象化の程度が大きく、極めて低い危険で未遂罪成立を認めてきたとの批判が向けられている。

3．絶対的不能・相対的不能説を再評価し、結果発生の危険を客観的に、そして、事後的に判明した事情も基礎にして判断するのが客観的危険説である。抽象化を否定し、事後判断を徹底するならば、不能犯となる範囲は相当に広がる。甲は不能犯となろう。仮定的蓋然性説（修正された客観的危険説）はこれを修正し、結果不発生の原因を科学的に解明し、その事実が存在したならば結果発生に至ったであろうような仮定的事実の存在可能性の高低を問う。本設例では、致死量に達するまで注射する可能性、当該量でも体調の変化により結果が発生した可能性が問われる。その判断のためにより詳しい事実認定が必要となり、不能犯との結論も考えられうる。仮定的事実の存在可能性を考える際に事態を遡ってよい範囲、要求される可能性の程度の明確化も必要となる。具体的危険説は、行為時において、一般人が認識し得た事情、および行為者がとくに認識していた事情を基礎とし、一般人の立場から既遂に至る可能性の有無を判断する。下級審判例において具体的危険説に親和的なものが増えてきている（警察官から奪った空のけん銃での射殺の企て〔❸〕など。項目**61**も参照）。具体的危険説によれば、甲に殺人未遂罪が成立する。具体的危険説に対しては、一般人（の危険感）を基準とした事前判断が不明確・不適当であるとの批判が向けられている。 ［**原口伸夫**］

61 不能犯(3)
——だまされた振り作戦

　詐欺グループの甲は、金銭をだまし取る目的でＡの息子を装ってＡ宅に電話をかけた。Ａは、最初から詐欺であることを疑ったが、甲の要求に従っているように応対し、電話を切った後すぐに警察に通報した。通報を受けた警察官は、Ａに対して、そのままだまされた振りを続け、犯人検挙に協力してほしいと依頼した。これを承諾したＡは、警察の指示のもと、現金代替物を犯人の指定先に送付した。Ａへの電話後、乙は、甲から事情を打ち明けられたうえ荷物の受領を依頼され、指定場所で荷物を受け取ったが、その際、配達員を装っていた警察官により現行犯逮捕された。

(1)　特殊詐欺の事案において設例のような「だまされた振り作戦」が実施された場合に、その作戦開始後に犯行に加わり、受領行為のみに関与した乙の行為について、不能犯の問題は生じないか。判例はどのような立場に立っていると考えられるか。

(2)　先行行為の「承継」を認めないという立場に立った場合、後行者乙の罪責を判断する際に不能犯の問題は生じないか。

(3)　先行行為の「承継」を認める場合にも、それを認める前提として、当該犯行が継続していること（失敗に終わっていないこと）が必要ではないか。必要だとすれば、それはどのように判断されるのか。

参考　❶最決平成 29 年 12 月 11 日刑集 71 巻 10 号 535 頁
❷福岡高判平成 28 年 12 月 20 日判時 2338 号 112 頁

▶▶解説

Key Word だまされた振り作戦
不能犯
不能犯類似の状況

1. 甲には詐欺未遂罪（250・246 Ⅰ）が成立する。問題なのは、だまされた振り作戦開始後犯行に関与した乙の罪責である。乙の関与時点では詐欺が既遂に至る可能性がなく、乙の行為は「不能犯」として不可罰とならないのか。しかし、先行者に詐欺未遂罪が成立する場合に、後行者の行為のみを切り離して不能犯の法理が適用されうるのか。承継的共犯の問題の解決とも関連し、複雑な問題を提起している（承継的共犯につき、項目**78**参照）。最高裁（❶）は、後行者も、「加功前の本件欺罔行為の点も含め」「詐欺未遂罪の共同正犯としての責任を負う」と判示し、不能犯の問題に立ち入らずに乙に詐欺未遂罪を認めた。「加功前の欺罔行為の承継」を認めるならば、当初から詐欺に関与する者と同様、乙に関しても不能犯の問題は生じない（もちろん、欺罔行為につき不能犯は問題になりうる）。

2. それに対して、自己が関わっていない、他人の過去の行為・結果の「承継」を認めず、しかし、「関与後の行為」を評価したとしても「詐欺罪の共犯」を認めうる（詐欺を手伝い、片棒を担いだと評価できる）との立場に立てば、「関与後の行為」の評価において、関与時点で当該詐欺行為が既遂に至る可能性（未遂犯として処罰に値する実質）を有しているのか否かという不能犯ないしは不能犯類似の状況が問題になるといえよう。❶以前の下級審判例の多くは、不能犯の法理を適用して同種事案を解決した。例えば、乙の「行為の危険性を判断し、未遂犯としての可罰性の有無を決するためには、いわゆる不能犯における判断手法により、当該行為の時点で、その場に置かれた一般通常人が認識し得た事情及び行為者が特に認識していた事情を基礎として、当該行為の危険性の有無を判断するのが相当である」（❷）とし、具体的危険説に依拠して乙に詐欺未遂罪を認めた。仮定的蓋然性説（修正された客観的危険説）に立っても、被害者が錯誤に陥って金銭を送付し、既遂に至り得たであろう仮定的な事実の存在可能性が判断され、多くの場合、詐欺未遂罪が成立しよう。ただ、子のいない者に対して子を装った場合、装われた子が面前にいた場合などでは、他の被害者を狙った可能性（仮定的事実）の考慮（代替）を認めるか否かにより、結論が分かれよう。

3.「承継」を認める場合にも、後行者の共犯成立のために、当該犯行が継続しているといえなければならず、その判断において、少なくとも犯行の同一性の範囲内での犯意の継続が必要であろう。さらに、犯罪実現の可能性の存続も必要だと考えるならば、その判断は不能犯類似のものとなろう。 ［**原口伸夫**］

62　中止犯(1)
――法的性格、中止行為の意義

甲は、1撃で射殺するつもりで、弾が1発しか入っていないけん銃でAに向けて発砲し、その弾をAに命中させた。Aの傷は客観的には致命傷ではなかったが、甲は、Aの様子をみて致命傷を与えたと考え、その場から立ち去った。Aは、致命傷を受けたかのような振りをしていただけであり、甲が立ち去った後、自ら警察に通報するとともに、歩いて病院に行き、傷口の処置をしてもらった。

(1)　中止犯（43但）の必要的減免という効果はどのような理由から認められるのか。

(2)　中止行為が認められるために、行為をやめればよい場合と積極的な結果防止行為が必要な場合とはどのように区別されるか。甲に中止行為は認められるか。

(3)　設例を、「甲がAの様子をみてかわいそうだと思い、甲が自らAを病院に連れて行き、治療を受けさせた」というように変更した場合（Aの傷害の程度は同じとする)、甲に中止犯は認められるか。

(4)　結果防止行為をする際、他人の協力を得てもよいか。他人に協力してもらう場合、中止しようとする者は自分ではどのような行動をとらなければならないか。**(3)**の甲が、病院へ行く途中で、犯人が自分であることを言わないようAに強く口止めし、また、けん銃を川に捨てるなどした場合はどうか。

参考　❶東京地判平成14年1月22日判時1821号155頁
❷大判昭和12年6月25日刑集16巻998頁
❸大阪高判昭和44年10月17日判タ244号290頁

▶▶解説

Key Word 引き返すための黄金の橋
着手未遂
実行未遂

1．中止犯（中止未遂）とは、広義の未遂犯（43本）のうち、①「自己の意思により」、②「犯罪を中止した」場合（43但）である。刑の必要的減免となる。寛大な扱いは、犯罪に踏み込んだ行為者に「引き返すための黄金の橋」を架けたものだとする刑事政策説、犯罪論に関係づけ、任意の中止に違法性・責任の減少・消滅を認める法律説、危険消滅による法益救助の奨励に着目する見解等がある。

2．「中止した」といえるために、着手未遂であればそれ以降の行為をやめればよいのに対して、実行（終了）未遂の場合、既遂阻止のための積極的な行動を要すると一般に解されてきた。かつては、区別のために実行行為の終了時期が問われ、行為開始時の行為者の計画、実行行為の客観的態様が問題とされた。しかし、要求される中止措置の内容の確定が問題であれば、「中止の時点で、既遂を阻止するために、どのような行動をとればよいのか」を考えればよい。したがって、中止の時点で事態（因果）の進行を遮断しなければ既遂に至ってしまう（この場合、積極的な阻止行為が必要）か否（この場合、それ以上行為しなければよい）かにより必要な中止行為が判断される（通説・判例）。ただ、中止時点での客観的な事態と行為者の認識に食い違いがある場合は少し検討を要する。客観的事態が決定的だとするならば、甲はそれ以上行為を続けなければよいことになろう。もちろん、この立場からも甲には中止の認識が否定される。これに対して、致命傷を与えたという行為者の認識（または一般人の認識可能な事情）も考慮して中止行為を考えるならば、甲は、積極的な中止措置をとらなければならない（❶参照）。

3．**(3)**の甲の場合、行為者（一般人）の認識も考慮する立場は、任意性もあれば中止未遂を認める。客観的事態を問題にする場合、積極的な行動が（過少な）不作為をも含み、不作為態様での中止行為を充足していると考えることもできよう。しかし、不作為を問題にするならば、行為が続行可能でない場合は中止行為が否定され、また、中止意思の存在も問題になる。危険消滅との因果関係を欠くものとして中止行為を否定する立場もある。

4．中止行為として積極的な行為が必要な場合、他人の助力を得てもよい。その際、少なくとも行為者自身が防止にあたったのと同視するに足るべき程度の努力を払わなければならない（❷）。これは「真摯な努力」といわれてきた。ただし、自分が犯人であることを隠す等の犯跡隠蔽工作は、既遂の阻止に直接関係しないことであり、中止行為の判断に影響すべきではない（しかし❸）。　［原口伸夫］

63★ 中止犯(2)
——中止の任意性の意義と判断基準

甲は、自己の所属するグループと殺傷を伴う抗争を繰り返してきたグループに属するAを射殺しようとその機会を窺っていたところ、遂にその好機がきて、所携のけん銃でAに狙いを定め、引き金を引こうとした。しかし、まさにそのとき、甲はやや離れたところから警察官が近づいてきているのに気づいた。甲は、「逮捕を覚悟すれば、数発の発砲は可能であり、それにより積年の恨みのあるAを射殺できる」と考えたが、逮捕される事態は避けたかったので、次の機会を期し、発砲せずにその場から走り去った。

(1) 43条ただし書の「自己の意思により」（任意性）の要件はどのように判断されるべきか。

(2) 甲は任意性の要件を充たしているか。

(3) 乙は、ある者から頼まれて殺害目的でBに向けて発砲し、その弾をBの足に命中させた。しかし、乙は、Bの流血と痛がる姿をみて、「かわいそうなことをした、こんなことをすべきではなかった」と思うとともに、傷害の程度から死ぬことはないだろうと考えて（客観的にもその認識は誤っていなかった）、それ以上発砲することなく、その場を立ち去った。乙は任意性の要件を充たしているか。

参考
❶大判昭和12年9月21日刑集16巻1303頁
❷最判昭和24年7月9日刑集3巻8号1174頁
❸最決昭和32年9月10日刑集11巻9号2202頁
❹福岡高判昭和61年3月6日高刑集39巻1号1頁

▶▶解説

Key Word 中止の任意性 自己の意思により フランクの公式

1．任意性に関して、主観説は、外部的障害の認識が行為者の意思に対して強制的に作用したのか否かを問題とし、判断にあたり、**「やろうと思えばできたがやらなかった」（任意性あり）か、「やろうと思ってもできなかった」（任意性なし）かというフランクの公式**を用いることが多い。客観説は、行為者が犯行をやめるに至った事情が、一般の経験上、意思決定に対して強制的影響を与えるものと考えられるか否かにより任意性を判断する。限定主観説は、反省・悔悟・憐憫など広義の後悔を中止の動機として要求する。客観説は、任意性は行為者を基準とすべきである、限定主観説は、過大な要求である、と批判されてきた。
2．甲について、限定主観説からは、広義の後悔に基づいていないから任意性が否定される。客観説からも、行為者の認識した警察官の接近は、経験上一般に犯行断念へと強いる障害と考えられる事情であるから任意性が否定される。それに対して、フランクの公式に照らして考えれば、甲は、殺害それ自体に関しては「やろうと思えばできたがやらなかった」といえ、任意性が肯定されるとも考えられる。もっとも、「逮捕されずに殺害すること」を問題にすれば、それは「やろうと思ってもできなかった」といえよう。しかし、**構成要件該当事実（殺害）を超える事情（行為計画）を考慮に入れて判断することの適否**は問題となろう。
3．限定主観説のいう広義の後悔は、「たいへんなことをした」、「かわいそうになった」といった感情でもよく、乙にはこれが肯定される。判例で任意性が認められたケースでは、この種の動機（感情）が認定されている場合が多い。客観説からは、流血をみたという事情は、その部位・程度・相手との関係等にもよるが、経験上一般に犯行の障害になるものではないと考えられよう。行為者の心理における強制の程度を問う場合（主観説）、憐憫の情や反省の気持ちが強ければ強いほど、行為者にとって「できなかった」といったことにもなりうる。外部的事情の行為者の受け取り方（意思形成過程）を一定の客観的な観点から評価するという修正も考えられよう。なお、判例が、任意性に関してどのような立場に立つのかを断定するのは難しい。大審院・最高裁の判例（❶❷）からみれば、客観説に立っているといいうる。しかし、❸以降の下級審の判断（❹など）は必ずしも統一的とはいえず、**実質的には広義の後悔を必要とする限定主観説に親和的であるとの見方や、客観説的基準と限定主観説的基準を併用しているとの見方**もある。

［原口伸夫］

64 中止犯(3)
——予備の中止

甲と乙は、手分けをして種々の情報を集めるなどし、資産家で1人暮らしの老人A宅に強盗に入る計画を練り上げ、最も犯行に適していると考えた某日の夜、計画を実行するために、甲はサバイバルナイフを、乙はガムテープやロープを持ってA宅へ向かった。甲が「警察の者です。最近この近辺に出没する不審者のことでちょっと事情を聴きたいのですが」と言いながら、A宅入口のドアをノックした。その様子を脇で見ていた乙は、急に罪の意識が生じ、「俺はやめる」と甲に告げた。甲が「嫌なら帰れ。俺1人でやる」と言ったところ、乙はその場から走り去った。その後、甲は1人で計画に基づきA宅への押し込み強盗をやり遂げた。

(1) 殺人予備罪の場合と強盗予備罪の場合とで、予備の中止を議論する実益は異なるか。

(2) 予備を中止した者に43条ただし書を類推適用（準用）すべきか。その理由は何か。

(3) 類推適用を認める場合、減軽・免除の対象となる「その刑」は、既遂罪の法定刑か、予備罪の法定刑か。

参考　❶最大判昭和29年1月20日刑集8巻1号41頁

▶▶解説

Key Word 予備の中止
減免の対象となる刑

1．犯罪の準備をした後その実行に着手する前に犯罪を実行する意思を放棄した場合、43条ただし書を類推適用すべきか。殺人予備罪（201）、放火予備罪（113）は、「情状により、その刑を免除することができる」と規定していることから、43条ただし書の類推適用により刑の減免を認める実益は少ない（もちろん、認めれば必要的減免となる）が、強盗予備罪（237）にはかかる免除規定がないため、類推適用の実益が大きい。通貨偽造等準備罪（153）、支払用カード電磁的記録不正作出準備罪（163の4）にも同様の免除規定がない。なお、身の代金目的略取等予備罪（228の3）には実行の着手前の自首による刑の減免規定がある。

2．学説においては、**43条ただし書の類推適用を認めなければ、実行に着手してから中止すれば刑の免除の可能性があるのに、それ以前の予備段階で犯罪遂行を断念すると刑の免除の可能性がなく、刑の不均衡が生ずる**などとして、類推適用を積極に解する見解が多い。しかし、**判例は**、強盗予備の事案において、**予備罪には中止未遂の観念を容れる余地はないと判示し**（❶）、**一貫して消極説に立ってきた**。判例を支持する見解は、予備罪の規定には情状による刑の免除を規定するものと規定していないものとがあり、これは「免除」に関して立法者が意識的に区別したものと考えるべきであり、未遂犯ほど法益侵害の危険が切迫していない予備段階においては刑の減免により中止を奨励する必要性が高くなく、また、指摘される不均衡は適切な量刑判断によって回避できる、などの理由を挙げる。

なお、甲の強盗既遂罪成立に問題はない。乙については、**予備の中止の検討前に、その罪責が強盗予備罪にとどまること、つまり、予備段階での「共犯からの離脱」の有無を論じる必要がある**。もし、すでになした乙の寄与の効果が残存し、共犯者がそれを利用したなどから離脱が認められず、乙に強盗既遂罪の共同正犯が成立するならば、予備の中止は問題になり得ないからである。

3．**類推適用を積極に解した場合、減免の対象となる刑が問題になる**。既遂罪の修正形式である予備罪の法定刑はすでに減軽されていると考え、法律上の減軽を1回に限定する68条の趣旨に照らし、減軽の対象を、予備罪の法定刑ではなく、既遂罪の法定刑（強盗予備の場合、236条の法定刑）に求め、そのうえで、予備罪の法定刑よりも重くならないよう免除のみを認める見解、予備罪の法定刑（強盗予備の場合2年以下の懲役）を基準に減軽・免除を認めるべきだとする見解がある。

［**原口伸夫**］

65★ 間接正犯(1)
——刑事未成年者の利用

(1)　甲は、12歳である自己の娘Aを利用して、近所のコンビニエンスストアLから食料を不正に入手しようと企て、Aに対して、Lで菓子パンを万引きするように命じた。Aは日常的に甲から殴る蹴るの暴行を受けており、とりわけ甲の命令に逆らう素振りを見せるたび、激しく殴打されたり、タバコの火を顔面に押しあてられたりしていた。そのため、Aは生活のあらゆる面において甲の意に従っていた。Aは、甲に命じられた通り、Lに立ち入り、Lの店員Bが余所見(よそみ)をしている隙に菓子パン2点を自己のカバンに入れると、そのまま会計をせずにLを出た。甲の罪責について論じなさい。

(2)　**(1)**で、仮にAが日常的に甲から暴行を受けておらず、かつ、甲がAに万引きするよう命じた際に、Aも甲に対して、Aが万引きしている間にBに話しかけ、Bの気をそらすように依頼し、実際にそのように実行された場合、甲の罪責はどうなるか。

(3)　**(1)**で、仮にAがLに立ち入った直後に、Bにすべての事情を説明し、助けを求めた場合、Aに万引きを命じたことに関する甲の罪責はどうなるか。

参考　❶大判明治37年12月20日刑録10輯2415頁
❷最決昭和58年9月21日刑集37巻7号1070頁
❸大阪高判平成7年11月9日高刑集48巻3号177頁
❹最決平成13年10月25日刑集55巻6号519頁
❺大判大正7年11月16日刑録24輯1352頁

▶▶解説

Key Word 刑事未成年者の利用
間接正犯の実行の着手

1．間接正犯とは、行為者が他人を自己の道具のように利用することで、外見上その他人に構成要件を実現させることをいう。**間接正犯が正犯として扱われるのは、行為者の利用行為に自らの手で行ったのと同程度の構成要件実現ないし結果発生の危険性があるから（実質的客観説）であり、または構成要件実現のプロセスを行為者が支配しているから（行為支配説）である。**それゆえ、間接正犯は、前者の見解によれば、行為者の利用行為に格別の障害なく必然的に結果を実現させる程度の危険性が存在している場合に成立し、後者の見解によれば、被利用者ではなく行為者に犯罪実現のための行為支配がある場合に成立する。前者の見解には、危険概念を用いて正犯と共犯（教唆犯）を区別できないとの批判、および、障害の有無を判断する基準が不明瞭との批判がなされており、また、後者の見解には、行為支配の有無を判断する基準が不明瞭との批判がなされている。

いずれの見解によっても、刑事未成年者の利用に、常に間接正犯が成立するわけではない。被利用者が是非善悪の判断がつかないほど幼い場合（❶：未だ満10歳に達しない幼年者）には間接正犯は容易に認められるが、被利用者が精神的にある程度発達している場合（❷❹：12歳の少女または少年）には、その者が利用者の言いなりとなるような特別な事情がなければならない。

(1)では、Aは日常的に甲から暴行を受けており、意思が抑圧されている。Aは自らの規範意識に従って行動することができない、またはAの行為が甲に支配されていることから、間接正犯の成立を認めることができる（❷）。**(2)**では、Aは意思の抑圧がない状態で窃盗の実行を決意し、立案にも参加していることから、間接正犯は否定され（❹）、甲には、共同正犯（または教唆犯）が成立することになろう。なお、**刑事未成年者の意思が抑圧されていたかを判断する際には、その者に行われた威迫行為や暴行行為の程度だけでなく、その者の年齢や実現された罪の性質、利用者との関係性などを考慮に入れる必要がある**（❸）。

2．**(3)では、甲の間接正犯の実行の着手がAに窃盗を命じた時点（利用者基準説）なのか、Aが実際に窃盗に着手した時点（被利用者基準説）なのかが問題となる。**利用行為により結果が自動的に発生しうる状況になったこと（結果発生の自動性）を重視する前者の見解に立てば、窃盗未遂罪の成立が認められるが、結果発生の時間的切迫性を重視する後者の見解に立てば、甲は不可罰の窃盗予備となろう。判例は後者の立場だとされている（❺）。 ［**佐藤陽子**］

66 間接正犯(2)
——被害者の利用

甲は、甲の配偶者であるＡを被保険者とする保険金を入手するために、次の行為を行った。なお、**(1) (2)**はそれぞれ独立した問いとする。

(1)　甲は、日頃の暴行により甲を畏怖していたＡに対して、事故死にみえる方法で自殺するよう暴行・脅迫を交えて執拗に迫った。しかし、なかなか自殺しないＡに業を煮やした甲は、某日、Ａ所有の乗用自動車（以下、「Ａ車」）を運転しＡを漁港まで連れて行き、そこでＡに殴る蹴るの暴行を加え、ＡにＡ車ごと海に飛び込んで自殺するよう命じ、「生きて帰ってきたら許さないぞ」と言って、その場を離れた。Ａは、自殺するつもりはなかったが、甲の命令に従わなければいずれ殺されると思い、甲の命令に従った振りをして海に飛び込み、その直後に車から脱出して、甲から身を隠そうと考えた。Ａは、実際にＡ車ごと海に飛び込み、すぐにＡ車から逃げ出そうとしたが、水圧で車のドアが開かず、水没する車内で溺死した。甲の罪責について論じなさい。

(2)　甲は、もともと気の弱かったＡに対して、Ａの不貞の事実を捏造し、土下座して謝らせたり、殴る蹴るの暴行を加えたり、遺書を作らせるなどした。さらに甲がＡを伴ってＡの実家へ行き、Ａの不貞の事実を暴露し、Ａを罵るなどしたため、耐えられなくなったＡは、その4日後に自ら首をくくって死亡した。甲の罪責について論じなさい。

参考　❶最決昭和27年2月21日刑集6巻2号275頁
❷広島高判昭和29年6月30日高刑集7巻6号944頁
❸福岡高宮崎支判平成元年3月24日高刑集42巻2号103頁
❹最決平成16年1月20日刑集58巻1号1頁

▶▶解説

Key Word 被害者の利用
殺人の間接正犯と自殺の意思

1． 間接正犯とは、行為者が他人を道具のように利用することで、外見上その他人に構成要件を実現させることをいう。しかし、けん銃や包丁と違い、人には意思があるため、そう簡単に道具とすることはできない。それは、規範意識を有している第三者を利用する場合（項目**65**参照）も、自己保全本能を有する被害者を利用する場合も同様である。

被害者自身を利用して死亡させる場合、利用された被害者が自らの死の結果について認識していなければ、被害者は当該行為を何の心理的障害もなく行うため（実質的客観説）、または結果発生までの因果の支配が利用者側に認められるため（行為支配説）、間接正犯は容易に認められる（❶）。これに対して、被害者が自らの死の結果について認識している場合においては、若干の検討が必要である。

2． 被害者が自らの死の結果（またはその危険性）を認識している類型には、被害者に自殺の意思がある場合とない場合がある。殺人罪（199）の間接正犯というためには、生命に危険のある行為を行わせること自体が重要であるから、どちらの場合においても、間接正犯が成立する余地はある。

(1) において、甲はAが海に飛び込む現場におらず、Aは自らの意思・判断で危険な行為を行ったようにもみえる。しかし、Aは日頃の暴行により甲を畏怖しており、甲から殴る蹴るの暴行を加えられ、その方法を指定されたうえで自殺するよう命じられ、さらに、「生きて帰ってきたら許さないぞ」と言い置かれた。Aの意思は甲により抑圧され、海に飛び込む以外の方法はない状態に追い込まれたといえよう（❹）。たしかにAには海に飛び込んだ後にA車から脱出する意思があるが、甲がAに命じた行為の高度の危険性に鑑みれば、Aを海に飛び込ませた甲の行為は甲が自ら殺人行為を行ったのと同程度に危険である、または甲がAの生命に危険のある行為を支配しているといえるだろう。

3． 被害者の意思の抑圧は、被害者に自殺の意思がある場合にも、殺人の間接正犯を認めるための十分な根拠となる（❸）。ただし、自殺の意思決定は一般的に追いつめられた精神状況で行われるものであり、また間接正犯では行為者が被害者を道具として利用することが重要であるから、**(2)** において、何の問題もなく、甲に殺人の間接正犯が成立するということはできない。甲が自殺行為そのものを迫ったような事実はなく、Aが自らそれを決意したことに鑑みれば、甲の行為は自殺教唆にとどまるということができよう（❷。項目**103**も参照）。［**佐藤陽子**］

67★ 共犯の基礎理論(1)
——正犯・共犯の諸類型

(1) 甲は、屏風の後ろにAがいることを知りながら、Xに対して、けん銃で屏風を打ち抜きこれを損壊するようそそのかし、これを実行させた。その結果、けん銃の弾のあたったAは死亡した。甲の罪責について論じなさい。

(2) 公務員乙は、Bから賄賂の提供の申出を受けたが、自分が受け取るとまずいことになると思い、非公務員である妻Cに事情を話し、Cに賄賂を受け取らせた。乙の罪責について論じなさい。

(3) 丙は、大麻密輸入の計画を立てたDから実行担当を頼まれたが、執行猶予中の身であったためこれをいったん断ったものの、大麻を入手したい欲求にかられ、知人Eに協力を求め、自分の身代わりとしてDに引き合わせ、大麻の一部をもらう約束の下で購入資金の一部をDに提供した。その後DとEが協議し、Eが大麻輸入を実行した。丙の罪責について論じなさい。

参考　❶最決令和2年8月24日刑集74巻5号517頁
❷最決昭和57年7月16日刑集36巻6号695頁
❸横浜地川崎支判昭和51年11月25日判時842号127頁
❹最決平成15年5月1日刑集57巻5号507頁

▶▶解説

Key Word 間接正犯 道具(支配) 共同正犯 自己の犯罪

1．正犯とは、基本的に、構成要件を実現する者（実行行為を行う者）を指す。他人を道具のように利用した者もこれにあたる（＝間接正犯）。ただ、共犯たる教唆犯（61 Ⅰ）も他人を利用することから、両者の相違が問題となる。間接正犯も教唆犯も、法益侵害を直接引き起こすのは他人である。しかし、例えばその他人が意思抑圧されていた場合は、背後者に犯罪事象の支配が認められる。この支配性こそ、正犯の重要な特徴である（項目**65**参照）。支配は他人を強制下に置かなくても心理的に不自由な状態にしたならば肯定される〔❶は、行為者が、難病の子を救おうと懸命な母親に執拗に働きかけ、行為者を強く信じる精神状態にし、子へのインスリン不投与を指示したところ、母親がこれに従い、子が死亡したという間接正犯事案〕。被利用者たる他人に当該犯罪の故意がない場合も、背後者は間接正犯である。**(1)**の甲には、器物損壊罪の教唆犯に加え、殺人罪の間接正犯が成立する。**(2)**は、身分を欠くがゆえに収賄罪の正犯となり得ない者（C）を背後者（乙）が主導的・優位的に利用したため、乙に支配性があり収賄罪（197 Ⅰ）の間接正犯となる（Cは従犯）。

2．60条は共同正犯者を「すべて正犯とする」とするが、この規定は「共犯」の章にある。つまり、共同正犯は、共犯でありながら正犯としての性質（正犯性）を併せ持つ。正犯性のない共犯（狭義の共犯）が教唆犯・従犯（62 Ⅰ）である。判例は、相互に利用補充し合い、当該犯罪を「自己の犯罪」として行った者について共同正犯を認める（❷）。**(3)**の丙は実行を担当していない。しかし知人Ｅに協力を求め、ＥをＤに引き合わせ、さらに購入資金をＤに提供し、犯罪実現に大いに貢献した。しかも大麻をもらい受ける約束まで取りつけたことから、大麻輸入の強い意欲が認められる。このように、犯罪実現への強い意思を持ち（主観面）、大きな寄与を果たした（客観面）場合に、それは「他人の犯罪」ではなく「自己の犯罪」と評価され、共同正犯の正犯性が肯定されることになる。こうした視座からは、実行行為を行ったものの（共同）正犯が否定されるケースも考えうる。覚醒剤譲渡の実行行為をしたものの、終始積極性がなく大きな寄与をしたといえない、そして譲渡を達しようという強い意思もなかった者について、正犯とならないとした判例が参考となる（❸：正犯意思を欠き、故意ある幇助的道具にすぎないとされた）。なお、❹は、手下のけん銃所持につき、組長を共同正犯とした（組長の正犯性については項目**72**を参照）。

［曲田　統］

68★ 共犯の基礎理論(2)
――共犯の処罰根拠

(1)　甲は、Aに対して、甲自身に傷害を加えるよう依頼したところ、Aはこれを実行した。甲に傷害罪の教唆犯（61 Ⅰ・204）は成立するか。
(2)　乙は、他2名とともに強盗を計画した。その計画に沿って、同2名はBを脅し金を強取した。その際、乙も計画通りに、現場で見張りに従事した。乙に強盗罪の共同正犯（60・236 Ⅰ）は成立するか。
(3)　丙が強盗目的でCに暴行を加え傷害し、Cの反抗を抑圧した後、その場を通りがかった丁は、丙から事情を知らされ協力を求められたことから、意を通じ、2人でCの金品を短時間のうちに多数奪い逃走した。丙と丁の罪責について論じなさい。

参考　❶最決昭和40年9月16日刑集19巻6号679頁
❷最判昭和23年3月16日刑集2巻3号220頁
❸最決平成24年11月6日刑集66巻11号1281頁

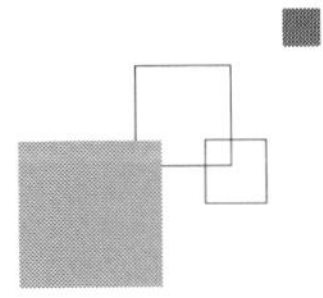

▶▶解説

Key Word 因果的共犯論（惹起説）
一部行為全部責任の法理
因果性

1．構成要件を自ら実現しない者も、共犯規定により処罰されうるが、その実質的な根拠はどこにあるか。

かつては教唆犯を念頭に、その処罰根拠を、他人を犯罪者へと堕落させたことに求める見解があったが（堕落説・責任共犯論）、刑法は法益保護を使命とするから、法益侵害と無関係の理由で処罰することは妥当でない。教唆犯も幇助犯も、**法益侵害結果（構成要件該当結果）を間接的に惹起した**ことを理由に処罰されるのである（因果的共犯論・惹起説）。**(1)**のAは傷害罪で処罰されるとしても、甲はその共犯たり得ない。傷害罪（204）の構成要件は、被侵害者の身体を他人による侵害から保護するものであるから、甲自身は同罪の構成要件該当結果を惹起し得ず、処罰根拠を欠くからである。❶は、他人を教唆して自己の刑事事件に関する証拠を偽造させた犯人に証拠偽造罪（104）の教唆犯を認めたが、因果的共犯論（惹起説）からは説明がつきにくい。

一方、共同正犯においては「一部行為の全部責任」の法理が働く。全体行為の一部しか分担していなくても、実現された結果の全体について責任を負うというのであるが、それは、**他の関与者と意思を疎通させることで、実行行為全体や結果に対する因果性を共有することになる**からである。実行行為の一部しかしていない者も、**(2)**の乙のように実行行為に全くあたらない見張り行為しかしていない者も、**当該犯罪の実行行為や結果に対して心理的因果性を有すること（そして自己の犯罪性が認められること）**で、**共同正犯となりうる**（共謀共同正犯。❷は窃盗の見張り役に共同正犯を認めた）。心理的因果性なくして、一部行為の全部責任の法理は働き得ない。

2．共犯の因果性とは何との関係性か。**(3)**の丙の行為は強盗罪の構成要件を完全に充たす。しかし、後行者丁の行為は、強盗罪の構成要件要素たる暴行に因果性を有しない。そこから、強盗罪の共同正犯にはなり得ないと説くこともできる（窃盗罪の共同正犯どまり。丙にも窃盗罪の共同正犯が成立）。しかし、**結果へ向かうプロセスにおいて重要な寄与をしたとみて、強盗結果との因果性を肯定することはできる**ので、この視座から丁に強盗罪の共同正犯を認めることも可能である。もっとも、Cの傷害についての責任は生じない。傷害は丁の介入前に発生済み（すでに終わった結果）であり、丁はこれに一切影響を及ぼしていないからである（**❸も既発の傷害結果についての承継的共同正犯を否定**。項目**76**参照）。［**曲田　統**］

69★ 共犯の基礎理論(3)
——共犯の従属性

(1)　甲は13歳のＡに窃盗を行うようそそのかし、Ａはこれを実行した。甲に窃盗罪の教唆犯（61Ⅰ・235）は成立するか。
(2)　乙は、Ｖに重傷を負わせようと考え、まずＶに棒を渡しＢを殴打するようそそのかし、次いで他の場所で、Ｂに対して、Ｖから攻撃された時はこれで応戦せよと言って棒を渡した。乙の思惑通り、ＶがＢに棒で襲いかかると、Ｂは棒でこれに応戦し、結局Ｖだけが重傷を負った。乙に傷害罪の教唆犯（61Ⅰ・204）は成立するか。
(3)　丙はＣに窃盗の教唆をしたところ、Ｃは強盗を実行した。丙の罪責について論じなさい。

参考　❶最決昭和58年9月21日刑集37巻7号1070頁
❷最決平成13年10月25日刑集55巻6号519頁
❸最決平成17年7月4日刑集59巻6号403頁

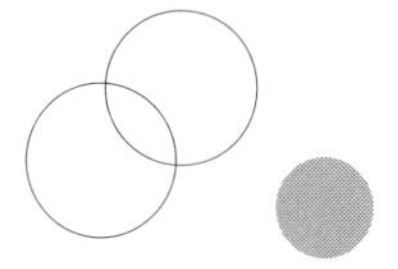

▶▶解説

Key Word 実行従属性 要素従属性 罪名従属性 部分的犯罪共同説

1．教唆・幇助行為がなされただけでは、教唆犯・幇助犯の成立は認められない。**被教唆者・被幇助者（すなわち正犯）が犯罪の実行に出て初めて成立する。これを「実行従属性」という**。61条は「犯罪を実行させた」ことを要件としているし、実質的にも、被教唆者が実行に着手しない限り、法益侵害の危険性が生じたとはいえないからである（幇助犯も幇助行為だけでは法益侵害に遠すぎる。62条が「正犯」の存在を前提としているのは、正犯実行を要求している趣旨である）。

2．では、**共犯成立のために正犯はいかなる要素を備える必要があるか。これが「要素従属性（従属性の程度）」の問題である**。今日では、**正犯が構成要件該当性と違法性を具備するとき、共犯が成立する**と考えられている（制限従属性説・❶。❷は、12歳の息子に強盗を行わせた母親について間接正犯を否定し、息子との共同正犯とした）。**(1)**の場合、13歳のAは刑事未成年者ゆえに責任がない。しかし違法性はあるから、制限従属性説によれば、甲に教唆犯を成立させることができる。Aが現に規範意識を備えており、甲の支配下にあったとはいえない場合などがこれにあたる。仮にAが意思抑圧されていたなど、甲に支配性が認められる場合には間接正犯とすればよい。一方、正犯が構成要件該当性さえ備えれば共犯が成立すると説く立場もある（最小従属性説）。正犯の違法性に依存して共犯が成立するのはおかしい。違法性も完全に個別に判断されるべきだと考えるのである（違法の相対性を徹底させる立場）。これによれば、**(2)**は、正犯Bは正当防衛で違法性がないが、乙に傷害罪の教唆犯を成立させることができる。ただ、他者に正当な行為をさせた者に共犯の責めを負わすことの当否が懸案となる。

3．**共犯は正犯と同じ罪名でなければならないか。これが「罪名従属性」の問題である**。同一罪名にこだわると、**(3)**は、Cが強盗罪（236）の正犯であるから、丙には強盗罪の教唆犯が成立し、38条2項により窃盗罪の刑が科される、となる。しかし一般にそう考えない。丙には窃盗の故意しかないため、38条2項により窃盗の教唆犯が成立するとする（項目**84**参照）。さらに、丁は傷害の故意で、戊は殺人の故意で共同してDを襲撃し死亡させた場合について、現在の通説は、**丁・戊は構成要件の重なり合う限度で傷害致死罪の共同正犯となり、殺意のあった戊には別途殺人罪が成立する**と解する（**部分的犯罪共同説**。❸も同様の論理を展開）。罪名従属性を厳格に貫く必要はないのである（項目**70**参照）。

［曲田　統］

70★ 共犯の基礎理論(4)
──「共同実行」の意義

甲と乙は、「Aを痛めつける」旨を共謀し、甲は殺人の意思で、乙は傷害の意思で、共同してAを殴打した。その結果、Aは死亡した。このとき、(1)(2)(3)のそれぞれの事情がある場合について、甲と乙の罪責について論じなさい。

(1)　Aの死亡は甲の殴打が原因であった場合。
(2)　Aの死亡は乙の殴打が原因であった場合。
(3)　Aの死亡は甲・乙いずれの殴打が原因であったかが不明な場合。

参考　❶最決昭和54年4月13日刑集33巻3号179頁
❷最決平成17年7月4日刑集59巻6号403頁

▶▶解説

Key Word 犯罪共同説
行為共同説
部分的犯罪共同説

1．共同正犯が何を「共同して」（60）実現されるのか、すなわち「共同実行」とは何を意味するのかに関しては、大別して２つの見解が対立する。犯罪共同説は、共同実行とは「同一の犯罪」（同じ罪名）を共同して実行するものと解する（数人一罪）。他方、行為共同説は、共同実行とは「行為」を共同して各自の犯罪を実行するものであり、同じ罪名であることは必要ではないとする（数人数罪）。

2．**(1)**について、故意が異なる以上およそ共同正犯は成立しないという見解（完全犯罪共同説）もかつては存在したが、甲が傷害の故意のみを有していた場合に（結果的加重犯の共同正犯〔項目**74**〕を肯定する判例・通説の立場からは）両名に傷害致死罪の共同正犯が成立することと比較して均衡を失する。あるいは、罪名としては甲・乙に重い殺人罪の共同正犯の成立を認めつつ、乙には38条２項により傷害致死罪の刑で処断する（かたい部分的犯罪共同説。❶の第１審および原審判決を参照）ことも、罪名と科刑の分離という問題をはらむ。そこで現在では、**共同者間で故意が同じではなくても、構成要件に実質的符合**（項目**20**～**22**参照）**が認められる範囲では共同して構成要件を実現しているとして、その限度で共同正犯の成立を認める立場（やわらかい部分的犯罪共同説、または単に部分的犯罪共同説と呼ばれる）が有力である**（❷参照）。これによれば、殺意のある甲には殺人罪の単独正犯が成立するとともに、乙との間では、傷害致死罪の共同正犯が成立し（60〔ただし傷害致死罪の範囲で〕・199）、殺意のない乙は傷害致死罪の共同正犯（60・205）となる。他方、行為共同説によれば、甲と乙は「Aを殴打する」という行為を共同しているので、Aの死亡について共同正犯が成立し、甲は殺人罪の共同正犯（60・199）、乙は傷害致死罪の共同正犯（60・205）となる。

3．**(2)**については、部分的犯罪共同説では、**(1)**と同様に甲と乙には傷害致死罪の共同正犯（60・205）が成立する。他方、殺意のある甲に関しては、過剰部分につき①殺人罪の単独正犯を認める見解と、②殺人未遂罪（203・199）の単独正犯を認める見解とに分かれる。①は、**傷害致死罪について死の結果が帰責される（一部実行の全部責任）以上、客観的構成要件を共通にする殺人罪についても既遂犯を認めることができる**とする。これに対して②は、**単独正犯において必要とされる行為と結果の間の因果関係が(2)では認められない**と解する。行為共同説からは、**(1)**と同様の結論となる。以上の議論は、死因がいずれの暴行によるものかが不明な**(3)**についても妥当する。

［**城下裕二**］

71★ 共謀共同正犯(1)
——根拠と成立要件

某政党の地区軍事委員会委員長であった甲は、所属するＡ会社の労働組合（第１組合）の組合員が、反目対立していた同会社の第２組合の組合員を傷害した事件を扱っていたＢ巡査に反感を募らせ、第１組合員である乙とＢに暴行を加えることを共謀し、乙がその実行を指導連絡することと決めた。その後、乙と第１組合員である丙・丁とは、Ｂに暴行を加えることを協議し、甲・乙・丙・丁は、Ｂに対する暴行の順次共謀を遂げた。これに基づいて、某夜、丙と丁は、駐在所に赴き、Ｂを路上に誘い出し、古鉄管、丸棒などでＢの頭部、顔面、背部等を乱打し、頭蓋骨骨折等により死亡させた。この事案について、丙と丁には、傷害致死罪（205）の成立が認められるが、その犯罪の共謀には加わったが、現場に赴かず、暴行を行わなかった甲・乙に、同罪の共同正犯の成立が認められるか。

参考　❶大連判昭和 11 年 5 月 28 日刑集 15 巻 715 頁
❷最大判昭和 33 年 5 月 28 日刑集 12 巻 8 号 1718 頁

▶▶解説

Key Word 共謀共同正犯の成立要件
黒幕的存在
共同意思主体説
間接正犯類似

1． 本設例においては、甲・乙に共謀共同正犯の成立が認められるかが問題となる。実行行為、すなわち構成要件該当行為の一部を分担した者が共同正犯であるとする実行共同正犯に対して、共謀共同正犯とは、2人以上の者が犯罪の遂行を共謀し、共謀者のうちのある者がその共謀に基づいてその犯罪の実行に出た場合、実行行為を分担しなかった共謀者も共同正犯たりうるとするものである。従来の学説においては、こうした共謀共同正犯を否定する見解が有力であった。しかし、**判例は、古くから一貫して、共謀共同正犯を肯定してきた。その理由は、直接実行行為者の背後にいる「黒幕的存在」を、教唆犯としてではなく、正犯として処罰したいということにある。**その後、学説においても、共謀共同正犯を肯定する見解が有力となっている。問題は、それをどのような理論構成・要件で認めるかである。

2． ❶は、共謀共同正犯が認められる根拠として、共同意思主体説を採用していた。それは、異心別体である2人以上の者が犯罪を実行しようとする共同目的の下に、合一したときに、同心一体の共同意思主体が形成され、その中の1人以上の者が犯罪を実行した場合には、共同意思主体の活動が認められ、これにより共同意思主体を構成する全員に共同正犯が成立する、というものである。しかし、これに対しては、個人責任の原理に反する、などの批判があった。

そこで、本設例に関する❷は、別の理論構成を採用した。すなわち、共謀共同正犯が成立するためには、2人以上の者が、特定の犯罪を行うため、共同意思の下に一体となって互いに他人の行為を利用し、各自の意思を実行に移すことを内容とする謀議をなし、よって犯罪を実行した事実が認められる以上、直接実行行為に関与しない者でも、他人の行為をいわば自己の手段として犯罪を行ったという意味において共同正犯たりうるとして、甲・乙に傷害致死罪の共謀共同正犯の成立を認めている。ここでは、**「他人の行為をいわば自己の手段として犯罪を行った」という説明がなされていることから、この判例は、共謀共同正犯を間接正犯類似の構造を持つものとして共同正犯の成立を認める立場を採用したものと理解されている。**しかし、これでは、支配型の共謀共同正犯は肯定できても、役割分担型のそれを認めることはできない。そこで、**現在の学説においては、①共謀、②実行に準ずる因果的寄与、③一部の者による実行という3つの要件を具備した場合に、共謀共同正犯の成立を肯定する見解が有力となっている。**［**山本輝之**］

72★ 共謀共同正犯(2)
——「共謀」の意義

暴力団の組長甲は、遊興等の目的で彼を専属で警護するスワット４名を伴って上京し、先に上京していたスワット３名が、５台の車を用意して、出迎えた。その後、甲は、車両で、以下のような隊列を組んで移動した。①先乗り車には、スワット２名が実包の装填されたけん銃１丁を各自携帯して乗車し、②甲車には、甲と秘書が乗車し、③スワット車には、３名のスワットが、実包の装填されたけん銃１丁を各自携帯して乗車した。甲らは、この車列をほぼ崩すことなく都内を一体となって移動し、最後の遊興先である飲食店を出て宿泊先に向かったが、警察官らが途中の路上でその車列に停止を求め、各車両に対し、予め発付を得ていた捜索差押許可状による捜索差押えを実施し、甲車のすぐ後ろにいたスワット車の中から、けん銃３丁等を発見、押収し、甲らは現行犯逮捕された。甲は、スワットらが彼を警護するためけん銃等を携行していることを概括的とはいえ確定的に認識していた。甲には、彼を警護するスワットらがけん銃等を所持していた事実について、けん銃とこれに適合する実包の不法所持の罪（銃刀31の３Ⅱ・Ⅰ・３Ⅰ）に関する共謀共同正犯の成立を肯定することができるか、以下の点を踏まえて検討しなさい。

(1)　共謀共同正犯が成立するためには、客観的な謀議行為が存在することが必要か。

(2)　共謀共同正犯が成立するためには、明示の意思連絡が必要か、それとも黙示のそれで足りるか。

参考　❶最決平成15年5月1日刑集57巻5号507頁
❷最大判昭和33年5月28日刑集12巻8号1718頁

▶▶解説

Key Word 共謀の意義
客観的謀議説
主観的謀議説
黙示の意思連絡

1．共謀共同正犯（項目71）の成立要件である共謀について、❷は、実行共同正犯とは異なり、単なる意思の連絡を超えた、客観的な謀議行為という外部的行為の存在が必要であるとする見解（客観的謀議説）をとったように思われる。しかし、裁判実務においては、共謀を犯罪遂行の合意で足りるとする見解（主観的謀議説）が有力である。本設例に関する❶においても、甲に共謀共同正犯の成立を肯定するにあたり、甲とスワットとの間に客観的な謀議行為が存在したことは認定されていない。

2．共謀としての犯罪遂行の合意は、明示の意思連絡が必要か、それとも黙示のそれで足りるか。学説においては、明示の意思連絡を必要とする見解が有力である。黙示の意思連絡で足りるとすれば、謀議を要件とする意味は失われてしまうからである。しかし、これに対し、❶は、「［本件］事実関係によれば、被告人とスワットらとの間にけん銃等の所持につき黙示的に意思の連絡があったといえる」として、甲にけん銃等所持の罪の共謀共同正犯の成立を肯定している。しかし、学説においては、この判例が黙示の意思連絡で共謀共同正犯の成立を肯定したのは、甲が実行行為者に対して圧倒的に優位な地位にあり、彼の指示のもとで、実行行為者が行動するような関係にあったこと、および、本件犯行時、犯行場所付近に甲がいて、実行行為者と行動をともにし、その行動自体が、本件犯行の目的（甲の警護）を実現する関係にあり、犯行時の甲の行為が、犯行と密接な関係にあるという実行共同正犯に近い類型であったという本件事案の特殊性によるものである、したがって、この判例を、黙示の意思連絡があれば共謀共同正犯の成立を肯定したものと一般化して理解してはならないとする指摘があることに注意する必要がある。

3．また、❶は、甲は、スワットらが自発的に甲を警護するためにけん銃等を所持していることを確定的に認識し、それを当然のこととして認容していた、ということも挙げている。これは、故意の要件としては過当なものを要求していることになるが、このような確定的な認識・認容と前述した事案の特殊性とにより、実質的には、甲がスワットらに本件けん銃等を所持させていたと評価することが可能となると考えたものと思われる。以上のことから❶は、甲にけん銃等の不法所持の罪の共謀共同正犯を肯定したものと思われる。

［山本輝之］

73 共同正犯と幇助犯の区別

甲は、A国からの大麻密輸入を計画したBからその実行担当者になってほしい旨を持ちかけられ、自分自身大麻を入手したい欲求にかられ、自らは執行猶予中の身であることを理由に断ったものの、代わりの者を紹介することを約束した後、知人の乙に対し事情を明かして協力を求めたところ、乙も承諾したため、乙をBに引き合わせるとともに、Bに大麻密輸入の資金の一部として金20万円を提供し、それに見合う大麻をもらい受けることを約束した。乙は、Bがさらに誘った知人丙とともにA国に渡航し、大麻を密輸入した。

(1) 本件では、乙と丙には、大麻密輸入罪（大麻取締24①・4①）と無許可輸入罪（関税111Ⅰ①）の罪の成立が認められるが、甲には、それらの罪の共謀共同正犯の成立が認められるか、それとも幇助犯の成立が認められるか。

(2) 共同正犯と幇助犯の区別の基準は何か。

参考 ❶最決昭和57年7月16日刑集36巻6号695頁
❷福岡地判昭和59年8月30日判時1152号182頁

▶▶解説

Key Word 共謀共同正犯と幇助犯の区別
重要な役割
正犯意思

1. 共同正犯（60）と幇助犯（62 Ⅰ）との区別が主として問題となるのは、共謀共同正犯（項目**71**）と幇助犯とのそれである。従来の学説においては、基本的構成要件に該当する行為を行った者が正犯であり、それ以外の行為で犯罪に関与した者が共犯であるという見解（形式的客観説）を前提として、共同正犯が成立するためには、基本的構成要件に該当する行為の一部を自ら実行することが必要であり、単なる共謀者には、幇助犯の成立が認められるとする見解が有力であった。しかし、これには、何をもって基本的構成要件に該当する行為といえるかが明らかではないという問題がある。そこで、**学説には、共同正犯とは構成要件に該当する行為の一部を分担した者であるということを規範的・実質的にとらえる見解が主張されている（実質的客観説）**。例えば、犯罪に関与した者のうち、自己の優越的地位により実行行為者の行為を支配した者が正犯であり、そうでない者が共犯であるとし、共同正犯の正犯性を、間接正犯類似の構成により説明するものである（行為支配説）。しかし、これに対しては、間接正犯類似の関係が認められるのは、支配型の共同正犯の場合だけであり、役割分担型のそれを認めることができなくなる、という疑問が出されている。そのため、現在では、共同正犯は、教唆犯（61 Ⅰ）、幇助犯とともに広義の共犯であるということから、**その正犯性は、それらよりその関与形態が犯罪の実現にとって重要と認められる類型と理解し、犯罪事実に対する事実的寄与において実行に準ずる重要な役割を果たしたか否かによって、共同正犯と幇助犯を区別する見解が有力化している（重要な役割説）**。この見解によるならば、本設例（❶とほぼ同じケース）においては、甲には、自分の身代わりとして乙に大麻を密輸入させ、犯行資金の一部を提供していることから、犯罪事実に対する事実的寄与において実行に準ずる重要な役割を果たしているとして、大麻取締法・関税法違反の罪の共同正犯の成立が認められよう。

2. **判例には、❷等、自己の犯罪を実行する意思か他人の犯罪に加担する意思かという、正犯意思か共犯意思かにより共同正犯と幇助犯を区別するものが多く存在する**。しかし、これに対しては、このように主観的基準によって共同正犯と幇助犯を区別することは、責任（量刑責任）の正犯・共犯への混入という問題があるとともに、犯罪実現への意欲や積極性、利益の帰属という心情要素によって正犯意思の有無を判断するとすれば、共同正犯と幇助犯の区別が不安定なものになるという批判がある。

［**山本輝之**］

74 結果的加重犯の共同正犯

甲は乙・丙と強盗を共謀し、けん銃、包丁等の凶器を持ってA宅に侵入し、彼にけん銃を向けて「静かにしろ」「金を出せ」等と言って脅迫し、現金を奪取した。ところが、Aが非常ベルを鳴らし屋外に逃げようとしたので、甲・乙・丙はそこから逃走した。その後、乙と丙は、Aに「泥棒、泥棒」と連呼されて追跡され、同宅から約100m離れたところで、たまたま同所を通りかかった巡査C・Dに発見され、乙はその場で逮捕された。丙はなおも逃走し、その場から約40m離れた道路上でDに追いつかれ、逮捕されそうになったため、持っていた包丁でDに数回斬りつけ、死亡させた。

甲には、D殺害について強盗致死罪（240後）の共同正犯（60）の成立を認めることができるか。

参考　❶最判昭和26年3月27日刑集5巻4号686頁
　　　❷最判昭和22年11月5日刑集1巻1頁

▶▶解説

Key Word 結果的加重犯の成立要件
過失犯の共同正犯
結果的加重犯の法的性格と共同正犯

1. 本設例で問題となるのは、強盗致死罪のような結果的加重犯について、2人以上の者が基本犯を共同実行の意思の下に共同実行し、その一部の行為によって加重結果が発生した場合、共同者全員にその共同正犯の成立が認められるか、ということである。

判例は、結果的加重犯が成立するためには、基本犯と加重結果との間に因果関係があれば足り結果について過失は不要とする立場を前提に、結果的加重犯の共同正犯の成立を肯定している（例えば、❷）。これに対し、学説では、結果的加重犯が成立するためには、基本犯と加重結果との間に因果関係（法的因果関係）が存在するだけではなく、責任主義の見地から、加重結果について過失が必要であるとする見解が有力である（項目**25**参照）。このような立場からは、結果的加重犯は故意犯と過失犯との結合形態と理解されることになり、加重結果については過失犯の共同正犯の成否ということが問題になる（項目**75**参照）。もっとも、これについては、過失犯の共同正犯を肯定する見解からはもちろん、それを否定する見解からも、結果的加重犯については共同正犯の成立が肯定されている。その理由は、結果的加重犯では、過失犯とは異なり、基本犯について故意があり、それについて合意していれば、それと法的因果関係がある範囲内の加重結果が共同正犯者に因果的に帰責されるのは当然である、というのである。

2. しかし、結果的加重犯について共同正犯の成立を認めるためには、過失犯である加重結果について共同実行の意思と共同実行の事実が認められることが必要である。この点については、現在、結果的加重犯は、基本犯の中に加重結果を発生させる類型的な危険性が内在している犯罪類型であるとする理解を前提に、複数者が、危険な行為について合意し実行した場合には、その行為から発生した加重結果について、全員がそれを防止すべき共同の注意義務を負っているから、共同者の一部の行為から発生した加重結果は、共同者全員の不注意として各自に帰責されるべきであるとして、共同者全員に共同正犯の成立を肯定する見解が有力である。このような見解によるならば、本設例の場合、強盗について合意し実行した甲には、D殺害について強盗致死罪の共同正犯の成立が認められることになる。本設例に関する❶も、「強盗について共謀した共犯者等はその1人が強盗の機会において為した行為については他の共犯者も責任を負うべき」と判示して甲にD殺害について強盗致死罪の共同正犯の成立を認めている。　［**山本輝之**］

75★ 過失犯の共同正犯

(1) 甲と乙は、それぞれガスバーナーを１つずつ用いて電話回線増設作業を終えて現場から立ち去ったが、どちらかのガスバーナーの火が完全に消火されていなかったため、それが火元となって火災が発生した。甲と乙に業務上失火罪の共同正犯（60・117の2）は認められるか。

(2) 自社製造の商品に欠陥のある疑いが生じたことから、５名で構成される取締役会にて、取締役の１人丙は、調査のために販売計画を見直すことを提案してみたが、他の取締役らが計画推進を主張したことから、丙もそれならそれでよいかと漫然と思い直し、計画推進に賛成した。後日、その商品を購入したＡは、その欠陥によって傷害を負った。丙を業務上過失傷害罪（211前）に問えるか。

参考　❶最判昭和28年1月23日刑集7巻1号30頁
❷東京地判平成4年1月23日判時1419号133頁
❸最決平成28年7月12日刑集70巻6号411頁

▶▶解説

Key Word 過失実行行為 共同義務の共同違反 単独犯構成

1． かつては、過失の本質は無意識にあるとみて、無意識の共同は不可能であるから過失犯の共同正犯はあり得ないとする見解が強かった。しかし今日では、過失犯の場合も共同正犯は成立しうるとする肯定説が支持を広げている（先駆的判例は❶）。過失の本質を、無意識という内心状態ではなく、不注意な行為、すなわち（注意義務違反を内容とする）過失実行行為に求める見方（新過失論）を基礎にして、**過失実行行為は共同して行うことができる**と説かれている。この立場によれば、**共同の注意義務を負っている複数の者が、共同してその注意義務に違反したことが認められる場合に、過失犯の共同正犯が成立する**（「共同義務の共同違反」の要件。❸はこの要件を明示的に採用）。すなわち、危険を伴う作業を分担して行っているがゆえに一方が他方の行為についても注意しなければならないときに「共同義務」が生じ、にもかかわらず双方が漫然行為を共同して行えば、そこに「共同違反」が認められるわけである。

肯定説からすると、**(1)**は、甲および乙に、自己のガスバーナーだけでなく、相手のガスバーナーも完全に消火したかを確認する相互義務があったのに、両名ともこれらを漫然と怠ったとして、業務上失火罪の共同正犯が認められる（❷）。

2． 他方、否定説（単独犯解消説）も有力である。過失犯の共同正犯を基礎づける相互監視義務が認定できる場合は、自己の監視義務（横の監督義務）違反により相手の行為から結果が生じたか、あるいは過失による自己の行為から結果が生じたかのいずれかであり、結局、単独犯としての過失責任を問いうるため、共同正犯を認める実益がないというのである。しかし、単独犯構成では、**(2)**の丙に過失責任を負わせることはできない。丙が計画推進に反対しても、それは否決されるため、結果回避可能性がないことになるからである。そればかりか、取締役5名みな無罪となりかねない。1人ひとりを切り離してみると、仮に当該取締役が1人計画推進に反対しても、他の取締役によって否決されるため、その取締役の漫然賛成行為と結果との間の条件関係が否定されるからである。過失犯の共同正犯を肯定する立場からは、共同義務の共同違反が認められる限りで、丙に業務上過失傷害罪の共同正犯の責任を負わせることができる。

3． なお、**過失犯の共同正犯の要件たる共同義務が認められるためには、地位・役割の同等性が必要である。**❸の事案では関与者間でこれが異なり、共同の注意義務が否定された。

［曲田　統］

76★ 承継的共同正犯(1)
——傷害罪

乙は、歩行中、Aと肩がぶつかったことに立腹して、「謝れや」と怒鳴ったが、Aがそれを無視したため、Aの顔面を殴打した。Aは身を丸くして防御の姿勢をとったが、乙はなおも、Aの頭部、背部を何度も強く蹴った。それでもAが謝らないので、乙は、友人の甲を呼び出し、さらに暴行を加えることにした。事情を聞いて駆けつけた甲は、Aの耳部の擦過傷を見て、「おまえ、怪我までして、まだわからんのか」と言った。観念したAは土下座をして謝ったが、甲と乙は「ふざけんな」と言いながら、Aの背部を何度も強く蹴った。ただ、甲と乙は、重大な傷害結果を避けるため、両者で暴行を行う際には頭部に対する暴行は行わなかった。結局Aが再度謝ったので、甲と乙は立ち去った。一連の暴行により、Aは顔面と耳部に打撲擦過傷（傷害結果①）を負ったほか、背部に打撲傷（傷害結果②）を負った。

(1) 傷害結果①について甲に傷害罪（204）は成立するか。

(2) 傷害結果②が、甲の共謀加担前の暴行により生じた傷害が甲の共謀加担後の暴行によって悪化して形成された傷害結果であった場合、甲にはどの範囲で傷害罪が成立するか。

(3) **(2)**とは異なり、甲による暴行はそれ自体で傷害結果②を生じさせ得る危険性を有するものであったものの、しかし傷害結果②が、甲の共謀加担前の暴行によって生じたのか、甲の共謀加担後の暴行によって生じたのか不明であった場合、甲に傷害罪は成立するか。

参考　❶大阪高判昭和62年7月10日高刑集40巻3号720頁
❷最決平成24年11月6日刑集66巻11号1281頁
❸最決令和2年9月30日刑集74巻6号669頁

▶▶解説

Key Word 承継的共同正犯 因果的共犯論 傷害罪 同時傷害の特例

1. 先行者による実行行為の途中から後行者が関与した場合に、共謀加担前の先行者による構成要件該当事実をも含めて後行者に共同正犯の成立を認めることはできるか。それが認められた場合を承継的共同正犯という。学説には、因果的共犯論（項目**68**参照）の見地から、先行者が行った構成要件該当事実に後行者が因果性を及ぼしていない点を強調して、承継的共同正犯を否定すべきとする見解もある。判例は、承継的共同正犯を肯定するものの、すべての事案で肯定するわけではないため、どのような理由、範囲で、それが肯定されるのかが問題となる。

下級審の裁判例では、後行者が、先行者の行為および結果を認識・認容するにとどまらず、これを自己の犯罪遂行の手段として積極的に利用した場合に承継的共同正犯が成立するとする判断枠組みが示された（❶）。

しかし近時、最高裁は、❶が示した判断枠組みに従って傷害罪に関する承継的共同正犯の成立を認めた原判決を否定的に捉えたうえで、後行者による共謀加担前に先行者がすでに生じさせていた傷害結果については、後行者の共謀およびそれに基づく行為が因果関係を有することはないから、後行者が傷害罪の共同正犯としての責任を負うことはなく、共謀加担後の傷害を引き起こすに足りる暴行によって被害者の傷害の発生に寄与したことについてのみ、傷害罪の共同正犯としての責任を負うとした（❷）。因果的共犯論に基づいて傷害結果との因果性を求めるこの理解に従えば、甲の共謀加担前に生じており、甲の共謀加担後の暴行による寄与がない傷害結果①に対して、甲は因果関係を有していないので、その傷害結果について甲に傷害罪の承継的共同正犯が成立することはない。

2. **(2)**の場合、傷害結果②は、後行者の共謀加担前の暴行により生じた傷害が、共謀加担後の暴行によって悪化して形成された傷害結果である。このとき、❷の最高裁決定の補足意見は、傷害結果②のうち、共謀加担後の暴行が寄与した範囲についてのみ傷害罪が成立するとする。もっとも、後行者には、最終的に生じた傷害結果②全体について傷害罪が成立するとする見解も有力である。

3. **(3)**の場合、傷害結果②は、甲の共謀加担前後のどの暴行から生じたのか不明である。この場合、本設例のように行為者間に共謀がある場合でも、同時傷害の特例（207）の適用により後行者に傷害罪を認めることが可能とされる。ただし、後行者の暴行が当該傷害を生じさせ得る危険性のある場合に限られる（❸）。これに従えば、傷害結果②についても甲に傷害罪が認められる。　［**松尾誠紀**］

77★ 承継的共同正犯(2)
——強盗罪

乙は、資産家のAから多額の現金を奪う目的で、A宅の窓をバールで叩き割ってA宅に侵入した。物音が聞こえたので確認のために近づいてきたAが乙に気づき、大声を上げたところ、乙は持っていたバールをAの頭に振り下ろした。Aは、頭部から大量の出血をし、うめき声をあげ、動くことができなくなった。その後、乙は、A宅で現金を探し回ったが見つけることができなかったので、携帯電話で友人の甲を呼び出した。駆けつけた甲は、乙からそれまでの事情を聞き、血を流して倒れているAを見たが、「現金を見つけたら分け前をやる」と乙に言われたので、現金の捜索に協力することにした。30分後、乙が押入れの中から現金300万円を見つけたので、甲と乙はそれを持って立ち去った。頭部に重傷を負ったAは、帰宅した家人に発見され、一命を取りとめた。

(1) 甲に強盗傷人罪（240）の共同正犯は成立するか。

(2) 甲に強盗罪（236 Ⅰ）の共同正犯は成立するか。

参考 ❶大判昭和13年11月18日刑集17巻839頁
❷最決平成24年11月6日刑集66巻11号1281頁
❸大阪高判昭和62年7月10日高刑集40巻3号720頁
❹最決平成29年12月11日刑集71巻10号535頁

▶▶解説

Key Word 承継的共同正犯 因果的共犯論 強盗罪

1．先行者による実行行為の途中から関与した後行者の罪責に関しては、承継的共同正犯の成否が問題となる。学説には、先行者が行った構成要件該当事実に後行者が因果性を及ぼしていない点を強調して、承継的共同正犯をおよそ認めるべきではないとする見解もある。

これに対して、かつて判例は、先行者が強盗目的で被害者を殺害した後に、財物奪取への協力を求められて、その奪取を容易にした後行者について、強盗殺人罪が単純一罪であることを理由に、強盗殺人罪の幇助の成立を認めた（❶）。もっとも、近時、最高裁は、後行者の共謀加担前に生じ、共謀加担後の暴行が寄与していない傷害結果について、後行者がその傷害結果に因果関係を有していないことをもって、その傷害結果に関し後行者に傷害罪の承継的共同正犯は成立しないとする判断を示した（❷）。因果的共犯論（項目**68**参照）に基づき、結果との因果性を求めるこの理解に従えば、甲は乙が惹起した傷害結果に対して因果関係を有していないから、少なくとも甲に強盗傷人罪の共同正犯が成立することはない。

2．それでは、甲に強盗罪の承継的共同正犯は成立するだろうか。承継的共同正犯の成立を全面的に否定する見解に従えば、甲には窃盗罪の共同正犯しか成立し得ない。これに対して、判例では、後行者が、先行者の行為および結果を自己の犯罪遂行の手段として積極的に利用した場合に承継的共同正犯が成立するとする判断枠組みが示された（❸）。たしかに、この理解に従えば、本設例で先行者の乙が創出した反抗抑圧状態を利用し、甲が乙との共謀のもとに財物奪取をしたならば、甲に強盗罪の承継的共同正犯の成立を認めることもできる。しかし、因果的共犯論の視点でみれば、積極的利用という要素でもって何ゆえ因果性を及ぼしていない事実をも含めた承継的共同正犯が認められるのかは明らかではない。

承継的共同正犯の成否に関し、近時の学説では、共犯が修正された構成要件であるとすれば、構成要件該当事実のすべてに因果性を有する必要はなく、不法内容の本質的要素である構成要件的結果の惹起に因果性を有していれば足りるとする見解が有力に主張されている。そして、最高裁も、詐欺罪について、欺罔行為と一体のものとして予定されていた財物の受領行為への関与をもって、後行者に詐欺罪の承継的共同正犯の成立を認めている（❹）。こうした理解に基づいて、強盗罪の構成要件的結果である「強取」に関与した甲に、強盗罪の承継的共同正犯の成立を認めることも可能と思われる（項目**78**参照）。 ［**松尾誠紀**］

78 承継的共同正犯(3)
――詐欺罪

乙は、老人会名簿に載っていたＡの自宅の電話番号に電話をかけた。電話に出たＡに対し、乙は、「銀行連合会のＧと申しますが、Ａさんのクレジットカードが H 百貨店で何者かによって使用されました。Ａさんの銀行預金を守るため、Ａさんの銀行口座のキャッシュカードをこちらで保管する必要があります。キャッシュカードの裏面に暗証番号をマジックで書いて、封筒に入れ、すぐに預金者保護センター宛に簡易書留で郵送してください」と嘘の内容を申し向けた。それを信じたＡは、言われた通りにキャッシュカードを郵送した。乙は、友人の甲に電話をして、郵便局員から配達物を受け取る仕事だとして協力を依頼した。甲は、その仕事の内容から詐欺の被害品を受け取ることだと認識したが、報酬のためにそれを引き受けた。翌日、甲は、郵便物の送付先であるＭマンションのｎ号室で待ち受け、配達に来た郵便局員から、Ａにより郵送された封筒を受け取った。甲の罪責について論じなさい。

参考　❶大阪高判昭和 62 年 7 月 10 日高刑集 40 巻 3 号 720 頁
❷最決平成 24 年 11 月 6 日刑集 66 巻 11 号 1281 頁
❸最決平成 29 年 12 月 11 日刑集 71 巻 10 号 535 頁

▶▶解説

Key Word 承継的共同正犯
因果的共犯論
詐欺罪

1. 先行者による実行行為の途中から関与した後行者の罪責、すなわち承継的共同正犯の成否をめぐっては、承継的共同正犯の成立自体を認めることができるのか、仮に認めたとしても、その理由、範囲が問題となる（項目**76**・**77**も参照）。

学説には、因果的共犯論（項目**68**参照）に基づきすべての構成要件該当事実への因果性を求める見地から、承継的共同正犯の成立をおよそ否定する見解もある。これに従えば、詐欺罪（246 Ⅰ）の承継的共同正犯の事例では、財物の交付を受ける行為を処罰する規定がない以上、後行者は不可罰となる。否定説の中には、後行者が財物の交付を受ける際に、被害者の錯誤を解消する作為義務を認めることで、不作為による詐欺罪の成立を認める見解もあるが、本設例のような財物送付型の事案では、やはり不可罰となる。

判例では、**後行者が先行者の行為・結果を自己の犯罪遂行の手段として積極的に利用した場合には、承継的共同正犯が成立する**との判断枠組みが示された（❶）。これに従えば、本設例でも、被害者が錯誤に陥った状態を積極的に利用して財物の交付を受けたとして、甲に詐欺罪の承継的共同正犯の成立を認めることもできる。しかし、因果的共犯論の視点によれば、なぜ積極的利用があれば因果性を及ぼしていない事実をも含めた承継的共同正犯が認められるのかは明らかではない。最高裁も、傷害罪の承継的共同正犯の事案において、因果的共犯論に基づき、後行者が因果関係を有しない傷害結果についてその帰責を否定する（❷）。

近時、最高裁は、詐欺を完遂するうえで欺罔行為と一体のものとして予定されていた受領行為に関与したことを理由に、後行者に詐欺罪の承継的共同正犯の成立を認めた（❸）。これは、学説で有力化しつつある、**共犯が修正された構成要件であるならば構成要件該当事実のすべてに因果性を有する必要はなく、不法内容の本質的要素である構成要件的結果の惹起に因果性を有していれば足りるとする見解**と同様の理解と思われる。これに従えば、受領行為によりキャッシュカードの「詐取」に関与した甲には、詐欺罪の承継的共同正犯の成立が認められる。

2. 近時の事例では、本設例のような単純な詐欺罪の承継的共同正犯の事例ではなく、被害者側によるだまされた振り作戦が伴う場合が多い（❸）。この場合、後行者の関与時にすでに被害者が詐欺に気づいていることがあるため、そもそも後行者に詐欺未遂罪の共同正犯が成立しうるのかが問題となる。この際、危険性判断に関して不能犯論を援用する見解もある（項目**61**参照）。 **［松尾誠紀］**

79 片面的共犯

甲は、甲の夫である乙が、隣家で１人暮らしをするＡの旅行中にＡ宅に侵入し、Ａが自宅で保管している金銭を奪う計画を持っていることを知った。日頃よりＡの行動を見ていた甲は、Ａが定期的に遠隔地から来る息子のために、自宅の玄関ドアの鍵をドアの前にある植木鉢の下に隠していることを知っていた。甲は、乙による犯行当日の朝、乙が犯行を早く完了できるように、乙が知らない間に、植木鉢の下にある鍵を利用して、Ａ宅の玄関ドアの鍵を開けておいた。その後、Ａ宅に来た乙は、最終的には窓ガラスを割ってでもＡ宅に侵入する予定であったが、侵入路を探しているうちに、玄関ドアが施錠されていないことに気づき、そのドアを開けてＡ宅に立ち入った。そして、Ａ宅から現金10万円を持ち出した。

(1)　この事例において、甲に窃盗罪の幇助（62 Ⅰ・235）が成立する可能性はあるか。

(2)　甲が、玄関ドアの鍵に加えて、Ａ宅の中にある現金の入った金庫の鍵も開けておき、乙がその金庫の中の現金を持ち出したとき、甲に窃盗罪の共同正犯（60・235）が成立する可能性はあるか。

参考　❶大判大正 14 年 1 月 22 日刑集 3 巻 921 頁
❷東京地判昭和 63 年 7 月 27 日判時 1300 号 153 頁
❸大判大正 11 年 2 月 25 日刑集 1 巻 79 頁

▶▶解説

Key Word 片面的共同正犯 片面的幇助 物理的因果性 心理的因果性

1． 本設例では、甲は乙の犯罪に関与する意思を有しているが、乙は甲の関与を知らない。すなわち、甲は、乙による窃盗既遂に対し、物理的因果性を有しているが、心理的因果性を欠く状態にある。ここでの甲のような関与形態のことを片面的共犯（幇助・共同正犯）という。

片面的共犯に関し、学説の中には、共犯が成立するためには心理的因果性の存在を不可欠とする見地から、片面的共犯は成立し得ないとする見解がある。しかし、因果的共犯論（項目**68**参照）によれば、共犯者は、正犯者の犯行を促進するなどして、構成要件的結果に対する物理的因果性を有していれば共犯の成立は認められ、心理的因果性がなければならないとする理由はないとされる。仮に心理的因果性を不可欠の要件とすれば、甲のような場合、乙の窃盗罪について共犯が成立する可能性はなく、かといって単独正犯としての要件も充たしていない以上、不可罰とせざるを得ない（甲自身がAの物を持ち出す意思がない以上、窃盗未遂罪も成立し得ない）。こうした処罰の間隙は避けられるべきことでもあり、少なくとも片面的幇助が成立する可能性は肯定されるとするのが通説である。❶は、**帮助が成立するにあたっては、幇助者において正犯の行為を認識してこれを幇助する意思があれば足り、幇助者と正犯者との相互の意思連絡は不要である**として、正犯者の賭博場開張行為を、賭者を誘引することで援助したが、正犯者がその援助行為を認識していなかった事例について、賭博場開張罪の幇助（62 Ⅰ・186 Ⅱ）の成立を認める（❷も、けん銃の密輸入に関し、片面的幇助の成立を認める）。こうした理解に従えば、本設例において、玄関ドアの鍵を開けることで、乙の窃盗の犯行を容易にした甲には、たとえ乙が甲の行為を認識していなくても、甲には窃盗罪の幇助が成立しうることになる。

2． これに対し、片面的共同正犯の成立に関しては、❸は、共同正犯が成立するためには犯罪事実を共同して実行することについての行為者相互の意思連絡が必要であるとして、片面的共同正犯の成立を否定する。学説においても、**犯罪を共同して遂行するという合意に基づいて実行行為が行われることに共同正犯の本質があると解して、行為者相互の意思連絡を欠く片面的共同正犯については、その成立は否定されるべきとする**見解が有力である。こうした理解に従えば、たとえ甲が、玄関ドアの開錠に加えて、金庫の鍵を開けていても、窃盗罪の共同正犯の成立は否定され、幇助の成立にとどまると思われる。　［**松尾誠紀**］

80 不作為と共犯

甲は、A（3歳）の母親であるが、前夫との離婚後、乙と知り合い、3か月ほど前から、乙とともに3人で暮らしていた。ところが、短気な性格の乙は、日頃からAが言うことを聞かなかったときに、Aを寝室に連れて行き、Aの顔を平手でたたいたり、投げ飛ばしたりするなどの暴行を加えていた。甲は、乙による暴行を認識していたが、乙があくまでしつけと言うため、咎めることはしなかった。ある日の夕食の際、Aがシチューを食べたくないと拒んだことから乙が立腹し、Aの腕を引っ張って、暴行をするために寝室に連れて行った。甲は、乙がAに暴行を加えようとしていると認識したが、乙に「もう、やめとき」と言うにとどまり、それ以上、乙の行為を阻止することはしなかった。乙がAを投げ飛ばしたとき、Aは頭部を床に強く打ちつけ、意識を失った。その後、Aは、頭部の強打により生じた急性硬膜下血腫のため死亡した。

(1) 乙に成立する傷害致死罪（205）に関し、甲に作為による共犯が成立する可能性はないか。

(2) 甲の罪責として、傷害致死罪に関する不作為による共犯の成否を問題としたとき、甲に乙の暴行を阻止する作為義務はあるか。

(3) 甲に不作為による共犯が成立するのは、乙の暴行を確実に阻止できる可能性があった場合に限られるか。

(4) 甲に成立するのは、不作為による共同正犯か、あるいは幇助か。

参考　❶札幌高判平成12年3月16日判時1711号170頁
❷東京高判平成20年6月11日判タ1291号306頁

▶▶解説

Key Word 不作為による共同正犯
不作為による幇助
作為義務

1．「不作為と共犯」には、不作為犯同士の共犯、不作為犯に対する作為による共犯も含まれるが、本設例では、作為犯に対する不作為による共犯が問題となる。

不作為による共犯については、正犯者の犯行を阻止しなければ常に不作為による共犯が犯罪事実として扱われるわけではない。不作為犯は作為義務を有する者にのみ成立しうる例外的な犯罪形態であるため（項目**7**参照）、当該行為が作為犯として構成しうる場合には、まず作為犯の成否が論じられる。それゆえ、正犯者の犯行を阻止しない事例においても、その際に例えば正犯者の犯行を促進するような声かけをしていたならば、その心理的な因果性に基づき作為による共犯が検討される。ただ、本設例では、甲にそうした言動がないため、ここでは傷害致死罪に関する不作為による共犯の成否が問題となる。

2．不作為による共犯も不作為犯であるから、その成立には作為義務が必要である。作為義務の発生根拠についても、単独犯の不作為犯の場合と同様と解されている。❶でも、当該不作為者が被害者の母親であったこと（親としての地位、保護の引受け）、正犯者の短気な性格を熟知しながら被害者であるわが子をその正犯者の下に置いていたこと（先行行為）などが挙げられている。また、作為義務の発生根拠として論じられることの多い排他的支配の要素についても、正犯者による暴行を阻止し得たのは当該不作為者のみであったという形で考慮されている。本設例でも同様の理由から、甲に乙の暴行を阻止する作為義務を認めることができると思われる。

3．作為犯の場合、幇助の因果性は、単独犯の場合とは異なり、正犯者の犯行を容易にする促進的関係があれば足りるとされる（項目**81**参照）。だとすれば、不作為による幇助の場合でも、正犯者の犯行を確実に阻止し得た可能性までは必要ではなく、犯行の阻止に及んでいれば正犯者の犯行を困難にできた可能性があれば足りる（❶。単独犯の不作為犯に関して項目**9**参照）。本設例でも、正犯者に対する強い声かけ、Aの前に立ちはだかるなどの行為により正犯者がそれ以上の暴行をやりにくくなったのであれば、（少なくとも）不作為による幇助は成立しうる。

4．正犯者の犯行を阻止しない不作為犯の場合にも共同正犯が認められる場合はある（❷）。ただ、正犯者が実行行為を行っており、当該不作為者は単に正犯者の犯行を阻止しなかっただけという間接的な関与にとどまるのであれば、基本的には幇助との評価になると思われる。本設例の甲も同様に考えられる。［**松尾誠紀**］

81 幇助の因果性

(1)　甲は、知人であるＡと居酒屋で酒を飲んでいたところ、数日後にＡとその仲間が宝石店Ｍから貴金属を盗み出す計画を立てていることを聞いた。甲には多額の借金があったため、Ａに仲間に入れて欲しい旨を申し出てみると、Ａは、「Ｍの周辺を人が来ないように見張ってくれれば、分け前をやろう」と言い、窃盗計画が実行される日時を紙ナプキンに書いて甲に手渡してきた。しかし、Ａはその際かなり酔っており、翌日には甲に見張りを頼んだこと自体を忘れていた。

数日後、Ａは実際に窃盗計画を実行し、甲はその際にＭ付近を見張っていたが、特に人が通るようなことはなかった。翌日、甲はＡに電話をかけ、見張りをしたから分け前をよこすように言ったが、Ａは「なんだっけ？」と首をかしげるだけだった。甲の罪責について論じなさい。

(2)　**(1)**の事案で、仮にＡが甲に見張りを頼んだことを覚えており、それによってＡとその仲間は邪魔が入る心配をすることなく窃盗計画を実行できた場合、甲の罪責はどうなるか。なお、甲が見張っていた際に、通行人が１人も通らなかった点は変わらないものとする。

参考　❶東京高判平成 2 年 2 月 21 日東時 41 巻 1 〜 4 号 7 頁
❷広島高判平成 19 年 4 月 10 日裁判所ウェブサイト

▶▶解説

Key Word 幇助犯における因果関係 物理的・心理的促進効果

1. 幇助とは、実行行為以外の行為によって正犯の実行を容易にすることをいう。幇助は結果を直接発生させる行為ではなく、また犯意を生じさせる行為でもないので、幇助と結果は、「あれなければこれなし」の関係（条件関係）に立たないこともある。すなわち、幇助は結果発生の必須条件ではない。しかし、幇助犯の処罰根拠が正犯を介して結果を実現させたことにある（因果的共犯論。項目**68**参照）以上、少なくとも当該**幇助行為に犯行の促進効果があることが必要となる**。そして、ここでいう**促進効果には物理的なものと心理的なものが含まれており、少なくともどちらか片方があれば幇助犯の成立は認められうる**（❶❷）。他方で、幇助の促進効果が、結果に対して必要なのか、正犯の実行行為に対して必要なのかは争いがあるが、少なくとも既遂犯においてはいずれに対しても必要というのが通説であろう。ただし、正犯の実行行為を促進した以上、通常はそこから生じた結果の発生も促進したといえる。

2. **(1)**について、まず物理的な促進効果の有無を検討すると、甲が見張りを行った際、誰も通らなかったことから、甲の見張り行為は結果的に無意味であった、すなわち、Aの窃盗罪の実行行為等に何ら影響を与えておらず、促進効果をもたらさなかったといえる。なお、その際、**見張り行為の一般的な重要性に鑑み、もしも人が通っていたら有益であっただろうという仮定的な判断を用いることはできない。重要なのは、当該行為の促進効果だからである**。次に、心理的促進効果についてみると、Aが甲の行為を認識していない以上、甲の行為がAを心理的に支えることはあり得ない。ゆえに、甲の行為に幇助犯は成立しない。

これに対して、**(2)**では、甲の行為はAに認識されている。甲の見張り行為に物理的促進効果はないが、Aらは甲の行為を計画に組み込むことで、「邪魔が入る心配をすることなく窃盗計画を実行できた」。**甲の行為は、Aを精神的に力づけ、窃盗の意図を維持ないし強化するのに役立っている。このような場合には、甲の行為はAの実行行為等に心理的な促進効果をもたらしたといえよう**。それゆえ、甲にはAの窃盗罪に対する幇助犯（62 Ⅰ・235）が成立する。

なお、**(2)**とは逆に、甲の行為がAに認識されないまま、しかし通行人を実際に排除するのに役立った場合には、片面的幇助の問題となる（項目**79**参照）。

［**佐藤陽子**］

82　中立的行為と幇助

甲は、ファイル共有ソフトであるWを開発し、その改良を繰り返しながら順次ウェブサイト上で公開し、インターネットを通じて不特定多数の者に提供していた。某日、Wを入手したAはWを用いて、法定の除外事由なく、かつ著作権者の許諾を受けないで、著作物であるゲームソフトFの情報をインターネット利用者に対し自動公衆送信しうるようにし、著作権者の有する著作物の公衆送信権を侵害する著作権法違反の行為を行った。

以上のような事実関係のもと、次の**(1)**または**(2)**の事情がそれぞれ存在した場合、甲がWを公開・提供した行為にAの著作権法違反の幇助犯（62Ⅰ、著作119Ⅰ・23Ⅰ）が成立するか。

(1)　Wは、たしかにそれを入手した利用者の間で、著作権を侵害する態様で用いられることがあったが、それは例外といえる程度のごく限られた範囲にすぎなかった。

(2)　Wは、それを入手した利用者の間で、著作権を侵害する態様で現実に広く利用されていたが、甲は、利用者の大半が著作権を侵害する方法でWを利用することはないであろうと考えていた。

参考　❶東京高判平成2年12月10日判タ752号246頁
❷最決平成23年12月19日刑集65巻9号1380頁
❸東京高判令和元年7月12日高検速（令元）197頁

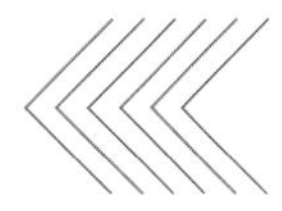

▶▶解説

Key Word 業務行為と幇助
日常的な行為と幇助
許された危険

1．幇助犯成立のためには当該幇助行為が犯行の促進効果を有していなければならない（項目**81**参照）が、かかる効果が認められれば常に幇助犯が成立するわけではない。例えば、刃物店の店員が、犯罪に使われる可能性を認識しながら、挙動不審な客に包丁を販売し、その結果、当該客が実際にその包丁を強盗に用いたとしても、店員の販売行為はすぐさま強盗の幇助行為とはならない。店員は日常的に行われる刃物店の業務を行ったにすぎないのであり、仮に犯行促進の結果とそれに関する（未必の）故意さえあれば常に幇助犯となると解すると、価値中立的な社会活動が円滑に行えなくなるからである。ただし、日常的な業務行為だからといって常に幇助犯の成立が否定されるわけではない（❶）。通説は、許された危険の法理（＝一定の社会的に有用な行為は、法益侵害の危険性があっても許容される）を用い、当該行為の持つ危険性と有用性を衡量し、後者が優越する限りで、可罰的な幇助行為の存在を否定する。また、単なる日常的な行為（たとえば、不法滞在者と同居し生計を共にする）の場合も同様で、当該行為が、もはや日常とはいえないほどの（許されない）危険を創出したかが重要となる（❸）。

2．設例中のWは適法な用途にも、違法な用途にも利用できる価値中立的ソフトである。また、改良されたWを順次インターネット上で公開し、提供するという行為態様は、利用者の意見を聴取しながら開発を進めるという通常のソフト開発手法である。そうであれば、社会的に有益なソフトの開発行為に対する過度の萎縮効果を生じさせないためにも、単にWが著作権侵害に利用される一般的可能性があり、それを甲が認識しつつWを公開・提供し、その結果、Aがそれを用いて著作権侵害を行ったというだけでは、甲の行為をAの行為の幇助とすべきではない。より高度の危険、すなわち、一般的可能性を超える具体的な侵害状況があったといえる場合に限り、幇助犯の成立を認めるべきである（❷）。

3．(1)では、Wが利用者のうち限られた一部でしか著作権侵害に使われていないことから、有益性に優越する危険性は存在せず、甲によるWの公開・提供行為はAの著作権法違反の幇助とはいい得ない。これに対し、(2)では、Wが著作権を侵害する態様で現実に広く利用されているから、甲の行為は幇助足りうる。ただし、甲には幇助の故意が必要である。Wが著作権侵害に用いられていること、かつそのような侵害行為が広く行われていることを甲は認識していなければならない。それゆえ、(2)においても甲は不可罰である。 ［**佐藤陽子**］

83 共犯と違法性阻却事由

甲が友人Ａと市街地を歩いていたところ、数時間前に甲が電話で一方的に侮辱した知人Ｂが鬼の形相で甲の方に近づいてきた。Ｂに殴られるかもしれないと思った甲はＡに対してＢを示しながら、「あの男がさっき財布を盗んでいるのを見てしまった。きっと口封じしようとしているに違いない。なんとかしてくれ」と虚偽の事実を告げた。また、甲は普段から携帯していたナイフをＡに渡し、「やられたらナイフを使え」と告げた。甲は驚いてナイフを返そうとするＡを説得すると、自らはその場から逃げ出した。Ｂは甲を追跡しようとしたが、Ａに妨害された。Ａはその際、いくら犯罪者とはいえ、いきなり襲いかかってくることはないだろうと考えていたが、Ｂは、Ａが事情を知って甲をかばっているものと誤解し、いきなりＡの襟首をつかんで引きずり回し、手拳で顔面を複数回殴打した。Ａは、自己の身体を防衛する意思で、Ｂを殺害することもやむなしと決意し、上記ナイフを用いてＢの左胸部等を数回刺して殺害した。

なお、甲は、Ｂがいきなり A に襲いかかることを予見しており、Ａの防衛行為によりＢが殺害されることを望んでいた。

(1)　過剰防衛の刑の減免根拠につき責任減少説に立つと、甲の罪責はどうなるか。

(2)　過剰防衛の刑の減免根拠につき違法減少説（または違法・責任減少説）に立つと、甲の罪責はどうなるか。

参考　❶最決平成 4 年 6 月 5 日刑集 46 巻 4 号 245 頁

▶▶解説

Key Word 共犯と過剰防衛
共犯の従属性

1．本設例解説の前提として、甲はAと共謀共同正犯の関係にあり（項目**71**参照）、Aには殺人罪の過剰防衛が成立している（項目**36**参照）。

共犯の要素従属性につき、通説的見解である制限従属性説に立ち、かつ**(1)過剰防衛の刑の減免根拠につき、責任減少説に立てば、責任は主観的・個別的判断であって共犯者間で連帯しないため、恐怖、驚愕、興奮などに基づいて行為していない甲には過剰防衛は成立しない**（が、この見解は❶からは乖離している）。

2．他方で、同じく制限従属性説に立ったうえで、**(2)**過剰防衛の刑の減免根拠につき、違法減少説（または違法・責任減少説）に立った場合、構成要件・違法は共犯者間で連帯するので甲にも過剰防衛が成立しそうだが、この場合も過剰防衛の成立を否定するのが一般的である。その際には次の２つの見解が有力に主張されている。

第１に、**主観的違法要素の存在を認め、かつ客観的違法は連帯するが、主観的違法は連帯しないという違法の相対化を認める見解がある**。この見解に基づけば、積極的加害の意思は主観的違法要素であり、これは共犯者間で連帯されない。本設例では、甲に積極的加害の意思が認められる。積極的加害の意思を急迫性の問題にするか（項目**33**参照）、防衛の意思の問題にするかはさておき、いずれにせよかかる意思、ひいてはそれにかかわる主観的違法は共犯者間で連帯されないから、積極的加害の意思を有する甲に過剰防衛は成立せず、その意思を有さないAの過剰防衛は肯定される。

第２に、**制限従属性説はあくまで二次的責任追及の対象である狭義の共犯にのみ妥当するのであり、一次的責任追及の対象、すなわち正犯である共同正犯には妥当しないとする見解がある**。この見解によれば、共同正犯は行為を中心とした構成要件の共同であり、違法は連帯しないから、**違法性阻却事由の存否は共同正犯者それぞれ個別に検討することになる**（❶）。本設例では、甲はAの殺人行為について共同して責任を負うが、違法性は個別に検討することになり、積極的加害の意思がある甲には過剰防衛は成立しないことになる。この理解に基づけば、仮に甲の関与形態が狭義の共犯にすぎなかった場合には、甲にはAと同様に過剰防衛が成立することになるが、過剰防衛の程度でしか違法性を認識していなかったAを利用したという点で、殺人の間接正犯が成立する可能性は残りうるだろう（項目**65**参照）。

［**佐藤陽子**］

84★ 共犯の錯誤

以下の(1)～(5)における甲と乙の罪責について論じなさい。

(1)　甲は、乙に対して、A宅に侵入して現金を盗んでくるようにそそのかしたところ、乙は現金を見つけることができず、代わりに貴金属を盗んできた。

(2)　甲は、乙に対して、Aを射殺するようにそそのかしたところ、乙は路上でAに向けて発砲したものの弾丸はAには全くあたらず、たまたま通りかかったBに命中してBが死亡した。

(3)　甲は、乙に対してAを傷害するようにそそのかし、乙はAに襲いかかった。その際、Aが強く抵抗したため、これに激高した乙は、Aが死亡してもかまわないと思いながら殴打を継続した。その結果、Aは死亡した。

(4)　甲と乙は、Aに傷害を加えることを共謀し、2人でAに襲いかかった。その際、Aが強く抵抗したため、これに激高した甲は、Aが死亡してもかまわないと思いながら殴打を継続した。これらの暴行によりAは死亡した。

(5)　医師である甲は、患者Aを殺害しようとして、事情を知らない看護師乙に対して、致死薬の入った注射器を渡してAに注射してくるように命じた。乙は途中で注射器に致死薬が入っていることに気づき甲の意図を察知したが、そのままAに注射し、Aは死亡した。

参考　❶最判昭和25年7月11日刑集4巻7号1261頁
❷最決昭和54年4月13日刑集33巻3号179頁
❸最決平成17年7月4日刑集59巻6号403頁
❹仙台高判昭和27年2月29日判特22号106頁
❺松山地判平成24年2月9日判タ1378号251頁

▶▶解説

Key Word 共犯の錯誤
同一共犯類型内
異なる関与類型内

1．狭義の共犯（教唆者・幇助者）が認識・予見した事実と、正犯が実現した事実、あるいは共同正犯者が認識・予見した事実と、他の共同正犯者が認識・予見した事実とが異なる場合に、教唆者・幇助者ないし共同正犯者にいかなる犯罪が成立するか。共犯の処罰根拠が正犯を介して構成要件該当事実を惹起したことに求められ、その点で正犯と変わらないことから（項目**68**参照）、基本的には単独犯の場合と同様の錯誤理論に基づいて解決されるが、錯誤以前に共犯行為と正犯による結果との間、または共同者間の意思連絡（共謀）と結果との間に因果性が存在しない場合は、共犯関係自体が否定される点に注意を要する（❶および項目**85**参照）。本設例では、いずれもそうした因果性は存在するものとして検討する。

2．同一構成要件内の錯誤である**(1)**については、判例の採用する抽象的法定符合説（項目**18**参照）によれば、正犯における錯誤が構成要件評価上重要ではないことは共犯にも妥当し、乙は住居侵入罪（130）および窃盗罪（235）、甲はその教唆犯（61 Ⅰ・130・235）となる。具体的法定符合説からも、正犯による結果が同一の法益主体に対する構成要件的に同種の法益侵害であることから、同様の結論が導かれうる。**(2)**は、正犯に方法の錯誤が生じた場合であるが、抽象的法定符合説によれば、乙にはＡに対する殺人未遂罪（203・199）とＢに対する殺人罪（199）が成立することから、甲はＡに対する殺人未遂教唆罪とＢに対する殺人教唆罪（両者は観念的競合）となる。具体的法定符合説からは甲はＡの殺人未遂教唆罪（および場合によりＢに対する過失致死罪〔210〕の正犯）となる。

3．異なる構成要件にまたがる錯誤である**(3)(4)**では、両者の構成要件に「実質的符合」がある限りで（項目**20**～**22**参照）共犯が成立する。判例・通説によれば、**(3)**では甲は傷害致死教唆罪（61 Ⅰ・205）、乙は殺人罪となり、**(4)**では甲には殺人罪の単独正犯が成立するとともに、乙との間で傷害致死罪の共同正犯（60・205）が成立し、殺意のない乙は傷害致死罪の共同正犯となる（❷❸・項目**70**参照）。

4．以上は同一共犯類型内の錯誤であるのに対して**(5)**は、関与類型間の錯誤であるが、教唆・幇助・共同正犯・単独正犯（間接正犯）は、いずれも構成要件該当事実を発生させる行為類型であることから、実質的に軽い類型の限度で構成要件の「実質的符合」が肯定される限度で犯罪が成立しうる。本設例は間接正犯の意思で教唆が実現された場合であり、甲には間接正犯よりも軽い殺人教唆罪（ただし、併せて間接正犯の未遂の可能性がある）が成立する（❹❺参照）。［**城下裕二**］

85★ 共謀(合意)の射程

(1) 金策に窮した甲と乙は、1人暮らしで出張中のA宅に侵入して金品を窃取することについて共謀し、その計画に従って甲が単独でA宅に侵入した。ところが、たまたま体調不良で出張を中止したAが在宅していたため、甲はAから直接奪った方が早いと考えて、Aに暴行を加え、反抗を抑圧して金品を奪取して逃走した。甲と乙の罪責について論じなさい。

(2) 金策に窮した甲と乙は、A宅に侵入して金品を窃取することについて共謀し、その計画に従って甲が単独でA宅に向かったところ、複数の防犯カメラが設置されていたことから甲は侵入を諦めた。しかし甲は、このまま手ぶらで帰ることはできないと考えて周囲を探索し、防犯対策の手薄なB宅を発見したため、甲はB宅に侵入し、金品を窃取した。なお、共謀の段階では、甲と乙は専らA宅における犯行の準備を行っており、A宅に侵入できないときには、犯行を断念することについて合意していた。甲と乙の罪責について論じなさい。

参考　❶東京高判昭和60年9月30日刑月17巻9号804頁
❷浦和地判平成3年3月22日判時1398号133頁
❸東京地判平成7年10月9日判時1598号155頁

▶▶解説

Key Word 共謀に基づく実行
共謀（合意）の射程（内）

1． 共同正犯者間で意思内容の不一致が生じる事例のうち、①共謀時にすでに意思内容に不一致がある場合には、共同正犯の成立要件である「共謀」が認められるか否かの問題となる（項目 **84** 参照）。他方、②共謀後に意思内容に不一致が生じた場合、特に実行担当者が共謀の内容とは異なる犯罪を実行した場合には、「共謀」は成立しているが、「共謀に基づく実行」が認められるか否かを検討すべきことになる。これは、実行行為が当初の共謀内容の実現として行われたと評価できる（＝「共謀〔合意〕の射程内」）か、それとも当初の共謀内容とは無関係に行われたと評価できる（＝「共謀〔合意〕の射程外」）かによって判断される。ここでは、共謀が実行担当者の行為を心理的に促進し、実行行為および結果に対して共犯の因果性（項目 **68** 参照）を及ぼしたかどうかが重要である。すなわち「共謀の射程」内か否かは、共謀の内容と実行の内容を比較して、因果性を否定するほどの重大な不一致が認められるかどうかを、両者の内容を構成する主観的・客観的諸要素、特に犯行動機・目的の同一性ないし連続性に焦点をあてつつ判断することになる（❶❷❸は、この観点から因果性を否定したものと理解できる）。

2． **(1)(2)**の事例は、いずれも②の類型に属する。**(1)**では、共謀内容はＡ宅への住居侵入と窃盗、実行内容はＡ宅への住居侵入と強盗という相違がある。しかし甲は、予想外にＡが在宅していたものの、金品入手という当初の目的を実現するにはＡから直接奪った方が早いと考えて、手段を変更した。甲と乙が、予め「暴行・脅迫といった手荒な手段は絶対にとらない」旨を固く約束していたのであれば別であるが、そうではない限り、甲の強取行為は当初の共謀内容と同一の動機・目的の下に行われ、その因果的影響下にあるといえる。したがって、甲の行為は「共謀に基づく実行」と評価でき、甲と乙には共同正犯が成立する。あとは、両者の罪名に関して「共犯の錯誤」の問題として処理すればよい（項目 **70・84** 参照）。他方、**(2)**では、共謀内容はＡ宅への住居侵入と窃盗、実行内容はＢ宅への住居侵入と窃盗である。Ｂ宅への住居侵入と窃盗は、甲と乙の共謀によるものではなく、あくまでも甲独自の意思決定で行われたものであり、心理的因果性を欠く。このような場合には「共謀に基づく実行」は認められず、甲と乙に共同正犯は成立しない。甲は単独犯として上記罪責を負うにとどまる。仮に、犯行断念に関する事前の合意がない場合には、動機の連続性からみて**(1)**と同様の評価に至るであろう。

［**城下裕二**］

86★ 共犯と身分(1)
――麻薬輸入罪・通貨偽造罪

(1)　甲は、知人の乙から「麻薬の密輸を手伝ってほしい」との依頼を受け、乙とともにこれを実行した。甲は、乙がこの密輸で莫大な利益を得ることを知っていたが、甲自身は日頃から世話になっている乙に恩義を感じて協力しようと思っただけであり、そこから何らかの利益を得ることは意図していなかった。営利目的を持って麻薬を輸入した場合、営利目的がない場合よりも重く処罰される（麻薬 64 Ⅰ・Ⅱ）。甲に営利目的麻薬輸入罪の共同正犯は成立するか。

(2)　甲は借金返済に苦しんでいる乙に、自らが所有しているコピー機を利用して偽札を造り、それを使用して弁済に充ててはどうかと言い出した。乙は良い考えだとこれを受け入れ、甲とともに甲宅のコピー機で偽の 1 万円札 100 枚を作成した。自ら偽札を使う目的は全くなかった甲に、通貨偽造罪（148 Ⅰ）の共同正犯は成立するか。またそれはどのような理論構成によるものか。

参考
❶最判昭和 27 年 9 月 19 日刑集 6 巻 8 号 1083 頁
❷最判昭和 42 年 3 月 7 日刑集 21 巻 2 号 417 頁
❸最決昭和 57 年 6 月 28 日刑集 36 巻 5 号 681 頁
❹最判昭和 34 年 6 月 30 日刑集 13 巻 6 号 985 頁
❺大判大正 14 年 1 月 28 日刑集 4 巻 14 頁

▶▶解説

Key Word 身分犯　身分　目的

1．身分犯とは、犯罪の主体を一定の者（身分者）に限定する犯罪類型を指し、非身分者がそれに関与した場合には65条が適用されうる（なお1項にいう「共犯」には共同正犯も含むとするのが判例・通説）。ここにいう「身分」の意義は、❶において、性別、親族関係、公務員等の資格に限らず「総て一定の犯罪行為に関する犯人の人的関係である特殊の地位又は状態」と定義されているが、目的が65条にいう「身分」に該当するかについては争いがある。「身分」の日常的な意味からすれば、一定の継続性が必要であり、行為者の主観的要素は含まれないとする立場も有力であるが、❷は、営利目的麻薬輸入罪における営利目的は、各人に科すべき刑に軽重の区別をしているものであって65条2項にいう身分に該当するものとし、営利目的を持たない者には通常の麻薬輸入罪が成立するとの帰結を導いた。その後の❸では、共犯者に営利目的があることを知りつつ、同人に受けた恩義に報いるとの意図から覚せい剤譲渡に協力したものの、自らは財産的利益を得る目的はなかった被告人に対し、第三者に利益を得させることを動機・目的とする場合も覚せい剤輸入罪の営利目的に含まれるとして営利目的の存在を認め、❷の意義は、単に他の者に営利目的があることを知っていただけの場合に営利目的を否定したにとどまる、とした。この立場からは、(1)の甲は乙に利益を得させる目的を有していることから、営利目的麻薬輸入罪の共同正犯が成立することになる。他方、他利目的まで含むことに批判的な見解によれば、甲には通常の麻薬輸入罪の共同正犯が成立する。

2．判例❹は、通貨偽造罪（148 Ⅰ・149 Ⅰ）にいう「行使の目的」は「自己使用目的」だけではなく、「他人をして真正の通貨として流通に置かせる目的でもよい」としている（❹）。したがって、この立場によれば、(2)の甲も通貨偽造罪の共同正犯となる。また、営利目的誘拐罪にいう「営利の目的」の意義につき、判例では「他利目的」を含むとされている（❺）が、同時にこの目的は65条にいう「身分」ではない、とされているので、行為者自身に当該目的の存在が否定されても、65条適用の問題は生じない。そこで、(1)の営利目的の場合にも、当然に一身専属的な個別的作用を持つものとして、あえて65条を介することなく同じ結論に至ることは可能であるため、(1)の場合にも共犯と身分の問題として捉えることなく、通常の共犯の事案として処理する見解も有力である。

［佐川友佳子］

87★ 共犯と身分(2)
――秘密漏示罪・賭博罪・横領罪

(1) 甲は、Aから1000万円を借りたが一向に返済しなかったため、Aからその返済を求める民事訴訟を提起された。甲は返済を免れようと、乙に「甲は既にAに全額返済していると法廷で証言してくれ」と依頼した。これを受けて乙は、裁判所に証人として出廷し、宣誓の上、甲から言われた通り虚偽の証言をした。甲と乙の罪責について論じなさい。

(2) 賭博で生計を立てている甲は、賭博の経験がない乙を誘ってともに野球賭博に参加した。甲と乙の罪責について論じなさい。

(3) 甲は、資産家Aの成年後見人として財産の管理を任されていた。甲の友人である会社経営者の乙は、会社の資金繰りに苦しんでいたところにその事実を知り、甲に「Aの金から1000万円ほど貸してほしい。来月には返済できるから」等と懇願したので、甲は乙の頼みを断りきれず、2012年7月にAの財産の中から1000万円を乙に渡した。この事実につき、甲と乙は2019年5月に起訴された。両者の罪責と公訴時効に関してどのような問題があるかを検討しなさい。

参考
❶大判昭和9年11月20日刑集13巻1514頁
❷大判大正3年5月18日刑録20輯932頁
❸最判昭和32年11月19日刑集11巻12号3073頁
❹最判令和4年6月9日刑集76巻5号613頁

▶▶解説

Key Word 共犯と身分
真正（構成的）身分犯
不真正（加減的）身分犯
二重の身分犯（複合的身分犯）

1．主体が「法律により宣誓した証人」に限定されている偽証罪（169）のように、**行為者が一定の身分を有する場合に初めて犯罪となるものを真正（構成的）身分犯**という。通説・判例によると、真正身分犯に関与した甲には65条1項が適用され、同罪の共同正犯（または教唆犯）が認められる（❶）。

2．常習者が賭博をした場合、賭博罪（185）よりも重い常習賭博罪（186 Ⅰ）が成立する。このように**一定の身分の存在によってその刑が加重・減軽されるものを不真正（加減的）身分犯**といい、通説・判例は65条2項が不真正身分犯の共犯に関する規定であるとし、常習賭博罪は不真正身分犯であるから、常習者の身分がない乙には単純賭博罪の共同正犯が成立する（❷）。

3．甲には業務上横領罪（253）が成立するが、乙はどうなるか。「業務上の占有者」は、非占有者である乙からすれば真正身分といえるが、単純横領罪（252 Ⅰ）にいう「占有者」との関係では不真正身分となる。**この業務上横領罪のような二重の身分犯（複合的身分犯ともいう）の場合、判例によれば、乙にはまず65条1項が適用され業務上横領罪の共犯が成立し、さらに同条2項によって単純横領罪の刑を科されるが**（❸）、罪名と科刑とが分離し妥当でないとの批判が強い。もっとも、判例が**(1)(2)**の場合には真正・不真正身分犯の区分によって扱いを分けながら、**(3)**の場合にこうした処理をするのは、乙に業務上横領罪の刑を科せば、（業務上横領に関与すれば単純横領罪が成立し、同罪の刑を科される）占有者よりも、非占有者の乙に対する刑の方が重くなるという不均衡を回避する意図があるとされる。そこで多数説は、**(3)**の場合、非占有者の乙に65条1項により単純横領罪の共犯、業務者たる甲には同条2項により業務上横領罪の成立を認める。また、65条の1項を違法身分、2項を責任身分と解する有力説からも、占有者を違法身分、業務者を責任身分と解することによって、同じ帰結に至る。同種の問題は、公訴時効をめぐっても顕在化する。**業務上横領罪に関与した非占有者につき、業務上横領罪と横領罪のどちらが公訴時効期間**（前者は7年、後者は5年）**の基準となるのかが争点となった❹**では、公訴時効制度の趣旨等に照らし、処罰の必要性は被告人に科される刑に反映されるもので、**非占有者に科される横領罪の法定刑が基準となるとされた**（補足意見では、業務上横領罪が基準になれば、非占有者と占有者とで公訴時効に不均衡が生じる点も指摘されている）。

［佐川友佳子］

88 共犯と身分(3)
——無免許医業罪・無免許狩猟罪

(1) 眼科医である甲は、コンタクトレンズの処方、販売を専門とする自身の経営するクリニックの開設にあたり、医療資格を有していない乙を雇用し、甲自ら乙の指導にあたったところ、半年後には乙が単独でコンタクトレンズ処方に関する業務をひと通りできるまでになった。そこで甲は、乙と相談のうえ、今後は乙が甲の代理になることを取決め、それ以降、乙が診察や処方等の業務を行うようになった。医師法上、医師でない者は医業をなしてはならないとされている（医師17・31）が、医師である甲にも無免許医業罪の共同正犯は成立するか。

(2) 狩猟免許を有している甲は、野鳥を飼いたいと乙から相談されたので鳥の具体的な捕獲方法をアドバイスし、その情報に基づいて乙は野鳥を捕獲した。野鳥は鳥獣保護法の保護対象動物であり、原則として狩猟免許者以外の捕獲は禁じられている（鳥獣保護8・83①）。狩猟免許保有者である甲にも無免許狩猟罪の幇助犯が成立するか。

参考　❶東京地判昭和47年4月15日判時692号112頁
❷東京高判昭和47年1月25日東時23巻1号9頁
❸大判昭和12年10月29日刑集16巻1417頁
❹大判昭和14年7月19日刑集18巻417頁

▶▶解説

Key Word 消極的身分 無免許医業罪 無免許狩猟罪

1．特定の身分を持つことが、犯罪を構成したり刑を加重したりする場合（項目**86**・**87**参照）とは逆に、犯罪成立を否定する方向に作用する場合があり、無免許医業罪の医師等がその例として挙げられる。**無免許医業罪の場合、行為の主体が「医師でない」必要がある**（医師に医療行為をそそのかしても当然犯罪ではない）。そのため、**(1)**で医師ではない乙に対する本罪成立は疑いがないが、甲自身には医師の資格があるのだから本罪が成立しないのではないか、という疑問が提起されうる。甲にも無免許医業罪の成立を認める立場が一般的であるが、その理論構成には2つの立場がある。

1つの考え方は、**無免許医業罪は医師でない者が医業を行う場合にのみ構成要件に該当するため、消極的な意味での「構成的身分犯」として、65条にいう「身分」と解する**ものである。これに依拠すれば、「消極的身分者たる乙」の行為に「非身分者たる医師の甲」が関与した場合には、同条1項の適用により、身分者乙と同様、無免許医業罪の共同正犯が成立することになる。この理屈を採用したのが❶である。

しかしながら、身分犯における身分が「一定の犯罪行為に関する犯人の人的関係である特殊の地位又は状態」と判例上定義されている（項目**86**参照）ことからすれば、この処理には疑問も提起される。無免許医業罪の意義が免許者による医療水準を確保し、保健衛生上の危険から患者を保護する点にあるとすれば、**乙の無免許医業罪に関与した甲の罪責は、65条をあえて持ち出さずとも肯定されうる**。そこで❷では、医師資格がないことは65条1項にいう身分にはあたらないから、無免許医業に協力、加功しても、同法条にいう、いわゆる身分により構成すべき犯罪行為に加功したことにはならないとし、率直に60条を適用して同罪の共同正犯になるとした。衆議院選挙に際して、選挙運動の資格者たる選挙事務長が、無資格者と共謀して無資格選挙運動をしたという❸においても、大審院は65条の適用を否定しつつ、共同正犯の成立を認めている。

2．狩猟免許の保有者である甲についても、**(1)**と同様、**65条の適用を問題とすることなく、率直に無免許狩猟罪の幇助犯の成立が認められる**（教唆犯につき❹）。一定の資格・免許等がないことを「消極的身分」と構成した上で、それ以外の者の関与につき、あえて65条適用の可否を論じる必要はないであろう。

［佐川友佳子］

89★ 共犯関係の解消(1)
——実行の着手前

甲は、乙・丙・丁とともに、A 方の明かりが消えたら、乙・丙が屋内に侵入し、内部から入口の鍵を開けて侵入口を確保したうえで、甲も屋内に侵入して強盗に及ぶという計画を立て、午前 2 時頃、乙・丙両名は、窓から侵入し、甲のための侵入口を確保した。

見張り役の丁は、屋内にいる乙・丙が強盗に着手する前に、現場付近に人が集まってきたのを見て犯行の発覚をおそれ、乙と丙に電話をかけ、「人が集まっている。早くやめて出てきた方がいい」と言ったところ、「もう少し待って」と言われたが、「危ないから待てない。先に帰る」と一方的に伝えただけで電話を切り、止めてあった自動車に乗り込んだ。車内には、甲が待機していたが、甲と丁は話し合って一緒に逃げることとし、甲が運転する自動車で立ち去った。

乙と丙は、いったん A 方を出て、甲と丁が立ち去ったことを知ったが、午前 2 時 55 分頃、そのまま強盗を実行し、その際に加えた暴行によって A とその妻 B を負傷させた。

甲・乙・丙・丁の罪責について論じなさい。

参考　❶最決平成 21 年 6 月 30 日刑集 63 巻 5 号 475 頁

▶▶解説

Key Word 共犯関係の解消 共犯からの離脱 因果性遮断説

1．本設例における甲・乙・丙・丁４名のそれぞれの役割をまとめると、甲は計画全般を指揮した首謀者、乙と丙は直接実行行為者、丁は見張り役となる。最近の多数説である共謀共同正犯（項目**71**参照）および結果的加重犯の共同正犯（項目**74**参照）を肯定する立場からは、甲ら４人全員に住居侵入罪の共同正犯（60・130前）と強盗致傷罪の共同正犯（60・240前）が成立し、両者が牽連犯（54 Ⅰ）となるが、甲と丁は乙と丙による強盗罪の実行の着手以前に現場から離脱しており、これを以って現場から離脱しており、当初の共謀関係が解消されたと評価することで、この２名には住居侵入罪以降の罪責を負わせるべきかどうかが争点となる。

2．共犯の処罰根拠について、現在の通説は、共犯者も正犯者を通じて法益侵害を惹起したという点に見出している（項目**68**参照）。したがって、共犯関係の解消が認められるか否かの判断も、離脱によって、離脱者らのそれまでの行為と離脱後に生じた残余者による結果との間の物理的・心理的因果性が遮断されたかどうかによる（因果性遮断説）。この因果性遮断の有無は、離脱前の行為によって生じた因果的影響が、離脱によって除去され、離脱後の結果が残余者によってのみ惹起されたといえるかどうかを実質的に判断する必要がある。

3．この点について、従来は、共犯関係の解消のためには、実行の着手前と実行の着手後に分け、特に後者においては、積極的な結果防止措置が必要であると説明されることが多かったが、最近では、因果的共犯論に基づいて因果性の遮断があったかどうかで判断するものが主流である。❶も、強盗については着手前の事例であるにもかかわらず、「格別それ以後の犯行を防止する措置を講ずることなく」立ち去ったとし、共犯関係の解消を認めておらず、「その後の共犯者らの強盗も当初の共謀に基づいて行われたものと認めるのが相当である」とした。

4．本設例では、乙と丙が住居に侵入したのち、強盗に着手する以前に、甲と丁は単に待機していた場所からともに立ち去ったにすぎず、その結果、残された乙と丙がそのまま強盗に及んだものと認められる。そこでは、当初の共謀に基づく強盗の危険は除去されておらず、その後に生じた結果との間の因果性が遮断されたとはいえないことから、その後の乙と丙の強盗も当初の共謀に基づいて行われたものと認めるのが相当である。

5．したがって、甲と丁にも住居侵入罪の共同正犯（60･130前）と強盗致傷罪（240）の共同正犯（60・240前）が成立し、両者は牽連犯（54 Ⅰ）となる。［**小名木明宏**］

90★ 共犯関係の解消(2)
——実行の着手後

甲と乙は、深夜スナックで一緒に飲んでいたＡの酒癖が悪く、再三たしなめたにもかかわらず、逆に反抗的な態度を示したことに憤慨し、車で乙方に連れていき、八畳間において、Ａの態度などを難詰し、謝ることを強く促したが、Ａが頑としてこれに応じないで反抗的な態度をとり続けたことに激高し、乙と意思を通じたうえ、約１時間ないし１時間半にわたり、竹刀や木刀でＡの顔面、背部等を多数回殴打するなどの暴行を加えた。

その後、甲は、乙方を立ち去ったが、その際「俺帰る」と言っただけで、Ａに対しこれ以上制裁を加えることを止めるという趣旨のことを告げず、乙に対しても、Ａに暴行を加えることを止めるよう求めたり、Ａを寝かせてやってほしいとか、病院に連れていってほしいなどと頼んだりせずに、現場をそのままにして立ち去った。

甲が立ち去った後、乙は、Ａの言動に再び激高して、「まだシメ足りないか」と怒鳴って顔を木刀で突くなどの暴行を加えたところ、Ａは、甲状軟骨左上角骨折に基づく頸部圧迫等により窒息死したが、死の結果が甲が帰る前に甲と乙が加えた暴行によって生じたものか、その後の乙による暴行により生じたものかは断定できなかった。

甲と乙の罪責について論じなさい。

参考　❶最決平成元年 6 月 26 日刑集 43 巻 6 号 567 頁

▶▶解説

1. 本設例における甲と乙の関与形態を時系列でみると、第1行為は甲と乙が共同してAに暴行を加え、第2行為は乙のみが直接実行行為者としてAに暴行を加えている。このことから乙は最初から最後までAに対する暴行に関与しており、Aの死の結果は乙に帰責され、乙は傷害致死罪（205）の罪責を負うことに疑義はない。

2. 他方、途中で現場を去った甲の罪責がどうなるのかは問題となる。本設例では「死の結果が甲が帰る前に甲と乙が加えた暴行によって生じたものか、その後の乙による暴行により生じたものかは断定できなかった」とあり、このこと自体からは、第1行為は甲と乙の共同正犯、第2行為は乙の単独犯であり、Aの死と甲の暴行との因果関係が認められない以上、利益原則に従い、甲は第1行為での暴行罪にとどまるという考え方もできる。

3. しかし、ここでは甲が現場を立ち去ったことで、因果的共犯論に基づき、当初の共犯関係が解消されたといえるのかという観点から検討してみる必要がある。**共犯関係の解消が認められるか否かの判断は、離脱によって、離脱者のそれまでの行為と離脱後に生じた残余者による結果との間の物理的・心理的因果性が遮断されたかどうかによる**（項目**89**参照）。よって本問では、甲が立ち去ったことで、因果性を除去ないし切断したと評価できるかが問題となる。

4. 本設例では、「その際『俺帰る』と言っただけで、Aに対しこれ以上制裁を加えることを止めるという趣旨のことを告げず、乙に対しても、Aに暴行を加えることを止めるよう求めたり、Aを寝かせてやってほしいとか、病院に連れていってほしいなどと頼んだりせずに、現場をそのままにして立ち去った。」とあり、**甲が帰った時点では、乙においてなお制裁を加えるおそれが消滅していなかったにもかかわらず、甲は格別これを防止する措置を講ずることなく、成り行きに任せて現場を立ち去ったにすぎない。すなわち、甲と乙の共謀によって生じた犯行継続の危険性が除去されていないことから、当初の共犯関係がその時点で解消したということはできず、その後の乙の暴行も先の共謀に基づくものと認めるのが相当である**（❶参照）。

5. そうすると、仮にAの死の結果が甲が帰った後に乙が加えた暴行によって生じていたとしても、甲はAの傷害致死の責を負うことになり、結論として、甲と乙は傷害致死罪の共同正犯（60・205）となる。 **［小名木明宏］**

91　共犯関係の解消(3)
——正当防衛からの離脱と新たな共謀の成否

甲は、乙・丙・丁・戊とともに、歩道上で、通りがかりのＡとトラブルになった。Ａは戊の長い髪をつかみ、引きずり回すなどの乱暴を始めたので、甲らは戊の髪からＡの手を放させようとしたが、Ａは戊の髪をつかんだまま、通りを横断し、反対側にある駐車場まで戊を引っ張って行った。甲らは、Ａの手を戊の髪から放させようとしてＡを殴る蹴るなどし、甲もＡの背中を１回足蹴にし、Ａもこれに応戦した。Ａは戊の髪から手を放したものの、応戦する気勢を示しながら、駐車場の奥に移動し、甲らもほぼ一団となってＡを駐車場奥に追い詰める格好で追って行った。その間、駐車場中央付近で、乙がＡに手拳で殴りかかり、さらに殴りかかろうとしたが、丁がこれを制止し、駐車場の奥で今度は丙がＡに殴りかかろうとしたため、再び丁が制止した。その直後に丙がＡの顔面を手拳で殴打し、そのためＡは転倒してコンクリート床に頭部を打ちつけ、加療約７か月半を要する外傷性小脳内血腫、頭蓋骨骨折等の傷害を負った。Ａが戊の髪から手を放した駐車場入口付近から転倒した地点までの距離は、20ｍ足らずであり、この移動に要した時間も短時間であり、乙と丁は、Ａがいつ戊の髪から手を放したか正確には認識していなかった。

甲の罪責について論じなさい。

参考　❶最判平成６年12月６日刑集48巻８号509頁

▶▶解説

Key Word 共犯関係の解消　正当防衛からの離脱　新たな共謀の認定

1. 本設例では、Aが戊の髪をつかんだ時点から、丙が本件駐車場奥でAを最終的に殴打するまでの間における甲ら4名の行為は、相互の意思連絡の下に行われた一連一体のものとして、全体について傷害罪の共同正犯（60・204）が成立し、これが（量的）過剰防衛（36 II）にあたると考えるのか、あるいは、Aが戊の髪から手を離した時点で、共犯関係の解消が認められ、甲はそれ以降の他の行為者が引き起こした結果についても罪責を負うかが問題となる。

2. すでに項目**89**・**90**でみたように、現在の通説は、共犯関係の解消を認めるにあたり、因果的共犯論に基づいて、因果性の遮断を成立要件としている。離脱前の行為によって生じた因果的影響が、離脱によって除去され、離脱後の結果が残余者によってのみ惹起されたといえるかを実質的に判断することになるが、これを本問にあてはめると、Aが戊の髪から手を放した以降、丁が乙と丙の暴行を制止している一方で、甲は自ら暴行を加えてはいないものの、彼らの暴行を制止しているわけでもないという事実が認められる。そうすると、甲らによってもたらされた暴行、傷害の危険は除去されておらず、その後に生じた結果との間の因果性が遮断されたとはいえないことから、当初の共犯関係が解消されたとはいえず、その後に生じた結果も当初の共謀に基づいて行われたものと認められることになる。この考え方では、甲の共犯関係からの解消は認められないのであるから、相互の意思連絡のもとに行われた一連一体のものとして、甲にも傷害罪の共同正犯（60・204）が成立し、過剰防衛（36 II）（❶の原判決参照）となる。

3. これに対して、Aが戊の髪をつかんで引きずり回していた時点と戊の髪から手を放した以降では、正当防衛の成否を区別して検討するという考え方もある。甲らの共謀の射程（項目**85**参照）は、Aの手を戊の髪から放させようとする正当防衛を行うことであったのだから、共同正犯の成立範囲も、正当防衛が成立する侵害への反撃行為に限られる。この考え方からは、Aに対する反撃行為については正当防衛が成立し、Aが戊の髪から手を放した以降の追撃行為については共犯関係が解消されており、甲は不可罰となる。

4. ❶は、侵害が終了した後の暴行については、新たに共謀が成立したかどうかが検討されるべきであるとし、反撃行為については正当防衛を認め、それ以降の追撃行為については、甲がAに暴行を加える意思を有し、乙および丙との新たな共謀があったとは認定できないとして、甲を無罪としている。　［**小名木明宏**］

92 共犯と中止犯

甲は、貧困から愛児を病死させてしまい、さらに多額の借財に窮していた。そのため、甲は友人乙と共謀し、裕福そうな家から現金を強奪することを計画するに至った。そこで目をつけていたＡ方に侵入し、Ａ、妻Ｂ、子Ｃが寝ていた部屋において、乙は持参した刺身庖丁をＡに突きつけて「あり金を皆出せ、10万や20万はあるだろう」と言い、甲は、ジャックナイフを手に持って「大きな声を出すな」と脅迫した。その際、Ｂから「自分の家は教員だから金はない」と返答されたのに対し、乙が「10万や20万の金はあるはずだ」と言い返して脅迫したが、Ｂは「それでは学校の公金が７万円程あるから」と言った。これに対し、甲は「そんな金はいらん」と言い、さらにＢが箪笥の中から9000円出して来たのに対しても「自分はそんな金はいらん、俺も困って入ったのだからお前の家も金がないのならばそのような金は盗らん、お前はこの金が盗られたと思って子どもの着物か何か買ってやれ、俺はお前の家を裕福な家と思ったから入ったのだ」と言ってこれを受け取ることを差し控え、乙に「帰ろう」と言って外へ出た。自分が外へ出てから３分位して乙が出て来て２人で帰った。そして公園のあたりまで来ると乙が「お前は仏心があるからいかん、9000円は俺がもらって来た、それではタカリはできない」と言っていた。その後、乙とともにこの9000円を遊興費に費消した。

甲と乙の罪責について論じなさい。

参考　❶最判昭和24年12月17日刑集3巻12号2028頁
❷東京高判昭和51年7月14日判時834号106頁

▶▶解説

Key Word 共犯と中止犯
共犯関係の解消

1．本設例において、現実に金員を強取しているのは乙であり、住居侵入罪と強盗罪が成立し、両者が牽連犯になることについては異論はない。これに対して、問題となるのは、住居に侵入し、脅迫し、よって強盗に着手し、しかし、差し出された金員を受け取らずに立ち去った甲の罪責である。つまり、これが「共犯関係の解消」にあたり、それ以降の罪責を問われないとされるのか、あるいは、単に「共犯の中止」として、刑の減免の問題にとどまるのかという問題である。

2．この点について検討すると、甲はA方に侵入してから教員の家であまりお金のないことを聞かされ、金品強取の意思を自発的に放棄し、共犯者である乙に対してはそのまま立ち去るように言ってA方より退去したにすぎないのであるから、共犯関係の解消は認められず、単に甲に中止犯（43但）が成立し、刑が減免されるべきかが問題となる。

3．そもそも中止犯は、犯罪の実行に着手したのち、自己の意思により実行を中止し、または結果の発生を阻止することを要件としている。その中止行為は、最近では、結果発生への因果経過が進行していない場合は実行行為そのものを中止すれば中止行為となるが、すでに因果経過が進行している場合には作為により積極的に結果を防止しなければ中止行為にはならないと解されている（項目**62**参照）。したがって、すでに因果経過が進行している本件では、他の共犯者の行為に対する歯止めも要求されると解されるのである（中止犯の成否について、これを否定したものとして❶、肯定したものとして❷がある）。

4．本問では、たしかに、甲はAとの直接的関係では何も奪っていないことになるが、共謀者である乙との関係では、乙に対して「帰ろう」と言って外へ出ただけであり、共謀に基づく犯罪計画の遂行を積極的に防止したと評価される行動は行っていない。つまり、結果発生への因果経過がなお進行しているのであるから、実行行為そのものの中止では足りず、むしろ作為により積極的に結果を防止しなければならなかったのである。このように考えると、甲は、共謀者たる乙が金員を強取することを阻止せず放任した以上、甲のみを中止犯として論ずることはできないのであって、乙によって遂行せられた強盗既遂の罪責を免れ得ない。

5．よって、甲には中止犯は成立せず、甲と乙には、住居侵入罪の共同正犯（60・130）および強盗罪の共同正犯（60・236Ⅰ）が成立し、両者は牽連犯（54Ⅰ後）となる。

［**小名木明宏**］

93 必要的共犯

(1) 甲は首謀者として大勢を集め、全員が集合して、一地方における公共の平穏を害するに足りる程度の暴行・脅迫を行ったが、その中の乙はその集団の動きを指揮し、丙は集団の動きに付和随行することで乙の指揮を助けた。乙が騒乱罪（106）にいう指揮者（同②）に、丙が付和随行者（同③）に該当するとして、丙について、乙の集団指揮を助けたことを理由にその幇助犯（62）をさらに成立させてよいか。

(2) 甲は、弁護士でない乙に対して、自己の法律事件の示談解決を依頼し、報酬を支払った。甲に、弁護士法72条の罪（非弁行為の禁止に違反する罪）の教唆犯は成立するか。

＊弁護士法72条は、弁護士でない者が、報酬を得る目的で、一般の法律事件に関して法律事務を取り扱うことを禁じ、これに違反した者は77条3号で処罰される。

(3) 未成年の甲は、タバコを販売している雑貨屋の店主乙に、タバコを販売するよう何度も執拗に迫ったため、乙は未成年と知りつつ渋々甲にタバコを販売した。

＊未成年者喫煙禁止法5条は、未成年と知って煙草を販売した者を処罰対象とする。

参考　❶最判昭和43年12月24日刑集22巻13号1625頁

▶▶解説

Key Word 集合犯 （片面的）対向犯 関与の程度 不処罰の実質的理由

1．構成要件には、初めから複数の者の関与が予定されているものがある。これを必要的共犯という。必要的共犯は、集合犯と対向犯に分かれる。集合犯とは、多数の者が同一の目標に向かって関与する場合であり（例：騒乱罪）、対向犯とは、複数の者が向き合う方向の関与行為をする場合を指す（例：収賄罪と贈賄罪）。

2．**(1)**は、集合犯たる騒乱行為に「付和随行者」として関与した者（必要的共犯者）に、さらに総則の共犯規定（任意的共犯規定）を適用できるかという問題である。**106条にいう「多衆」を構成する集団の内部の者については、同条においてすでにそれぞれの役割に応じた処罰が定められているため、重ねて共犯規定を適用することはできない。丙にさらに幇助犯が成立することはない。**集団の「外」から関与した者に共犯規定を適用することは問題ない。

3．対向犯で特に問題となるのは、一方だけが規定上処罰対象とされている「片面的対向犯」である（例：わいせつ物頒布等罪）。処罰対象とされていない対向者（わいせつ物の購入者）に任意的共犯は成立するか。判例・通説は、当然に想定される対向行為であるにもかかわらず立法者があえて処罰規定を置かなかったのであるから、そうした**対向行為は、当然に想定される程度である限り、任意的共犯たり得ない**とする。これを形式説（立法者意思説）という。この説によれば、当然に想定される程度を越える関与行為がなされた場合（わいせつ物の所有者に積極的に働きかけて販売させた場合）には、共犯が認められる。**(2)**に関しては、弁護士法が処罰対象としているのは、非弁活動をした者のみであるから、他人に非弁活動を依頼するという当然に想定される行為をしたにとどまる甲に、共犯は成立しない（❶も同様の論理と結論）。

形式説に対しては、どの程度積極的な関与であれば想定限度を越えるのかが不分明だとの批判がある。また、**(3)**を同説の論理でみると、未成年の甲に煙草販売罪の教唆犯が成立しかねない（販売の依頼にとどまっていないため）。しかしこの結論は疑問である。同罪は未成年者を保護する規定である。未成年者は被害者であって、関与の程度にかかわらず常に処罰対象から除外されるべきだからである。このような、**法規の趣旨から導かれる実質的な観点から、片面的対向行為の不処罰性を根拠づける考え方**を、実質説という。形式説の弱点を補う考えとして注目されている。

［曲田　統］

94 罪数論(1)
——犯罪の個数

(1) 甲は、殺意を有してAを連続して10回ナイフで刺突した結果、Aは死亡したが、Aが何回目の刺突行為により死亡したかは判明しなかった。この場合、甲の罪責はどう評価されるか。

(2) 乙は、深夜、Bが居住する住宅に、Bは留守中と思い込んで放火したところ、住宅は全焼するとともに、就寝中であったBは逃げ遅れて焼死した。この場合、乙の罪責はどう評価されるか。

(3) アパートの管理人である丙が、丁に対し、Cら10名が居住するアパートの合鍵の束を提供したところ、丁はCら10名の部屋すべてに侵入して、金目のものを奪い去った。この場合、丙の罪責はどう評価されるか。

参考 ❶最決平成29年12月19日刑集71巻10号606頁
❷最決昭和57年2月17日刑集36巻2号206頁

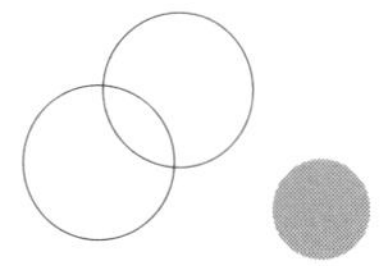

▶▶解説

Key Word 法条競合 包括一罪 共犯の罪数

1. 犯罪の個数としては、本来的一罪か本来的数罪かが問題となる。本来的一罪はさらに、単純一罪、法条競合、包括一罪に分かれる。本来的数罪は、複数の犯罪が成立するが、刑を科すうえでは1つの罪と扱われる科刑上一罪と刑を科すうえでも複数の罪と扱われる科刑上数罪とに分かれる。科刑上一罪（54 Ⅰ）には観念的競合と牽連犯があり、科刑上数罪には併合罪（45以下）と単純数罪がある（これらの区別につき、項目**95**・**96**参照）。犯罪の個数を決める基準は行為ではなく構成要件である、とする構成要件基準説が通説的見解である。というのも、構成要件には複数の行為を想定して作られているものがあるためであり、強盗罪のような結合犯や、わいせつ物頒布罪のような集合犯、常習賭博罪のような常習犯がその例となる。とはいえ、まずは行為の個数が問題となる。**(1)の場合、1個の意思決定に基づいて10回の刺突行為が連続して行われているが、行為の個数は主観的・客観的一体性により判断されるべきであるため、1個の殺害行為と評価され、1つの殺人罪（199）となる。**10個の行為との評価は不自然であり、かつ殺害時点が特定できなければ既遂の罪責を問えないという不合理も抱える。

2. 法益が異なる場合でも1つの罪しか成立しない場合もある。**a罪にb罪が通常随伴する場合、包括一罪の一場合である吸収一罪となり、b罪はa罪に吸収される。(2)**の場合、乙には現住建造物等放火罪（108）と（重）過失致死罪（209・210）が成立しそうであるが、❶は、この場合の死傷結果は現住建造物等放火罪が想定する危険が現実化したものであり、かつ同罪の法定刑が重く、人が死傷した場合の加重処罰規定が設けられていないことからすれば、（重）過失致死罪は現住建造物等放火罪に吸収される、とした。

3. 共犯の場合は罪数評価が特殊になる。**(3)**の事例では、丙は1つの幇助行為しかしていないが、正犯者丁は丙の合鍵を活用して、住居侵入罪（130）と窃盗罪（235）の牽連犯（項目**95**参照）を10個行っている。共犯行為は正犯行為に従属して成立するため（項目**69**参照）、丙は10件の幇助犯を犯したと評価される。しかし丙はその10件の幇助を1回の合鍵提供行為で成し遂げている。そのため、10件の幇助は観念的競合（54 Ⅰ前）となり、個別にみて1番犯情の重い事案の刑で処断されることになる。**このように、❷は、成立する共犯の個数は正犯の罪に従って決定しつつ、競合する犯罪の処理は共犯自身の行為を基準にする。**

［本庄　武］

95★ 罪数論(2)

——牽連犯か併合罪か

(1)　甲は、Aの不在中にA宅に押し入って、Aが大切にしていた壺を盗む計画を立てたが、実際にA宅に入ってみると、意外なことにAが在宅中であったため、Aを縛り上げ反抗を抑圧して、壺を奪って逃げた。この場合、甲はどのような罪責を負うか。

(2)　乙は、自らの顔写真を貼付しているが架空の氏名と住所を記載した運転免許証を作成し、運転免許証をレンタカー会社の窓口係員に提示して、レンタカーを借り出したうえで、海外で中古車を売りさばいているブローカーにレンタカーを売却した。この場合、乙はどのような罪責を負うか。

(3)　丙は、Bから金を脅し取る目的で、Bを倉庫に閉じ込めることにより畏怖させ、金を要求したところ、Bは丙に所持金を渡した。この場合、丙はどのような罪責を負うか。

参考　❶最判昭和57年3月16日刑集36巻3号260頁
❷最決昭和58年9月27日刑集37巻7号1078頁
❸最判平成17年4月14日刑集59巻3号283頁

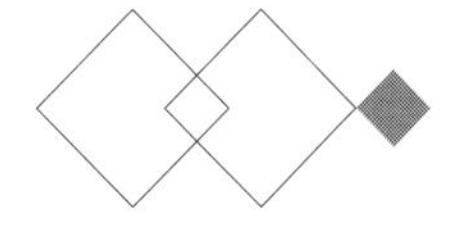

▶▶解説

Key Word 牽連犯 併合罪

1． 牽連犯（54Ⅰ後）は「犯罪の手段若しくは結果である行為が他の罪名に触れる」場合である。牽連犯は、観念的競合（項目**96**参照）と異なり、複数の行為が行われているにもかかわらず、観念的競合と同じく、刑を科すうえでは一罪として扱われる。通例、**主目的である犯罪の手段として、あるいは主目的である犯罪に付随する結果として犯される犯罪（これを「抽象的牽連性」という）が、実際に主目的である犯罪の手段ないし結果として犯された場合（これを「具体的牽連性」という）、違法性ないし有責性の評価に大幅な重複がみられるため、主目的である犯罪で処罰すれば十分であるとされたものである**。ここから数罪が牽連犯になるためには、抽象的牽連性に加えて、具体的牽連性が必要になる。このように考えると、当初からある犯罪の手段ないし結果として別の犯罪を予定していたこと（主観的牽連性）は必須ではないことになる。**(1)**は、住居侵入罪（130）を手段として住居内で窃盗（235）をする計画であったが、被害者が在宅中であったため、計画を変更して強盗（236Ⅰ）を働いている。**住居侵入罪は典型的に別の犯罪の手段として犯されやすく、またこの場合、客観的に、住居侵入を手段として強盗が犯されている**。このため、甲には住居侵入罪と強盗罪の牽連犯が成立する。❶は、住居侵入罪と窃視の罪（軽犯1㉓）は牽連犯であるとしているが、住居侵入罪は侵入後の窃盗・強盗・殺人・放火等と牽連犯関係に立つ。

2． **(2)**では、有印公文書偽造罪（155Ⅰ）、偽造公文書行使罪（158）、詐欺罪（246Ⅰ）が成立する。文書偽造罪の成立には行使の目的が必要であり、その目的を実現するのが偽造文書行使罪である。**このように目的犯とその目的を実現する犯罪は牽連犯となる**。❷は、身の代金目的拐取罪（225の2Ⅰ）と身の代金要求罪（同Ⅱ）を牽連犯としている。わいせつ目的拐取罪（225）と不同意わいせつ罪（176）も牽連犯である。また偽造文書行使罪も類型的に別の目的を達成するための手段として犯される犯罪であり、その典型的な目的が詐欺であるため、偽造文書行使罪と詐欺罪も牽連犯となる。

3． **(3)**では、監禁罪（220）と恐喝罪（249Ⅰ）が成立する。**監禁はそれ自体を目的として犯されうる犯罪であり、類型的に恐喝の手段として用いられやすいともいえない**。❸は、この両罪は犯罪の通常の形態として手段または結果の関係にあるとは認められない、として、牽連犯ではなく併合罪（45）になるとした。

［本庄　武］

96★ 罪数論(3)
——観念的競合か併合罪か

(1) 甲は、ＡとＢの目の前で、殴打する素振りをみせて、ＡとＢを畏怖させた。この場合、甲はどのような罪責を負うか。

(2) 乙は、度重なる交通違反のせいで運転免許停止処分を受けていたが、ばれなければいいという安易な考えに基づいて、自動車の運転を続けていた。乙は、自動車を運転して飲食店に行き、そこで飲酒し酒に酔って、正常な運転ができないおそれのある状態になったにもかかわらず、帰宅するために自動車を運転していたところ、酒に酔っていたため、注意力が散漫となり、赤色信号のため前方で停止していたＣの自動車の後部に追突し、Ｃに全治１か月の傷害を負わせた。この場合、乙はどのような罪責を負うか。

(3) 丙は、航空機の手荷物に覚醒剤を忍ばせて空港に着陸し、航空機から覚醒剤を取り下ろすことで覚醒剤輸入罪を犯し、その後、覚醒剤を携帯して通関線を突破することで関税法上の無許可輸入罪を犯した。この両罪の罪数関係はどうなるか。

参考　❶最大判昭和 26 年 5 月 16 日刑集 5 巻 6 号 1157 頁
❷最大判昭和 49 年 5 月 29 日刑集 28 巻 4 号 114 頁
❸最大判昭和 49 年 5 月 29 日刑集 28 巻 4 号 151 頁
❹最判昭和 58 年 9 月 29 日刑集 37 巻 7 号 1110 頁

▶▶解説

Key Word　観念的競合　法条競合　自然的観察

1．観念的競合（54 I 前）は、牽連犯（項目**95**参照）と並ぶ科刑上一罪であり、1つの行為に複数の犯罪が成立しながらも、違法性ないし責任の二重評価回避を理由に、刑を科すうえでは一罪と扱われる。法条競合（単純横領罪〔252〕と業務上横領罪〔253〕はどちらか一方のみ成立）や包括一罪の一種である随伴行為（眼鏡をかけている人の顔面を殴打して、傷害を負わせるとともに眼鏡を破損する場合、器物損壊罪〔261〕は傷害罪〔204〕に吸収）も、1つの行為が複数の犯罪構成要件に該当する可能性がある場合であるが、最終的には1つの犯罪しか成立しない点で、複数の犯罪が成立することを前提とする観念的競合と区別される。観念的競合になると、両罪の法定刑の上限・下限ともに重い方の刑が処断刑となる。**(1)**は、脅迫行為につき、行為は1つしかないが、結果は2人に対して生じている場合であり、2つの脅迫罪（222 I）が成立し、観念的競合となる。❶は、1つの脅迫行為によって4名の税務署職員に職務強要罪（95 II）を犯した場合について、観念的競合を認めている。

2．複数の犯罪が観念的競合の関係に立つといえるためには、行為が1つであるといえなければならない。行為の1個性について、判例は、法的評価を捨象した自然的観察の下で、社会通念上1個の行為とみられるかを基準としている。**(2)**では、道路交通法上の無免許運転罪（117の2の2①）、酒酔い運転罪（117の2①）と自動車運転死傷行為処罰法上の過失運転致傷罪（5）が成立している。乙の過失（注意義務違反）の内容は酒酔い運転行為に起因する前方不注視であるため、法的評価を踏まえると酒酔い運転罪と過失運転致傷罪は1つの行為によると評価できそうであるが、自然的観察によれば、時間的継続と場所的移動を伴う酒酔い運転行為と、運転中の一時点一場所で起きる過失運転致傷行為とは線と点の関係にあるため、観念的競合とはいえない。❷は、酒酔い運転が過失の内容をなすかどうかを問わず、酒酔い運転罪と過失運転致傷罪は併合罪であるとする。他方で、無免許運転行為と酒酔い運転行為は、運転継続中にいずれも成立し続けている。❸は、この両罪について、観念的競合の関係にあるとしている。

3．**(3)**の両罪は既遂時期を異にするが、自然的観察によれば、行為者は一連の行動により国内に覚醒剤を無許可で輸入するという1つの行為を行っている。❹は、この両罪について観念的競合を認めている。

［本庄　武］

97 罪数論(4)
——混合的包括一罪・連続的包括一罪

(1) 甲は、Aの金地金を現金で購入すると持ちかけて、Aが待つホテルの1室に赴いた。甲は、Aから金地金入りの鞄を受け取り、「金は今従業員がホテルに運んできているから、外に迎えに行ってくる」と述べて、Aの了承を得て、鞄を携えて退室するや逃走した。その後、待機していた甲の部下である乙が、甲との事前の打ち合わせ通りに、Aの部屋に押し入り、Aの射殺を試みたが、Aは一命をとりとめた。この場合、甲はどのような罪責を負うか。

(2) 乙は10歳の息子Bが反抗的な態度をとるたびごとに立腹し、殴る蹴るの暴力を、3か月にわたり、継続的に振るい続けた。Bは乙から受け続けた暴行により、両足に打撲傷を負ったが、いつ打撲傷が発生し、どの暴行によりさらに悪化したかについては不明であった。この場合、乙はどのような罪責を負うか。

(3) 丙は、真実は私的用途に用いるつもりであったのに、震災による被災者支援を名目に、1か月間毎日街頭で募金を呼びかけ、合計約30万円を集めた。個々の募金者の募金額は不明であった。この場合、丙はどのような罪責を負うか。

参考 ❶最決昭和61年11月18日刑集40巻7号523頁
❷最決平成26年3月17日刑集68巻3号368頁
❸最決平成22年3月17日刑集64巻2号111頁

▶▶解説

Key Word 混合的包括一罪
接続犯
連続的包括一罪

1．**混合的包括一罪は、1回の構成要件評価を予定する通常の包括一罪とは異なり、複数の構成要件に該当しつつ包括的に一罪と評価される場合である。**複数の行為間の違法評価や責任評価に重複する面があり、二重評価を回避する必要から認められている。実質的には、明文の根拠を欠く科刑上一罪である。別の犯罪に該当する複数の行為を一括して一罪と評価し、最も重い罪の刑を科す。**(1)**の場合、金地金の持ち逃げ行為について、占有移転をAと甲のいずれが行ったかにより詐欺罪（246Ⅰ）と窃盗罪（235）のいずれかが成立する（項目**157**参照）。また乙が甲との共謀に基づきAを射殺しようとした行為は、金地金の代金請求権ないし返還請求権という財産上の利益を奪う目的で行われているため2項強盗殺人未遂（240後・243）に該当する。この場合、窃盗または詐欺と強盗殺人未遂は実質的に同一の財産法益を対象とする犯罪である。そこで、❶は、この両罪は混合的包括一罪であり、重い後者の罪の刑で処断するとした。

2．例えば、米蔵から米俵を1俵ずつ計10俵搬出して窃取する行為が1個の窃盗罪となるように、**同一構成要件に該当する行為が時間的場所的に近接して行われた場合を接続犯といい、包括一罪となる。**これに対し、接続犯ほど近接していなくても、同一構成要件に該当する複数の行為が連続して行われる場合を連続的包括一罪といい、同様に包括一罪となる。複数の行為の違法性・有責性が、個々の行為が独立して行われる場合よりも軽く、かつ複数の行為を包括評価すると、個々の行為と結果との因果関係の特定が不要になるという訴訟法上のメリットがあるため、認められている。典型的には、**複数の行為が1つの意思決定に基づいており、被害法益が1つである場合に認められる。****(2)**は、意思決定は1回ごとに行われているものの、同一被害者に共通の動機で一定期間に連続的に暴行が振るわれた場合である。個々の意思決定の基底にある意思に継続性が認められるため、連続的包括一罪と評価される。❷は、この場合を1つの傷害罪とする。

3．**(3)**は、1個の意思決定に基づいてはいるが、被害法益が複数ある場合である。❸は、個々の被害が僅少で、個々の被害者及び被害の特定性が稀薄であることから、この場合を連続的包括一罪である1個の詐欺罪とした。ただし、学説上は、**財産犯は法益主体ごとに成立するのが原則であることから、併合罪と考えるべきとの見解も有力である。**

［**本庄　武**］

98 罪数論(5)
――不作為犯の罪数

(1)　甲は、深夜に車で帰宅している際、前をよく見ていなかったため、道路を横断中の歩行者Ａの存在に気づかずに衝突してしまった。その衝撃に驚いて車を急停止させた甲が運転席から前を見ると、Ａは車の前方に跳ね飛ばされ、倒れたまま動かなくなっていた。甲は、真夜中で周囲に誰も見当たらなかったことから、目撃者もいないし、黙っていれば自分の犯行は発覚しないだろうと考え、そのまま事故現場から車で逃走した。甲車がＡに衝突した後の甲の行為は道路交通法上、救護義務違反罪（道交72Ⅰ前）および報告義務違反罪（同後）に該当するが、両罪の罪数関係はどうなるか。

(2)　甲は仕事帰りに行きつけの飲み屋で酒を飲んだ後、酒気帯びの状態で、そのまま自分の車を運転して自宅に帰る途中で検問中の警察官に呼び止められ、そこで飲み屋に自分の運転免許証が入った財布を忘れていたことに気づいた。甲の行為は酒気帯び運転罪（道交65Ⅰ）と免許証不携帯罪（同95Ⅰ）に該当するが、両罪の罪数関係はどうなるか。

参考　❶最大判昭和38年4月17日刑集17巻3号229頁
❷最大判昭和51年9月22日刑集30巻8号1640頁
❸東京高判昭和46年3月4日高刑集24巻1号168頁
❹最判平成4年10月15日判時1442号151頁

▶▶解説

Key Word 不作為犯 併合罪 観念的競合

1． 自車ではねたAを放置し逃走した甲の行為は、「負傷者を救護しなかった」こと、そして「警察官に事故を報告しなかった」ことに該当するから、甲には道交法上の救護義務違反罪および報告義務違反罪が成立するが、このように**複数の作為義務に同時に違反した場合**、生の不作為それ自体には個数を識別させる外的事情が存在しないために、**両罪を「複数の行為」として併合罪（45）とすべきか、あるいは「1個の行為」として観念的競合（54 I 前）とすべきか**が問題となる。かつて❶は、各義務違反罪は、目的を共通にしながらも保護法益等の性質・内容等が相違し、一方の義務の履行をしても、他方の義務を履行したことにはならないことを理由に、複数の行為として**併合罪**の関係に立つとしていた。しかし、判例上、**観念的競合**にいう「1個の行為」の意義が判示された後（項目**96**参照）、❷は（1）と同様の事案で、**不作為犯も作為犯と同じ基準に依拠し、1つのひき逃げ行為として認められる中での違反であれば、両義務違反の不作為は「特段の事情がない限り」社会的見解上1個の動態として観念的競合の関係に立つ**、として判例変更をした。同じく、ひき逃げにおいて救護義務違反罪と殺人未遂罪の関係が問題となった❸でも、観念的競合が認められている。しかし、不作為は「特定の義務に違反して作為をしないこと」が犯罪とされる以上、「法的評価をはなれ構成要件的観点を捨象して」は不作為犯そのものが観念できないのではないか、また、不作為犯が複数個成立するほとんどの場合が観念的競合となってしまうのではないか、との問題も指摘される。こうした点を考慮し、❷では、救護義務と報告義務とは条文からも「直ちに」履行されるべきものとされ、また「特段の事情がない限り」との限定が付されていたように、**基本的には観念的競合となるが、併合罪が肯定される余地も残されている**。

2． （2）では酒気帯び運転罪という作為犯および免許証不携帯罪という**不作為犯**が成立している点では、不作為犯のみが問題となった（1）とは異なるが、いずれにせよ問題は、当該犯罪行為が自然的観察の下で「社会的見解上1個の行為」といえるかどうかである。**甲が飲み屋から検問地点まで自車を運転している間は、酒気帯び運転も免許証の不携帯も継続しており、このような特定区間の運転行為において両者は重なり合っているといえる**から、観念的競合とする結論は妥当であろう。❹においても、両罪がそうした場合に該当するとして観念的競合となることを認めている。

［**佐川友佳子**］

99★ 罪数論(6)
——「かすがい」理論

甲は、自らのDVが原因で離婚した元妻Aと息子B（5歳で現在はAが親権者となり養育している）が、自分を捨てて幸せな生活を送っていると逆恨みし、痛い目に合わせてやろうと考え、密かに後をつけて2人の生活パターンを把握するなどして、その機会を窺っていた。

(1) 甲は、A宅のセキュリティが厳しく侵入が困難であったこと、さらにA宅周辺は人通りも少ないことから、路上で2人を暴行することにし、帰宅するAとBを待ち伏せしたうえで、A宅前の路上で、AとBに殴る蹴るの暴行を加え、Aに加療約3週間、Bに加療約2週間の傷害を負わせた。甲の罪責について論じなさい。

(2) 甲は、外で暴力を振るうことは難しいと考え、AとBの帰宅を確認した後、施錠されていなかったA宅の浴室の窓から屋内に侵入し、AとBに殴る蹴るの暴行を加え、Aに加療約3週間、Bに加療約2週間の傷害を負わせた。甲の罪責について論じなさい。

参考　❶大判明治44年11月16日刑録17輯1989頁
❷最決昭和29年5月27日刑集8巻5号741頁
❸最決平成21年7月7日刑集63巻6号507頁

▶▶解説

かすがい理論
併合罪
科刑上一罪

1．甲は、ＡとＢを傷害しているので、２つの傷害罪が成立し、両者は併合罪(45)となる。併合罪では有期の拘禁刑および罰金刑については加重主義が採られているから(47・48 Ⅱ)、甲の量刑に際して有期拘禁刑が選択されれば、その幅はもともとの傷害罪の法定刑の 15 年以下から、22 年 6 月以下にまで加重される(14 Ⅱ参照)。

2．住居侵入罪と傷害罪とは、通説・判例(❶)によれば牽連犯(54 Ⅰ)の関係にあるとされているので、単純に考えれば、甲には住居侵入罪と２つの傷害罪が成立し、前者と後者に牽連関係が認められ、重い傷害罪の刑で処断されることになりそうである。他方、このように、**「本来は併合罪の関係にある a 罪と b 罪が、いずれも別の c 罪と科刑上一罪の関係にある場合に、c 罪がかすがいとなって両罪と結合し、その全体が科刑上一罪となる」ことを認めるのが「かすがい理論」**であり、判例は、牽連犯(❷)や観念的競合、包括一罪の場合にもこれを肯定しているとされる(❸)。しかしながらこの理論を認めると、**a 罪・b 罪の場合には併合罪として重く処罰されるのに対し、別の c 罪が加わることによって、かえって a 罪・b 罪・c 罪のうちの最も重い罪の限度でしか処罰できなくなるため、罪責評価が逆転することになり不当である、との批判が**なされてきた。❷では３人を殺害したことから死刑が選択されたために、かすがいを認めても結論に相違を生じなかったが、**(1)**のように有期刑が科される場合にはこの問題が顕在化する。そこで、c 罪・a 罪に牽連関係を認めるが、b 罪については c 罪との関係を切り離して併合罪とすべきとの見解、①c 罪・a 罪、②c 罪・b 罪という２つの牽連犯が成立したうえで①②を併合罪とする見解等があるが、前者に対しては、一方にのみ牽連関係が認められ、他方に否定される根拠が明確でない、後者に対しては c 罪の二重評価が許容されるのか、との問題点が指摘されている。そこで、手続的に、検察官が c 罪という「かすがい」に該当する部分を起訴しないことによって牽連犯として生じるこの問題を回避しようとする見解もあるが、このような一部起訴が訴追裁量として認められるかについては疑問も提起されている。いずれにしても**現行規定や罪数論を前提とする以上、「かすがい外し」は理論的にかなり困難である**ため、通説は、かすがいとなる罪が存在しない場合とで生じる刑の不均衡は、量刑の際に考慮するしかないと解している。

［**佐川友佳子**］

100　量刑

(1)　甲は、3歳の娘Aが泣き止まないため、約1時間にわたり、顔面を含む頭部分を平手で1回強打して、頭部分を床に打ちつけさせるなどの激しいせっかんを加えていたところ、Aはぐったりして動かなくなった。甲はAを病院に搬送したが、Aは急性硬膜下血腫に基づく脳腫脹により死亡した。甲は、Aを死亡させたことにつき反省しておらず、Aに責任を転嫁する姿勢をみせている。この場合に、甲に対する量刑においてはどのような事情を重視すべきか。

(2)　乙は、未成年時から覚醒剤の使用を始め、やがて頻繁に覚醒剤の使用を繰り返すようになり、覚醒剤自己使用の罪で懲役1年6月、3年間執行猶予に処されたが、約2か月後に再び覚醒剤を自己の身体に注射して使用した。乙は、保釈後に覚醒剤依存症と診断され、今度こそ覚醒剤を断ち切ろうという思いを強く抱き、二度と覚醒剤に手を出さないための通院治療を続けており、家族や勤務先は乙の更生に協力する意向を示している。この場合、「情状に特に酌量すべきものがある」として、再度の執行猶予に付すべきか。

参考　❶最判平成26年7月24日刑集68巻6号925頁
❷大阪高判平成27年7月2日高検速（平27）199頁

▶▶解説

Key Word 行為責任主義
犯情
一般情状
量刑傾向

1．量刑は、各犯罪ごとに定められている「法定刑」を出発点とし、加重減軽事由を加味して法定刑を修正して作られる「処断刑」の範囲内で、量刑事情を考慮して「宣告刑」を定めることで行われる。量刑においても責任主義が妥当するため、刑は行為責任の重さに見合ったものでなければならない。**量刑事情は犯罪自体に属する事情である「犯情」と、それ以外の被告人の年齢・性格・反省の度合いなどの「一般情状」に分けられるが、このうちの犯情が刑事責任の重さを決める要素となる。**行為責任の程度を刑量に変換する際に、責任に対応する刑は1点で決まるとする点の理論もあるが、判例・通説は、責任に対応する刑は一定の幅を形成し、その範囲内で一般情状を考慮して刑の調整がされるとする幅の理論をとっている。**(1)**においては、傷害致死罪（205）が成立するが、刑を決める際は結果の重大性、行為態様の危険性・悪質性、主観面の悪性等を主として考慮すべきである。反省しておらず責任転嫁の姿勢を示すことは、特別予防上必要な刑の程度を推認させるのみであり、これらの事情を行為責任の程度を超えて考慮することは許されない。❶は、量刑における行為責任主義の重要性を宣明するとともに、**量刑においては公平性を損なわないようにするため、裁判例の集積により示される犯罪類型ごとの量刑傾向を目安とすべきである**、とした。これまでの傾向を変容させる判断も可能であるが、その場合は、従来の量刑傾向を前提とすべきでない事情が具体的、説得的に示される必要がある。

2．刑の全部の執行が猶予され、猶予中に再犯をした場合は、宣告刑期が1年以下（2022年刑法改正法施行後は2年以下）でかつ「情状に特に酌量すべきもの」がなければ、再度、刑の全部の執行を猶予することができない（25 Ⅱ）。このように、執行猶予を付すべきかどうかが問題になる場合にも量刑の一般原則に従って判断される。現在の一般的考え方によると、猶予期間中に同種再犯に及んだ場合、有罪判決の結果を重く受け止めなかったとして犯情は特に重いと評価される。そのため覚醒剤使用者が執行猶予中に再び覚醒剤を使用（覚醒剤19・41の3 Ⅰ）した場合、実刑が量刑傾向となっている。❷の原判決は、治療環境の整備や家族等の支えが特に酌量すべき事情に該当するとしたが、❷は、それらの犯罪行為後の一般情状の考慮には限界があり、従来の量刑傾向から踏み出した判断をする具体的、説得的な根拠にはならないとして、原判決を破棄し、実刑としている。**行為責任は、刑の上限のみならず下限をも画することになる。**　［本庄　武］

101★ 人の意義(1)
——人の出生時期（始期）、母体外に排出された胎児の保護

(1)　妊娠を隠して生活していた甲女は、用便の際に産気を催し、産児を密かに亡きものにしようと決意した。そして、産門から一部を露出した嬰児の面部を強圧し、また、嬰児が便壺内に分娩されると、棒で糞便中に突き込み、窒息死させた。甲の罪責について論じなさい。
(2)　産婦人科医乙は、妊娠 26 週の A の依頼を受け、自己の医院内で違法な堕胎を行い、これにより出生した未熟児 B を同医院内に放置し、54 時間後に死亡させた。B を設備の整った病院に移して未熟児医療を受けさせることは迅速容易に可能であり、その措置をとれば B が短期間で死亡することはなく、むしろ生育する可能性があった。乙はそのことを認識していた。乙の罪責について論じなさい。
(3)　**(2)**で、B に生育可能性がなかったとしたら、不作為で放置して死亡させた乙の罪責はどうなるか。もし作為により死亡させたらどうか。

参考　❶大判大正 8 年 12 月 13 日刑録 25 輯 1367 頁
❷最決昭和 63 年 1 月 19 日刑集 42 巻 1 号 1 頁

▶▶解説

Key Word 人の出生時期
生育可能性と保護責任者遺棄罪・殺人罪

1． 殺人罪（199）、傷害罪（204）、過失致死傷罪（209以下）等における「人」は、生物としてのヒトのうち、出生し、未だ死亡していないものをいう。出生前の「胎児」は、堕胎の罪（212以下）の客体となるが、その法定刑は軽く、過失犯は処罰されないなど、「人」に比べて保護は弱い。そこで、人の出生時期（始期）が問題となる。

民法では、胎児が母体から全部露出した時点とする「全部露出説」が通説とされる。しかし、刑事判例である❶は、**(1)**と同様の事案で、「既に母体より其一部を露出したる以上母体に関係なく外部より之に……侵害を加ふるを得べきが故に殺人罪の客体となり得べき人」ということができるとして、原判決が「産門より其一部を露出したる胎児の面部を強圧したる所為を殺人行為の一部と認めた」のは相当だとした。**人の出生時期について、外部からの直接的攻撃が可能となることを理由に「一部露出説」をとり、一部露出中から全部露出後にかけての行為について殺人罪の成立を認めるものと解されている。**

2． ❷は、**(2)**と同様の事案で、業務上堕胎罪（214前）に加え、母体から排出された「人」に対する保護責任者遺棄（不保護）致死罪の成立を認めた。**生育可能性が認められる本事案では、堕胎行為により生命に危険を生じさせた先行行為や被害者を自己の医院内で支配していたことなどを根拠に保護責任が認められ、未熟児医療を受けさせるという容易な措置の不履行が「生存に必要な保護をしなかった」（218）にあたる。**そして保護行為をしていれば少なくとも短期間内では死亡しなかったといえるために、当該不作為と死亡の因果関係（項目**9**参照）も認められる。なお、❷の事案では、乙は当該不作為によるBの死亡を認識、認容していたと思われるから、実体法上は、保護責任者遺棄致死罪にとどまらず、不作為の殺人罪（項目**7**・**112**参照）が問題になるが、この点は起訴罪名との関係で判断されていない。

3． **(3)**のBも「人」にはあたるが、**生育可能性が認められない場合には保護責任や作為義務が発生しないために、不作為で放置して死亡させても犯罪を構成しないと解される。これに対し、作為による殺害は、殺人罪を構成する。**学説上は、堕胎行為者による排出された嬰児の殺害を先行する堕胎行為の一部として評価する立場も主張されている。

［**小池信太郎**］

102 人の意義(2)
――人の死亡時期（終期）

(1)　人の死亡時期に関して、どのような見解の対立があるか。

(2)　脳死状態の者からの移植のための臓器摘出を一定要件の下で適法とする臓器移植法の規定は、死の概念とどのように関わるか。

(3)　甲から頭部に激しい暴行を受け、病院に搬送されたＡは、上記暴行に起因する脳損傷により、脳死と思われる状態に陥った。Ａの臓器が移植に適すると認めた医師乙は、臓器提供に関するＡ自身の意思は不明であったが、Ａの家族に説明を行い、脳死判定と臓器提供について書面により承諾を得た。そして、臓器移植法の定める２回の脳死判定を経て、臓器摘出手術を実施した。臓器摘出に伴う人工呼吸器の取外し等の措置により、Ａは心臓死に至った。甲および乙の罪責について論じなさい。

参考　❶大阪地判平成 5 年 7 月 9 日判時 1473 号 156 頁

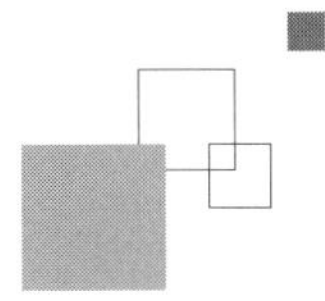

▶▶解説

Key Word 人の死亡時期 臓器移植法

1．殺人罪等の「人」は、ヒトのうち、出生し、死亡していないものをいう。死亡後は、死体損壊等罪（190）の客体となる。

人の死は、心拍、呼吸の不可逆的停止、瞳孔反射の喪失の三徴候により判定されてきたが、技術の発達により、脳幹を含む全脳機能が失われても人工呼吸器により心拍は継続する脳死状態が生じた。そして、身体機能を統合する脳幹こそが人の生命活動にとり本質的であるなどの理由で、脳死を人の死とする「脳死説」が唱えられ、伝統的な「三徴候説（心臓死説）」と対立することとなった。

2．平成9年に成立した臓器移植法は、本人が提供意思を事前に書面で表示し、家族が拒まない場合に、「死体（脳死した者の身体を含む）」からの臓器摘出を認め、「脳死した者の身体」を、「身体から移植術に使用されるための臓器が摘出されることとなる者であって脳幹を含む全脳の機能が不可逆的に停止するに至ったと判定されたものの身体」と定義した。（同意）殺人の違法性阻却ではなく、「死体」からの摘出としているのは、他人の利益を実現するための殺人の正当化はタブーに触れるとみられるからである。他方、法案段階の「死体（脳死体を含む）」という、脳死説を前提とするかのような表現は、国会で「死体（脳死した者の身体を含む）」に修正された。そこで、臓器移植法は、心臓死説を前提に、臓器移植の場合に限り、脳死を人の死と認めたとの妥協的解釈（相対的脳死説）が有力となった。

その後、平成21年に臓器移植法が改正され、本人の意思が不明でも、家族の書面の承諾があれば、移植が認められることとなった。また、「脳死した者の身体」の定義から、「移植術に使用される……臓器が摘出される……者であって」の文言が削除された。これは一般的脳死説から理解しやすい。もっとも、相対的脳死説もなお有力で、臓器移植関係以外では心臓死説によるとみられる刑事実務上の取扱いと整合的である。

3．いずれにせよ、**(3)**の医師乙の行為は、臓器移植法の下、不可罰である。暴行を加えた甲は、脳死説からは、脳死に至らせたことをもってすでに傷害致死罪となる。心臓死説からも、脳死に至れば近い時期の心臓死は確実で、医師の措置は死期を早めるにすぎない以上、暴行と死亡の因果関係は肯定され（項目**12**、❶参照）、やはり傷害致死罪が成立する。

［小池信太郎］

103★ 殺人罪と自殺関与罪の区別

(1) 甲は、精神病のため通常の意思能力なく自殺の何たるかを理解しないＡに縊首の方法を教え、自ら縊死させた。甲の罪責について論じなさい。

(2) 乙は、愛人Ｂに別れを切り出したところ、Ｂから心中の申出を受けた。乙は、Ｂが自己を熱愛し追死してくれると信じていることに乗じ、心中に応じるように装い、毒薬をＢに渡した。Ｂはその毒薬を自ら服用して死亡した。乙の罪責について論じなさい。

(3) つけ払いのたまった女性客Ｃを自己と偽装結婚させたホスト丙は、Ｃを事故にみせかけて自殺させ、保険金を入手しようと企て、Ｃに暴行、脅迫を加え、車ごと海中に転落して自殺することを執拗に要求し、命令に応じて自殺するほかないとの心境に陥らせた。そして、一緒に漁港に赴き、岸壁から車ごと海中に転落するように命じた。Ｃは、言われた通りに車を運転して海に飛び込み、溺死した。丙の罪責について論じなさい。

参考　❶最決昭和27年2月21日刑集6巻2号275頁
❷最判昭和33年11月21日刑集12巻15号3519頁
❸最決平成16年1月20日刑集58巻1号1頁

▶▶解説

Key Word 偽装心中
欺罔・錯誤による自殺
強制による自殺

1．他人に働きかけて自殺させる場合、自殺意思が有効ならば、自殺関与罪（202）が成立するが、外形的には自殺でも、自殺意思が無効であれば、被害者の行為を利用した間接正犯としての殺人罪（199）が問題となる。(1)のように、死ぬことの意味を理解しない者を自殺させる行為が殺人罪を構成すること（❶参照）に異論はない。

2．❷は、(2)同様の事案で、被害者が「欺罔の結果被告人の追死を予期して死を決意した」意思には「真意に添わない重大な瑕疵」があり、「追死の意思がないにもかかわらず、被害者を欺罔し……追死を誤信させて自殺させた」行為は通常の殺人罪にあたるとした。**意思決定に重大な影響を及ぼす錯誤に基づく自殺意思は無効とする立場から、偽装心中の事例で殺人罪の間接正犯を認めたものと解される**（判例は、住居侵入〔項目**120**参照〕等との関係でも、重大な動機の錯誤に基づく同意を無効として、犯罪の成立を肯定する傾向があり、❷もその一環といいうる）。

学説では、当該構成要件の保護する法益に関係する錯誤がない限り、自殺意思（同意）は無効にならないという「法益関係的錯誤説」から、偽装心中の被害者は、死の意味は十分理解している以上、自殺意思は有効で、働きかけた者は自殺関与罪にとどまるとする立場もある。そう解しないと、殺人罪の規定により、実質的に生命以外の利益（心中を遂げたいという願望？）を保護することになってしまうというのである。しかし、❷を擁護する立場は、あくまで生命法益の要保護性を、被害者の「真意」を考慮して評価しているにすぎないと反論している。

3．❸は、(3)類似の事案で、「被告人の命令に応じて車ごと海中に飛び込む以外の行為を選択することができない精神状態に陥らせていた」「被害者をして、自らを死亡させる現実的危険性の高い行為に及ばせたものであるから、被害者に命令して車ごと海に転落させた被告人の行為は、殺人罪の実行行為に当たる」とした（項目**66**参照）。この事案では、被害者は生き延びる意思で脱出準備をして飛び込んでおり、完全な意味で行為者の意のままにはなってはいないが、**自殺行為の強制による殺人の実行行為を認めるには、死亡の危険性が高い行為以外の行為を選択できない精神状態に陥らせていれば足りるとの判断が示されたといえる。**これによれば、(3)では優に殺人罪（の間接正犯）が成立する。　［**小池信太郎**］

104★ 傷害罪(1)

——傷害の概念

(1) 甲は、A女の頭髪を根元から切断した。甲の罪責について論じなさい。

(2) 病院に勤務する乙は、同僚Bの飲料に睡眠薬等を混入した。これを飲んだBは、約2時間にわたる意識障害および筋弛緩作用を伴う急性薬物中毒の症状を生じた。乙の罪責について論じなさい。

(3) 昏酔強盗（239）の手段として、睡眠薬を用いて意識障害を生じさせた場合、強盗致傷罪（240前）が成立するか。

(4) 丙は、C女に暴行や脅迫を加えるなどして、相当期間にわたって自室に監禁し、外傷後ストレス障害（PTSD）を発症させた。丙に監禁致傷罪（221）が成立するか。

参考　❶大判明治45年6月20日刑録18輯896頁
❷最決平成24年1月30日刑集66巻1号36頁
❸大決大正15年7月20日新聞2598号9頁
❹最決平成24年7月24日刑集66巻8号709頁

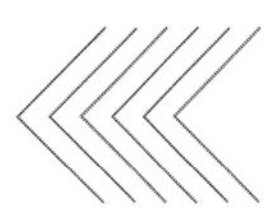

▶▶解説

Key Word 傷害の概念
精神的機能の障害

1. 判例・通説によれば、「傷害」とは、人の生理的機能（生活機能）の障害すなわち**健康状態の不良変更をいう**。この立場からは、**(1)**のような毛髪の切断は、外貌の重要な変更にもかかわらず、生理的機能の障害を伴わないため、傷害罪にあたらず、暴行罪にとどまる（❶）。なお、毛髪を引き抜いて表皮や毛根を傷つければ、判例・通説からも傷害にあたる。

2. 生理的機能の障害は、身体組織の物質的破壊を伴わない場合も含む。そこで、**(2)**のように、一時的とはいえ、**数時間にわたり、意識障害という脳機能の障害や筋肉弛緩の症状を生じさせれば、傷害にあたる**（❷）。ごく短時間の失神のような軽微なものは除外されるとの理解が有力であるものの、首を絞めて約30分間人事不省に陥らせた事例で（旧強姦）致傷罪の成立を否定した古い判例（❸）の妥当性は疑われている。

3. 傷害の概念は、不同意わいせつ等致傷罪（181）、監禁致傷罪（221）、強盗致傷罪（240前）等でも基本的に共通だが、各論的な限定もなされる。例えば、**昏酔強盗罪**（239）**に伴う昏酔状態はごく短時間にとどまらなければ傷害概念にあたるとしても、それ自体を理由に強盗致傷罪とする処理は一般に行われていない**。基本犯が当然に予定する結果は加重類型にいう「負傷」にあたらないとする解釈により、昏酔強盗がほぼ必然的に強盗致傷になってしまう不合理な帰結が回避されているといえる。

なお、強盗致傷罪の法定刑の重さに鑑み、240条の「負傷」一般を、204条の傷害よりも限定する立場もある。しかし、平成16年改正で強盗致傷の法定刑の下限が6年に引き下げられ、酌量減軽すれば執行猶予を付しうるようになったため、議論の実益は低下している。

4. ❹は、**(4)**のような事案で、被害者は「一時的な精神的苦痛やストレスを感じたという程度にとどまらず」「医学的な診断基準において求められている特徴的な精神症状……から精神疾患の一種である外傷後ストレス障害」を発症したと認定したうえで、かかる「精神的機能の障害……も傷害に当たる」とした。傷害概念にいう**生理的機能には身体的のみならず精神的機能も含まれるが、その「障害」というには、一時的な精神的苦痛やストレスにとどまる精神的変調では足りず、客観的に評価可能な症状を要する**。実務的には、医師の診断がなければ傷害・致傷として立件されないのが一般的と思われる。 **［小池信太郎］**

105★ 傷害罪(2)
——暴行の概念、暴行によらない傷害

(1)　刑法上の暴行概念としてどのようなものがあるか。
(2)　暴行にあたるために傷害の危険が必要か。
(3)　甲は、内妻Ａと口論になった際、脅かす目的で、4畳半の狭い室内で日本刀を抜いて数回振り回したところ、甲の予見に反し、日本刀がＡの腹に突き刺さり、Ａは死亡した。甲の罪責について論じなさい。
(4)　乙は、自宅で隣家に近い位置にある台所の窓を開け、窓際にラジオや複数の目覚まし時計を置き、約1年半にわたり、連日連夜、ラジオの音声やアラーム音を大音量で鳴らし続けるなどし、隣家のＢに精神的ストレスを与え、全治不詳の慢性頭痛症、睡眠障害、耳鳴り症の傷害を負わせた。乙の罪責について論じなさい。
(5)　丙は、性感染症に罹(り)患していることを秘してＣと性行為をし、性感染症に感染させた。丙の罪責について論じなさい。

参考　❶福岡高判昭和46年10月11日刑月3巻10号1311頁
❷最決昭和39年1月28日刑集18巻1号31頁
❸東京高判昭和25年6月10日高刑集3巻2号222頁
❹最決平成17年3月29日刑集59巻2号54頁
❺最判昭和27年6月6日刑集6巻6号795頁

▶▶解説

Key Word 暴行の概念
接触の要否
暴行によらない傷害

1．暴行とは、不法な有形力の行使をいう。その内容は犯罪により異なる。①最広義の暴行は、対物暴行をも含み、騒乱罪（106）の暴行がこれにあたる。②広義の暴行は、人に対する有形力行使を広く含み（間接暴行でもよく）、公務執行妨害罪（95）の暴行がこれにあたる。③狭義の暴行は、人の身体に対する有形力の行使をいい、暴行罪（208）の暴行がこれにあたる。④最狭義の暴行は、人の反抗を抑圧する程度のものをいい、強盗罪（236）の暴行がこれにあたる。
2．暴行罪は、刑法上処罰規定がない傷害未遂を事実上カバーする機能を担うが、有形力の作用が身体に及べば、傷害の危険を伴うことは必須ではない。裁判例には、お清めと称して塩を数回振りかけた行為を暴行としたもの（❶）もある。
3．身体に有形力が行使されたといえるには、身体との接触を要するか。**(3)**同様の事案の判例（❷）は、狭い室内で日本刀を振り回す行為は、それ自体暴行にあたるとする。脅かす目的で被害者の数歩手前を狙って投石した行為を暴行とした裁判例（❸）もある。これらを受け、有力学説は、有形力が身体の近辺に及び、傷害の危険を伴うときは、接触は不要だとする。この**接触不要説の主な実益は、接触させる認識がない場合でも、故意の暴行の結果的加重犯としての傷害罪・傷害致死罪（204・205）の成立を肯定しうる点にある**。これによれば、**(3)**では傷害致死罪が成立する。
4．有形力（物理力）は光熱や音波も含むから、大音量を被害者の耳元等に直接響かせれば暴行たりうる。しかし、**(4)**のように**一定以上の距離から騒音を連日連夜出し続ける事案では、暴行というよりは、精神的ストレスの付与という無形的方法による傷害を問題とするのが自然である**。❹が傷害罪の成立を認めるに際し、「精神的ストレスによる障害を生じさせるかもしれないことを認識」していたと判示したのも、手段が暴行以外であるため、傷害結果の故意の認定を要することを前提にしたものと解される。
5．有形力には病原菌等による化学的・薬理的作用も含むか。**(5)**の性病感染を「暴行によらない傷害」とした❺は消極説とみられている。もっとも、被害者を毒殺して財物を奪い、または債務を免れる事例は、一般に暴行による強盗（236）を基礎とする強盗殺人罪（240後）として処理されている。

［小池信太郎］

106 傷害罪(3)
――同時傷害の特例

甲は、Aとのトラブルから、Aに対して、某日の午前6時50分頃から約数分間、その頭部顔面等に暴行（第1暴行）を加えた。一方、甲の店を訪れていた乙も、7時4分と15分頃、店外に倒れているAの背・腹部を蹴った後、さらに午前7時50分頃から約4分の間、Aの頭部顔面を多数回蹴りつける暴行（第2暴行）を加えた。甲店が入っているエレベーターホール付近で行われた、これら一連の暴行によりAは頭部に急性硬膜下血腫の傷害（以下、「本血腫」）を負った。ただ、甲の第1暴行・乙の第2暴行のいずれから本血腫が生じたかは不明であり、甲・乙間に上記暴行の意思連絡は認められない。

(1)　この設例で、甲・乙いずれの第1暴行・第2暴行にも本血腫を生じさせる危険性は認められるが、乙の第2暴行が、少なくともそれを悪化させたことが認定された場合、207条の特例の適用を認めることは妥当であるか。

(2)　上記設例を修正し、乙（後行者）が甲（先行者）と共謀のうえ両名で第2暴行を加えたが、本血腫が甲の第1暴行と甲・乙の共同暴行のいずれから生じたか不明であった場合はどうか。

(3)　設問**(2)**で、設問**(1)**とは異なり、乙の第2暴行には本血腫を生じさせる危険性がなかった場合はどうか。

参考　❶最決平成28年3月24日刑集70巻3号1頁
❷札幌高判昭和45年7月14日高刑集23巻3号479頁
❸東京高判平成27年11月10日東時66巻1～12号103頁
❹最決令和2年9月30日刑集74巻6号669頁

▶▶解説

Key Word 207条の立法趣旨・適用要件
承継的共同正犯

1. 暴行と傷害の因果関係を推定し、被告人がその不存在を立証できない限り、共犯関係にない各人に60条と同じ法的効果を認める207条に関しては、その「例外規定性」ゆえ、適用要件の精査が求められる。❶によると、各暴行の①「当該傷害を生じさせ得る危険性」と②「外形的な共同実行類似の状況（＝暴行の機会の同一性）」が求められる。(1)の甲の第一暴行と乙の第二暴行には、①に加え、両暴行の「時間的・場所的近接性」から、②も認められよう（なお、要件②については、❶の第1審と控訴審の判断、さらに❷〔否定〕を参照）。

しかし、本条の「傷害」をその「悪化」と捉えるなら、これが認定されている(1)の乙が「その傷害を生じさせた者」として特定される結果、甲には本条の適用が否定されうる（❶の第1審参照）。他方、上記要件①を充たす暴行を後行者が加えた場合、当初の傷害が「悪化」することはほぼ必然に近い。ゆえに「傷害を生じさせた」の「傷害」は、その「悪化」ではなく「そもそもの形成」と解すべきであり、(1)において、本血種の形成自体は甲・乙いずれの暴行によるか不明だから、本条が適用され、甲・乙には本血腫の傷害が帰責されると考えることも可能である（❶参照。なお、❶は「傷害致死罪」に関しても本条の適用を肯定した）。

2. (2)のケースについて、「承継的共同正犯」の理論（項目76・77参照）の適用を否定する場合、乙が傷害罪の罪責を負うかどうかは本条の適用・不適用に依存する。ここで、それを否定する説と肯定する説が対立する。否定説は、本条の「例外規定性」を根拠に、どのみち甲にAの傷害結果が（単独正犯もしくは共同正犯として）帰責されるなら、乙にまで本条の適用を認めるべきではないとする。肯定説は、甲・乙間に「共謀」が認められる場合の方が、認められない（本条適用に問題ない）場合より「当罰性が高い」以上、当然、乙にも本条が適用されるべしと主張する。❹は、最高裁として初めて、肯定説に軍配を上げた。

3. ただ、その場合でも、「甲の暴行」「甲乙の共同暴行」の間で本条を適用すれば（❹の原審）、およそ乙自身の暴行の性質が度外視される結果（共謀加担でも適用可〔❸〕）、本条の適用範囲のさらなる拡大、「二人以上で暴行を加え」、「その傷害を生じさせた『者』を知ることができない」との文言との整合性の双方で疑問が生ずる。肯定説を採用する❹が、「各自の暴行」に上記**1.**の①を要求するのは、この点を考慮したからであろう。(3)の乙には本条の適用が否定されよう。

［内田　浩］

107　過失致死傷罪

(1)　狩猟免許を有し、猟友会に所属して永年にわたり狩猟を行ってきた会社役員甲は、休みの日に、友人Ａと連れ立って狩猟に出かけた。いったんＡと別々に狩猟を行っていた甲は、狙った鳥が姿を現したので即座に発砲したところ、鳥が飛び立った茂みの背後にいたＡに散弾銃の弾丸を命中させ、全治約２週間を要する傷害を負わせた。甲の罪責について論じなさい。
(2)　普通乗用自動車を運転し、会社の外回りの仕事をしていた乙は、いったん路上駐車して近くのコンビニエンスストアまで買い物に行こうと思い、自車のエンジンを切り、シートベルトを外して、自車右側の運転席ドアを開けた。その際、右後方から進行してくる車両を十分確認していなかったため、同ドアを右後方から進行してきた自転車に衝突させ、その運転者Ｂに全治約２週間を要する傷害を負わせた。乙の罪責について論じなさい。

参考　❶大判大正 8 年 11 月 13 日刑録 25 輯 1081 頁
❷最判昭和 33 年 4 月 18 日刑集 12 巻 6 号 1090 頁
❸最決昭和 60 年 10 月 21 日刑集 39 巻 6 号 362 頁
❹東京高判平成 25 年 6 月 11 日判時 2214 号 127 頁

▶▶解説

Key Word 業務概念
業務上過失の加重処罰根拠
自動車運転上の過失

1．過失犯に関する総論上の問題については別項に譲り（項目 **24** ～ **31** 参照）、ここでは、特に業務概念（211 前）と、自動車運転上の過失を中心に解説する。

2．前者について、判例（❷）・通説によれば、業務とは、①社会生活上の地位に基づき、②反復継続して行う行為であって、③他人の生命・身体に危害を加えるおそれのあるものをいう（❸によれば、③の危険防止を義務内容とする業務も含まれる）。争点はこの 3 要素の関係・比重にある。❷は、**(1)**の甲の行為につき、狩猟行為の危険性と反復継続性を根拠に、「たといその目的が娯楽のためであっても」業務性を肯定した。娯楽目的の狩猟行為でも甲の「社会生活上の地位」に基づくというのである。ここから、❷やこれに従う通説において、業務概念における上記①の果たす役割は極小化される（これに対して❶も参照）。だとすれば、通常過失に対する業務上過失の加重処罰根拠は、業務者ゆえに認められる「重い注意義務」の違反にではなく、行為の反復継続性または／および危険性から導き出される注意義務の「加重された違反」にあることにはならないか。業務上過失を「類型化された重過失」と捉える有力説は、こうした観点に立脚するものといえる。**(1)**についてみると、上記①に「私的領域での活動」の排除という消極的な意義を認めるなら、それが排除されず①が肯定され、「著しい注意義務違反」も認められるなら、甲の業務上過失は肯定されよう。これに対して、「業務」という文言を文字通り重視（本来の業務かその付随事務に限定）するなら、業務上過失は否定される（重過失の有無により、甲には 211 条後段〔致傷〕か 209 条 1 項の罪が成立）。

3．平成 19 年に旧 211 条 2 項（現行：自動車運転致死傷 5 本）が新設され、「自動車の運転上必要な注意」と「業務性」の肯否は連動しないことが明らかとなった。この点は、**(2)**に関する❹が、乙に課せられる自車「停止後」の後方安全確認義務は「『自動車の運転上』必要な注意」とはいえないとしつつ、乙の運転席ドア開扉行為を「自動車の運転に付随する行為であって、自動車運転業務の一環としてなされたもの」であるとし、業務上過失傷害罪の成立を認めたことに示されている。従来の判例・通説による「業務概念拡張」の主眼が、いわゆる「交通業過」の捕捉にあったのだとすれば、今日、その必要性・妥当性、立法論としての 211 条前段の削除（同後段への統合）の当否が改めて問われよう（❸の谷口裁判官の補足意見も参照）。

〔内田　浩〕

108 胎児性致死傷

株式会社Ｘの工場長甲は、過失により、同工場の塩化メチル水銀を含有する廃液を水俣湾に排出させ、同海域の魚介類を汚染させた。妊娠中のＡ女がこの魚介類を食べたため、上記水銀が母親の胎盤を通して胎児Ｂの脳に蓄積された。

(1)　これにより脳の形成に異変を来したＢは、出生したものの、その症状が残ったままであった。この場合、甲には業務上過失傷害罪（211 前）が成立するか。

(2)　胎児段階で受けた脳機能障害の影響で、出生後に病状が悪化した場合はどうか。

(3)　脳に蓄積された水銀が出生後も残存し、それが子どもの脳に作用して病状が悪化した場合はどうか。

参考　❶最決昭和 63 年 2 月 29 日刑集 42 巻 2 号 314 頁
❷鹿児島地判平成 15 年 9 月 2 日 LEX/DB 28095497

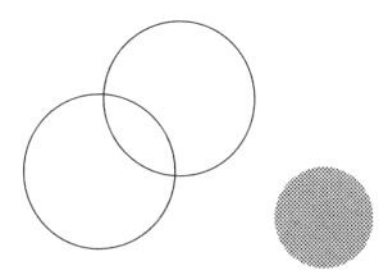

▶▶解説

Key Word 胎児性致死傷
結果時説
母体傷害説
作用時説

1．母体を通して「胎児」に害を加え、その胎児が「人」となった段階で死傷の結果が発生した場合が「胎児性致死傷」の事例であり、**(1)**の「症状固定型」と、**(2)(3)**のような「症状悪化型」の双方において、過失致死傷罪等、「人に対する罪」の成否が問われる。

2．この点、まず、「死傷」の結果発生時に「人」が存在していれば足りると考えるなら（結果時説）、**(2)(3)**においてはもちろん、**(1)**の甲にも業務上過失傷害罪を認めうる。しかし、**(1)**で（そして**(2)**においても）、脳機能障害が発症したのは「胎児B」であり、「胎児傷害」は現行法上不可罰である。他方、出生後の「人」に対する加害は存在しない。それにもかかわらず、**人の健康状態の「不良変更」（＝傷害）を認めるのは、「侵害された法益を生み出すこと」と「法益を侵害すること」の同一視に帰するのではないか**。この点が問題となる。

そこで、以下のアプローチで問題解決を図ったのが、症状悪化型に関する判例（❶）である。Bは出生後、12年9か月を経て、水俣病に起因する栄養失調・脱水症により死亡した。ここで業務上過失致死罪の成立を認めた❶の論理は、**堕胎罪を除き、「胎児は母体の一部」だから、胎児に対する病変の発生は母体に対するそれにほかならないがゆえ、この事件は、「人」に病変を発生させ、「人」に死をもたらしたことに帰する、というものである**（母体傷害説）。しかし、この立場にも以下の疑問が提起されている。胎児は独立した生命体であるから、同説の前提は、生物学的事実に反するのではないか、同説からすれば、従来不可罰とされてきた過失堕胎や胎児傷害が、それぞれ母体に対する（過失）傷害罪として可罰的になってしまわないか、など。

3．こうした批判から、学説では、結果的におよそ「人」が存在していれば足りるのではなく、**「人になった『その人』に対する新たな侵害」がなければ当該「人に対する罪」は否定されるとする見解が多数を占めている**（作用時説）。これによれば、**(3)**の甲にのみ「人に対する罪」が認められる。❶については、被害児の死が「胎児段階で発生した脳機能障害」の悪化（＝**(2)**の類型）によるのではないかとの疑いがある以上、業務上過失致死罪の成立は否定されよう。❷は、交通事故による胎児性致傷の事案で、❶に依拠しつつ、出産後に「傷害が増悪した場合は」と述べ業務上過失傷害罪（当時）を認めたものだが、**(3)**の類型にあたる事案かどうか、その詳細は明らかでない。

［内田　浩］

109 危険運転致死傷罪

(1) 甲は、某日午後、T高速のパーキングエリアでAから車の停め方を注意されたことに立腹し、高速度でAの妻Bが運転する車両の追跡を開始し、同車両へ急接近するなどした。Bが車線変更した後も、甲は同様の運転をさらに3度繰り返し、減速して自車を被害車両の前に割り込ませ、追越し車線上に同車両を停止させたうえ、Aの胸倉をつかむなどの暴行を加えた。その約3分後、後方から走行してきた大型トラックが被害車両に追突し、A・Bが死亡し、同乗者2名が負傷した。甲の罪責について論じなさい。

(2) 乙は、普通乗用自動車を運転中、交差点に差しかかり、対面信号機の赤色表示に従い停止している先行車両の後方でいったん停止した。しかし、対面信号が青色に変わるのを待ちきれずその交差点を右折進行しようとし、反対車線に進出して先行車両の右側を時速約20 kmの速度で通過した際、反対車線上の、交差点入口手前の停止線付近で、自己の対面信号の青色表示に従って左折・直進してきたC車と衝突しCと同乗者Dに傷害を負わせた。乙の罪責について論じなさい。

参考
❶横浜地判平成30年12月14日 LLI/DB L07351559
❷東京高判令和元年12月6日 判時2470号101頁
❸横浜地判令和4年6月6日 LEX/DB 25592990
❹最決平成16年10月19日刑集58巻7号645頁
❺最決平成18年3月14日刑集60巻3号363頁

▶▶解説

Key Word 結果的加重犯 実行行為 因果関係 危険の現実化

1．「故意」の危険運転から「意図しない死傷結果」が発生した場合に重く処罰される危険運転致死傷罪（「一種の結果的加重犯」）は、当初、５類型であった（現行「自動車運転死傷行為処罰法」〔＝法〕２条１～４号と７号）が、その後、平成25年に現８号が、令和２年には現５・６号が追加された。

2．**(1)**は、当初から存在した「妨害運転致死傷罪」の成否が問われた事件である（❶～❸）。同じく「妨害運転」とはいえ、この事件後に新設された上記5・6号が一定の速度による走行を被害者車両に求めているのに対して（それゆえ、加害者車両の「停止」も同各号に該当する）、**(1)** で問題となる４号は「重大な交通の危険を生じさせる速度」での走行を加害者車両に要求している（速度要件）。この観点から **(1)**を考察すると、甲の「妨害運転」（＝４号の「実行行為性」）をどのように画定するか、がまず問われる。この点、❶～❸は正当にも、甲のＢ車両への「直前停止行為」ではなく、これに先立つ、速度要件を充たす妨害運転を４号の「実行行為」と認定した。その上で、❶が甲のＢ車両妨害に向けられた「一貫した意思」を根拠に妨害運転と停止行為を「一連の行為」とし、その危険の現実化を肯定したのに対して（❹参照。ただし、「業務上過失致死傷罪〔当時〕」に関する判例）、❷と❸は、甲の停止行為と自車停止後の暴行（その他、B 車両の停止と後続車両の追突）を「介在事情」と捉え、その異常性を否定して甲の「妨害運転の危険の現実化」を認めている。これは、ひとたび「実行行為から除外した直前停止行為」を改めてそこに取り込むような❶の理論構成を否定しつつ、介在事情が実行行為に誘発された場合（「間接的危険実現型」）における今日の判例にしたがうものであろう（項目**13**・**14**参照）。

3．以上に対しては、次のような考え方もありうる。法２条各号には、その結果への現実化を重く処罰する「固有の危険」があり、４号のそれは「速度要件を充たす妨害運転の危険性」である以上、実質的には「直前停止行為の危険が死傷結果に現実化した」(1)のケースで４号の成立を認めることはできない、と（現６号の「新設」を考えると、なおさら）。他方、この考え方からも、**(2)**の乙については、法２条７号の罪の成立を認めることは不可能ではない。Ｃらの負傷の直接的な原因は、たしかに乙の「対向車線進出」にあるが、この行為はまさに「赤色信号殊更無視走行」の結果に他ならない点で同走行それ自体を構成するといいうるからである（❺参照）。

［内田　浩］

110 凶器準備集合罪

某日、都内の公園内広場でＸ派の学生が集会を開催中、かねてからこれと対立抗争の関係にあったＹ派の学生もその場に参集して対抗しようとした。そこで、これを実力で排除するため、Ｘ派の学生約50名が、Ｙ派の学生の身体に対して共同して害を加える目的を持ち、それぞれ角棒を携行準備して集合した。その際、小競り合いが生じ、両派の乱闘が開始された。

(1)　Ｘ派に所属する甲は、すでに上記乱闘が開始された後、上記と同様の目的の下、長さ１ｍ前後の角棒１本を持ってこれに加わった。甲には、暴力行為等処罰法１条等の罪のほか、凶器準備集合罪（208の２Ⅰ）の成立も認められるか。

(2)　Ｙ派の学生が退散して数時間経った後も、甲は、Ｘ派の一部の学生とともに、Ｙ派の万が一の来襲に備え、来襲してきた場合にはＹ派の学生の身体に対して共同して害を加える目的の下、ダンプカーにエンジンをかけたうえ、公園脇の路上で待機していた。甲に凶器準備集合罪の成立は認められるか。

参考　❶最決昭和45年12月3日刑集24巻13号1707頁
❷最判昭和47年3月14日刑集26巻2号187頁
❸最判昭和58年6月23日刑集37巻5号555頁

▶▶解説

Key Word 本罪の保護法益・罪質
終了時期
凶器の意義

1． 判例（❶および❸）・通説によれば、凶器準備集合罪は、本条（208の2Ⅰ）所定の目的たる加害行為の予備罪的性格に加え、公共危険罪的な性格も併せ持つ（個人的法益と社会的法益に対する罪）。ただ、このいずれを重視するかで見解の相違がみられる。以下、便宜上、前者重視型を「予備罪説」（＝①）、後者（「公共的な社会生活の平穏」）重視型を「公共危険罪説」（＝②）と呼ぶ。この対立は、まず、(1)の甲のように、「乱闘開始後」に集団に参加した者の罪責に関して結論の相違をもたらす。❶は、②の立場に立ち、「『集合』の状態が継続するかぎり」、本罪も「継続して成立」するという。これによれば、甲に本罪の成立が認められよう。対して学説では、①が多数を占める。これによれば、加害行為が実行された段階で、もはや予備罪としての本罪の実質は失われるから、甲について本罪の成立する余地はなく、甲は当該加害行為自体に対する責めを負うにとどまる（❶の第1審も参照）。

2． **(2)**の論点も、上記①と②の争いの延長線上に位置する。「迎撃形態」に本罪の成立が認められることに争いはないが、②の立場からは、「社会生活の平穏を害しうる態様」であれば、「相手方からの襲撃の蓋然性ないし切迫性が客観的状況として存在することは必要でな」いとの帰結が導かれうる（❸を参照）。ゆえに理論上は、「万が一の来襲」に備えた**(2)**の場合でも甲に本罪の成立は認めうる。他方、①の立場からは、目的とした加害行為が実行される前提として、Y派からの襲撃には、甲らの単なる「憶測」を超えた、ある程度の「客観的可能性」が必要とされる（❸における団藤・谷口両裁判官の補足意見も参照）。

3． 本罪にいう「凶器」の意義について、銃砲等の「性質上の凶器」がそれにあたることは当然として、例えば角棒等の「用法上の凶器」はどうか。行為者の主観のみを基準としたのでは、あらゆる物に「凶器性」が認められかねない。❶は、「社会通念上の危険感」に訴え、(1)の甲の角棒に「凶器性」を認め、❷は、殺傷能力自体は具有する、エンジンをかけたまま待機中のダンプカーに、同じ基準に依拠しつつ「凶器性」を否定した。「原審認定の具体的事情のもとにおいて」ではあるが、ここでは、本罪の公共危険罪的性格がその成立を限定する方向で作用している（なお、本罪の諸問題を考える際には、本罪が「小型騒乱罪」ではない点〔106条の成立要件、同3号の法定刑を参照〕、そして、何より憲法21条1項に留意すべきであろう）。

［内田　浩］

111★ 遺棄罪(1)
——遺棄・不保護の概念

(1) 甲は、隣人A（75歳）が認知症となり夜中でも大きな声や物音が聞こえてくることに怒りを募らせていた。ある日、Aと同居する娘のBが「ちょっと近くのコンビニに行ってくる」とAに声をかけて出かけた。甲はこれを目撃したことから、「もうAの声には我慢できない。Aを山に捨ててこよう」と思い立ち、Aを自車に乗せて隣県の山まで運んでそこに放置し、帰宅した。Aは、甲に放置された数十分後、偶然通りかかった登山客Cに発見・保護された。甲の罪責について論じなさい。

(2) 乙は、その扶養する子D（4歳）が珍しい病気に罹患していて適切な方法で食事を与えなければ食事から充分に栄養を摂取できないにもかかわらず、乙はそのことを認識しながらも、食生活は不規則で、また健常児に対するのと同様の方法で食事を与えていた。そのため、Dは日を追うごとに衰弱していき、某日頃には客観的に重度の栄養不良状態にあった。乙の罪責について論じなさい。

参考
❶大判大正4年5月21日刑録21輯670頁
❷最判昭和34年7月24日刑集13巻8号1163頁
❸最判平成30年3月19日刑集72巻1号1頁

▶▶解説

Key Word 抽象的危険犯 移置、置去り 場所的離隔 要保護状況

1．遺棄罪（217・218）の罪質をめぐって見解の対立があるが、生命・身体に対する危険犯と解される（❶）。規定が傷害の罪（204以下）より後に置かれ、遺棄等致傷罪（219）があるからである。

そして遺棄罪は危険犯のうち抽象的危険犯と解される（❶）。条文上具体的な危険の発生は要求されておらず、具体的危険犯と解するにはその法定刑の下限は低すぎるであろう。生命・身体に対する抽象的危険を有する行為が遺棄・不保護であり、被害者が保護されることが確実でなければ遺棄罪は成立する。

2．「遺棄」とはいかなる行為であるか、217条と218条とで同じかにつき、錯綜した議論がある。隣接する条文の同一文言が異なって解釈されるのは奇異に思われるが、その議論は不真正不作為犯（項目**7**～**9**参照）の作為義務と218条の保護責任が同視されるかと関連する。すなわち、これらが同視されれば不作為の遺棄は218条で処罰され、結果として217条には作為の遺棄（その中核は要扶助者の場所を移動させる移置である）のみが残り、不作為の遺棄（その中核は要扶助者の置去りである）を含む218条とは異なって解釈されることとなる（❷参照）。

(1)において、Aは高齢・認知症で適切に自らを守れない要扶助者といえる。そのAをBの保護を受けていた状態から山中に移動させる行為（移置）は、例えば転倒→怪我→発見されずに死亡するなどの危険性を有する。Aは偶然保護されたにすぎず、保護されることが確実であったとは到底いえないから、甲の行為は少なくとも抽象的危険行為であり、単純遺棄罪（217）が成立する。

3．218条は不保護も処罰対象とするが、判例・通説によれば、扶助者・保護責任者と要扶助者との場所的離隔が生じる場合が遺棄、生じない場合が不保護とされる。**(2)**で乙はDの側にいたので不保護が問題となる。不保護行為とは「生存のために特定の保護行為を必要とする状況（要保護状況）が存在することを前提として、その者の『生存に必要な保護』行為として行うことが刑法上期待される特定の行為をしなかったことを意味する」（❸）。不保護行為（実行行為）の内容は要保護状況の内容次第であり、出発点は要保護状況の具体的分析である。

(2)では重度の栄養不良状態にあって生命に危険が生じている要保護状況がある。それを解消する保護行為としては、医療措置を直接受けさせる、Dが充分に栄養を摂取できる食事方法につき医師から助言を受けて食事をさせるなどが考えられよう。

［**荒木泰貴**］

112★ 遺棄罪(2)
――不作為による殺人と保護責任者遺棄の関係

甲は、自動車を運転中、過失によってＡに衝突してしまい、Ａに重傷を負わせて歩行不能に至らしめた。甲はＡを自動車に乗せて事故現場を離れ、折から降雪中の薄暗い車道上まで運び、医者を呼んで来てやるとだましてＡを自動車から降ろし、Ａを同所に放置したまま、自動車の操縦を継続して同所を立ち去った。甲は「Ａが死んでしまうかもしれないが、自分の事故が発覚するよりはマシだから、それでもかまわない」と考えていた。Ａは、直ちに適切な治療を施せば充分に救命可能であったが、上記重傷による出血と寒さにより死亡した。甲の罪責について論じなさい。

参考　❶最判昭和 34 年 7 月 24 日刑集 13 巻 8 号 1163 頁
❷大判大正 4 年 2 月 10 日刑録 21 輯 90 頁

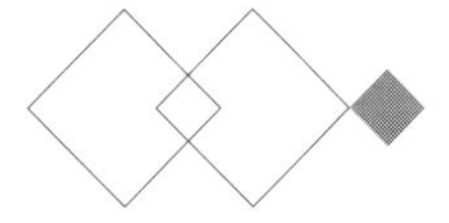

▶▶解説

Key Word ひき逃げ
作為義務とその程度
保護責任
故意（殺意）

1．甲は、自らが車でひいて重傷を負わせたAをいったん車に乗せながら、結局は助けずに放置して立ち去り、Aが死亡するに至っているため、不作為の殺人（199）と保護責任者遺棄致死罪（219・218）の成否、両罪をどのように区別するかが問題となる（なお、事故を起こしたことにつき過失運転致死罪〔自動車運転死傷行為処罰5〕が、ひき逃げにつき救護義務違反の罪〔道交117 Ⅱ・72 Ⅰ前〕および事故報告義務違反の罪〔道交119 Ⅰ⑰・72 Ⅰ後〕が同時に問題となる）。

2．まず作為義務・保護責任につき、不真正不作為犯の作為義務と保護責任は同視できると解するのであれば（❶参照）、その発生根拠（項目**7**・**8**参照）も同視できる。

3．そのうえで、**不作為の殺人と保護責任者遺棄の区別につき、作為義務の程度で区別する見解と故意で区別する見解がある**。

観念的には、死亡結果発生の抽象的危険に対処すべき義務が保護責任者遺棄（不保護）における義務であり、具体的危険に対処すべき義務が殺人における義務であるとして、作為義務の程度は区別しうる。しかし、保護責任者遺棄致死罪が成立する場合、人の死亡結果の発生が行為者による義務の不履行の危険の現実化（項目**13**・**14**参照）であると評価されることを意味するから、遅くとも死亡直前には生じている死亡結果発生の具体的危険は行為者が被害者を助けなかったことに帰せられる。つまり、保護責任者遺棄致死罪が成立する場合、死亡結果発生の具体的危険に対処すべきことが要請されていたと評価しうる。それでもなお「殺人罪を成立させるほどの義務ではなかった」として殺人の義務と保護責任者遺棄の義務を区別することは、実際上困難であろう。

そこで、**両罪は故意によって区別されるべきと解される**（❷）。結局、**不作為の殺人罪の成立要件が充たされる場合、すなわち、作為義務**（項目**7**・**8**参照）、**因果関係**（項目**9**参照）、**殺人の故意が認められる場合に、殺人罪が成立するといえよう**。

4．本設例の甲には、先行行為、そして決定的には救助の引受けが認められるから作為義務・保護責任を肯定できる。また、因果関係や殺人の故意も認められるから、不作為の殺人罪が成立すると考えられる。

［荒木泰貴］

113 不同意わいせつ罪・不同意性交等罪の手段としての暴行・脅迫

甲（男性・26歳）は、深夜、人気のない路上において、目の前を歩くA（女性・18歳）とすれ違った際、にわかに劣情を催し、Aを強いて性交しようと決意した。甲はすれ違いざまに「こっちに来い」と言ってAに声をかけ、Aの手を引っ張って人目につかない場所へ移動した。その際、Aは突然のことで恐怖・驚愕して身体がすくんでしまい、抵抗するような態度を取れなかった。そして、甲が性交に応じるよう求める趣旨でAに「やらせろ」と告げたところ、Aは恐怖・驚愕のために身動きできなかったが、「断ると殺されてしまうかもしれない」と考え、かろうじて頷くような仕草をした。それを見た甲は意を強くしてAと性交した。甲の罪責について論じなさい。

参考　❶最判昭和24年5月10日刑集3巻6号711頁
❷最判昭和33年6月6日集刑126号171頁
❸最決平成16年1月20日刑集58巻1号1頁

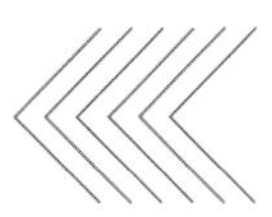

▶▶解説

Key Word 同意しない意思を形成し表明し若しくは全うすることが困難な状態

1． 令和5年の法改正で不同意わいせつ・性交等罪（176・177）が設けられ、「同意しない意思を形成し、表明し若しくは全うすることが困難な状態」（以下、「困難状態」という）におけるわいせつな行為・性交等が処罰されることとなった。**性犯罪の本質は意思に反した性的行為の強制にあることに照らし、被害者側の心理状態に関する要件を正面から規定したところが重要である**（各号の手段・事由は例示列挙であって各号該当性は必須ではない）。被害者に拒絶等の行為が義務付けられるとの誤解を招かず、性的行為に同意するか否かの意思決定が困難な状態であることを示すため、上記の文言が選ばれた。

2． 例示列挙とはいえ、各号該当性は困難状態を推認させる。**176条1項1号の暴行・脅迫は被害者の反抗を著しく困難ならしめる程度をいい（❶）、暴行・脅迫それ自体は強くなくとも、客観的状況や被害者の属性等の種々の事情から当該被害者にとって反抗が著しく困難であれば充分である（❷）**（項目**141**も参照）。設例において、深夜で人気のない路上では他者の救援を得る可能性に乏しく、被害者への心理的圧迫も強くなる。現にAは恐怖等で身動きできなくなっており、手を引くなどの行為はAの反抗を著しく困難ならしめる暴行・脅迫といえる。

3． 甲はすれ違いざまにAの手を引くなどしており、176条1項6号にも該当しうる。本号は、突然の出来事で性的行為への意思決定が困難となる場合を念頭に置いた規定である。設例の甲の行為はまさに176条1項6号に該当する。

4． こうしてAは身動きできなくなって甲の要求を断れなくなったため、Aは困難状態にあったと認められ、甲に不同意性交等罪が成立する。Aの頷くような仕草は困難状態下でのものであり、同意を意味しない。

なお、**176条1項各号は相互に排他的・補完的な関係でなく、併存・競合しうると考えられる**ため、1号・6号いずれも用いて不同意性交等罪を肯定して構わないであろう（重要なのは各号該当性よりも被害者が困難状態にあったことである）。

5． Aの頷くような仕草を見た甲はAに同意があったと認識した可能性がある。有効な同意の認識があれば故意が阻却されるが（項目**51**も参照）、しかし、Aの頷く仕草は甲の暴行・脅迫によって強制されたもので、有効な同意はない（項目**44**参照）。甲の認識も強制による無効な同意の認識にすぎず、故意は阻却されない（❸参照）。

［荒木泰貴］

114★ 不同意わいせつ罪と性的意図

(1)　甲は、専らA（女性・23歳）に対して報復する意図から、自室にAを呼び出し、約2時間にわたって「硫酸もある。お前の顔に硫酸をかければ醜くなる」と言うなどして脅迫し、畏怖するAを裸体にさせて写真撮影した。甲の罪責を論ぜよ。
(2)　乙は、女性が嘔吐する姿に性的興奮を覚えることからその姿を見たいと考えていた。そうしたところ、B（女性・17歳）が1人で歩いているのを発見したため、無理やりBを人気のないところまで連れていき、Bの口腔内に自己の右手の中指を舌の付け根あたりまで押し込んで嘔吐させた。乙の罪責について論じなさい。

参考　❶最判昭和45年1月29日刑集24巻1号1頁
❷最大判平成29年11月29日刑集71巻9号467頁
❸青森地判平成18年3月16日裁判所ウェブサイト

▶▶解説

Key Word わいせつな行為 性的意図

1．本設例の甲と乙は性的意図の有無が異なる。そこで、不同意わいせつ罪(176)の成否に性的意図が必要か、性的意図がいかなる意味を持つかが問題となる。

かつて、❶は、「強制わいせつ罪が成立するためには、その行為が犯人の性欲を刺戟興奮させまたは満足させるという性的意図のもとに行なわれることを要」するとし、専ら報復等の目的であった場合には強制わいせつ罪（当時）は成立しないとした。しかし、不同意わいせつ罪の保護法益である性的自由（性的自己決定権）は行為者に性的意図がなくても侵害されうるから、判決当初より性的意図の必要性には疑問が提起されていた。❷は、「性的な被害に係る犯罪規定あるいはその解釈には、社会の受け止め方を踏まえなければ、処罰対象を適切に決することができないという特質がある」としつつ、「今日では、**強制わいせつ罪の成立要件の解釈をするに当たっては、被害者の受けた性的な被害の有無やその内容、程度にこそ目を向けるべきであって、行為者の性的意図を同罪の成立要件とする昭和45年判例［❶］の解釈は……もはや維持し難い**」とした。現在の判例によれば、性的意図がなくとも不同意わいせつ罪は成立しうる。

2．もっとも、行為者の性的意図が不同意わいせつ罪の成否に無関係なわけではない。❷が述べるように、「**行為そのものが持つ性的性質が不明確**」な場合、「**行為そのものが持つ性的性質の有無及び程度を十分に踏まえた上で、事案によっては、当該行為が行われた際の具体的状況等の諸般の事情をも総合考慮し**」て**当該行為の性的な意味合いを判断せざるを得ず**、「**行為者の目的等の主観的事情を判断要素として考慮すべき場合があり得る**」。例えばマッサージの場合、行為態様や行為の状況だけでは性的な性質を有する行為であるかは判断し難く、行為者の意図等も考慮する必要がある場合がありえよう。

3．(1)では、暴行・脅迫によって強制的に裸体を撮影する行為は被害者の性的自由を侵害する性的性質を有するわいせつな行為であるといえるから、不同意わいせつ罪の成立を肯定できよう（❶の下級審は強制わいせつ罪（当時）を肯定した）。暴行罪（208）・脅迫罪（222 Ⅰ）・強要罪（223 Ⅰ）とは法条競合の関係に立ち、不同意わいせつ罪のみが成立する。他方、**(2)**の嘔吐させる行為は一般に性的性質を有する行為であるとはいえないと思われる。たとえ行為者が性的興奮を覚えるとしても、性的性質を有しない行為によって性的自由の侵害は生じないから、暴行罪にとどまるというべきであろう（❸も暴行罪としている）。［**荒木泰貴**］

115　不同意わいせつ等致死傷罪

(1)　甲は、深夜、A宅に侵入し、就寝中のAが熟睡のため心神喪失状態であることに乗じ、その下着の上から陰部を手指で弄んだが、これに気づいて目を覚ましたAが、甲に対し、「お前、誰やねん」などと強い口調で問いただすとともに、甲着用のTシャツ背部を両手でつかんだところ、甲は、わいせつな行為を行う意思を喪失し、その場から逃走するため、Aを引きずったり、自己の上半身を左右に激しくひねったりして、その結果、Aに対して傷害を負わせた。甲の罪責を論ぜよ。

(2)　乙は、深夜、B宅に侵入し、Bに対し暴行を加えてその反抗を著しく困難にしたうえ、性交を行った。乙は、B宅を出る直前に、「このまま帰れば犯行が発覚するかもしれない」と考えてBに対して口止めすることを決意し、Bのいる部屋まで戻って、「誰にも話すなよ。話したら今度はぶっ殺すぞ」などと言いながらBにさらなる暴行を加えた。Bは重傷を負ったが、不同意性交時の暴行による傷害か、口止め行為から生じた傷害かは明らかにならなかった。乙の罪責について論じなさい。

参考　❶最決平成20年1月22日刑集62巻1号1頁
❷大判昭和7年2月22日刑集11巻107頁

▶▶解説

Key Word 結果的加重犯
随伴行為

1．不同意わいせつ等致死傷罪は結果的加重犯であり、死傷結果の原因行為は、実行の着手（項目**56**参照）後に行われなければならない（181）。原因行為に構成要件的行為そのものである暴行・脅迫およびわいせつ行為・性交等が含まれることに争いはない。問題は、逃走のために行われた行為から死傷結果が生じた場合である。❶は、(1)と類似する事案につき、逃走のための暴行が準強制わいせつ行為（当時）に「随伴する」ことから強制わいせつ致傷罪（当時）の成立を肯定した。

このように原因行為を随伴行為にまで拡張する論拠として、次のものが挙げられる。すなわち、わいせつ行為等を行う場合には被害者による抵抗が予想され、行為者がその目的を達するためにはこれを排斥する暴行・脅迫が必要となるが、この過程で被害者の生命・身体が危険にさらされることから、その保護のために不同意わいせつ等致死傷罪が設けられている。そして、暴行・脅迫は、被害者の抵抗を著しく困難にするため、わいせつ行為等の完遂や逃走のため、検挙を免れるため（口封じ等）など、その重点が推移していくことが考えられ、区別は容易でなく、むしろ犯行の実行・完遂にとって一体的に捉えられるべき実態を有している。この実態からすれば、原因行為を手段たる暴行・脅迫やわいせつ行為等に限定すべきではなく、随伴行為もまた原因行為に含めるべきである。

この見解に従うとしても、当初の不同意わいせつ等の行為と別個の危険性を有する行為は原因行為に含めるべきではない。当該行為がわいせつ行為等と時間的・場所的に離隔したところでなされた場合や、わいせつ行為等を行う意思とは別個の意思に基づく場合には、当該行為の危険性は当初の不同意わいせつ等の危険性とは別個というべきであるから、原因行為には含まれないというべきである。

2．(1)の甲は、当初のわいせつ行為の意思が被害者の抵抗で逃走意思に変化したにすぎず、逃走のための暴行も一体的に捉えるべきであり、不同意わいせつ致傷罪が成立する（住居侵入罪と牽連犯となる）。これに対して、(2)の乙は、不同意性交の後に新たに口封じをする意思決定をしており、性交等の意思が変化したとはいえないから、口封じのための暴行は一体的に捉えるべき実態はないと思われる。乙には不同意性交等致傷罪ではなく不同意性交等罪と傷害罪（結果を帰属した場合に成立する罪がより軽くなる口止め行為に傷害結果は帰属される）が成立すると考えられる（❷参照）。罪数は、住居侵入罪を「かすがい」として3つの罪が牽連犯となる（項目**99**参照）。

［**荒木泰貴**］

116★ 脅迫の意義

(1)　暴力団組員の甲は、建設会社Ａ社Ｂ支店の応接室において、同社総務部次長のＣに対し、「このあいだの工事の下請けをなぜうちの組によこさなかった」、「工事の妨害をしてやる」、「今後、お前らの会社がこの地域で仕事をできないようにしてやる」、「組員と毎日ここへ押しかけてやる」と言った。甲には、Ａ社に対する脅迫罪が成立するか。

(2)　暴力団組員の乙は、対立抗争中の暴力団の構成員であるＤの自宅宛に、出火した事実はないのに、「出火御見舞い申し上げます。火の元に御用心」と書いた手紙を送った。Ｄはこの手紙を読んだが、畏怖しなかった。乙には、脅迫罪が成立するか。

(3)　丙は、アイドルグループＥのメンバーとして活動するＦに握手会で冷たくされたのを恨み、インターネット上の掲示板のＥに関するスレッドに、Ｆを批判する書き込みを繰り返していた。これに対し、Ｆ本人と思われる者による反論の書き込みがなされ、炎上状態になっていた。そのような状況の中、丙は、同スレッドに「Ｆを血祭りにあげてやる」、「夜道に気をつけろ」と書き込みをした。Ｆはこの書き込みを閲覧した。丙には、脅迫罪が成立するか。

参考　❶大阪高判昭和 61 年 12 月 16 日高刑集 39 巻 4 号 592 頁
❷最判昭和 35 年 3 月 18 日刑集 14 巻 4 号 416 頁
❸東京高判平成 20 年 5 月 19 日東時 59 巻 1 ～ 12 号 40 頁

▶▶**解説**　　**Key Word**　意思決定の自由
一般に人を畏怖させるに足りる害悪の告知

1．脅迫罪（222）の保護法益は、個人の意思決定の自由である。そのため、**被害者としては自然人が予定されており、肉体も精神も持たない法人は客体には含まれない**（❶）。もっとも、法人の代表者等として現にその告知を受けた自然人の生命、身体、自由、名誉または財産に対する加害の告知にあたると評価されうる場合には、その自然人に対する脅迫罪を肯定することができる。しかし、**(1)**の甲の発言は、A 社の営業等に対する加害の告知であり、C 個人の生命、身体、自由、名誉または財産に対する加害の告知とは評価できない（C は「押しかけられたら困る」と思うかもしれないが、加害の告知としては具体性を欠く）。また、A 社は C の「親族」（222 Ⅱ）にはあたらない。したがって、C に対する脅迫罪も成立しない。
2．**告知する害悪は、他人を畏怖させるに足りる程度のものでなくてはならない**。しかし、一般に人を畏怖させるに足りる害悪の告知があれば、実際には相手が畏怖しなくても、脅迫罪は成立する。また、**加害の内容は、告知者によってその実現を左右することができると相手に思わせるようなものでなくてはならない**。したがって、「天罰が下る」といったような内容の告知は、加害の告知にはあたらない。**(2)**の火事見舞いは、暴力団同士の対立抗争中だという事情を考慮すれば、D 宅への放火を暗示するものと解釈することができ、一般に人を畏怖させるに足りる害悪の告知にあたる（❷）。そして、D 宅に放火することは、乙自身または乙の仲間によって実現を左右することができるものであるから、加害の告知に該当する。乙には脅迫罪が成立する。
3．**(3)**の丙の書き込みは、F の生命または身体に対する加害の告知にあたる。この種の事案では、告知者が、相手方本人が書き込みを閲覧するとは思っていなかったと弁解することがあるが、本人が書き込まれた内容を閲覧する可能性を認識しつつ、あえて書き込みを行えば、脅迫の故意は否定されない。本設例では、スレッド上で丙と F と思われる者が口論になっており、加害の告知を内容とする書き込みをすれば F が閲覧するであろうことを丙は予見していたといえる。そのため、丙には脅迫罪が成立する（❸参照）。

［**佐藤拓磨**］

117★ 逮捕·監禁罪の保護法益

(1)　甲は、知り合いのＡを人気のない場所に連れて行って強いて性交することを計画し、帰宅途中のＡに声をかけ、「家まで送ってあげる」と嘘を言ってＡを甲の運転する自動車内に誘い込み、Ａの家とは別の方向に自動車を走行させた。途中で甲の意図に気づいたＡは、甲に対し、すぐに自動車から降ろすよう要求したが、甲はこれを無視して走行を続けた。甲にはどの時点で監禁罪が成立するか。

(2)　**(1)**で、甲がＡをバイクの後部座席に乗せた場合はどうか。

(3)　乙は、交際相手のＢが浮気したことに激怒し、Ｂにナイフを突きつけ、「この部屋から出て行ったらぶっ殺してやる」、「俺は刑務所に入ってもかまわない。どこに逃げ隠れしても必ず探し出してやる」、「俺はやると言ったら必ずやるからな」と激しい口調で述べ、そのまま酒を飲んで寝入ってしまった。同部屋の玄関ドアは内側から解錠可能であったが、Ｂは乙による報復をおそれて部屋から出ることができなかった。乙には監禁罪が成立するか。

参考　❶最決昭和33年3月19日刑集12巻4号636頁
❷最決昭和38年4月18日刑集17巻3号248頁
❸東京高判昭和40年6月25日高刑集18巻3号238頁

▶▶解説

Key Word 場所的移動の自由　現実的自由　可能的自由

1．逮捕・監禁罪（220）の保護法益は、人の場所的移動の自由である。逮捕とは、人の身体に直接的な支配を設定して身体活動の自由を奪うことをいう。監禁とは、人が一定の場所から脱出することを不可能にし、または著しく困難にすることをいう。このうち、**特に監禁との関係で、被害者が場所的移動の自由を奪われていることを意識していることが必要か否かをめぐって見解が対立している。**1つの見解は、被害者が場所的移動の自由が奪われていることを意識している場合に限り、監禁が成立するとするものである（現実的自由説）。もう1つの見解は、被害者の意識とは無関係に、客観的に場所的移動の自由を奪われていれば監禁が成立するとするものである（可能的自由説）。

(1)では、どちらの説に立つかによって監禁の成立時期が分かれるといわれている。まず、可能的自由説によれば、自動車の走行を開始した時点でAは自動車内から脱出困難な状態に置かれているため、この時点から監禁が成立するとされる（❶）。Aは、自らの意思で自動車に乗車しているが、甲の欺罔により自宅に送ってもらえると誤信して乗車したものであり、乗車意思には真意に添わない重大な瑕疵が認められるため、監禁の成立が否定されることにはならない。これに対し、現実的自由説によれば、甲の意図に気づくまでの間は、Aには場所的移動の自由が奪われているという意識がないため、監禁には該当せず、甲がAの降車要求を無視した時点から監禁が成立するとされる。

2．**監禁罪が成立するためには、前述の通り、人が一定の場所から脱出することを不可能にし、または著しく困難にすれば足り、必ずしも閉鎖空間に閉じ込める必要はない。****(2)**では、甲はAをバイクの後部座席に乗せているが、走行中のバイクから飛び降りれば死亡するか、または重大な傷害を負う危険性が高いことから、走行を開始した時点で、Aは客観的には場所的移動が著しく困難な状態に置かれたといえる（❷）。なお、監禁の成立時期については、**(1)**で述べたのと同様である。

3．**監禁罪は、人の場所的移動の自由を物理的な手段で奪う場合だけでなく、心理的な手段で奪う場合にも成立しうる。****(3)**では、乙は、激しい口調で、Bが脱出した場合の報復として殺害をほのめかしている。このような状況においては、Bは心理的に部屋から脱出することが著しく困難な状況にあったといえ、本罪の成立を認めることが可能である（❸）。

［**佐藤拓磨**］

118　略取誘拐罪

(1)　甲は、A（17 歳）に対し、短期間で高額を稼ぐことのできる住み込みのアルバイトがあると言って誘惑し、Aの監護者であるB・Cに無断で、Aを甲の自宅に連れて行った。AがB・Cと折り合いが悪く、またブランド品に目がなかったために喜んで甲に付いて行ったとしても、甲には、未成年者誘拐罪（224）が成立するか。

(2)　乙は、離婚係争中の妻Dが実家に連れ帰って現に監護している実子E（2 歳）を奪取するため、DがEを保育園に送り届ける際の隙をついて、Eの背後から走り寄ってEを抱きかかえ、甲の自動車に乗せて自宅まで連れて行った。なお、乙は平日の昼間に会社勤務をしていたところ、Eのために保育園の申込みをしていたわけでもなく、出勤中にEを誰が養育するのかなどについて確たる見通しを持っていなかった。乙には、未成年者略取罪（224）が成立するか。

参考　❶福岡高判昭和 31 年 4 月 14 日裁特 3 巻 8 号 409 頁
❷最決平成 17 年 12 月 6 日刑集 59 巻 10 号 1901 頁

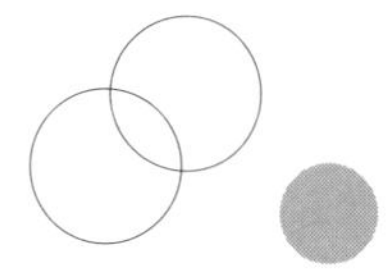

▶▶解説

Key Word 未成年者略取誘拐
監護権
監護権者による略取誘拐

1．略取誘拐罪（224以下）は、人を現在の生活環境から離脱させ、自己または第三者の実力支配下に置く犯罪である。略取とは暴行・脅迫を手段とする場合のことをいい、誘拐とは欺罔・誘惑を手段とする場合のことをいう。逮捕・監禁よりも自由剥奪の程度は低く、また誘拐という比較的穏健な手段も含むものであることから、客体および目的の両面から処罰範囲の限定が加えられている。すなわち、未成年者を客体とする略取誘拐には目的要件が付されていないが（224）、成人を客体とする略取誘拐は、人身売買罪（226の2）を除き、一定の不法な目的で略取誘拐が行われた場合に限り可罰的とされている。具体的には、営利目的、わいせつ目的、結婚目的、生命・身体に対する加害の目的（以上、225）、身代金目的（225の2）、所在国外移送目的（226）である。人身売買罪に目的要件が付されていないのは、売り手側については、常に営利目的が認められるからであり、また買い手側については、買受代金を負担しているために、売買の対象者から搾取しようという動機づけが強く働き、対象者が危険な立場に置かれるおそれがあるからである。

目的要件が付されていない未成年者略取誘拐罪は、何を根拠に処罰されるのであろうか。判例によれば、**同罪は、未成年者の自由のみでなく、その監護権者の監護権を侵害するがゆえに処罰されるのであり、監護権者の意思に反する場合には、未成年者の同意があっても違法性は阻却されない**（❶）。**(1)**では、甲は、Aを誘惑し、B・Cに無断で自己の実力支配下に置いている以上、同罪が成立する。

2．監護権を有する親権者が、同様に監護権を有し子を現に監護する他の親権者の意思に反して未成年者を略取誘拐した場合には、未成年者略取誘拐罪の構成要件に該当する。**(2)**と類似したケースに関する❷は、**行為者が親権者の1人であることは、「その行為の違法性が例外的に阻却されるかどうかの判断において考慮されるべき事情」**だとした。そのうえで、「監護養育上それが現に必要とされるような特段の事情」は認められないから行為は正当とはいえないとし、さらに、行為態様の粗暴性、被略取者の年齢、略取後の監護養育についての確たる見通しの不存在などの事情を挙げ、「家族間における行為として社会通念上許容され得る枠内にとどまるものと評することもできない」とした。**(2)**でも行為の必要性を基礎づける事情は記されておらず、その他の事情も❷と同様なので、違法性阻却は認められない。

［**佐藤拓磨**］

119★ 住居侵入罪(1)
——保護法益

(1) 郵便局員の甲らは、労働闘争の一環として、A郵便局内にビラ貼りをするために、夜間、無施錠の通用門を通り抜け、宿直員に「おい来たぞ」と言って土足のまま局舎内に立ち入り、ビラ約1000枚を窓ガラスや備品等に貼付していたところ、ビラ貼りを警戒して見回りを行っていたA局局長Bらに制止されたため、局舎内から退去した。甲らには建造物侵入罪（130前）が成立するか。

(2) **(1)**で、仮に甲らがBらから退去要求を受けたにもかかわらず退去しなかった場合には、建造物侵入罪のほかに、不退去罪（130後）が成立するか。

(3) 乙は、不倫相手である丙女から、夫Cの不在中に自宅に来るように誘われ、丙女と情交を結ぶ目的で、C宅に立ち入った。乙には住居侵入罪が成立するか。

参考　❶最判昭和58年4月8日刑集37巻3号215頁
❷最決昭和31年8月22日刑集10巻8号1237頁
❸大判大正7年12月6日刑録24輯1506頁

▶▶解説

Key Word 侵入の意義
意思侵害の判断方法
侵入と不退去の関係

1．住居侵入罪（130）の保護法益については、住居への立入りを認めるか否かの自由という意味での住居権だとする見解（住居権説）と、住居の平穏だとする見解（平穏説）が対立している。邸宅侵入罪および建造物侵入罪については、住居権説からは邸宅・建造物を看守する管理権者の管理権が、平穏説からは邸宅・建造物の平穏が、保護法益だと解されることになる。**保護法益をどのように理解するかにより、「侵入」の解釈も異なる。**住居権説によれば居住者・管理権者の意思に反する立入りは常に「侵入」に該当することになる（意思侵害説）のに対し、平穏説によれば、意思に反する立入りであっても、平穏を害するような態様でない場合には「侵入」に該当しないとされる（平穏侵害説）。

現在の判例は、住居権説・意思侵害説を採用している（❶がそのリーディングケースである）。意思侵害の有無は、住居権者・管理権者が現在している場合には明確だが、不在の場合にはその意思を推認するほかない。❶によれば、**建造物の性質、使用目的、管理状況、管理権者の態度、立入りの目的などからみて、現に行われた立入行為を管理権者が容認していないと合理的に判断されるか否かが基準となる。(1)**については、郵便局という建造物の性質に鑑みれば、約1000枚ものビラ貼りをする目的での立入りを管理権者のBが許容するはずがない。したがって、甲らには建造物侵入罪が成立する。

2．❷によれば、**建造物侵入罪は、建造物への侵入後、退去するまで継続する。**そのため、侵入後に退去要求に従わずに退去しない場合でも侵入罪のみが成立し、不退去罪は成立しない。したがって、**(2)**の甲には不退去罪は成立しない。

3．戦前の判例には、家長たる夫の住居権の侵害を理由に、**(3)**のようなケースに住居侵入罪を認めたものがある（❸）。しかし、現在はこのような考え方は成り立たない。現在の住居権説・意思侵害説からは、以下の3つの考え方がありうる。1つ目は、住居権者のうちの1人の同意があれば「侵入」には該当しないとする考え方で、これによれば乙には住居侵入罪は成立しない。2つ目は、全員の同意が必要だとしたうえで、現在者の現実的意思は不在者の推定的意思に優越するという考え方で、これによれば同じく乙には住居侵入罪は成立しない。3つ目は、全員の同意が必要だとしたうえで、現在者の現実的意思と不在者の推定的意思を同等に扱う考え方で、これによれば乙には住居侵入罪が成立する。

［**佐藤拓磨**］

120★ 住居侵入罪(2)
——侵入の意義

(1)　甲は、夜間、東京都Ａ区立Ｂ小学校の校門を乗り越え、同校の校庭に無断で立ち入った。甲の罪責はどうなるか。
(2)　乙は、商店を営むＣを殺害して金品を奪おうと考え、客を装って「こんにちは」と言って入口ドアを開けたところ、Ｃは「いらっしゃいませ」と言って乙を店舗内に迎え入れた。乙は、Ｃと商談をしつつ隙をみてＣを殺害することを企てたが、店内に防犯カメラが設置されているのに気づき、犯行を断念して退去した。乙には建造物侵入罪（130前）が成立するか。
(3)　丙は、銀行の現金自動預払機（ATM）の利用客の暗証番号を盗み見る目的で、行員が常駐しないＤ銀行Ｅ支店出張所に営業時間中に立ち入り、1台のATMの広告用カードホルダーに盗撮用ビデオカメラを設置した。丙には建造物侵入罪が成立するか。

参考　❶最判昭和51年3月4日刑集30巻2号79頁
❷最判平成20年4月11日刑集62巻5号1217頁
❸最判昭和23年5月20日刑集2巻5号489頁
❹最判昭和58年4月8日刑集37巻3号215頁
❺最決平成19年7月2日刑集61巻5号379頁

▶▶解説

Key Word 囲繞地
錯誤に基づく承諾
違法目的での公共建造物への立入り

1． 130条の客体には、住居、邸宅、建造物の囲繞地（いにょうち）も含まれる。❶によれば、「囲繞地であるためには、その土地が、建物に接してその周辺に存在し、かつ、管理者が外部との境界に門塀等の囲障を設置することにより、建物の附属地として、建物利用のために供されるものであることが明示されれば足りる」とされている。囲繞地は、130条のどの文言に含められるか。建造物および邸宅の囲繞地がそれぞれ「建造物」、「邸宅」に含まれることについては、争いがない。住居の囲繞地については、「住居」に含める見解と「邸宅」に含める見解があるところ、**❷は、自衛隊の宿舎（集合住宅）の共用部分を「邸宅」と解したうえで、その囲繞地は「邸宅」に該当するとした。**しかし、その射程が分譲マンションや戸建住宅にまで及ぶのかは明らかではない。**(1)**の甲は、建造物であるB小学校の校舎の囲繞地である校庭に侵入しているため、建造物侵入罪が成立する。

2． 犯罪目的を隠し、居住者・管理権者から承諾を得て住居等に立ち入った場合、「侵入」があったといえるか。❸は、**(2)**と類似のケースについて、「住居権者の承諾ある場合は違法を阻却すること勿論であるけれども、被害者において顧客を装い来店した犯人の申出を信じ店内に入ることを許容したからと言って、強盗殺人の目的を以て店内に入ることの承諾を与えたとは言い得ない」とした。これは、**仮に真実を知っていれば居住者・管理権者は承諾を与えなかったであろうといえる場合には、当該承諾は無効だとしたものと理解することができる。(2)**では、乙には建造物侵入罪が認められる（Cの商店が店舗兼住居の場合には、住居侵入罪とする余地もある）。

3． **(3)**は、違法目的を隠して、不特定多数人の出入りが予定されている建造物（公共建造物）に立ち入った事例である。**管理権者が現在しないケースであるから、❹に従い、建造物の性質、使用目的、管理状況、管理権者の態度、立入りの目的などから管理権者の意思を推認することになろう。(3)**では、丙はATMの利用客の暗証番号を盗み見るための盗撮用ビデオカメラを設置する目的で出張所に立ち入っているが、そのような立入りが同所の管理権者の意思に反することは明らかである。したがって、立入りの外観が一般客と異ならず平穏であっても、丙には建造物侵入罪が成立する（❺）。判例の考え方に従えば、違法目的での公共建造物への立入りは、広く建造物侵入罪として処罰されることになろう。

［**佐藤拓磨**］

121 刑法による秘密の保護

X 病院の神経精神科副部長であった甲は、非常勤で Y 家庭裁判所医務室の技官も務めていた。ある日、Y 家裁より、少年 A に関する殺人、現住建造物等放火に関する事件に関し、精神鑑定を命じられ、その鑑定のために、A および A の親族の供述調書や陳述調書の写しを交付されていた。少年 A の事件は社会的な注目を集めていたこともあって、ジャーナリスト乙が甲に対して取材を申し込んだところ、甲は、上記の A に関する調書に加えて、少年の心理検査や精神鑑定に関する書面を計 3 回にわたって乙に閲覧させた。

(1) 秘密漏示罪（134）において保護されている「秘密」とは何か。また、甲が開示した内容は本罪にいう秘密といえるか。

(2) 甲は、Y 家裁から命じられた鑑定人であるが、秘密漏示罪の主体となりうるか。

(3) 甲は、報道従事者による取材行為に協力していることから、憲法 21 条の観点から正当な理由があるとして違法性が阻却されるか。

参考　❶奈良地判平成 21 年 4 月 15 日刑集 66 巻 4 号 440 頁
❷最決平成 17 年 7 月 19 日刑集 59 巻 6 号 600 頁

▶▶解説

Key Word 秘密 真正身分犯 正当な理由

1．秘密漏示罪における秘密とは、一般に知られていない非公知の事実であって、これを他人に知られないことが本人の利益と認められるものをいう。本設例の事案についての❶では、甲が乙に対して閲覧させた書面は、当時、少年事件として審判手続が進められている最中であり、Aに対する審判結果も出されていなかったこと、AやAの親族のプライバシーに極めて深く関わる個人的な事項を内容としていたこと等を理由に、秘密漏示罪における秘密だと認められた。

2．秘密漏示罪は、134条各項掲記の主体が、「正当な理由がないのに、その業務上取り扱ったことについて知り得た人の秘密を漏らしたとき」に成立する。**本罪はいわゆる真正身分犯であり、これらの業務に就く者に守秘義務を課している。**設例の甲は鑑定人であるため、134条の主体にあたらないようにみえる。しかし、❶では、医師免許を前提に、専門的知見および経験に基づき継続的に行う事務に関して人の秘密を取り扱えば、「医師」としてその業務上取り扱ったものと解することができるとして、甲に本罪が成立するとした。なお、134条各項掲記の主体にあたらない者であっても、特別法において、秘密漏示に関する処罰規定が存在する。例えば、看護師（保助看42の2)、裁判員（裁判員108 Ⅰ・Ⅱ)、国家公務員・地方公務員（国公109⑫・100 Ⅰ・Ⅱ、地公60②・34 Ⅰ・Ⅱ）などが挙げられる。

3．例えば、医師が不妊手術や人工妊娠中絶を行った場合の申告義務（母体保護25）のように、法令上秘密を告知する義務がある場合には違法性が阻却される（同35条を参照。さらに医師の守秘義務と司法への協力行為について❷を参照)。それでは、事案の甲が、乙の取材活動に協力している点はどのように判断されるべきだろうか。❶は、**取材協力であることから直ちに違法性が阻却されると考えるべきではないとし、取材行為の目的、手段および方法にかかる正当性、取材協力行為を行った者の立場、目的、同行為の態様等と、漏示対象となる秘密の内容や秘密の主体が受ける不利益を具体的に考慮し、取材協力行為として「正当な理由」があるといえるかどうかを判断すべきとした。**そのうえで、本設例では、審判手続中にあるAの利益にかなうものとはいえないばかりか、非公開である少年審判手続の制度趣旨に反し、AおよびAの父親の秘密に対する配慮を欠いた、非常に軽率な行為というほかなく、手段の点においてもその相当性を著しく欠くとして、違法性は阻却されないとした。

［嘉門　優］

122★ 名誉毀損罪(1)
——名誉の概念

雑誌社であるX社の記者である甲は、同社発行の月刊誌上で、最近、映画やドラマの主演を務めており、国民的人気を得ている俳優Aの私的な生活を暴露する記事を作成して掲載し、全国の書店等の店頭に陳列させた。記事の内容が以下のような場合、名誉毀損罪（230 I）が成立するか。

(1) その記事の内容が、俳優Aの家庭的なイメージとは異なり、配偶者以外の女性と不倫関係にあるというものだった場合

(2) その記事の内容が、俳優Aに持病があるというものだった場合

(3) 甲が、Aに関する暴露記事に加えて、アイドルBの顔写真と、他人の性器が露出したひわいな姿態の全裸写真とを合成し、あたかもB自身が全裸でそのような姿態をとったようにみせかけた合成写真（いわゆる「アイコラ」）を作成して雑誌に掲載した場合

参考 ❶最判昭和56年4月16日刑集35巻3号84頁
❷東京地判平成18年4月21日公刊物未登載

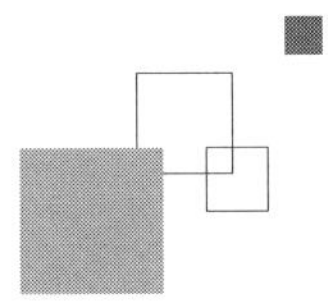

▶▶解説

Key Word 外部的名誉
虚名の保護
名誉とプライバシー

1. 名誉には、内部的名誉（人の人格的価値そのもの）、外部的名誉（人に対する社会的評価）、名誉感情（プライド）の３種類があるとされる。このうち、**通説は、名誉毀損罪（230 Ⅰ）および侮辱罪（231）の保護法益を外部的名誉と解しており、両罪の区別は事実の摘示の有無によりなされることとなる**。なお、外部的名誉のうち、経済的側面における人の社会的評価は「信用」として、信用毀損罪（233）によって別に保護されている。

2. **名誉毀損罪には「その事実の有無にかかわらず」と規定されていることから、人に対する社会的評価は、その人の真の価値に合致することを要しないとされる。つまり、摘示された事実の真否は問われない（虚名の保護）**。したがって、本設例における甲が指摘した事実が真実であったとしても、名誉毀損罪が成立しうることとなる。なぜなら、摘示された内容が真実である方が、被害者が受ける損害は大きくなることが通常だからである。**(1)**のように、人が不倫をしているという事実は、通常、人の社会的評価を下げるものであり、名誉毀損罪が成立しうる（私人の不倫を暴露した事案として、❶参照）。

3. **名誉は、秘密やプライバシーとは異なる概念である**。たしかに、人に公開したくない情報であるという点では、名誉やプライバシー保護は共通している。しかし、例えば、**(2)**のような病気、身体的・精神的障害、家柄、血統等の事実を摘示したからといって、常に人の社会的評価の低下と結びつくわけではないため、名誉毀損罪は成立しない。ただし、それらの指摘が、その人への倫理的・道徳的非難を含む場合や、職業への適性などに疑いを生じさせるような文脈で行われるときには、本罪の成立が肯定されうる。

4. **(3)**のような「アイコラ」の場合、写真が合成であって、本人でないことが明らかに判別しうる場合には、人の社会的評価が下がらず、名誉毀損罪は成立しないと解される。それに対して、合成画像が本人であると誤信される蓋然性が高い場合、本人が自ら進んで性的欲望の対象にされることを望み、性的に奔放だと誤解される可能性があることを理由に、名誉毀損罪が成立するとした裁判例がある（❷）。

［嘉門　優］

123 名誉毀損罪(2)
――公然性

甲は、ある日の午後10時頃、自宅の寝室の開いていた窓から焦げたにおいがしたため、慌てて外をのぞいてみたところ、自宅から10m位離れた空き地に置いてあった木材が燃えているのを発見し、すぐに消火にかけつけた。その際、甲は、たまたま空き地から立ち去る男の後ろ姿をみかけ、それを近所のAと思い込んだ。その1か月後、甲は、自宅にて、B（Aの弟）とC、さらに2か月後にはA宅にて、Aの妻や長女、さらに近所のD・E・Fに対して「Aが放火するのを見た」、「消火しなければいけなかったので、立ち去るAを捕まえることができなかった」と発言した。

(1) 名誉毀損罪（230 Ⅰ）は、公然性を要件とする。判例上、この公然性はどのように定義されているか。

(2) 甲は、特定かつ少数の者の面前でAに対する名誉毀損行為を行っているが、公然性は肯定されるか。

参考
❶大判昭和3年12月13日刑集7巻766頁
❷大判昭和6年10月19日刑集10巻462頁
❸大判明治45年6月27日刑録18輯927頁
❹最判昭和34年5月7日刑集13巻5号641頁
❺最決昭和34年2月19日刑集13巻2号186頁
❻東京高判昭和58年4月27日高刑集36巻1号27頁

▶▶解説

公然性
抽象的危険犯
伝播性

1．名誉毀損罪は、人の社会的評価を低下させるような事実を公然と摘示した場合に成立する。判例上、公然とは、不特定または多数人が認識しうる状態をいうとされている（❶）。ただし、限定された数名の者に対して摘示した場合であっても、その場所の通行・出入りが自由であって、相手方である数名の者はたまたまその場所に居合わせたにすぎないのであれば不特定の要件を充たすとされる。例えば、公衆数名が居合わせた裁判所の公衆控所で他人の悪事を口外した場合に公然性が肯定されている（❷）。

2．本罪は、事実の摘示によって人の社会的評価を現実に下げたことまでは要件とせず、抽象的危険犯だと理解されている。そのため、被害者の社会的評価を低下させるに足りる事実を公然と摘示すれば、その時点で既遂に達する。このような理解は、公然性の要件の解釈にも影響する。第1に、不特定または多数人が「認識しうる状態」であればよく、現実に摘示事実の内容が認識・了解されたことは要しないとされる。判例上、新聞や雑誌の場合、名誉毀損の記事を掲載発行して、多くの人が閲覧しうる状態にしたというだけで足り、実際に誰かが閲覧したことは不要だとされている（❸）。

3．第2に、特定の少数の相手方に事実を摘示したとしても、さらにその相手方からほかの不特定多数人にその情報が伝わるおそれがある場合には、公然性が認められている。したがって、本設例のように、甲が、Aが放火したという事実を隣人数名だけに摘示したとしても、判例によれば、それらの相手方からさらにほかの不特定多数の人々に伝播（でんぱ）する可能性を理由に公然性が肯定されることとなる（❹）。しかし、そこに居合わせた人がたまたま他人へと伝播させる意思を持っていたかどうかにより犯罪の成否が決定されるのは不当である。また、伝播のおそれを過度に強調すると、個人的な噂話といった日常会話であっても、本罪が成立しうることになりかねない。したがって、学説上、伝播性は、相手方が不特定または多数のいずれかであっても、伝播性がなければ公然性が否定されるという消極的な要素として位置づけられるべきだとする主張もある。判例上も、伝播可能性がないとされた事例があり、取調べ担当検事と検察事務官が在室する取調室内で名誉を害する発言をしたが、検事と検察事務官は公務員として職務上の守秘義務があることを理由に本罪の成立が否定された（❺、さらに相手方が校長といった学校関係者だった場合に公然性を否定した例として❻参照）。　［嘉門　優］

124★ 名誉毀損罪(3)
——事実の証明

甲は、インターネット上の掲示板を見て、フランチャイズによる飲食店「ラーメンC」の加盟店の募集や経営指導等を業とするA食品の母体が、カルト団体ともいえるBという団体であり、ラーメン店の売上がBの活動資金になっているという情報を得た。また、実際にラーメンCの店長だったDとのメールのやり取りによって、実際にA食品を信用して財産を失うという被害に遭った人が存在することも知った。そこで、甲は、被害に遭う人を減らすためにこの情報を一般市民に広く知らせるべきだと考え、自身のホームページ内において、「インチキ・フランチャイズAを粉砕せよ！」、「A食品の母体は右翼系カルト『B』」などと記載したり、Dから聞いた事実関係をまとめた文章を掲載し、不特定多数の人が閲覧しうる状態にした。

(1) 甲のホームページにおけるA食品に対する名誉毀損行為が無罪とされるためには、どのような要件を充たす必要があるか。

(2) 裁判において、甲が摘示した事実が真実であることを証明できなかった場合、判例によれば、どのような場合に故意が阻却されるか。

参考
❶最判昭和34年5月7日刑集13巻5号641頁
❷最大判昭和44年6月25日刑集23巻7号975頁
❸東京地判昭和47年5月15日判タ279号292頁
❹東京地判平成20年2月29日刑集64巻2号59頁
❺最決平成22年3月15日刑集64巻2号1頁（❹の上告審）

▶▶解説

Key Word 真実性の証明 真実性の錯誤 相当の理由

1．230条の2第1項によれば、名誉毀損とされる行為が、①公共の利害に関する事実にかかり、②その目的が専ら公益を図ることにあったと認められる場合であり、かつ③真実であることの証明がなされれば不処罰となる。

2．甲が真実性の証明に失敗した場合はどうか。真実性の証明が処罰阻却事由だとすれば（❶）、摘示した事実を真実だと誤信した場合であっても常に名誉毀損罪が成立する。しかし、それでは言論活動を萎縮させ、国民全体の知る権利が侵害されることにつながる。他方、真実性の錯誤を違法性阻却事由だとすれば、通説によれば、事実の錯誤としてすべて故意が阻却されることになる。しかしそうすると、事実を真実だと軽率に誤信した者も処罰されなくなってしまう。

3．そこで、行為者が証明可能な程度の資料・根拠をもって事実を真実と誤信したときにのみ故意が阻却されるとする見解が示された。しかし、なぜ客観的に証明可能な程度の資料・根拠の存在が要求されるかという疑問がある。他にも、確実な資料・根拠に基づいて真実だと信じた場合は表現の自由の正当な行使であるとして、35条によって違法性が阻却されるという見解や、真実であることを違法性阻却事由と位置づけたうえで、230条の2を過失犯処罰を認める特別規定（そこで、無過失であれば不可罰となる）とする見解もある。

4．一方、最高裁は、真実性の証明に失敗した場合、「確実な資料、根拠に照らし相当の理由があるとき」は故意が阻却されるとする（❷）。問題は、どのような事情が相当の理由といえるかである。下級審では、常識ある一般人にとって、真実であると確信するのが無理もないと認められる程度の資料・根拠であるかどうかを判断基準とした（❸）。

5．さらに、近年、インターネット上で個人が容易に情報発信を行うようになったことを理由に、相当性の判断基準を緩和すべきとする裁判例が現れた（❹）。これに対して最高裁は、インターネットにおける名誉毀損の被害の深刻さ等を理由に、基準の緩和を否定した（❺）。ただし、❺は、被告人が情報収集義務をどの程度果たしたかという点に着目しており、最高裁も一般人の調査能力の限界を一切考慮しないというわけではないと思われる。

［嘉門　優］

125 信用の意義

甲はコンビニエンスストアＡで購入した紙パック入りのオレンジジュースに、自ら家庭用洗剤を注入したうえで、警察官に対して、上記オレンジジュースに異物が混入していたと虚偽の申告を行った。この申告を受けた警察が、報道機関に対してコンビニエンスストアＡにおいて、異物の混入されたオレンジジュースが販売されていたことを発表したため、全国の新聞やテレビニュースにおいてこの情報が報道された。

(1) 甲が虚偽の風説を流布したことによって、コンビニエンスストアＡが販売する商品に対する社会的な信頼を害したと考えられるが、このような場合、信用毀損罪（233前）が成立するか。

(2) 甲にはさらに、偽計業務妨害罪（233後）は成立するか。成立する場合、罪数関係はどのように理解されるべきか。

参考　❶大判大正5年6月1日刑録22輯854頁
❷最判平成15年3月11日刑集57巻3号293頁
❸大阪地判平成13年12月11日刑集57巻3号318頁（❷の第1審）

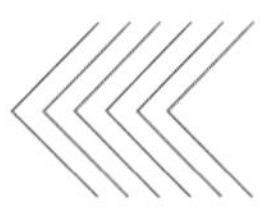

▶▶解説

Key Word 信用
経済的な側面における人の社会的な評価
業務妨害

1．**信用毀損罪における信用は、人の社会的評価である点で名誉と共通性を持つが、経済的見地における社会的評価に限定される点で違いがあるとされる。**従来の判例は、本罪における信用を、人の支払能力または支払意思に関する信用に限定する立場をとり、例えば、店の商品が腐っているといった、商品の品質に関する虚偽事実の流布は、本罪ではなく、偽計業務妨害罪にあたるとしていた（❶）。このような限定的な理解は、信用毀損罪と偽計業務妨害罪との区別を明確にするものであり、学説上も有力に主張されている。本説によれば、信用毀損罪は人の経済活動ないし民間の経営基盤を脅かす罪である以上、233条にいう信用が、経営のための資金調達の基盤となる人の支払能力、支払意思に限定されるのは当然だというのである。

2．以上のように限定的に理解する立場に対し、学説上、以下のように批判がなされてきた。つまり、虚名も保護される名誉毀損罪とは異なり、信用に関しては、関係者の損害回避の観点から虚名保護の原則が妥当しないのだとすれば、支払能力・支払意思に対する信用に限られず、経済活動の枠内において信用を広く理解すべきだというのである。その後、最高裁も立場を変更し、**信用毀損罪は、経済的な側面における人の社会的な評価を保護するものであり、同条にいう信用は、人の支払能力または支払意思に対する社会的な信頼に限定されるべきものではなく、販売される商品の品質に対する社会的な信頼も含むと解するのが相当であるとした**（❷）。したがって、この立場によれば、本設例の甲には信用毀損罪が成立することになる。

3．判例のように信用を広く理解する場合、甲には信用毀損罪と偽計業務妨害罪の両罪が成立しうることになる。両罪とも基本的には経済的活動を保護していることから、同質だと把握する立場からは、233条違反の単純一罪として処理されることとなる（❸）。しかし、学説上、信用毀損罪は個人の経済的信用を保護法益とするのに対して、個人の社会的活動を保護法益とする業務妨害罪とは罪質を異にするとして観念的競合（54Ⅰ前）とする見解も有力である。

［嘉門　優］

126 業務妨害罪(1)
——偽計と威力

(1)　A大学の学生甲は、自分に対する成績の評価に不満を持ち、教員Bの授業を邪魔してやろうと企て、休み時間に教卓の上に猫の死骸を置いておいた。Bは、始業前にそれを思いがけず発見し、恐怖感や嫌悪感から授業を休講にしてしまった。甲の罪責について論じなさい。
(2)　**(1)**で、もしもBが猫の死骸を処理するのに数分程度の時間を要したもののそれ以外はあまり意に介することなくほぼ普段通りの授業ができたとすれば、どうなるか。甲の罪責について論じなさい。
(3)　C大学の学生乙は、授業に行きたくなかったので、C大学に宛てて、キャンパス内に爆弾を仕かけたという嘘の内容の手紙を投函した。この手紙を見たC大学職員Dらは、教員や学生などに被害が及ぶことをおそれ、警察への通報、授業の休講などの措置をとることを余儀なくされた。乙の罪責について論じなさい。

参考　❶最決平成4年11月27日刑集46巻8号623頁
❷東京高判令和3年8月31日高検速（令3）241頁
❸最決昭和59年3月23日刑集38巻5号2030頁
❹東京高判平成20年5月19日東時59巻1～12号40頁
❺仙台地判平成27年3月30日 LEX/DB 25506228
❻東京高判平成25年4月12日東時64巻1～12号103頁

▶▶解説

Key Word 業務 抽象的危険犯 偽計 威力

1．甲には威力業務妨害罪（234）が成立しうる。一般的に、**業務妨害罪**（233後・234）**にいう業務とは、人が社会生活上の地位に基づき継続して従事する事務または事業とされる。本罪は抽象的危険犯と解され、判例（❶）・通説によれば、「業務を妨害した」というためには、業務の外形的な混乱・支障が現に生じたことまでは必要なく、業務を妨害するに足りる行為があればよい。**大学の授業は学校の教育事業であることから本罪にいう業務にあたる。また、猫の死骸を教卓の上に置く行為も業務を妨害するに足りる行為といえる（❶）。

2．休講に至らなかった場合でも、甲には威力業務妨害罪が成立しうる。**1**．でも述べたように、本罪が成立するためには、あくまでも客観的に妨害するに足りる行為があればよい。また、本罪は危険犯ではなく侵害犯であるとする近時の有力説に立った場合でも、猫の死骸が教卓の上になければ本来は円滑になされたはずの授業の開始・遂行が困難にさせられたところに業務の妨害があると考えうる。

3．乙には威力業務妨害罪が成立しうる。乙が虚偽内容の手紙を送っているため、偽計業務妨害罪（233後）となるようにもみえる。そこで、**偽計と威力はどのように区別されるかが問題となる。偽計の意義については諸説あるが、有力説によれば、人を欺罔ないし誘惑し、あるいは人の錯誤・不知を利用する違法な手段のことをいい、悪戯（軽犯1㉛）の程度を超えるものをいう。**例えば、SNSに「私はコロナだ」と投稿した後に飲食店Eでの飲食の様子をコロナ感染者がEで飲食したかのように受け止められかねないことを認識しつつEが特定可能な写真とともに「濃厚接触の会」と投稿した場合にEを経営する会社の営業部長Fらの本来の業務に対する偽計妨害が認められうる（❷）。**威力とは、判例（❸）・通説によれば、客観的に「犯人の威勢、人数及び四囲の状勢よりみて、被害者の自由意思を制圧するに足る犯人側の勢力」をいう。**嘘の内容の手紙は、相手方をだまそうとするものであり偽計の要素を含むが、**(3)**の場合は、威力の要素に法的な評価の重点が置かれ、構内に爆弾を仕かけたという脅迫的な内容の告知が大学職員Dらの自由意思を制圧したことで、警察への通報などの徒労の仕事を強いられたことよりも本来の正常な業務がなされなかったことが妨害にあたると解される（❹❺）。だが、学説上は偽計と威力を区別する基準は必ずしも明確ではないともいわれ、事実、インターネット上の掲示板での虚偽の犯行予告につき警察官の職務に対する偽計業務妨害罪を認めた裁判例（❺❻など）もある。［**後藤啓介**］

127★ 業務妨害罪(2)
——公務も業務か

甲は、動画投稿サイトの再生回数を増やして広告収入を得るための動画を共犯者乙に撮影させる目的で、交番に勤務する警察官Aの面前で、覚醒剤のように偽装した白い粉砂糖入りのポリ袋をズボンのポケットからわざと落とし、これを拾って逃走し、Aにあたかも違法薬物を所持した犯人が逃走を図ったものと誤信させ、Aらに自己を追跡させるなどした。その結果、Aをはじめとする警察職員らは、逃走現場への出動、甲の任意同行や取調べなどの捜査活動に従事することを余儀なくされ、その間、刑事当直、警ら活動、交番勤務などを遂行することが困難になった。

(1) 警察官Aらの公務を偽計によって妨害した甲には公務執行妨害罪(95)が成立しうるか。

(2) 判例は、「強制力を行使する権力的公務」は業務妨害罪（233後・234）にいう業務にあたらないとしている。では、本設例において妨害の対象となった警察官Aらの職務は、「強制力を行使する権力的公務」であるから同罪にいう業務に該当せず、同罪は成立し得ないか。

参考
❶最決昭和62年3月12日刑集41巻2号140頁
❷最決平成12年2月17日刑集54巻2号38頁
❸東京高判平成21年3月12日高刑集62巻1号21頁
❹名古屋高金沢支判平成30年10月30日LEX/DB 25561935

▶▶解説

Key Word 強制力を行使する権力的公務

1．甲に公務執行妨害罪（95）は成立しない。同罪は、暴行または脅迫という手段により公務の執行を妨害した場合にのみ成立し、偽計により妨害しても成立しない（項目**201**参照）。そこで、甲の行為につき偽計業務妨害罪の成否が問題となる。**論点は、業務妨害罪にいう業務に、本設例のような公務も含まれるかである。**

2．甲には偽計業務妨害罪（233後）が成立しうる。公務が業務妨害罪にいう業務に含まれるかについては諸説あり、従前の判例は業務に公務は含まれないとしていた。しかし、**現在の判例（❶および❷）・通説は、「強制力を行使する権力的公務」は業務に含まれないが、それ以外の公務（「強制力を行使しない権力的公務」と「非権力的公務」）は含まれるとする。**「強制力を行使する権力的公務」が業務妨害罪の保護対象から外れる理由は、「暴行・脅迫に至らない程度の威力や偽計による妨害行為は強制力によって排除し得るから」（❸）とされている。ただ、**近時の裁判例（❸および❹）は、「強制力を行使する権力的公務」であるかどうかは、公務員の地位・権限ではなく、対象となる公務が妨害行為に対して強制力を行使しうる段階・局面にあるか否かという観点から検討しているとの指摘もある。**本設例（❹の事案）についてみれば、たしかに、警察官Aらによる逃走現場への出動、甲の任意同行や取調べなどは、犯罪捜査を見込んだ「強制力を行使する権力的公務」にあたるから、偽計業務妨害罪にいう業務にはあたらない。しかし、甲の行為がなければ遂行されたはずのAらの刑事当直などはそのような公務にあたらないから依然同罪の対象となる業務にあたるということになる（❹）。また、甲の行為がなければ遂行されたはずの公務の中に仮に強制力を付与された（強制力の行使が想定された）権力的公務（例えば、逮捕状による逮捕など）が含まれていたとしても、**その強制力は甲の偽計による妨害行為に対して行使しうるはずはなく、同行為を排除する働きを有しないため、同罪の保護の対象となりうる**業務と解されることになる（❹。この点、❸も参照）。

ただ、学説上、❸などが「強制力を行使し得る段階にな［い］」とすることで「強制力を行使する権力的公務」の範囲を強制力の行使によって現に職務が執行されようとしている局面の公務に限定しようとしていることにつき、実質的には本来予定されていたはずの「強制力を行使する権力的公務」についても業務妨害罪の成立を認めるものであり、事実上同罪による公務の保護を無限定に認めることにつながるとの批判もある。

［**後藤啓介**］

128　財産犯の分類

(1)　甲は殺人を犯して指名手配中の身であるが、逃亡資金を入手するために他人Ａの運転免許証を使って金融機関Ｂに赴き、自己をＡであると偽って30万円を借り、返済期日までに30万円を利息とともに全額返済した。甲が30万円を借りた行為につき、詐欺罪が成立するか否かを論じなさい。
(2)　乙は友人Ｃと喧嘩になったことから立腹し、Ｃを困らせようと思い、Ｃが大事にしている名画を密かに持ち出し、自宅の倉庫に隠匿した。乙の罪責について論じなさい。
(3)　丙はゲームセンターにおいて、500円硬貨に似せた金属片をゲーム機の硬貨投入口に挿入してゲーム機を作動させ、対価を支払わずにゲーム機を利用した。丙の罪責について論じなさい。

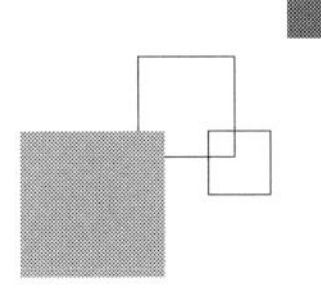

▶▶解説

Key Word 財産犯の分類
財産犯の区別基準

1．財産犯の分類方法は複数あるが、**保護の対象となる財産の意義という観点から、個別財産に対する罪と全体財産に対する罪に区別される**。個別財産に対する罪とは、個々の財物や利益を侵害する犯罪であり、全体財産に対する罪とは、被害者の全体的な財産状態を侵害する犯罪である。現行刑法において、全体財産に対する罪とされているのは背任罪（247）のみであり、その他は全て個別財産に対する罪である。

(1)の甲は30万円を滞りなくBに返済していることからBに法益侵害はなく、詐欺罪は成立しないようにも思える。しかし、個別財産に対する罪においては、個々の財物や利益が喪失するのみで犯罪が成立するので、甲が他人になりすましていることを知っていればBは金銭を貸さなかったであろうと認められる場合には、当該金銭という個別財産が失われたことになる。

2．次に、**財産犯は毀棄罪と領得罪に分類される**。被害者に対する財産侵害のみが発生する毀棄罪には258条以下の各罪がある。一方、行為者が財産を得る領得罪には、これら以外の財産犯があたる。

領得罪には利欲的性質があることから毀棄罪に比して法定刑が重いので、**(2)**の乙については窃盗罪が成立するか、器物損壊罪が成立するかが問題となるが、**両者は不法領得の意思の有無によって区別される**（項目**136**参照）。

さらに、**領得罪は占有の移転を伴う移転罪と、占有が移転しない非移転罪に分けられる**。非移転罪には横領罪（252以下）がある。

また、**移転罪は被害者の瑕疵ある意思に基づいて移転する交付罪と、被害者の意思に反して移転する盗取罪に分けられる**。交付罪には詐欺罪（246）と恐喝罪（249）があり、盗取罪には窃盗罪（235）と不動産侵奪罪（235の2）、強盗罪（236）がある。

3．続いて、**財産犯は財物を客体とする財物罪と、財産上の利益を客体とする利得罪に分類される**。**(3)**の丙は対価を支払わずにゲーム機を利用しているが、丙の行為は利益窃盗にあたることから窃盗罪は成立せず、人に対する欺罔行為が存在しないことから2項詐欺罪も成立しないので、現行法上では不可罰となる。

［**佐藤結美**］

129 財物の意義

(1)　製薬会社に勤務する甲は、ライバル会社のA社が新薬開発を計画していることを知り、A社で機密情報の管理をしている友人の乙に自己のUSBメモリを渡し、A社の新薬に関するデータをUSBメモリに移して自己に返すことを依頼し、乙は会社に無断で新薬のデータにアクセスし、これを甲のUSBメモリに移して甲に渡した。甲と乙の罪責について論じなさい。
(2)　丙は公道上で、他人Bの紛失後に失効したBの免許証を見つけたところ、これを偽造して自己のものとして使うことを考えて自己の財布に入れた。丙の罪責について論じなさい。

参考　❶東京地判昭和59年6月28日刑月16巻5=6号476頁
❷東京地判昭和60年3月6日判時1147号162頁
❸東京地判昭和39年7月31日下刑集6巻7=8号891頁
❹東京高判昭和45年4月6日東時21巻4号152頁

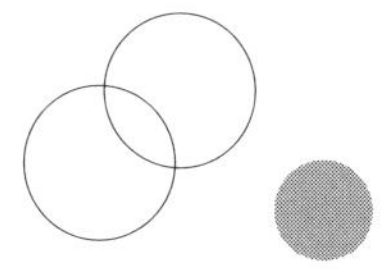

▶▶解説

Key Word 有体性説 情報の不正取得 金銭的価値 主観的価値

1. 財物の意義については、有体性説と管理可能性説が対立している。有体性説は、財物は有体物でなければならないと解するのに対して、管理可能性説は、管理可能なものであれば財物に含まれると解する。電気が財物とみなされることについては245条で明記されているが、管理可能性説に従えば、電気以外のエネルギーや情報も財物としての保護を受けうる。しかし、詐欺罪（246）や強盗罪（236）などとは異なり、**利益窃盗を不可罰としている現行刑法との矛盾が生じるという観点から管理可能性説には問題があり、有体性説が妥当である**といえる。

有体性説に従った場合、情報は財物には該当しないので、**(1)**のように、情報そのものが不正取得の対象となっているケースでは窃盗罪は成立しない。従来の裁判例は、情報が紙などの媒体に化体されており、媒体が窃取の対象とされた場合に限り窃盗罪（235）の成立を認めるという形で「情報窃盗」を処罰している。新薬に関する資料のファイルを持ち出し、コピー後に返還した❶では、媒体に新薬の情報が化体していることから財物としての価値を有するとされ、窃盗罪の成立が肯定された。これに対して、❷では、コンピュータ会社でプログラムを管理する従業員が、会社に無断で自己が販売するコンピュータに当該プログラムを入力した行為につき、背任罪（247）の成立が肯定されている。したがって、**有体性説によれば、情報そのものに対する侵害行為は、不正競争防止法などの特別法を除けば背任罪の限度でのみ処罰されうる。**特別法違反について論ずる必要がなければ、情報そのものを対象とする侵害行為があった場合には、利益窃盗が現行刑法上不可罰であることに留意しつつ罪責を検討する必要がある。

2. 金銭的価値または交換価値のある有体物が財物となることに疑いはないが、主観的価値しかない有体物であっても財物たりうる。また、**(2)**のように、他人の手に渡った場合に悪用されうる物も消極的価値があるとして、財物に該当する（❸でも、失効した運転免許証を拾得した行為につき、遺失物横領罪の成立が肯定された）。

一方、**金銭的にも主観的にも価値がないか、価値が極めて低い物は財物にあたらない。**金銭窃取の目的で他人のポケットに手を入れ、ちり紙13枚を抜き取ったところで発見されて目的を遂げなかったという❹では、ちり紙の価値が微小であって刑法上の保護に値しないことから、窃盗未遂にとどまるとされた。

［**佐藤結美**］

130 財産上の利益の意義

(1) 甲は、Aが実質的経営者であった風俗店グループのナンバー2であったところ、Aを殺害した後すぐにグループのトップとなることを引き受け、積極的にグループの経営に乗り出し、逮捕されるまでグループのトップとしての立場にあった。甲がAを殺害したことは、Aから「経営上の権益」を強取するものであり、2項強盗罪が成立するといえるか。
(2) 乙は、金品を窃取する目的でB宅に侵入し、Bが寝ていることを確認するとともに、隣の部屋にあったバッグにキャッシュカードの入った財布があることを発見した。そこで、乙はBを包丁で脅してキャッシュカードの暗証番号を聞き出した。乙の罪責について論じなさい。
(3) 丙は、タクシー運転手Cにナイフを突きつけて「東京駅まで乗せろ」と脅迫したところ、反抗を抑圧されたCは東京駅まで走行し、丙を下車させた。丙の罪責について論じなさい。

参考　❶神戸地判平成17年4月26日判時1904号152頁
❷東京高判平成21年11月16日東時60巻1～12号185頁

▶▶解説

Key Word 利益該当性 移転性

1．強盗罪（236）、詐欺罪（246）、恐喝罪（249）では、財産上の利益を客体とする規定が設けられている。従来の判例では債務の支払いの免脱、支払猶予などが財産上の利益に該当することが認められていた。

2項犯罪の成否を論ずる場合、①財産上の利益が存在するか否か、②利益が被害者から行為者に移転したといえるか否か（2項詐欺罪および2項恐喝罪の場合は被害者から行為者に対する処分行為があったか否か）、具体的事実を摘示しつつ明らかにする必要がある。

2．利益該当性について、**(1)**の題材とした❶では、Aの経営上の権益はA死亡後に被告人に引き継がれるとの一定の法律関係があったわけではないことなどから、経営上の権益は財産上の利益にあたらないと判断された。

❶のように、移転可能性のあるものを財産上の利益と解する判断枠組には処罰範囲の明確化という利点があるものの、本来は別の要件であるはずの利益該当性と移転性を混同するものではないかとの批判もある。

3．一方、**(2)**の題材とした❷では、キャッシュカードと暗証番号を併せ持つ者は、ATMを通して迅速かつ確実に預貯金を払い戻すことができるので「預貯金の払い戻しを受け得る地位」という財産上の利益を得ており、犯人が預貯金の払い戻しを受ける反面において被害者の預金債権に対する支配が弱まるという関係から利益の移転が認められるとして、2項強盗罪の成立が肯定された。

❷では、預貯金取得の確実性から財産上の利益を肯定しているが、「預貯金の払い戻しを受け得る地位」は、実際に預貯金を引き出さない限り抽象的な利益にとどまる。このような利益を「○○できる地位」として利益該当性を肯定することには、財物奪取に向けられた暴行・脅迫などがないことから1項犯罪が成立し得ない事例でも2項犯罪が成立しうるという問題がある。

4．また、相手を欺罔したり暴行・脅迫を加えたりすることで役務やサービスの提供を受ける行為についても、2項犯罪が成立しうる。有償役務説によれば、有償の役務やサービスのみが財産上の利益として認められることになり、**(3)**ではタクシーの運転を開始した時点で役務やサービスを享受したということで2項強盗罪が成立する。これに対して、対価の支払いを免れることが財産上の利益であるとする債務免脱説によれば、丙が代金の支払いを免れて下車する時点で同罪が成立する。

［**佐藤結美**］

131★ 窃盗罪(1)
——保護法益

甲は、自動車金融業を営んでおり、利息額の法定制限を免れる目的で、金銭的に窮状にある者に対して、その者が所有する自動車を買い受ける名目で自動車価格の10分の1程度の金銭を貸しつける一方、支払期限内に利息分を含む貸付金の返却がなかった場合には、甲が自動車を任意に処分できる旨の買戻約款付自動車売買契約を申し入れ、希望者と当該契約を締結していた。契約締結後も、債務者（金銭の借り手）は従前通り、その自動車を使用することができた。甲は、Aとの間に上記契約を締結したが、返済期限を過ぎても、Aが貸付金の支払いを行わなかったことから、A宅のガレージに無断で立ち入り、Aに無断で作成していたスペアキーを用いて車両を運転し、引き揚げた。

(1) 甲に窃盗罪（235・242）を成立させるためには、どのような理論構成が考えられるか。

(2) 本事案で甲に所有権が認められるとした場合、判例の理解を前提に、甲が所有権を有しているとの事実は犯罪の成否にどのような影響を与えうるか。

(3) 判例の立場を前提とした場合、本事案をどのように変更すれば、窃盗罪が成立しないことになるか。

参考 ❶大判大正12年6月9日刑集2巻508頁
❷最判昭和34年8月28日刑集13巻10号2906頁
❸最決平成元年7月7日刑集43巻7号607頁

▶▶解説

Key Word　本権説・占有説　違法性阻却

1．窃盗罪の保護法益については、242条の解釈をめぐり、基本的に本権説と占有説とが対立し、各説の修正説である修正本権説や平穏占有説も主張されている。判例はかつて本権説の立場から、同条における他人の占有を賃借権等の私法上の適法な権原に基づく占有に限るとしていた（❶）。本権説からは、本設例でもまず所有権者の確定が必要で、所有権が甲にあり、Aの占有が適法な権原に基づかないのであれば、242条には該当せず、窃盗罪が否定される。つまり、(1)につき、本権説から窃盗罪を肯定するには、本契約が暴利的性質を含むために無効で、甲に所有権が認められない、と論証するか、それとも、甲に所有権があることを認めつつAの占有が適法な権原に基づく、と論証する必要がある。こういった所有権を取得する経緯に関する事情は、本権説の修正説である修正本権説では「合理的な占有」の有無で評価されることになる。

2．現在の判例は、適法な権原に基づく占有か否かを問わずに242条の適用を認めており、占有説的な考えに至っている（❷）。(1)につき、占有説からは、Aが車両を占有する以上、甲が所有者であっても、Aに無断で車両を引き揚げる行為は「他人の占有する財物を占有者の意思に反して奪取した」という窃盗罪の客観的構成要件を充たす。判例も類似事案で窃盗罪の成立を肯定した（❸）。

3．もっとも、判例の立場からも、行為者が所有権者であることが犯罪の成否と無関係であるとは限らない。所有権者による占有侵害は、権利行使として違法性阻却事由にあたると捉える余地はある。(2)にあるように仮に甲に所有権が認められるとすれば、甲の持ち去りは権利行使の側面を備え、それゆえ、甲の行為につき違法性が阻却されるかを検討する必要がある。

4．では、本設例で甲の行為の違法性は阻却されるか。ここでは甲の行為が適法な権利行使といえるかが問題となるが、A宅に無断で侵入し、Aに無断で作成したスペアキーを用いたとの事情からは、適法な権利行使とは言い難い。❸においても、上記事情の下での持ち去りは「社会通念上借主に受忍を求める限度を超えた違法なもの」として、適法な権利行使にあたらないことが確認されている。裏を返せば、(3)に関して、車を取り戻す過程に不法侵入などの違法な点が存在しない、占有者の合意を得る時間的猶予がないほど早急に取り戻す緊急性がある、といった事情の下であれば、甲の持ち去りは適法な権利行使として違法性が阻却されうるであろう。

［冨川雅満］

132★ 窃盗罪(2)
——占有の有無

(1)　Aは、大型スーパーマーケットの6階ベンチに財布を置き忘れたまま、地下1階に移動し（6階からエスカレーターで約2分30秒かかる）、置き忘れてから約10分後に、買物をしている途中で財布を忘れたことに気づき、6階に引き返したが、すでに財布は甲に持ち去られていた。甲は、ベンチの周囲に人が誰もおらず、他に手荷物らしきものも置かれていなかったことから、該財布は誰かが置き忘れたものだと思いつつ、これを持ち去ったものである。甲の罪責について論じなさい。

(2)　Bは、駅前の路上に自転車を置いて、電車を利用して3駅離れた知人宅に泊まりに行き、翌日電車で戻ってきたところ、その自転車は、乙によって持ち去られていた。Bが自転車を置いた場所は、有料の自転車駐輪場である建物に隣接する空き地であり、その空き地自体は駐輪施設ではなく、事実上、駐輪場として利用されているという状況もない。自転車には「B」とマジックで記名されていたが、施錠されてはいなかった。乙が、該自転車を持ち去った時点において、Bは知人宅に滞在していた。乙の罪責について論じなさい。

参考　❶最決平成16年8月25日刑集58巻6号515頁
❷東京高判平成3年4月1日判時1400号128頁
❸東京高判平成24年10月17日東時63巻1～12号211頁

▶▶解説　　**Key Word**　財物に対する事実上の支配

1． 窃盗罪（235）の客体である財物は、他人が占有するものでなければならない。ここにいう占有とは、財物に対する事実上の支配をいう。この占有の有無によって、窃盗罪と占有離脱物横領罪（254）とが区別される。**占有の有無は、財物に対する事実的支配という客観的要件（占有の事実）と支配意思という主観的要件（占有の意思）を総合的に考慮して、社会通念に従って判断される**ことになる。

2． **(1)**は置き忘れのケースであるが、このような場合には、まず財物が被害者の支配内にあるといえるかどうかが問題となる。この点に関しては、**領得行為の時点で被害者が置き忘れに気づいたならば他者の妨害を排除して財物を確保する可能性があると考えられる範囲においては、依然として被害者の支配内にあるとみて占有を肯定することが可能である**（❶）。**(1)** では、甲が財布を持ち去った時点において、Aが財布を置き忘れてからそれほど時間は経っておらず、Aと財布との場所的離隔も大きくはないが、Aは異なる階層に居たため置き忘れた場所の状況を見通すことができず、甲が持ち去るのを阻止して財布を確保する可能性は乏しいといわざるを得ない。したがって、Aの占有は否定される（❷）。さらに、スーパーマーケットの管理者の占有を認めることができないかが問題となるが、開店中の店舗内には客が自由に立ち入ることができるため、占有を肯定するに足るだけの支配を認めることはできない。したがって、スーパーマーケットの管理者の占有も認められない。以上より、甲には占有離脱物横領罪が成立する。

3． **(2)**においても、乙が自転車を持ち去った時点において、Bにこれを排除して自転車を確保する可能性は認められない。Bは他者による持ち去りを容認してはいないから、支配意思は有しているであろうが、それだけで占有を肯定することはできない。したがって、乙には占有離脱物横領罪が成立する（❸）。ところで、この場所が事実上駐輪場として利用されている場所であったとしたならばどうなるであろうか。その場合であっても、Bに自転車を確保する可能性がないことは変わらない。しかし、**客観的に所有者が意識的にその場所に置いていることを推知させる状況が認められる場合には、支配意思があることと相まって、社会通念上、所有者の支配内にあるとして占有を肯定することができる**。そのような観点からすると、事実上駐輪場として利用されている場所であったならば、窃盗罪が成立する余地もあろう。

［**髙橋直哉**］

133 窃盗罪(3)
——占有の帰属

(1) 甲とＡは、パソコンを共同で購入し、２人の共同研究室に備え付け、共同して保管していたが、甲は、該パソコンを中古パソコン店に売却して利得する意思で、Ａに断りなく共同研究室から持ち帰った。甲の罪責について論じなさい。

(2) 乙は、コンビニエンスストアの店主Ｂからアルバイト店員として雇用され、店番、商品の陳列、販売（レジ操作）および清掃等の業務に従事していたが、Ｂの不在時にＢに無断で酒類、食品など店の商品を持ち帰った。乙の罪責について論じなさい。

(3) 郵便集配人である丙は、配達の際、配達物の中に現金書留があることに気づき、自己の遊興費に費消する意思で、該現金書留を配達せずに自分のズボンのポケットに入れて郵便局に戻り、終業後、そのまま自宅に持ち帰り、自宅で開披して中にある現金を抜き取った。丙の罪責について論じなさい。

参考 ❶大判大正 8 年 4 月 5 日刑録 25 輯 489 頁
❷大判大正 3 年 3 月 6 日新聞 929 号 28 頁
❸東京地判昭和 41 年 11 月 25 日判タ 200 号 177 頁

▶▶解説

Key Word 共同占有 占有補助者 委託された封緘物

1．財物の占有に複数の人がかかわっている場合には、占有が誰に帰属するのかによって、窃盗罪（235）と委託物横領罪（252 Ⅰ）とが区別されることになる。**(1)**は、甲とＡが共同してパソコンを占有しているケースである。このような共同占有の場合、共同占有者の１人（甲）が他の共同占有者（Ａ）の意思に反して財物を自己の単独占有に移す行為は、**他の共同占有者（A）の占有を侵害するものであるから窃盗罪が成立する**（❶）。

2．物の保管者の間に上下・主従の関係がある場合には、**占有は上位者にあり、下位者は上位者の手足として物を保管しているにすぎない**と評価されることがある。このような場合の下位者は**占有者ではなく、占有補助者（あるいは占有機関）**といわれる。**(2)**では、店主であるＢが占有者であり、乙は占有補助者にすぎない。したがって、乙が無断で酒類等を持ち帰った行為はＢの占有を侵害するものであるから窃盗罪が成立する（❷）。

3．委託された封緘物の占有が誰にあるのかについて、**判例は、封緘物自体の占有は受託者にあるが内容物についての占有は委託者にある**と解している。物全体の支配は受託者にあるとしても、受託者は内容物を自由に支配できる状態にはないから内容物の占有は委託者にあると考えるのである。これによると、内容物だけ抜き取ると窃盗罪が成立するのに対し、物全体を領得すると横領罪が成立することになるので、**(3)**のケースでは、現金書留をポケットに入れた時点で丙に業務上横領罪が成立するように思われる（❸）。このような考え方に対しては、物全体を領得すれば横領になり、内容物だけ抜き取ると窃盗になるというのは、奇妙であり、単純横領罪の場合には刑の不均衡も生ずるとの批判がある。しかし、判例の立場に立っても、**最初から内容物を領得することが目的でひとまず物全体を領得するようなケースでは、内容物を領得した時点で窃盗罪が成立し、仮に先行する行為が横領にあたると評価できるものであるとしても、それは窃盗の手段であるから窃盗罪に吸収される**と解することができよう。そのように解するならば、現金を抜き取った段階で丙に窃盗罪が成立するということになる。

［**髙橋直哉**］

134★ 窃盗罪(4)
——「死者の占有」

甲は、日頃から恨みを抱いていたＡを殺害することを決意し、Ａに対して折り入って相談したいことがあると嘘をついてＡを深夜の公園に呼び出した。甲は、用意していた包丁でＡの左胸を数回刺したところ、Ａはその場で死亡した。その直後、甲はＡが左腕に高級腕時計をはめていることに気づき、この時計１個をもぎ取った。

甲の罪責について論じなさい。

参考　❶最判昭和 41 年 4 月 8 日刑集 20 巻 4 号 207 頁

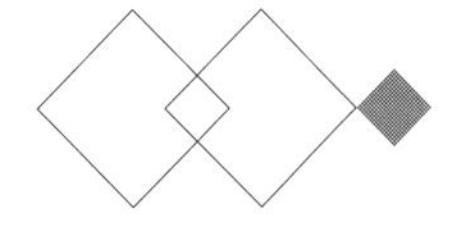

▶▶解説

Key Word 死者の占有
生前の占有の継続的保護

1． 窃盗罪（235）は他者の占有する財物を奪取する犯罪であるため、窃盗罪の実行行為である窃取にあたるといえるためには、当該財物について他者の占有が認められることが必要である。本設例では甲が奪取した腕時計についてAに占有が認められるかが問題となるが、甲が腕時計を奪取した時点でAは死亡している。この場合においても腕時計に対する占有がAに認められるのだろうか。このように、被害者が死亡した後、行為者が財物を奪取する意思を有して財物を奪取した場合の罪責を検討するのが、「死者の占有」という論点である。

2． ❶で最高裁は、「被害者が生前有していた財物の所持はその死亡直後においてもなお継続して保護するのが法の目的にかなう」としたうえで、「被害者からその財物の占有を離脱させた自己の行為を利用して右財物を奪取した一連の被告人の行為は、これを全体的に考察して、他人の財物に対する所持を侵害したものというべきであるから、右奪取行為は、占有離脱物横領罪ではなく、窃盗罪を構成するものと解するのが相当である」と判示した。**判例は、死者に占有を認めるのではなく、被害者を殺害した行為者が被害者の死亡直後に財物を奪取した場合には、被害者が生前有していた財物に対する占有を死亡後も継続して保護するという立場に立っている。**

3． 学説では、窃盗罪説と占有離脱物横領罪説が対立している。窃盗罪説は、判例と同様の観点から窃盗罪の成立を肯定する立場と、死亡直後の生々しい死体から財物を奪取する場合には死者に占有が認められるとの観点から窃盗罪の成立を肯定する立場に分かれる。占有離脱物横領罪説は、被害者の死亡により財物に対する占有は客観的にも主観的にも失われるとの観点から、占有離脱物横領罪（254）が成立するにとどまると主張する。

4． 判例と同様の見解に立つ場合には、生前の占有をどの段階まで保護するのかが問題となる。これについては、**被害者の死亡と財物奪取との時間的場所的近接性、機会の同一性、被害者の客観的占有状況が死亡後も変化していないかなどを考慮して判断する。**

本設例では、甲はAを殺害した直後に、殺害現場でAの腕時計を奪取しているため、時間的場所的近接性と機会の同一性が肯定される。また、被害者の客観的占有状況に変化はない。腕時計に対するAの占有はその死亡直後においても継続して保護されるべきであるため、甲に窃盗罪が成立する。 ［**安井哲章**］

135★ 窃盗罪(5)
——不法領得の意思（権利者排除意思）

甲は、昼休みの時間になったので昼食を買いに出かけようと考え、会社事務所を出ようとしたところで、支払期日が本日の午後1時となっている家賃の支払いをまだ済ませていないことに気づいた。そこで甲は、会社の敷地内にある駐輪場に行き、家賃の支払手続が終わり次第戻すつもりで、施錠されていない友人Aの自転車を、Aの許可を得ることなく使用した。甲は、家賃の支払いを済ませたあと、直ちにAの自転車を駐輪場に戻した。

甲に窃盗罪（235）が成立するか。

参考　❶大判大正9年2月4日刑録26輯26頁
❷最決昭和55年10月30日刑集34巻5号357頁
❸東京地判昭和59年6月28日刑月16巻5＝6号476頁

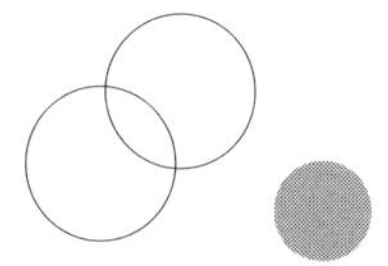

▶▶解説

Key Word 不法領得の意思 権利者排除意思 一時使用

1．窃盗罪の主観的要件として、通説・判例は、故意の他に不法領得の意思を必要とするとしてきた。窃盗罪における故意とは、他人の占有する他人の財物について、占有者の意思に反して自己または第三者の占有に移すことの認識・認容を意味する。これに対して、**不法領得の意思とは、権利者を排除して、他人の財物を自己の所有物として、その経済的用法に従い利用処分する意思のことをいう。**不法領得の意思は、**権利者排除意思**と**利用処分意思**の２つからなる主観的要素であり、財産犯のうち領得罪といわれる犯罪において、共通して要求される要素である。ただし、横領罪に関しては、横領行為をする前に財物の占有が行為者に移転しているため、横領罪における不法領得の意思の定義は独自のものとなる点に注意が必要である（項目**172**参照）。

2．窃盗罪における主観的要素として**権利者排除意思が要求されるのは、返還意思のある、処罰に値しない一時使用を処罰の対象から除外するため**である。❶で大審院は、自転車の一時使用に関して、返還意思のある一時使用の意思しかない場合は窃盗罪にならないが、乗り捨てる意思で自転車を無断使用した場合など、返還意思のない場合には窃盗罪が成立すると判断した。

3．返還意思のある一時使用の場合でも権利者排除意思を認め、窃盗罪の成立を認める判例も存在する。❷で最高裁は、他人の自動車を約５時間乗るつもりで持ち出し、実際に約４時間乗り回した行為者について、たとえ返還意思があったとしても不法領得の意思があったとして、窃盗罪の成立を肯定した。また、❸で最高裁は、秘密資料を持ち出してコピーをし、元に戻すという意思で当該資料を持ち出した事案において、行為者に不法領得の意思が認められるとした。したがって、**①返還意思はあるが相当程度の利用可能性を侵害する意思がある場合、②乗り捨てる意思がある場合など、利用可能性を継続的に侵害する意思がある場合、③返還意思があり利用可能性の侵害の程度も軽微であるが、物に化体された価値の減少を伴う利用意思がある場合に、権利者排除意思が認められる。**

4．本設例のような単なる自転車の一時使用の場合には、可罰的な程度に利用可能性を妨害する意思はないということになるため、権利者排除意思は認められず、甲に窃盗罪は成立しないということになる。

［**安井哲章**］

136★ 窃盗罪(6)
——不法領得の意思（利用処分意思）

(1)　甲は、同僚教員であるAの信用を失墜させようと考え、Aが受け持つクラスで実施され、まだ採点が済んでいない試験の解答用紙40枚をAの机の引出しから秘かに取り出し、これを自分の机の引出しの中に隠した。
　甲に窃盗罪（235）が成立するか。

(2)　乙は、住む場所もなく食事を十分にとることもできなかった。そこで、刑事施設（いわゆる刑務所）に入ることを希望して、最初から自首するつもりでB宅に侵入し、現金の入った財布を持ち出し、直ちに交番に行き、警察官に財布を盗んできた旨を告げた。乙に窃盗罪（235）が成立するか。

参考　❶大判大正4年5月21日刑録21輯663頁
❷最決平成16年11月30日刑集58巻8号1005頁
❸広島高松江支判平成21年4月17日高検速（平21）205頁

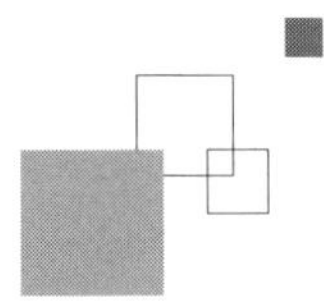

▶▶解説

Key Word 不法領得の意思 利用処分意思 毀棄隠匿罪との区別

1．窃盗罪を始めとした領得罪の主観的要素である不法領得の意思のうち、**利用処分意思は、領得罪と毀棄隠匿罪を区別する役割を果たす**。❶で大審院は、校長を失脚させる目的で教育勅語を持ち出し隠匿した事案において、行為者に利用処分意思がないとして窃盗罪の成立を否定した。毀棄隠匿の意思しかない場合は、利用処分意思が否定されることになる。

2．窃盗罪と器物損壊罪（261）を比較すると、財物の占有を侵害する窃盗罪よりも、財物の破壊を伴う回復可能性のない器物損壊罪の方が法益侵害の程度が大きい。それにもかかわらず、窃盗罪に器物損壊罪よりも重い法定刑が用意されているのは、**他人の財物を利用しようとする動機や目的がある場合の方がより強い非難に値し、これを防止する必要性も高い**と考えられているからである。

3．利用処分意思について、経済的用法に従い利用処分する意思というのが判例の立場ではあるが、経済的用法という点は緩やかに理解されるようになっており、**「財物から生じる何らかの効用を享受する意思」を意味する**と理解されている。

❷で最高裁は、財物をただ廃棄する目的で受領しようとする行為について、「何らかの用途に利用、処分する意思がなかった場合には、……不法領得の意思を認めることはできない」と判示している。利用処分意思が認められるためには、**財物それ自体を利用・処分することによって直接的に利得しようとする意思が必要**ということである。

4．**(1)**の甲は、Aの机の引出しから答案用紙を秘かに取り出している。これは答案用紙に対するAの占有を侵害する意図の下になされたものであるため、権利者排除意思は認められる。しかし、甲の狙いは、答案用紙を隠匿することでAが答案を紛失したという虚偽の事実を作出し、Aの信用を失墜させるというものである。甲は毀棄隠匿の意図で答案用紙を取り出しているため、利用処分意思は認められない。したがって、甲に窃盗罪は成立しないと解すべきである。

(2)の乙は、自首目的で財布の占有を侵害する行為を行っている。❸で広島高裁松江支部は、自首目的で財物を奪取した事例において、利用処分意思は単純な毀棄・隠匿目的で行われる場合を排除するという消極的な意義を有するに過ぎないとした。これに従うと、乙に利用処分意思が認められ窃盗罪が成立することになる。これに対して、自首目的は財物の利用・処分から直接的に達成されるものに当たらないと考えると、利用処分意思は否定されることになる。　**［安井哲章］**

137 窃盗罪(7)
——未遂・既遂

(1)　甲は、A電気店に侵入後、持っていた懐中電灯により店内を照らしたところ、電気器具類が積んであることはわかったものの、なるべく金を取りたいと思い、煙草売場の方に行きかけた際、A電気店を経営しているB・Cに発見された。甲の罪責について論じなさい。

(2)　乙は、スーパーマーケット店内で買物かごに商品35点を入れ、店員の監視を逃れてレジを通過せずにレジの外側に出て、店内のサッカー台（カウンター）の上にかごを置いたうえ、商品をかごの中から取り出してビニール袋に入れようとした際に、店員に取り押さえられた。乙の罪責について論じなさい。

参考　❶最決昭和40年3月9日刑集19巻2号69頁
❷名古屋高判昭和25年11月14日高刑集3巻4号748頁
❸最決令和4年2月14日刑集76巻2号101頁
❹大判大正12年4月9日刑集2巻330頁
❺東京高判平成4年10月28日東時43巻1号59頁

▶▶解説

Key Word 占有侵害の具体的な危険
財物の事実上の支配

1．窃盗罪（235）には未遂犯処罰規定（243）があるところ、**財物の置かれた状況や行為態様などを考慮したうえで、占有侵害の具体的な危険が発生した時が窃盗の実行の着手時期とされる**。(1)の題材とした❶では、窃盗の実行の着手があったとされている。一方、土蔵に侵入しようとして壁の一部を破壊し、外扉の錠を破壊して開いた行為が窃盗の実行の着手にあたるとされた❷では、土蔵は通常財物のみが所蔵されているのであるから、土蔵に侵入しようとする行為は財物を窃取しようとする行為であると判断されている。❸では、被告人以外の者が被害者に電話をかけキャッシュカードを封筒に入れて保管することが必要であると信じさせ、被害者宅を訪れる被告人が被害者に印鑑を取りに行かせた隙にキャッシュカード入りの封筒と偽封筒をすり替えてキャッシュカードを窃取するという計画に基づき、被告人が被害者宅付近まで赴いたものの目的を遂げなかったという事例につき、被告人が被害者宅付近まで赴いた時点で、被害者のキャッシュカードの占有が侵害される危険性があったとして、窃盗未遂罪の成立が肯定された。
2．次に、判例・通説によれば、**窃盗罪の既遂時期は財物を自己の事実上の支配内に移したときである**と解される。未遂時期と同様に、既遂時期も事案の具体的事実に応じて実質的に評価されている。❹では、店頭にある靴下１足を懐中に収めた行為につき窃盗罪の既遂が成立すると判断された。(2)の題材とした❺では、買物かごに商品を入れた犯人がレジを通過せず外側に出たときは、代金を支払った一般の買物客と外観上区別がつかなくなり、犯人が最終的に商品を取得する蓋然性が飛躍的に増大するという理由から、被告人がレジで代金を支払わずに、その外側に商品を持ち出した時点で、商品の占有は被告人に帰属し、窃盗は既遂に達すると判断された。

このように、窃盗罪が既遂に達したか否かは、財物の大小や周囲の状況などを考慮しつつ、財物が行為者の支配下に入ったといえるか否かによって判断されるものと解される。窃盗の既遂か未遂かが問題となる場合は、この点に着目して具体的事実を摘示しつつ評価する必要がある。目的物が小さい場合には容易に持ち運びができるので、その場で目的物を身につけただけで財物が行為者の支配下に入ったといえるが、目的物が大きく、搬出が容易ではない場合には、屋外や出入口など、財物の所有者（または管理者）の目の届かない領域に入れば財物が行為者の支配下に入ったと解される。

［**佐藤結美**］

138 不動産侵奪罪

(1) 甲がA所有の土地の上に無断で家を建てる行為は、不動産侵奪罪（235の2）に該当する。そこでいう「侵奪」とは何か。

(2) 工務店Aは、自らが所有する土地とその上の建物の管理を、Bに委ねた。Bはそこで得た権利（建物の賃借権とそれに伴う土地の利用権）をCに譲り渡した。その頃、Aは、代表者の夜逃げにより、事実上の廃業状態となった。Cからさらに権利を買い受けた甲は、建物を損壊し、土地の上に大量の廃棄物を積み上げて、原状回復困難な状態にした。甲の行為は、不動産侵奪罪に該当するか。それとも、横領罪（252）に該当するか。

(3) Aから土地を賃借し、その上に建物を建てて使用していた甲は、契約が終了してからも、土地を明け渡すことなく使用を続けた。甲の行為は、不動産侵奪罪に該当するか。

(4) **(3)**で、甲がその後、土地内に新たな建物を建てた場合、不動産侵奪罪に該当するか。

参考 ❶最決平成11年12月9日刑集53巻9号1117頁
❷最決平成12年12月15日刑集54巻9号1049頁

▶▶解説

Key Word 侵奪 不動産の占有

1．不動産侵奪罪における「侵奪」とは、窃盗罪における「窃取」と同様、相手の意思に反した占有移転を意味する。場所的移動が不可能な不動産についても、相手の利用を害するようなしかたでこれを使用する行為は、「占有（不動産に対する支配）を奪う」行為と評価されるのである。

2．占有移転を内容とする「侵奪」は、権利者が不動産を占有していたことを前提とする（権利者がすでに占有を失っている不動産の領得行為は、横領罪に該当する）。(2)について、❶は、Aが土地を現実に支配管理することが困難な状態にあったことを認めつつ、Aの占有を肯定し、不動産侵奪罪の成立を認めている。不動産は動産のように所在不明となることがなく、権利関係も登記で公示されていることから、いったん支配困難な状態が生じても、権利者が支配の意思を有している限り支配の回復は容易であるため、占有は失われないとも考えられる。もっとも、占有移転罪である窃盗罪や不動産侵奪罪が横領罪よりも重く処罰される理由が、財産に対する権利者の直接的・現実的支配を喪失させる点にあるとすれば、上記のような抽象的な回復可能性だけで占有を肯定してよいかについては、異論もありうる。

3．「侵奪」は、法益状態の不良変更（悪化）の内容をなすものであり、不動産の支配状態が変化することを要する。(3)のように、支配状態には変化がなく、ただ権利関係（支配状態に対する法的評価）が変化したにすぎない場合には、「侵奪」は認められない。これは、動産を賃貸借契約終了後も返還せず使用し続ける行為が「窃取」に当たらないのと同様である。

4．行為者が元から不動産を占有していた場合でも、占有移転（権利者の占有侵害）が認められて、不動産侵奪罪が成立する場合がある（❷）。同一の不動産に対して、行為者とともに権利者も一定の支配を及ぼしている場合、行為者の不動産使用の態様が変化することで、権利者の支配が新たに害されたといえるときには、占有の「移転」と評価しうるのである。(4)のような大幅な増築行為は、権利者の支配を新たに害したものとして、「侵奪」に該当しうる。(2)においても、（仮にAに占有が認められるとすれば）たとえ甲が行為前から土地を占有していたとしても、なお「侵奪」を認めることができるだろう。

［野村健太郎］

139 親族相盗例(1)
——適用の要件

甲は、大学卒業後に就職し、普段は実家を離れて１人でアパート暮らしをしている。ある日、用事があって実家に立ち寄った際、以前カメラマンであった父親Ａの高級カメラを見つけ、「もう親父も引退したから不要だろう。最近写真を撮っているところも見たことないし、なくなってもばれないだろう」と考え、カメラ買取店に売却するつもりでＡに無断でそのカメラを持ち出した。

(1)　甲の罪責はどうなるか。

(2)　甲は、このカメラはＡやその他の親族のものではなく、Ａが他人から預かっているものだと思って持ち出したとする。この場合、甲の罪責はどうなるか。

(3)　甲は、このカメラはＡのものだと思っていたが、実はＡが知人Ｂから借りていたものであったとする。この場合、甲の罪責はどうなるか。

(4)　甲は実家に立ち寄る際、友人の乙を同伴していたが、乙はＡのカメラを見つけ、カメラ買取店に売却するつもりで、甲に気づかれないようにこっそりとＡに無断でそのカメラを持ち出した。ところが、そのカメラはＡが知人のＢから借りていたものであり、乙はＢの息子であったとする。乙は、そのカメラがＢのものであることを知らなかったとして、乙の罪責はどうなるか。

参考　❶最決平成 6 年 7 月 19 日刑集 48 巻 5 号 190 頁
❷広島高岡山支判昭和 28 年 2 月 17 日判時 31 号 67 頁

▶▶解説

Key Word 法は家庭に入らず
親族関係の人的範囲
親族関係の錯誤

1． 244条は、親族間で窃盗罪および不動産侵奪罪（その未遂を含む）が犯された場合について、刑が免除され（Ⅰ）、あるいは、親告罪とされる（Ⅱ）旨、定めている。この親族相盗例は、親族間の一定の財産犯罪については、親族間の自律的な規律に委ねる方が望ましいという政策的な考慮（「法は家庭に入らず」）に基づき、処罰について特例を設けたものであるとするのが判例・通説である。これによれば、**(1)**の甲には窃盗罪が成立するが、244条1項が適用され、その刑が免除される。なお、直系血族の場合には同居が要件となっていないことに注意されたい。

2． 判例（❶）・通説は、**親族相盗例の適用にあたっては、犯人と占有者および所有者の双方との間に親族関係がなければならない**とする。「**法は家庭に入らず**」という**政策的根拠**からすれば、**占有者あるいは所有者が親族ではない場合には、もはや紛争は家庭外に波及している**ことになるから親族相盗例の適用を認めるべきではない。他方で、**窃盗罪の保護法益との関係**からすると、**所有権と占有の双方が保護法益であるから所有者も占有者も被害者**なので双方との間に親族関係が必要であると説明されることになる。これは一見すると占有説に反するようにもみえるが、占有説は、占有それ自体が所有権とは独立に保護法益となり得ることを認める説であり、本権が保護法益であることを否定する見解ではないから、占有説によっても、犯人と占有者および所有者の双方との間に親族関係が必要であるとの結論を導くことができる。このような理解によれば、**(3)**と**(4)**のいずれの場合も親族相盗例は適用されないことになる。

3． **親族相盗例の根拠を前述のような政策的な理由に求める場合には、親族関係の錯誤は行為の犯罪性とは関係のない錯誤であるから、罪責には影響しないこと**になる。したがって、**(3)**の場合には、故意が阻却されることも38条2項により親族相盗例が適用されることもない。他方で、**(2)**の場合には、客観的に親族関係が存在する以上、親族関係があることの認識は不要であるから親族相盗例が適用されることになる。なお、裁判例の中には、親族関係の錯誤がある場合について244条1項による刑の免除を肯定したものもある（❷）が、その理論的根拠は明らかではない。学説では、親族相盗例を違法性あるいは責任の減少を根拠とする一種の減軽構成要件を定めたものと解し、親族関係の錯誤がある場合に38条2項により親族相盗例の適用を認める見解もある。　［**髙橋直哉**］

140 親族相盗例(2)
——適用の限定

(1) 甲男とＡ女は、同棲を始めて５年が経過していたが、婚姻届は提出しておらず、いわゆる内縁関係にあった。そのような折、甲は、遊興費欲しさに、Ａが大切に保管していたＡ所有の指輪・ネックレスなどの貴金属を貴金属買取店に売却する目的で持ち出した。甲の罪責について論じなさい。

(2) 乙は、家庭裁判所において、養子Ｂの成年後見人に選任され、Ｂの預貯金の管理等の業務に従事していたものであるが、Ｃ銀行ｃ支店に開設された「Ｂ後見人乙」名義の普通預金口座の預貯金をＢのために業務上預かり保管中、自己の用途に費消する目的で、ｃ支店窓口において該口座から現金合計320万円を払い戻し、競馬や家電製品の購入などに費消した。乙の罪責について論じなさい。

(3) 丙男とＤ女は、結婚から５年が経過していたが、性格の不一致から離婚することとなった。２人は経済的な理由で離婚届を提出する日まで同居を続けていたが、すでに婚姻関係は事実上破綻しており、２日後に離婚届を区役所に提出することとなっていたところ、丙は、遊興費ほしさに、Ｄが大切に保管していたＤ所有の指輪・ネックレスなどの貴金属を貴金属買取店に売却する目的で持ち出した。丙の罪責について論じなさい。なお、離婚届は予定通り提出されたものとする。

参考
❶最決平成18年8月30日刑集60巻6号479頁
❷最決平成20年2月18日刑集62巻2号37頁
❸最決平成24年10月9日刑集66巻10号981頁
❹東京高判昭和49年6月27日高刑集27巻3号291頁

▶▶解説

Key Word 親族の意義
親族たる後見人による横領

1． 親族相盗例（244）における**親族の範囲は民法の定めるところによる**（民725）。内縁関係にある者についても親族相盗例の準用を認めるべきだとする見解もあるが、判例は**免除を受ける者の範囲は明確に定める必要がある**として適用・類推適用を否定している（❶）。これによれば、甲には窃盗罪が成立し親族相盗例の適用・準用は認められない。

2． 乙には業務上横領罪が成立するが（なお、項目**168**参照）、親族相盗例が準用されるかが問題となる（255）。委託物横領罪においては、犯人と物の所有者との間に親族関係があれば足りるのか、委託者との間にも親族関係が必要なのかということについて見解の対立があるが、後者の見解が有力である。このような理解を前提として、**(2)**の場合に家庭裁判所が委託者であると考えて、親族相盗例の準用を否定する見解もある。しかし、家庭裁判所を委託者と断ずることには疑問の余地があろう。これに対し、判例は、家庭裁判所から選任された親族である未成年後見人について、親族相盗例が「法は家庭に入らず」という政策的な考慮に基づいていることを前提として、**未成年後見人の後見の事務は公的性格を有するものであることを指摘して**、親族相盗例の準用を否定している（❷）。また、判例は、家庭裁判所から選任された親族である成年後見人についても、同様の判断を示している（❸。さらに、量刑にあたり親族関係があることを酌むべき事情として考慮するのも相当ではないとする）。親族相盗例の趣旨を「法は家庭に入らず」という政策的な理由に求める立場からすれば、妥当な結論といえよう。これによれば、乙に親族相盗例は準用されない。

3． 丙の行為は窃盗罪にあたるが、行為の時点において丙とDとの間には244条1項所定の親族関係がある。そうすると親族相盗例が適用されそうであるが、それはあまりに形式的な判断であろう。**親族相盗例が「法は家庭に入らず」という政策的な考慮に基づくものであるとすれば、そのような政策的考慮が妥当するケースかどうかを実質的に判断することが必要である（❹は婚姻が無効とされる場合に親族相盗例の適用を否定している）**。婚姻関係が実質的に破綻しているということを、そのような政策的な考慮が妥当しないことを示す事情として評価するならば、丙に親族相盗例の適用は認められないとすることも可能であろう（もっとも、このような実質的な判断を行うことによって、親族相盗例の適用範囲が不明確になるおそれがあることには注意が必要である）。

［**高橋直哉**］

141★ 強盗罪(1)
——手段としての暴行・脅迫

(1) 甲は、コンビニ店員Ａに対し、ナイフを同人の胸に突きつけ、「金を出せ」、「警察に通報したら殺すぞ」などと申し向けて同人を脅した。Ａにはボクシングの経験があったため、反抗を抑圧されるには至らなかったが、甲の言動に言い知れぬ恐怖を感じ、レジから現金２万円を抜き取って甲にこれを差し出した。甲の罪責について論じなさい。

(2) 乙は、金品を奪うため人気のないトンネルを徘徊していたところ、そこにＢ女が通りかかった。そこで乙は、Ｂの背後から歩いて近づき、Ｂが抵抗する間もなく、同女が肩にかけていたバッグをひったくって逃走した。乙の罪責について論じなさい。

(3) **(2)**で、乙は、Ｂの背後から歩いて近づき、Ｂの口と鼻を10秒ほどふさいだ。その際にＢは路上に座り込み、乙はその隙をついてＢが落としたバッグを持ち去ったとする。乙の罪責について論じなさい。

(4) **(2)**で、乙は、Ｂの背後からバイクに乗って近づき、Ｂのバッグを奪おうとしてその紐を強く引っ張った。しかし、Ｂがバッグの紐を強く掴んで離そうとしなかったため、乙は、バッグを奪おうとバイクを進行させながら紐をさらに引っ張り、Ｂをバッグごと引きずる形となった。その結果、Ｂは乙にバッグを奪われたうえ、全治２週間の傷害を負ったとする。乙の罪責について論じなさい。

参考
❶最判昭和24年2月8日刑集3巻2号75頁
❷最判昭和23年11月18日刑集2巻12号1614頁
❸大阪地判平成4年9月22日判タ828号281頁
❹岡山地判昭和45年9月1日判時627号104頁
❺最決昭和45年12月22日刑集24巻13号1882頁

▶▶解説

Key Word 暴行・脅迫の認定 強盗と恐喝の区別 ひったくり

1． 強盗罪（236）の手段としての暴行・脅迫は、被害者の反抗を抑圧するに足りる程度のものでなければならない。こうした反抗抑圧の判断基準につき、判例（❶）・通説は、手段としての暴行・脅迫が、社会通念上被害者の反抗を抑圧するに足りる程度のものか否かという客観的基準により決せられるとする。問題は、**反抗を抑圧するに足りる程度の暴行・脅迫を加えたが、実際には反抗が抑圧されず、何らかの理由から被害者が財物を交付した場合にも強盗罪が成立するか否か**である。❷は、強盗罪の成立には、反抗を抑圧するに足りる程度の暴行・脅迫があれば足り、被害者が現実に反抗を抑圧されたことまでは不要とする。この❷の立場によると、ナイフを突きつけての金銭要求は一般に相手方の反抗を抑圧するに足りる程度の脅迫であり、それにより甲はAに現金を交付させているため、甲には強盗罪が成立する。一方、通説は、強盗罪の成立には、暴行・脅迫により被害者が現実に反抗抑圧状態に陥ったという「中間結果」が必要であるとする。したがって、通説の立場からは、Aの反抗が抑圧されていない以上、強盗未遂罪が成立するにとどまることになる。ただし、Aは畏怖しているが自らの意思により現金を交付しているため恐喝既遂罪も成立し、同罪と強盗未遂罪は観念的競合となる（❸）。

2． **(2)**は、いわゆる**ひったくり**の事案である。この事案では、**強盗罪も恐喝罪も成立しないのが通例**である。そこでの暴行は財物奪取に向けられておらず、被害者による財物の交付も認められないからである。**(2)**でも、財物たるバッグの奪取に向けられた暴行が認められないため、乙には窃盗罪（と暴行罪）が成立する。

3． **(3)**では、たしかに、バッグの奪取に向けられた暴行は認められるが、それは執拗とまではいえず、Bの反抗を抑圧するに足りる程度とは言い難い。またBは、乙の暴行に畏怖してバッグを交付したわけでもない。そのため**(3)**では、強盗罪も恐喝罪も成立しない。❹も、**(3)**と類似の事案で、強盗罪や恐喝罪ではなく窃盗罪と暴行罪の成立を認めている（その場合、両罪は観念的競合となる）。

4． **(2)(3)**と異なり、**暴行が被害者の反抗抑圧に向けられ、反抗を抑圧するに足りる程度であったときは強盗罪が成立する**。**(4)**で、乙はひったくりに失敗した後、Bをバッグごと引きずるとの暴行を加えている。これは、Bの反抗抑圧に向けられ、それに足りる程度の暴行といえる。そのため、乙には強盗罪が成立し、Bに傷害を負わせているため強盗致傷罪となる（❺）。

［天田　悠］

142 強盗罪(2)
——強盗殺人罪と強取の範囲

(1) 甲は、東京に住むAを北海道におびき出して殺害し、A宅の鍵を奪ってA宅にある金品を強奪する計画を立てた。甲は、計画通りにAを殺害しA宅の鍵とAが所持していた現金10万円を奪った。甲は、翌日飛行機で上京しA宅に向かったが、その途中で東京在住の知人乙から電話があり、甲が自分の計画とこれまでの経緯を乙に話すと、乙も一緒にやらせてくれと言うので甲はこれを了承した。その後、甲と乙は、A宅前で合流し、Aから奪った鍵を用いてA宅に侵入し、こもごも金品を持ち去った。甲および乙の罪責について論じなさい。なお、Aは、1人暮らしで身寄りの者はおらず、A宅は戸建住宅である。

(2) 丙は、自宅アパートに遊びに来たBが財布の中に多額の現金を所持していることを知り、Bを殺害してその現金を奪うという意思の下、紐でBの首を絞め殺害してBの財布から現金30万円を奪った。丙は、当初Bの死体を押し入れに隠していたが、近所の山中に穴を掘って埋めようと考えた。そこで、殺害の2日後にBの死体を車で山中に運び穴を掘って埋めたが、その際、Bが高級腕時計をはめていることに気づき、これを領得した。丙の罪責について論じなさい。

参考　❶東京高判昭和57年1月21日刑月14巻1=2号1頁
❷仙台高判昭和31年6月13日裁特3巻24号1149頁

▶▶解説

Key Word 強取の範囲

1．強盗殺人罪（240後）は、財物奪取の前後にかかわらず、死の結果が発生すれば既遂になるとするのが判例・通説である。これによれば、甲がAを強盗の意思で殺害した時点で、強盗殺人罪は既遂になっているので、その後の財物奪取が強盗罪にいう「強取」にあたるかどうかという問題は、一見すると実益のないものであるようにも思われる。しかし、強盗殺人罪の主体は「強盗（未遂犯人を含む）」でなければならないから、行為者には強盗の意思が必要であるが、そのためには、その強盗の意思の対象である客観的事態としての財物奪取が「強取」といえるものでなければならない。さらに、**(1)**では、乙が財物奪取の部分にのみ関与しているので、どこまでが強盗殺人罪の結果としての「強取」に含まれるかの判断如何によって、承継的共犯の問題になるか否かという形で実際上の結論にも大きな影響を及ぼすことになる。

2．強取の意思で殺害後の財物奪取は、すべて強盗殺人罪になるとするのでは、同罪の成立範囲が広がりすぎる。**殺害時における強取の意思の単一性・継続性を肯定し得る範囲で強取を認める**のが基本的に妥当であろう。**(1)**では、殺害直後にA宅の鍵と現金10万円を奪った行為が強取にあたるのは当然として（現金10万円は当初の目的物ではないが強取の意思に基づいて取得したものだと評価できる）、A宅での金品の取得についても強取にあたると解するべきであろう。**時間的・場所的には隔たりがあるが、まさに当初から計画されていたことであり、強取の意思の単一性・継続性を肯定することができる**からである（❶参照）。したがって、甲には、全体を包括して強盗殺人罪が成立すると解される。そうすると、乙に関しては承継的共犯の成否を検討しなければならない（この点については、項目77参照）。なお、A宅への立入りについては住居侵入罪の成否が問題となることにも留意されたい。

3．**(2)**の丙については、強盗殺人罪（と死体遺棄罪）が成立し、現金30万円の取得が強取にあたるのは当然として、腕時計の取得が強取にあたるかが問題となる。このケースでは、**当初の強取の意思は現金30万円を取得したところでいったん消失しており、腕時計の取得は新たに生じた領得意思に基づくものであるから、強取の意思の単一性・継続性を肯定することはできない**。死者の占有に関する考え方によって、窃盗罪とする（❷）か占有離脱物横領罪とするかが分かれることになろう（この点については、項目**134**参照）。

［**髙橋直哉**］

143★ 強盗罪(3)
——暴行・脅迫後の領得意思

(1) 甲は、通行中にＡとすれ違った際、Ａの肩が自身の肩に触れたことで激高し、Ａに対して殴る蹴るなどの暴行を加えた。これによりＡが一時的に意識を失って倒れ込んだ際、Ａ所有のバッグから財布が転がり落ちたところ、これを見て甲は、「迷惑料として貰っておこう」などと考え、Ａの財布を持ち去った。甲の罪責について論じなさい。

(2) 乙はＢに対して暴行を加え、さらに不同意性交等をした後、Ｂが抵抗不能の状態に陥っていることに乗じて、Ｂが腕につけていた高級時計を奪取した。ただしその際、乙はＢが失神していると思っていたが、Ｂは実際には失神しておらず、「逆らえばまた殴られるかもしれない」と考えて、身動きせずにじっとしていたとする。乙の罪責について論じなさい。

(3) 丙は、わいせつ目的でＣ宅に侵入した後、帰宅したＣを捕まえて顔面を殴打し、両手首を紐で縛るなど身動きが困難な状態にしたうえでわいせつ行為に及んだ。その際にＣの携帯電話が鳴ったため、丙はこれを領得した。なお、Ｃは、わいせつ行為の最中も意識を失わなかったとする。丙の罪責について論じなさい（ただし、住居侵入の点を除く）。

参考 ❶大阪高判平成元年3月3日判タ712号248頁
❷大判昭和19年11月24日刑集23巻252頁
❸札幌高判平成7年6月29日判時1551号142頁
❹東京高判平成20年3月19日高刑集61巻1号1頁

▶▶解説

Key Word 暴行・脅迫後の領得意思
新たな暴行・脅迫
反抗抑圧状態の維持・継続

1． 強盗罪（236 Ⅰ）は、財物奪取の手段として暴行・脅迫を加えることを基本型とする。では、**行為者が財物奪取の意思なしに被害者に暴行・脅迫を加えて反抗を抑圧した後に初めて、財物奪取の意思を生じてこれを奪取した場合にも、強盗罪は成立するか**。通説は、反抗抑圧状態を利用して財物を奪取しただけでは強盗罪は成立せず、**強盗の故意を生じた後、新たな暴行・脅迫を加えることが必要**であるとする（❶も同旨）。ただし、その際の暴行・脅迫は、すでに作出された反抗抑圧状態を維持・継続させる程度のものであれば足りる。**(1)**の場合、甲は反抗抑圧状態を作出したが、財物奪取の意図が生じた後、Aに新たな暴行・脅迫を加えたとまではいえない。そのため甲には、強盗罪ではなく暴行罪と窃盗罪が成立し、両罪は併合罪となる。

2． 一方、**判例は、加害者が不同意性交等・不同意わいせつの目的で暴行・脅迫を加えたときは、新たな暴行・脅迫を加えることを要せずして強盗罪の成立を認める傾向**にある（❷）。その理由は、加害者がその場にいること自体が、さらに暴行を加えられるかもしれないとの被害者への害悪告知とみられるためであろう。もしそのように理解するならば、**(2)**の場合、Bは実際には失神しておらず、逆らえばまた殴られると考えていたため、乙が現場に滞留したこと自体が、新たな脅迫を構成する、と評価できる。もっとも、❸は、**(2)**と類似の事案につき、加害者は被害者が失神していると誤信していたことから、加害者の主観としては、暴行・脅迫による強盗の犯意は考え難いとして、強盗罪の成立を否定し、窃盗罪が成立するにとどまるとした（なお、強盗罪の成立を肯定すると、現行法では、強盗・不同意性交等罪〔241 Ⅰ〕が成立する）。

3． ❹は、**(3)**と類似の事案につき、実質的には暴行・脅迫が継続していると認められる場合には、新たな暴行・脅迫がなくとも、これに乗じて財物を奪取すれば、強盗罪が成立するとしている。これを**(3)**についてみると、たしかに、丙による緊縛状態の継続それ自体は、厳密には、強盗罪が典型的に予定する暴行・脅迫にはあたらないかもしれない。しかし、丙は、当該現場でわいせつ行為に及び、これを継続したことによって、当初の緊縛状態と相まってCの自由を強度に制約している状態を作出したと評価できる。したがって、丙が、このような強度の自由制約状態を解消しない限り、それに乗じて行った財物の取得行為は、強盗罪を構成する。

［天田　悠］

144★ 強盗罪(4)
—— 2項強盗罪の成否

甲は、信仰関係でＡ女と知り合い、同女に多額の貯蓄があってこれを他に融通しているところから、甲自身も、計100万円を自己の生計費等に資するため、Ａから借り受けていた。しかし、借り受けていた金銭のほとんどをＡに返済しないままであったため、甲は、その態度に不信を抱くようになったＡから、借金の返済を再三にわたって督促されていた。しかし、甲は、借金を返済するあてがなかったため、自身とＡの間で借金の事実を証明できる書類等がないことに着目し、「もしＡが今死亡すれば、自分以外に借金の事実を知る者は誰もいなくなる」などと考えるに至り、Ａを殺害して債務の履行を免れる計画を立てた。そこである日、甲は、人気のない空き地にＡを誘い出し、その際生じた隙に乗じてＡの頭部などを鈍器で殴打し、もって同女を殺害した。

(1)　甲の罪責について論じなさい。

(2)　設例において、甲とＡの間での借金の事実を証明できる書類等が多数残されており、しかもＡは、殺害される直前に当該書類をその長男Ｂに託していたとする。この場合の、甲の罪責について論じなさい。

参考　❶最判昭和32年9月13日刑集11巻9号2263頁
❷大阪高判昭和59年11月28日高刑集37巻3号438頁

▶▶解説

Key Word 処分行為
財産上の利益
利益移転の具体性・確実性

1． 2項強盗罪（236 Ⅱ）をめぐっては、財産上の利益の取得が被害者の処分行為（被害者の意思により利益を提供する行為）に基づくことを要するか否かが問題とされていた。判例はかつて処分行為を必要とし、有力説もこれを支持していたが、現在の判例（❶）・通説は処分行為を不要とする。このような理解によると、ⓐ債務者が債務の支払いを督促した債権者を殺害する場合や、ⓑ相続人が遺産目当てに被相続人を殺害する場合等は、常に2項強盗罪が成立するようにみえるかもしれない。しかし、ⓐⓑの場合すべてに2項強盗罪が成立するわけではない（項目**130**も参照）。**2項強盗罪の成立を認めるには、行為者の暴行・脅迫により1項強盗における財物の移転と同視しうる、財産上の利益の移転の具体性・確実性が必要**だからである。例えば、ⓐの場合、債権者の殺害により債権が消滅するわけではないから、ここから直ちに行為者が財産上の利益を得たとはいえない。だが、殺害により事実上債務の履行を求められなくなった場合や、履行の請求が著しく困難となった場合は、行為者が財産上の利益を得たといえる。**(1)**では、借金の事実を証明する証拠がないため、**甲はAの殺害により債務の支払いを事実上免れたのと同様の状態を作出した**と評価できる。したがって、甲は具体的利益を取得したといえるので、同人には2項強盗に基づく強盗殺人罪が成立する。

2． これに対し、**(2)**のように、たとえ債権者が殺害されても、その相続人が、債権に関する物的証拠を用いて債権を確実に行使するであろう場合はどうか。この場合、甲は債務の支払いを免れておらず、利益移転が認められないため、2項強盗罪は成立しないとの考えが一方でありうる。他方、❷は、債務の支払いを永続的に免れる場合でなくとも、「債権の相続人等による速やかな債権の行使をも、当分の間不可能ならしめて、債権者による相当期間の支払猶予の処分行為を得たのと実質上同視しうる現実の利益を得ること」で足りるとする。たしかに、**(2)**の場合、甲は債務を免れたとはいえないが、**債務の履行を大幅に遅延させ、それにより支払いの一時猶予という利益を得たといえる限りで、甲には2項強盗殺人罪が成立する**。また、2項詐欺罪や2項恐喝罪の場合、判例・通説は、支払いの一時猶予も財産上の利益にあたるとしており（項目**154**参照）、2項強盗罪についてのみ、支払いの一時猶予を財産上の利益から除外することに合理的な理由はないと解すれば、同じく2項強盗殺人罪が成立するだろう。

［天田　悠］

145★ 事後強盗罪(1)
——窃盗の機会

甲は、午後3時頃金品窃取の目的でA宅に侵入し、現金が入った封筒を盗んだ。その後、甲は、行くあてがないため、数日間A宅の天井裏に隠れていようと思い、水や食料をそこに運び込み、潜伏していた。Aは午後4時頃帰宅したが、家の様子に違和感を覚え、5時半頃には天井からの物音で、誰かが天井裏に潜んでいると悟り、警察に通報した。午後6時頃、警察官Bは、A宅に到着し同宅天井裏に上がったところ、そこに潜伏していた甲を発見した。これに対し甲は、逮捕を免れようとして、所持していたナイフでBの顔面を切りつけるなどの暴行を加え、その結果Bに傷害を負わせた。

(1)　甲の罪責について論じなさい。

(2)　甲は、封筒を盗んだ後、誰からも発見・追跡されることなく1km離れた公園に向かい、同所で盗んだ現金を数えたが、金額に不満を感じたため再度盗みに入ろうとA宅に引き返した。午後3時半頃、甲はA宅に到着し、同人方玄関の扉を開けたが、室内に人がいると気づき、扉を閉めて門扉外の駐車場に出たところ、Aに発見された。そこで甲は、逮捕を免れようとして、所持していたナイフをAに向けて振り回し、Aがひるんだ隙に逃走したとする。この場合の、甲の罪責について論じなさい（ただし、特別法違反の点は除く）。

参考　❶最決平成14年2月14日刑集56巻2号86頁
❷最判平成16年12月10日刑集58巻9号1047頁

▶▶解説

Key Word 窃盗の機会
追及可能性の継続
支配領域からの離脱

1．事後強盗罪（238）にいう（相手方の反抗を抑圧するに足りる程度の）暴行または脅迫は、「**窃盗の機会**」に行われる必要がある。❶は、このような「窃盗の機会」の継続性を、「被害者等から容易に発見されて、財物を取り返され、あるいは逮捕され得る状況が継続していた」か否かを基準に判断する。これは、**窃盗行為と暴行・脅迫との時間的・場所的近接性や被害者側からの追及可能性を考慮しつつ、窃盗犯人が被害者側の支配領域から離脱し、安全圏に入ったか否か**を基準とする。**(1)**では、たしかに、甲がBに暴行を加えたのは、窃盗後約3時間経過した後であったため時間的近接性は高くない。しかし、甲は、窃盗直後からBに発見されるまで、A宅天井裏に滞留していた。そのため、たとえ甲の窃盗行為から約3時間が経過していても、**甲が同所に滞留し続ける限り、被害者側からの追及可能性は継続している**と評価できる。このように理解すると、甲は、A側の支配領域から離脱し、安全圏に入ったとはいえないため、「窃盗の機会」の継続性が認められる。したがって、甲には、事後強盗罪に基づく強盗致傷罪が成立する。

2．一方、**(2)**では、一見すると時間的・場所的近接性が高く、それゆえに「窃盗の機会」の継続性が肯定されるようにもみえる。なぜなら、時間的には、甲の窃盗行為から脅迫までの時間は30分程度と比較的短く、また場所的には、甲は、A宅に隣接する駐車場で脅迫を行っているからである。しかし、この場合、甲は、誰からも発見・追跡されることなく1km離れた公園までたどり着いたことによって、**A側の支配領域から離脱し、安全圏内に入ることに成功した**というべきである。そして、甲がいったん安全圏内に入ることに成功したならば、窃盗直後の状態、すなわち、「被害者等から容易に発見されて、財物を取り返され、あるいは逮捕され得る状況」はすでに解消された、と評価できる（同種の事案として、❷がある）。これに対し、仮にAが、追跡や通報といった甲の追及につながりうる何らかの行為をしていれば、追及可能性が認められ、「窃盗の機会」が継続していると考えられなくはない。しかし、**(2)**においては、そのような事情も認められない。したがって、**(2)**では、「窃盗の機会」が継続しているとはいえないため、甲には、住居侵入罪（130前）、窃盗罪（235）および（ナイフを示してAを脅した点につき、❷に従えば）脅迫罪（222Ⅰ）が成立する。そして、住居侵入と窃盗は牽連犯となり、それと脅迫罪は併合罪となる。

［天田　悠］

146 事後強盗罪(2)
——共犯

甲は、コンビニのお菓子売り場でチョコレート3個を手に取り、これを自身のポケットに隠し入れた。しかしその後、甲は、一部始終を目撃していた店員Aから、コンビニを出たところで、「君、万引きをしたのではないか」などと声をかけられ、窃盗の現行犯として逮捕されそうになった。そこで困った甲は、その時たまたまコンビニの目の前を通りかかった後輩乙に助けを求めた。甲から呼び止められた乙は、いつも世話になっている甲を手助けしたいと常日頃思っていたことから、今がその恩返しの時だと考え、事情を察知したうえで甲に加勢した。そして甲と乙は、逮捕を免れるために、Aに対して殴る蹴るなどの暴行を加えた。

(1) 甲の罪責について論じなさい。

(2) 甲に事後強盗罪が成立すると解した場合、乙にも事後強盗罪の共同正犯の成立を認めるためには、どのような説明が考えられるか。

(3) 乙に事後強盗罪の共同正犯は成立しないとするためには、どのような説明が考えられるか。

参考 ❶大阪高判昭和 62 年 7 月 17 日判時 1253 号 141 頁
❷東京地判昭和 60 年 3 月 19 日判時 1172 号 155 頁

▶▶解説

1．甲は、まず単独で窃取行為を行い、次いで乙とともにＡに暴行を加えていることから、甲には事後強盗罪（238）が成立する。問題は、**暴行にのみ関与した乙にも事後強盗罪の共犯が成立するのか、それとも暴行罪の共同正犯が成立するにとどまるのか**、である。この問題は、事後強盗罪の法的性質をどのように理解するかに左右される。考え方としては、大別して、事後強盗罪を、ⓐ**窃盗犯人を主体とする身分犯とし、後行者の罪責を「共犯と身分」の問題とする立場**（項目 **86** ～ **88** 参照。関連裁判例として❶❷）と、ⓑ**窃盗罪と暴行・脅迫罪の結合犯とし、後行者の行為を「承継的共同正犯」の一般理論によって処理する立場**（項目 **76** ～ **78** 参照）の２つがある。

2．**乙にも事後強盗罪の共同正犯の成立を認めるための理論構成**には、以下のものがありうる。まず、ⓐ-1）事後強盗罪を身分犯と解し、窃盗犯人という身分を構成的身分と位置づけ、65 条１項は真正身分犯につき身分の連帯的作用を、2 項は不真正身分犯につき身分の個別的作用を規定していると解し、1 項を適用するとの構成がある。次に、ⓐ-2）事後強盗罪を身分犯と解したうえで、窃盗犯人という身分を加減的身分と位置づけ、65 条１項は真正・不真正身分犯に共通する身分犯の「共犯成立」の問題を、2 項は不真正身分犯に加功した非身分者に関する「科刑」の問題を規定していると解し、事後強盗罪の共同正犯の成立を認め（65 Ⅰ）、科刑を暴行罪にとどめる（同Ⅱ）との構成がある。さらに、ⓑ-1）事後強盗罪を結合犯と解し、承継的共同正犯を肯定するとの構成もある。この構成によれば、乙は窃盗についても罪責を負い、甲と共同でＡに暴行を加えているため、乙には事後強盗罪の共同正犯が成立する。

3．これに対し、**乙に暴行罪の限度で共同正犯の成立を認めるための理論構成**には、以下のものがありうる。まず、ⓐ-3）事後強盗罪を身分犯と解したうえで、窃盗犯人という身分を加減的身分と位置づけ、65 条をⓐ-1）と同様に解釈し、2 項を適用するとの構成がある。次に、ⓑ-2）事後強盗罪を結合犯と解し、承継的共同正犯を否定するとの構成もありうる。この構成によれば、乙の窃盗の部分については因果性が認められないことを理由に承継的共同正犯を否定し、ゆえに乙に事後強盗罪の共同正犯は成立しないとの解釈が考えられる。なお、暴行により財物に関するＡの返還請求を事実上不可能にしたといえる限りで、甲と乙に２項強盗罪の共同正犯の成立を認める余地もあろう。　　　　　　　　　［**天田　悠**］

147 昏酔強盗罪

(1)　バーの店長である甲は、バーの客を昏酔させて所持品を奪おうと計画し、客Ａにアルコール度数の高いカクテルを「サービスのジュースです」などと偽って数杯飲ませたところ、Ａは意識はあるものの酩酊状態まで酔いつぶれた。甲は、その隙にＡの鞄の中にあった現金入りの財布を取り出して領得した。甲の罪責について論じなさい。

(2)　甲は、Ａに睡眠薬を服用させ昏酔させて財物を奪おうと考え、Ａに睡眠薬を飲ませたが、服用量が少量であったため、睡眠薬の効果によって昏酔するには至らなかったので、その後Ａが熟睡するまで待ってから金品を奪った。甲の罪責について論じなさい。

参考　❶東京高判昭和 49 年 5 月 10 日東時 25 巻 5 号 37 頁
❷横浜地判昭和 60 年 2 月 8 日刑月 17 巻 1 = 2 号 11 頁
❸広島高判昭和 35 年 10 月 25 日判時 248 号 34 頁

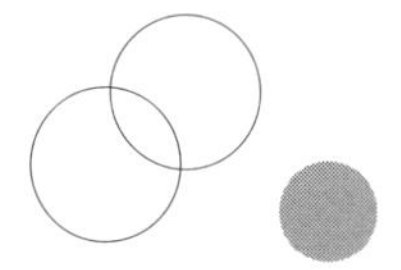

▶▶解説

Key Word 「昏酔」の意義 盗取の意義 昏酔と傷害

1．人を昏酔させてその財物を盗取した者は強盗として論ずるとされ（239）、事後強盗罪（238）と併せて準強盗と呼ばれる。**「昏酔させる」とは、睡眠薬、麻酔薬、アルコール等によって意識作用に一時的または継続的な障害を生じさせて、財物に対する事実上の支配が困難な状態に陥れることをいう。**暴行を用いて昏倒させた場合や、無理やり押さえつけて薬物を注射したり強引にアルコールを飲ませて昏酔させた場合には、有形力の行使にあたるため、昏酔強盗罪ではなく強盗罪（236）となる。昏酔の方法には制限がないが、犯人自らが被害者を昏酔させることを必要とするので、他人が昏酔させた、あるいは被害者自らが昏酔状態に陥った状態を利用したり、被害者が熟睡している間に財物を奪取する行為は、窃盗罪（235）を構成する。意識障害の程度に関しては、完全に意識を喪失させることは要せず、泥酔または酩酊状態の被害者から財物を窃取した場合でも、本罪にあたるとした裁判例がある（❶❷）。**(1)**においては、甲がＡにアルコール度数の高い酒をジュースと偽って摂取させ、Ａを酩酊させて財物に対する事実上の支配をなし得ない状態を創出したうえで、Ａの財布を盗取しているため、本罪にあたるといえる。なお、昏酔による意識障害は傷害にあたりうるが、本罪の構成要件において前提とされているものであるので、強盗致傷罪（240）にいう「負傷」にはあたらないと解されている。もっとも、長時間にわたり意識障害を生じさせた場合には強盗致傷罪が成立する余地がある。

2．**本罪が既遂となるためには、昏酔させたことと財物の領得行為との間に因果関係がなければならない。**それゆえ、**睡眠薬を服用させたものの昏酔するに至る前に財物奪取をした場合には、昏酔強盗は未遂**（243）**となる。(2)**の場合、まず本罪の故意を持って睡眠薬を服用させた時点で昏酔強盗の実行の着手は認められる。他方で、それに引き続いて、本罪の故意を継続しながら同一の機会に金銭を奪取してはいるものの、**服用量が極めて少量であったという事情により昏酔の結果が発生しなかったがゆえに、昏酔させたことと財物奪取との間に因果関係が認められないから、**昏酔強盗未遂罪が成立するにとどまることになる。昏酔強盗未遂とその後の窃取行為との罪数関係について、❸では、窃取行為は昏酔強盗未遂罪の中にすでに包含されているとして、昏酔強盗未遂罪と窃盗罪の包括一罪が成立する、とされている。

［**菅沼真也子**］

148 強盗予備罪

甲は、生活費に困窮したため、事務所等に忍び込んで窃盗を働こうと思い立ち、アタッシェケースにドライバー、ガラス切り、懐中電灯といった窃盗道具とともに、刃渡り約14.5㎝の登山用ナイフと模造けん銃を入れて、侵入先を物色しながら深夜のビル街の路上を徘徊していたところ、警察官から職務質問を受けて逮捕された。

(1) 甲が「もし他人に見つかったならば、脅迫を加えてでも金品を得よう」と企図して上記準備をしていた場合、甲の罪責はどうなるか（銃刀法違反の点は除く）。

(2) 甲が「もし他人に見つかったならば、ナイフ等を用いて逮捕を免れ、あるいは財物の取返しを防ごう」と企図していた場合はどうか。

参考　❶最判昭和24年12月24日刑集3巻12号2088頁
❷最大判昭和29年1月20日刑集8巻1号41頁
❸東京高判昭和32年5月31日裁特4巻11＝12号289頁
❹最決昭和54年11月19日刑集33巻7号710頁

▶▶解説

Key Word 目的犯
強盗予備と事後強盗予備の区別
強盗予備と窃盗予備の区別

1. 金品を強取することを企ててその着手のための準備をする行為は、強盗予備罪（237）にあたる。「強盗の罪を犯す目的」が要求されるので本罪は目的犯である。判例によれば、金品の強奪を企て出刃包丁、刺身包丁、ジャックナイフ等を携えて徘徊する行為や（❶）、強盗を計画し、出刃包丁を携帯して被害者宅に赴き表戸をたたいて家人を起こす行為（❷）、自己の着用しているズボンの革バンドで首を絞めて強盗する目的でタクシーに乗り、犯行の機会を窺う行為（❸）に本罪の成立が認められている。**(1)**はいわゆる**居直り強盗の未必的意思**がある場合であるが、**このような意図も「強盗の罪を犯す目的」にあたる**ので、本罪が成立する。

2. **本罪の「強盗」に事後強盗（238）が含まれるか**については争いがある。通説と判例（❹）はこれを肯定するが、否定説も有力に主張されている。否定説の論拠としては、本罪よりも事後強盗罪のほうが後に規定されていること、事後強盗の予備を処罰することは現行法上不可罰である窃盗予備を処罰することとなること、「もし他人に見つかったならば脅して逃げる」と条件を付している点で暴行や脅迫に出ない可能性が留保されており、目的として不確定であることが挙げられている。これに対して肯定説からは、昏酔強盗（239）の目的で睡眠薬を準備することは本罪にあたるといわざるを得ないから、条文の配列は必ずしも決定的なものではないこと、否定説によれば**(1)**の場合も本罪の成立が否定されてしまうこと、単純強盗（236）の場合でも暴行や脅迫に出ない可能性が留保されている点で、事後強盗の目的と単純強盗の目的に差異はないことが、反論として挙げられている。また、事後強盗罪を身分犯と解する立場の中には、予備の段階では「窃盗」という身分が認められないために本罪の成立を否定する見解もみられるが、事後強盗罪を身分犯とする理解自体に疑問があると批判される。通説によれば、強盗予備と事後強盗予備の区別として、**当初から凶器等を用いて財物奪取すると意図している場合や居直り強盗の意図がある場合には強盗予備が、専ら窃盗後に盗品の取返しを防ぐ、または逮捕を免れるために使用する目的で凶器等を準備していた場合には事後強盗予備が**成立することとなる。不可罰的な窃盗予備との区別については、準備された道具の性質や、暴行ないし脅迫に及ぶ意思の確定の度合いなどから、**予備罪の目的を十分に充たすに足りるほどの目的の強度があるか**、という点から考察する必要があろう。 ［**菅沼真也子**］

149 各種強盗罪の相互関係

(1)　甲は、空き巣に入るべき物件を探していたところ、留守に思われたＡ宅を発見したのでこれに侵入した。甲はタンスの中からダイヤモンドの指輪を発見し、これをポケットに収めたところで偶然帰宅したＡに発見されたので、同人に暴行を加えて縛り上げたうえで逃走した。甲の罪責について論じなさい。

(2)　甲は、空き巣に入るべき物件を探していたところ、留守に思われたＡ宅を発見したのでこれに侵入した。甲はタンスの中から札束を発見し、これを脇に抱えてＡ宅を出た直後に、偶然帰宅したＡに発見されて問い詰められたため、同人に暴行を加えて縛り上げたうえで逃走した。甲の罪責について論じなさい。

(3)　甲は、Ａ宅に空き巣に入って世界に１本しかない高級腕時計を窃取したが、その２週間後に、同腕時計を腕にはめているところをＡに発見されて問い詰められたため、同人の顔面を数回殴打する暴行を加えて「２度とそんなことを言うなよ」と凄んだところ、同人は頷いた。甲の罪責について論じなさい。

参考　❶最判昭和 24 年 2 月 15 日刑集 3 巻 2 号 164 頁
❷大分地判昭和 52 年 9 月 26 日判時 879 号 161 頁
❸最決昭和 61 年 11 月 18 日刑集 40 巻 7 号 523 頁

▶▶解説

Key Word 居直り強盗
財物の確保
2項強盗罪と事後強盗罪

1． 事後強盗罪（238）は、強盗罪（236）と異なり、窃盗行為が暴行・脅迫に先行する。もっとも、例えば行為者は当初は万引きのつもりでいたものの、店員に発見されたため暴行・脅迫を用いて財物を持ち去ったといった場合は、店員に発見されてからの事態の経過が「暴行・脅迫→反抗の抑圧→財物奪取」という強盗罪の要件を充たすため、同罪として扱われる。このような類型を居直り強盗と呼ぶが、強盗罪に該当する居直り強盗と事後強盗罪との区別には注意が必要である。
2． この点につき、❶は、「暴行脅迫を用いて財物を奪取する犯意の下に先づ財物を奪取し、次いで被害者に暴行を加えてその奪取を確保した場合は強盗罪を構成するのであって、窃盗がその財物の取還を拒いで暴行をする場合の準強盗ではない」と判示した。これは、**窃盗が既遂に至ったかどうかではなく財物の確保の有無を判断基準とするものである**。そうした判例の考え方に基づけば、**(1)は財物を確保する前であるから強盗罪、(2)は確保した後であるから事後強盗罪が成立する**。窃盗既遂以後の暴行・脅迫を事後強盗罪とする見解もあるが、財物の確保までは窃盗罪は既遂に至っても終了はしていないと考えれば、判例の考え方は説明可能である。
3． では、**(3)**の場合はどのように考えるべきか。事後強盗罪は窃盗の機会性という書かれざる要件が存在するため（項目**145**参照）、**窃盗行為の2週間後に行われた同事案では事後強盗罪は成立せず、時計の返還請求権を放棄させた点を財産上の利益と捉えて、2項強盗罪として構成することとなる**。他方、暴行・脅迫が家を出た直後に行われたなど、窃盗の機会性の要件を充たす場合は時計という財物に関する事後強盗罪が成立する。
4． 関連する類型として、例えば、行為者が無銭飲食の意図で飲食を始めたところ代金支払い時になって店員に暴行を加えて支払いを免れたというように、詐欺行為が先行するものがある。この場合、飲食の提供を受けた点において1項詐欺罪、暴行によって支払いを免れた点において2項強盗罪が成立し、両者は併合罪の関係に立つとした裁判例がある（❷）。❷においては、「詐欺が強盗、窃盗と財産犯としての類型を異にすること等をあわせ考え」て併合罪とされたが、その後の❸が、強盗罪が詐欺罪を吸収することを認めたことに照らせば、同様に考えて包括一罪とすべきである。

［**山本紘之**］

150★ 強盗致死傷罪、強盗傷人罪、強盗殺人罪

(1)　甲は、強盗の意思でＡの首筋に包丁を突きつけて「死にたくなければ金を出せ」と凄んだところ、手元が狂ってＡを死亡させてしまった。甲の罪責について論じなさい。
(2)　甲は、強盗の意思でＡの首筋に包丁を突きつけて「死にたくなければ金を出せ」と凄んだところ、Ａは大人しく現金を差し出した。甲はそれを受け取って逃走しようと背を向けたところで、そこを通りかかったＢが甲を取り押さえようとしたので、これを免れるために包丁を振り回したところ、思いがけずＢを負傷させた。甲の罪責について論じなさい。
(3)　甲は、強盗の意思でＡに近寄り、同人を死亡させてもやむを得ないと思いながら包丁を振り回したところ、Ａを死亡させてしまった。甲の罪責について論じなさい。
(4)　甲は、強盗の意思でＡに近寄り、同人を転倒させるなどして負傷させてもやむを得ないと思いながら竹刀を振り回したが、Ａはそれをすべて避けて逃走したので、甲は目的を遂げなかった。甲の罪責について論じなさい。

参考　❶最判昭和 24 年 5 月 28 日刑集 3 巻 6 号 873 頁
❷神戸地判平成 14 年 3 月 19 日裁判所ウェブサイト
❸最判昭和 23 年 3 月 9 日刑集 2 巻 3 号 140 頁
❹大判昭和 4 年 5 月 16 日刑集 8 巻 251 頁
❺大判大正 11 年 12 月 22 日刑集 1 巻 815 頁

▶▶解説

Key Word 機会説
犯意の継続性
240条の罪の未遂

1．240条には死傷が故意によらない場合（強盗致死罪と同致傷罪）と、故意による場合（同殺人罪と同傷人罪）の4つの類型が包含されている。例えば(1)のように、強盗の手段たる行為から思いがけず死傷が生じたという結果的加重犯の場合が同条の最も典型的なケースであり、(1)の甲は強盗致死罪となる。他方、同条は結果的加重犯で用いられる「よって」という文言がないこと、死亡や傷害に関する故意がある場合に同条を適用せず強盗罪と殺人罪等との併合罪とした場合は故意ある場合の方がかえって刑の下限が軽くなり不均衡が生じることから、それぞれの故意がある場合も同条が適用される。

2．**死傷結果の原因は、強盗の手段としての暴行・脅迫に限らず、死傷の原因行為が強盗の機会に行われていればよいとされており（機会説）、強盗犯人が逃走する際に加えた暴行から生じた場合でもよい（❶）**。それゆえ、(2)の甲は強盗致傷罪となる。他方、例えば自転車で逃走する強盗犯人に被害者が飛びつこうとしたものの転倒して負傷したという場合のように、強盗現場において被害者が負傷したとしても、240条を適用するに相応しくない類型も存在する（❷参照）。このようにみてくると、❶の基準は文字通りの意味に捉えることはできない。現に判例においても、「新たな決意に基づく別の機会」に暴行・脅迫がなされた場合は「強盗の機会」性が否定されている（❸）。こうした判例の立場は、「強盗の機会」**性を判断するにあたり、強取行為と原因行為の時間的・場所的近接性だけでなく、犯意の継続性も考慮していると分析することができる。**

3．240条の未遂は処罰される（243）。240条の法定刑の重さからすると同条は生命・身体を保護する趣旨であって、既遂・未遂は死傷結果の発生によるというのが❹の立場である。そのため、(3)の甲は強盗殺人罪となる。では、強盗傷人罪の未遂はありうるか。通常の強盗における暴行が最狭義のものであることを踏まえれば、強盗未遂罪と強盗傷人未遂罪を区別することは現実には不可能であって、強盗罪（236）は論理的には強盗傷人未遂罪にあたるようなケースを想定していると理解し、**240条の未遂は故意犯である強盗殺人のそれに限ると解することが最も自然である**（❺）。以上から、(4)の甲は強盗未遂罪となる。

［山本紘之］

151 強盗・不同意性交等罪、同致死罪

(1)　甲は、強盗と不同意性交の意図で、かねてから目星をつけていたA宅に侵入して同人を脅迫して縛り上げ、タンスの中からダイヤの指輪を発見してこれをポケットに入れた。その後、不同意性交の意図で同人に近づいて着衣に手をかけたところでセキュリティサービスの警報機が鳴ったため、慌てて逃走した。甲の罪責について論じなさい。

(2)　甲は、強盗と不同意性交の意図で、かねてから目星をつけていたA宅に侵入して同人を脅迫して縛り上げ、タンスを漁ってダイヤの指輪を見つけた。そのダイヤをとる前に、不同意性交の意図で同人に近づいて着衣に手をかけたところでセキュリティサービスの警報機が鳴ったため、慌てて何も盗らずに逃走した。甲の罪責について論じなさい。

(3)　甲は、強盗と不同意性交の意図で、かねてから目星をつけていたA宅に侵入して同人を脅迫して縛り上げ、タンスの中からダイヤの指輪を発見してこれをポケットに入れた。その後、不同意性交の意図で同人に近づいて着衣に手をかけたところで、同人が「警察を呼ぶ」と叫んだため、殺意を持って同人を刺し殺した。甲の罪責について論じなさい。

参考　❶東京高判平成5年12月13日高刑集46巻3号312頁
❷大判昭和10年5月13日刑集14巻514頁

▶▶解説

Key Word 強盗・不同意性交罪の未遂
強盗・不同意性交罪の中止犯

1． 241条の規定は複雑である。これは、以下に示すようなかつての規定の難点を踏まえたものであるが、まずは、現行規定の概要を押さえておきたい。1項は、強盗犯人（未遂も含む）が不同意性交等（未遂も含む）を犯した場合、または不同意性交等（未遂も含む）の犯人が強盗（未遂を含む）を犯した場合に無期または7年以上の懲役に処する（いわば「未遂」＋「未遂」も「既遂」とする）旨を定めている。次に2項は、強盗も不同意性交等も未遂であった場合の任意的減軽を定めている（さらに、ただし書には中止犯にあたる規定が置かれている）。これは、かつての241条（強盗強姦罪）においては、強盗が既遂に至った後に強姦行為に着手したが未遂に終わった場合は未遂減軽が可能となるため、強姦行為に着手した方がかえって刑の下限が軽くなるという不均衡を解消するためである。❶は実際にそのような不均衡が生じる余地を認めつつ、宣告刑を強盗既遂罪の下限である懲役5年にすることによって、量刑段階で不均衡を回避した。現行241条によれば、刑の下限に関するそのような不均衡を処断刑のレベルで回避することができる。もっとも、現行1項は強盗も不同意性交等も未遂である場合を想定しているから、その未遂を観念することができず、総則の未遂規定（43）を適用できない。そこで、2項で未遂にあたる規定が定められたのである。さらに、旧規定では強盗行為が強姦行為に先行する場合とその逆の場合とで処断刑に差があったため、現行規定では両者の先後関係は問われないこととなった。

2． これを前提とすると、強盗が既遂となった**(1)**では、241条1項のみが適用され、2項による減軽の余地はない。**(2)**では、強盗も不同意性交等も未遂に終わっているため、2項本文による減軽が可能である。言うまでもなく任意性が欠けるため、ただし書の適用はない。

3． **(3)**では強盗・不同意性交等殺人罪（241 Ⅲ）が適用される。かつての241条（強盗強姦罪）は殺意のない場合にのみ成立すると解されていた（❷）が、現行規定は「よって……死亡させた」という結果的加重犯の文言ではなく、「第一項の罪に当たる行為により人を死亡させた」という文言が用いられており、240条と同様、殺意のある場合も含む趣旨と解されている（項目**150**参照）。そのため、殺意が認められる**(3)**の甲の罪責は、強盗・不同意性交等殺人罪となる。なお、同致傷の場合は、241条1項の法定刑が十分に重いことから、傷害の点を犯情として考慮すれば足りる。

［山本紘之］

152 詐欺罪(1)
――保護法益

(1) 甲は、金融機関のブラックリストに登録されたため、別人を装い消費者金融から借入れを行うことを企図し、転出証明書の生年月日欄を変造した住民異動届を町役場に提出して転入手続を行う際、虚偽の生年月日が記載された国民健康保険被保険者証（以下「保険証」とする）の交付を申し込んでそれを取得した。甲の罪責について論じなさい。
(2) 乙は、渡米を企図し、渡航のための旅券（パスポート）の交付を申請したところ、米国領事館から、旅券の交付を受けるには兵役に服したことの事実がないという証明書を添付しなければならないと告げられたため、かつて日本の兵役に服したことがあったものの、その旨の証明書を偽造して米国領事館に提出して旅券の交付を受けた。乙の罪責について論じなさい（証明書の偽造・提出に関する罪責は除く）。
(3) 丙は、A会社の代表者であったが、関税の逋脱（ほ）を企図し、虚偽の送り状を税務官に提出して関税を免れた。丙の罪責について論じなさい。

参考
❶最決平成18年8月21日判タ1227号184頁
❷最判昭和27年12月25日刑集6巻12号1387頁
❸大判大正4年10月28日刑録21輯1745頁
❹最決昭和51年4月1日刑集30巻3号425頁

▶▶解説

Key Word 詐欺罪の保護法益
国家的法益と詐欺罪

1．詐欺罪の保護法益は、個人の財産である。国や地方公共団体も財産権の主体になりうるから、**(1)**のような事案において、欺罔により保険証の交付を受ける行為は詐欺罪（246 Ⅰ）が成立する（❶）。他方、**(2)(3)**については詐欺罪ではなく、**(2)**においては公正証書原本不実記載等罪（157 Ⅱ）、**(3)**においては関税法違反が成立するにすぎない（❷❸）。これらの違いは、保護法益に照らして説明される。

2．では、詐欺罪とされる類型とそうでない類型はどのように区別すべきか。この点、❷❸は、157条2項などの特別規定の存在を理由として詐欺罪の適用を排除している。しかし、詐欺罪の要件を充たす行為が、関連規定の存在という一事をもって詐欺罪の適用（関連規定との観念的競合）を免れることは不合理であるから、より実質的な理由を探す必要がある。

3．かつては、国家的・社会的法益に対しては、詐欺罪の定型性を欠くという理由で同罪は成立しないとする見解も主張されていた。しかし、国や地方公共団体も財産権の主体となりうる以上、その財産権が侵害されていれば詐欺罪を否定する理由はない。判例も、「欺罔行為によつて国家的法益を侵害する場合でも、それが同時に、詐欺罪の保護法益である財産権を侵害するものである以上、当該行政刑罰法規が特別法として詐欺罪の適用を排除する趣旨のものと認められない限り、詐欺罪の成立を認めることは、大審院時代から確立された判例であ」るとしている（❹）。そこで、詐欺罪の保護法益に引き付ける説明が最も有効ということになる。これによると、**(2)**は証明の利益が侵害されたにすぎず、財産的利益が侵害されたとはいえないから詐欺罪は成立しない。**(3)**は国家の徴収権が侵害されたにすぎず、行為者が「財産上不法の利益を得」たとはいえないから詐欺罪（246 Ⅱ）は成立しない。他方、**(1)**における保険証は、旅券などの証書類と異なり、それを保険医療機関に呈示することで医療費の負担の軽減などの経済的利益を享受しうるから経済的な価値を持つ文書であり、それを交付させた点に財産犯である詐欺罪が成立する理由があると考えることができる。

4．こうした財産犯的な側面を、詐欺罪のどの要件で取り込むべきかという問題は、証明書の取得の問題との関連で議論されている（項目**162**参照）。

［**山本紘之**］

153 詐欺罪(2)
——客体

(1)　甲は、Aと消費貸借契約を結ぶ際、A所有の土地・建物に抵当権を設定することを奇貨として、「では、この抵当権設定契約書にサインをお願いします」と欺罔して偽の土地売買契約書に署名押印をさせ、これを登記官に提出したところ、登記簿原本に甲・A間の売買を原因とする所有権移転の記載がなされた。甲の罪責について論じなさい。
(2)　乙は、Bに電話をかけて欺罔したところ、錯誤に陥ったBは銀行のATMで現金10万円を投入のうえ、同額を乙の銀行口座に振り込んだ。乙の罪責について論じなさい。
(3)　**(2)**の事例で、錯誤に陥ったBはインターネットバンキングを通じて10万円を乙の銀行口座に振り込んだ場合はどうか。

参考　❶大判大正12年11月12日刑集2巻784頁
❷大阪地判平成17年3月29日判タ1194号293頁
❸東京高判昭和36年11月14日高刑集14巻8号570頁
❹大阪高判平成29年2月3日LEX/DB 25545308

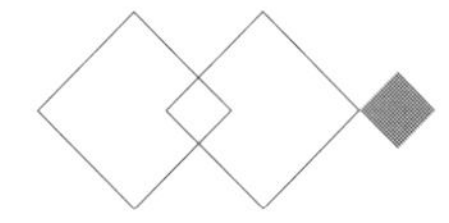

▶▶解説

Key Word 詐欺による不動産の取得
振込による詐欺

1．詐欺罪の客体は、財物（246 Ⅰ）および財産上の利益（同Ⅱ）である。では、不動産はそのいずれにあたるか。窃盗の罪においては不動産侵奪罪（235 の 2）が存在するため、不動産は財物ではないという理解が一般的である。この点、❶は、**詐欺罪においては不動産も財物に含まれる**としている。もっとも、同事案においては、「所有権移転の登記ありたりとするも所有者の意思表示に基づかず単に偽造文書に依りて登記官吏を欺き其の登記を為さしめたる場合にあっては詐欺罪の要件を欠如する」として、公正証書原本不実記載等罪（157 Ⅰ）にとどまるとされた。というのは、所有者の意思表示が存在しない場合は「其の為したる登記は法律上登記の効力を有すること能はざる」からである。そのため、**所有者による所有権移転の意思表示を欠く(1)における甲の罪責は公正証書原本不実記載罪（157 Ⅰ）にとどまる。他方、もし所有者が所有権移転の意思表示を行っている場合は、1 項詐欺罪が成立する**。もっとも、不動産の利用を目的とする場合は、単なる利用可能性の取得にとどまるため、利用という利益（2 項詐欺罪）の問題である（❷）。

2．では、**(2)**のように、金銭を振り込ませた場合はどうか。この点につき、❸は、**入金された金額は「銀行支店に入金されることによって事実上被告人の自由に処分しうべき状態に置かれたものと解するのが相当」として、1 項詐欺罪が成立するとした**。他方、**(3)**のように、行為者名義の口座残高の増加という結果は**(2)**と同様であるが、財物の移転を見出しにくい類型も、現実には存在する。**(2)**と**(3)**の共通性に鑑みれば、そもそも**(2)**においても乙が得たものは預金債権の取得という財産上の利益であるとして 2 項詐欺罪であるとする見解もあり得よう。さらには、現金の移動がある**(2)**は 1 項詐欺罪、そうとはいえない**(3)**は 2 項詐欺罪とする見解もありうる。

3．実務においては、**(3)**の場合も 1 項詐欺とされている（❹）。現金の移動を観念しうる**(2)**を 1 項詐欺罪とするのであれば、それと実態が大きく異なるとはいえない**(3)**も同じように扱うことが最も簡明であろう。また、**(3)**を 2 項詐欺罪とした場合は銀行を被害者とするものと思われるところ、実態と乖離した扱いを招くことにもなりかねないことも看過し得ない。

［**山本紘之**］

154★ 詐欺罪(3)
—— 2項詐欺罪の成否

(1) 甲は、りんごの売買を業務として行う者であるが、Aとの間で、Aの指定するBにりんご500箱を引き渡すことを条件とする売買契約を締結し、代金を受領したにもかかわらず、りんごを引き渡さなかった。甲はAから再三の催促を受けたため、債務を履行する意思がないのにAをQ駅に案内し、Q駅で知人にりんご422箱の貨車積をさせて、これにP駅行きの車標を挿入させ、あたかもりんご500箱をP駅まで発送する手続を完了し、到着するのを待つのみであるかのようにAに示したところ、Aは安心して帰宅した。甲の罪責について論じなさい。
(2) 乙は、タクシーに乗車して（自宅ではない）目的地まで運転させたところ、代金の支払いを免れようという意思が生じたので、運転手Bに対し、「財布を忘れてしまったので今日は払えないが、名刺をもらえれば後日必ず連絡して代金を払う」と言った。Bは乙に名刺を渡し、「後で必ず払ってくださいね」と言って乙を下車させた。もともと乙とBは顔見知りではなく、Bは乙の連絡先や住所を知らない。乙の罪責について論じなさい。

参考　❶最判昭和30年4月8日刑集9巻4号827頁

▶▶解説

Key Word 債権の財産的価値
特段の情況

1． 詐欺罪（246）が成立するには、被害者の瑕疵ある意思に基づく処分行為により、財物または財産上の利益が被害者から行為者に移転することを要する。財産上の利益には消極的利益も含むと考えられており、**従来の判例では債務の履行や支払いの一時猶予も財産上の利益に該当することが認められていたが、このような猶予があれば必ず処分行為が肯定されるのかが問題となる。**

(1)の題材とした❶は、既に履行遅滞の状態に陥っている債務者が欺罔手段によって一時的に債権者の催促を逃れたというだけで財産上の利益を得たとはいえず、債権者が欺罔されなかったとすれば、その催促、要求により債務の履行等の具体的措置が行われざるを得なかったであろうといえるような特段の情況も存在しなかったとして、2項詐欺罪の成立を認めた原判決を破棄した。

❶については、債務の履行の一時猶予につき2項詐欺罪が成立するには、債権の財産的価値が減少したことが必要であると解する判例であるとの評価がなされている。本設例の債権者は一度は安心して帰宅したが、欺罔行為がなかったとしても後日履行することを口約束させただけで引き下がった可能性があるので、欺罔行為によって債務の履行を免れたといえる「特段の情況」はなかったといえる。したがって、**債権者の債権の財産的価値が債務者の行為により減少したとはいえないことから、2項詐欺罪の成立が否定される。**

❶では、原審は被害者の側にどのような処分行為があったのか、被告人の行為により被告人がどんな財産上の利益を得たのかということを明らかにしていないということが指摘された。2項詐欺罪の成否を問う事例問題が出題された場合は、**①財産上の利益、②利益の移転、③被害者の処分行為という要件の充足性の有無を明確に説明する必要がある。**

2． **(1)**に対して、**(2)**では❶がいう「特段の情況」が認められるように思われる。**(2)**の乙は代金を支払う意思がないことを秘して、後日代金を支払うかのように装い、Bもこれに応じているので、**乙の欺罔行為によって債務の履行を免れたといえる「特段の情況」がある。**また、Bは乙の連絡先も住所も知らないので代金の支払いを要求することが困難であるという点が**(1)**および❶とは異なっている。乙がタクシー代金の支払いを免れている一方で、Bの債権回収の手段がほぼ断たれているのであるから、乙の行為によってBの代金債権の財産的価値が低下したといえるので、2項詐欺罪の成立が認められる。

［**佐藤結美**］

155★ 詐欺罪(4)

——欺く行為の意義（重要事項性の判断方法）

暴力団構成員の甲は、自ら利用する目的で自己名義の預金口座を開設しようと、A銀行において、口座開設の申込みを行った。申込みに際して、甲は、A銀行行員Bから、暴力団関係者には口座開設が認められない旨の説明を受けたうえで、自身が暴力団構成員であることを秘したまま、「反社会的勢力ではないことを表明・確約したうえ、申し込みます」と記載のある申込書に署名したうえでこれをBに提出し、Bから口座通帳・キャッシュカードの交付を受けた。A銀行においては、政府の策定した指針に基づき、反社会的勢力との関係遮断に向けた取り組みがなされ、利用者が暴力団関係者であると判明した場合、開設を拒絶したり、貯金の取扱いを停止したりすることとなっており、従業員にもその旨の指導を徹底していた。

(1)　上記事例につき、判例の立場を前提に、欺く行為（欺罔行為）を肯定するために要求されている「重要事項性」は認められるか。認められるとした場合、どのように根拠づければよいか。

(2)　重要事項性を財産的損害に関連する事項に限定した場合、上記事例で重要事項性を肯定することはできるか。第三者に不正譲渡する意図を秘して自己名義の預金口座を開設し、通帳等を交付させた場合と比較して論じなさい。

参考　❶最決平成19年7月17日刑集61巻5号521頁
❷最決平成22年7月29日刑集64巻5号829頁
❸最決平成26年4月7日刑集68巻4号715頁

▶▶解説

Key Word 重要事項性 財産的損害

1．詐欺罪（246）にいう欺罔行為は、**交付者の交付判断の基礎となる重要な事項（重要事項）を偽る行為でなければならない**。この重要事項性は、すべての欺罔形態で必要とされ、挙動・不作為による欺罔の場合（項目**156**参照）でも要求される。重要事項性を満たさない嘘は欺罔行為に該当せず、その意味で、この要素は、刑法上の禁圧対象となる嘘とそうではない嘘とを切り分ける機能を有する。
2．**判例は、「相手方が真実を知れば、交付・処分しなかった」といえるか否かを重要事項性の基準とする**（❷）。本設例では、A銀行は、政府の指針に基づき暴力団関係者の口座利用を拒絶する方針で、そのことを申込書で誓約させるなどの措置を講じているから、交付者Bは同銀行の行員として、甲が暴力団員であると知れば通帳等を交付しなかったといえる。そのため、**(1)**について、判例の立場からは、甲が暴力団員であるか否かは重要事項性を充足し、暴力団員でないことを誓約して口座開設を申し込む行為は欺罔行為にあたる（❸）。
3．他方で、詐欺罪が財産犯であることに鑑みて、重要事項性を財産的損害に関連する経済的事項に限定すべきとの主張もみられる。**(2)**に関して、この立場から重要事項性を評価すると、どうなるか。形式的個別財産説からは財物の交付自体が損害と評価できるため問題は生じないが、実質的個別財産説からは論証が必要となる（項目**161**・**162**参照）。
4．まず、通帳等の交付自体は実質的な財産的損害といえるか。銀行は、通帳等の交付によって口座名義人に預金管理等のサービスを提供すべき立場に置かれており、その点に経済的負担が生じる。しかし、**銀行は預金獲得を見込んで、このサービスを無償で提供しているのであり、この点での経済的負担が銀行に対する損害であるとは評価し難い**。重要事項性を、交付行為から直接的に生じる損害に関連する事項に限定する考えに立つと、重要事項性は否定されることになる。
5．もっとも、第三者に譲渡する意図を秘して自己名義の通帳等を交付させた場合（❶）では、通帳等が犯罪目的で利用されることで銀行が損害賠償責任を負うリスクが生じるとの点を重視し、財産的損害はこのような間接的な損害でも基礎づけられるとの考えも主張されている。本設例で考えると、預金口座はいったん開設されると他の目的への転用が容易で、暴力団員であれば後に口座を不正利用する可能性がある。とすると、**銀行には損害賠償責任のリスクが生じており、この点に間接的な財産的損害との関連性を見出すこともできる**。　［冨川雅満］

156 詐欺罪(5)
——挙動による欺罔と不作為による欺罔

以下の **(1)(2)** で、欺く行為（欺罔行為）は肯定されるか。肯定されるとすれば、挙動による欺罔となるか、不作為による欺罔となるか。

(1)　暴力団員の甲は、Aゴルフ場が暴力団関係者の利用を禁止していることを知りながら、同ゴルフ場の会員である友人乙をして、同伴者に暴力団員がいることを秘匿させつつ、同ゴルフ場従業員に対してゴルフ施設の利用申込みを行わせ、乙とともにAゴルフ場を利用した。Aゴルフ場では、入会希望者に暴力団関係者を同伴してゴルフ場施設を利用させないことを誓約させており、また、利用時に提出されるメンバー表をもとに、利用客の中に暴力団関係者がいないかをデータベースと照合して調査するなどしていた。

(2)　不動産業者の丙は、Bに対して、マンションの1室を売却した。その後、丙は、当該マンションの構造計算書が偽造されており、地震によって倒壊する危険性があるとの情報を受けた。しかし、丙はそのことをBに告げず、Bが丙との取決め通りにマンションの代金支払日に丙名義の預金口座に残代金を振り込んだことで、Bから代金の支払いを受けた。

参考　❶最決昭和43年6月6日刑集22巻6号434頁
❷東京高判平成21年3月6日高刑集62巻1号23頁
❸最判平成26年3月28日刑集68巻3号582頁
❹最決平成26年3月28日刑集68巻3号646頁

▶▶解説

Key Word 挙動による欺罔　不作為による欺罔

1．真実を秘匿する行為は、挙動による欺罔または不作為による欺罔として、詐欺罪（246）に該当する可能性がある。両者とも重要事項性の充足を要件とするが（項目**155**参照）、告知義務（作為義務）を必要とする不作為による欺罔とは異なり、挙動による欺罔はあくまでも作為による欺罔であって、判例上、告知義務を必要としない（❶）。挙動による欺罔は、行為者の態度自体が虚偽の事実を含意・表示していると評価できる場合に、肯定される。

2．両形態の欺罔を明確に区別することは困難で、また、同一事案につきいずれの形態でも欺罔行為を肯定できる場合が少なくない。一般的に、作為形態である挙動による欺罔を先に検討することが多いが、端的に、論証の容易な方を検討すれば足りるとも考えられよう。**(1)**でも、利用申込みが利用客に暴力団員のいないことを意味するといえれば、挙動による欺罔を認めることもできるし（❹）、乙が暴力団員を利用させない旨の誓約をした会員であることから、この誓約に基づく乙の告知義務を認めて不作為による欺罔を構成することも考えられる。

3．ただし、両形態で重視すべき事情は異なる。例えば、**(1)**では、暴力団員排除のための厳格な確認措置がなされている。判例では、このような確認措置がなされていない場合で挙動による欺罔が否定されている（❸）。この結論の差異は、当然に支払意思が含意される注文行為とは異なり、申込行為には暴力団員ではないことが当然に含意されるわけではなく、厳格な確認措置があればこそ、申込行為が暴力団員ではないことを表示すると評価できるためである。このように確認措置の有無は、挙動による欺罔の考慮事情として重視される。これに対して、告知義務は、判例上、当事者がすでに取引関係に入っていた場合や継続的な取引関係に入る場合で肯定される傾向にある。**(1)**では、乙の会員契約の存在が重視される事情となる。

4．さらに、不作為による欺罔しか肯定できない場合もありうる。**(2)**では、丙は契約時に欠陥を知らなかったため、Ｂに対する売却の申出は挙動による欺罔となり得ない。挙動による欺罔は、被害者に対して何らかの働きかけを行う態度を前提とするから、そのような態度が他にみられない**(2)**では、挙動による欺罔は認められない。しかし、購入マンションに欠陥があるとの事実はＢにとって重要事項となること、丙がＢとの取引関係に入っていることを理由として、丙に告知義務が認められ、不作為による欺罔を肯定することができる（❷）。［**冨川雅満**］

157★ 詐欺罪(6)
――処分行為（窃盗罪と１項詐欺罪の区別）

甲は、自動車販売店において車の試乗を装い、店員の隙をみて、試乗車をそのまま乗り逃げしようと計画した。甲は、販売店において、購入客を装い、同店従業員Ａに対して、試乗を要求した。以下、**(1)**と**(2)**の場合で、甲には何罪が成立するか、論じなさい。

(1)　Ａは甲の要求に対して、甲がすでに同店を何度も訪問した顔見知りであったことから、「１人で試乗されてはいかがですか」と勧めた。甲は、Ａの勧めに応じて、試乗車に１人で乗り込み、発進させ、そのまま逃走した。

(2)　甲は、Ａが同乗することを条件に試乗を許可されたので、Ａを助手席に乗せ、試乗車を発進させ、しばらく運転した後、Ａに対して「右後のタイヤがおかしい。ちょっと降りて見てくれないか」と嘘を述べてＡを降車させたうえで、その隙を狙い、同車を発進させ、そのまま逃走した。

参考　❶大判大正 12 年 11 月 20 日刑集 2 巻 816 頁
❷最決昭和 31 年 1 月 19 日刑集 10 巻 1 号 67 頁
❸最決昭和 61 年 11 月 18 日刑集 40 巻 7 号 523 頁
❹東京地八王子支判平成 3 年 8 月 28 日判タ 768 号 249 頁
❺最決令和 4 年 2 月 14 日刑集 76 巻 2 号 101 頁

▶▶解説

Key Word 交付意思
詐欺未遂の否定
占有移転時期の確定

1．窃盗罪（235）と1項詐欺罪（246 Ⅰ）は、一般に、一方のみ成立し、その区別は交付行為の有無により、交付行為がなければ詐欺罪ではなく窃盗罪が成立する、とされている。この場合、交付行為がないだけで欺罔行為がある以上詐欺未遂罪は成立しうる、とは考えられていない。交付行為を惹起し得ない行為は欺罔行為とはいえないからである。行為者の嘘が交付行為に向けられていなければ、偽計による窃盗罪（トリック窃盗）と評価される。特殊詐欺事案では行為者による嘘があっても、詐欺罪ではなく、窃盗罪の成否が問題とされるものがある（❺）。

2．判例上、交付行為は、被害者が「錯誤に基づき財物を行為者及び第三者に交付するか、その自由な支配下に置くこと」をいう（❶）。判例は、その判断に際し、①財物の占有が被害者から行為者に移転した時点を確定し、②その時点で一時的にせよ占有を喪失する事態を被害者が容認していたといえるか、というプロセスを経る傾向にあり、①占有が移転した時点で②占有喪失を被害者が容認していれば交付行為が認められる（占有移転の判断につき、項目**137**参照）。両罪の区別には①占有移転時期の確定が必須で、これが判明しなければ両罪は区別できない（❸）。また、宿泊客が旅館の浴衣を着たまま「手紙を出してくる」と嘘を述べて外出・逃走した場合（❷）のように、②一時的な財物持ち出しを被害者が容認していても、①その時点で被害者の占有が喪失していなければ、交付行為は認められない。このような判断過程は、学説にいう交付意思の問題である。

3．**(1)**では、①試乗車に対するAの占有は試乗開始時に失われている。Aが甲に試乗車を譲渡するつもりでないとしても、自動車はいったん運転が開始されるとその所在の特定が困難となり、単独試乗の開始時にAの事実上の支配が喪失したといえるからである。また、②単独試乗を勧めたAは一時的にせよ占有喪失を容認していたといえる。したがって、試乗車の占有移転はAの交付行為に基づくものといえ、甲には詐欺罪が成立する（❹）。

4．他方、**(2)**では、Aが同乗している以上、試乗開始時でAの占有は失われていない。この場合、①試乗車の占有が甲に移転したと評価できるのは、Aが降車した後に甲が車を発進させた時点であり、この時点で②甲が自己を置き去りにするとは考えていないAが占有喪失を容認しているとはいえず、Aの交付行為を肯定できない。したがって、甲の嘘は交付行為に向けられておらず、甲には窃盗罪が成立する。

［冨川雅満］

158★ 詐欺罪(7)
── 2項詐欺罪における処分意思の要否

以下の**(1)**～**(3)**で甲・乙・丙それぞれに2項詐欺罪を肯定できるか。肯定できる場合、処分意思の要否および内容について、どのように考えるべきか。

(1) 甲は、飲食店で食事を終えた後に所持金が足りないことに気づき、無銭飲食を企図し、レジにいた飲食店従業員Aに対して、甲とは無関係の客が店舗外に出たことを奇貨として、「今出て行った知人を店先で見送りたい」と嘘を述べて、Aの許可を得たうえで、飲食店の店先に出て、そのまま逃走した。

(2) 乙は、飲食店で食事を終えた後に所持金が足りないことに気づき、無銭飲食を企図し、レジにいた飲食店従業員Bに対して、「手持ちがないので、ATMで金を下ろして、また戻ってくる」と嘘を述べて、Bの許可を得たうえで、飲食店の店先に出て、そのまま逃走した。

(3) 丙は、還付金詐欺を計画し、高齢者Cに対して「医療費の過払いがありました。銀行ATMで返金を受けることができますので、ATMで指示した通りに入力をしてください」と嘘を述べ、丙の指示する手続が返金手続であるとCに誤信させ、これが丙名義の預金口座への送金手続であることを自覚させずに、Cに送金手続を行わせた。

参考　❶最決昭和30年7月7日刑集9巻9号1856頁
❷東京高判昭和33年7月7日裁特5巻8号313頁
❸岐阜地判平成24年4月12日LEX/DB 25481190

▶▶解説

Key Word 処分意思
利益移転の外形的事実の認識

1． 1項詐欺罪（246 Ⅰ）と窃盗罪（235）は、一般に交付行為の有無で区別される（項目**157**参照）。そして、この交付行為には交付意思が必要であると解されている。では、**(1)**～**(3)**で問題となる2項詐欺罪でも、財物の交付意思に対応する財産上の利益の処分意思が処分行為に必要とされるのか。これは、行為者が偽計を用いて、被害者の債権行使を不可能または困難にする債務免脱型の類型で特に問題となる。というのも、債務免脱型では、行為者は偽計により逃走すれば、被害者の意思に基づかずとも債務免脱の利益を得ることができ、処分意思の要否が2項詐欺罪の成否を決定するからである。典型例は、飲食先行型の無銭飲食である。
2． この問題につき、そもそも処分意思は処分行為に必要ではないと解した場合、**(1)**～**(3)**のすべてに2項詐欺罪の成立を肯定できる。しかし、最高裁は、傍論ではあるが、債務免脱には被害者の意思表示が必要であると判示している（❶）。この理解を前提とする限り、**(1)**では、Aは支払債務を免除する意思を表示していないから、2項詐欺罪は認められないことになる。**(1)の事案で処分意思を肯定するとすれば、処分意思の内容が利益移転の外形的事実の認識（何らかの利益が移転するとの認識）で足りるとの立場に立ったうえで、甲が店先に出れば事実上債務免脱状態に達しているのであるから、この事態を認識していることで処分意思を肯定できる、と考える必要があろう。**
3． これに対して、**(2)の場合には、処分意思の内容を利益移転の外形的事実の認識まで緩和させずとも、処分意思を肯定可能である。**なぜならば、Aが、一時的に支払いを猶予する旨の意思表示を行っているからである。裁判例においても、**(2)**類似の事案で、「今晩必ず帰ってくるから」と嘘を述べて、旅館を立ち去った事案で、旅館主に「支払いの請求をさせなかったこと」は、支払いの一時猶予の黙示的な意思表示にあたるとして、2項詐欺罪が認められている（❷）。
4． **(3)の場合では、Aは返金手続を行っていると思い、送金手続であると自覚していないのであるから、相手方に財産上の利益を移転させることにつき認識していない。**そのため、利益移転の外形的事実の認識という意味での処分意思も肯定できず、処分意思を必要とする考えに立脚する限り、2項詐欺罪の成立は否定される。この場合、丙については、被害者にATMの送金操作をさせた間接正犯として、電子計算機使用詐欺罪の成否が問題となり（項目**164**。なお、項目**168**も参照）、裁判例には同罪の成立を肯定したものがある（❸）。　［**冨川雅満**］

159 詐欺罪(8)
——三角詐欺

(1) 甲は、支払う意思も能力もないのに、卸売業Ａ社の受注担当者Ｂに対して、代金を後払いでＡ社の商品を仕入れたい旨の申入れをし、Ｂは代金を後払いで受け取れると誤信して、甲に商品を納入した。被欺罔者、処分行為者、被害者をそれぞれ明示して、甲の罪責について論じなさい。

(2) 甲は、裁判上の和解により、Ａ社に対する300万円の債務の存在を承認し、担保として甲所有の家屋１棟に抵当権を設定し、その登記ならびに代物弁済予約による所有権移転請求権保全の仮登記を経由したが、その債務を弁済したので、上記和解調書は失効した。それにより、当該家屋に対し後順位の抵当権の設定を受けていた甲の債権者Ｂが１番抵当権者に昇格し、その権利の実行として当該家屋の所有権移転登記およびその明渡しの強制執行をしたので、当該家屋はＢの所有かつ占有するところとなった。そこで甲は当該家屋の奪回を企て、Ａ社と共謀のうえ、当該家屋を甲が所有、占有しているかのように装い、Ｃ簡易裁判所にすでに失効したＡ社との和解調書につき執行文付与の申請をし、同裁判所書記官補Ｄから執行文の付与を受けたうえ、同裁判所所属執行吏Ｅに対して上記執行文を提出して当該家屋に対する強制執行をなさしめ、Ｂの占有下にある同家屋をＡ社の占有に移転させた。甲の罪責について論じなさい。

参考　❶大判大正6年11月5日刑録23輯1136頁
❷大判大正5年5月2日刑録22輯681頁
❸最決昭和42年12月21日刑集21巻10号1453頁
❹最判昭和45年3月26日刑集24巻3号55頁

▶▶解説

Key Word 訴訟詐欺
錯誤に基づく処分行為
被害者の意思に基づく占有移転

1．詐欺罪（246）が成立するためには、被欺罔者が錯誤に基づいて財産的処分行為をすることが必要であり、被欺罔者、処分行為者、被害者が一致することが通常であるが、被欺罔者と被害者が同一でない場合でも詐欺は成立しうる。これを三角詐欺と呼ぶ。通説・判例（❶❸❹）では、「錯誤に基づく処分行為」を認めるために、**被欺罔者と処分行為者は一致する必要があるが、それらと被害者とは同一でなくてもよい**とされる。もっとも、詐欺罪の要件である「被害者の意思に基づく占有移転」を充足しなければならないから、**被欺罔者が被害者に代わってその財産を処分しうる権限ないし地位を有していることが必要**となる。**(1)**では、BはA社の商品を処分しうる地位にあるから、被欺罔者と処分行為者をB、被害者をAとする三角詐欺を構成し、甲には詐欺罪（246 Ⅰ）が成立する。これに対して、例えば飲食店の店員に「傘を忘れた」と偽って忘れ物の傘を受け取った場合には、店員は持ち主に代わってその傘を処分する地位にはなく、忘れ物と思って渡したにすぎないから、窃盗罪（235）の間接正犯となる。

2．民事訴訟においても裁判官の自由心証による判断がなされる以上、裁判官に対する欺罔行為の存在を肯定できることから、**民事裁判において裁判所に虚偽の主張をして裁判所を欺き、有利な判決を得て敗訴者から財産を取得するという訴訟詐欺も、裁判所を被欺罔者および処分行為者、敗訴者を被害者とする三角詐欺の一種**とするのが通説・判例であり、訴訟詐欺には大審院時代から広く詐欺罪の成立が認められてきた（❷）。他方で、**(2)**と類似事案（❹）では、ここでの執行債務者はBではなく甲であり、その債務名義の効力がBに及ばない以上、DおよびEはBの財産を処分する地位にはなく、またBに代わって財産的処分行為をしたわけでもないから、詐欺罪は成立しないとされている。原告と被告の権利関係を判断する判決手続の場合には、**訴訟の当事者たる被害者は判決に拘束され、被害者の意思がどのようなものであってもその結果を甘受せざるを得ない**から、裁判所による処分行為の存在が認められ、それゆえに詐欺罪が肯定される一方、❸❹のような場合、**訴訟当事者ではない被害者はその結果を甘受する理由がないために、裁判所等による処分行為が認められず、詐欺罪は否定される**と考えられる。なお、❸❹のような場合、現行法では不動産侵奪罪（235の2）の間接正犯が成立する余地がある。

［菅沼真也子］

160★ 詐欺罪(9)
――クレジットカードの不正利用

(1)　信販会社Ａの発行するクレジットカードの会員である甲は、クレジットカード加盟店であるＢデパートで時計を購入し、その代金を自己名義のクレジットカードで支払ったが、甲には購入の時点で代金支払いの意思がなく、かつ支払能力もなかった。この場合、甲に詐欺罪（246 Ⅰ）は成立するか。
(2)　甲はＢデパートで時計を購入し、その支払いの際に知人であるＣ名義のクレジットカードを使用して、デパート従業員に対してＣ本人であるかのように振る舞ってＣの名前をサインした。甲はＣから同カードの使用許諾があると考えていたが、実際にはそのような許諾はなかった。この場合、甲に詐欺罪（246 Ⅰ）は成立するか。

参考　❶福岡高判昭和 56 年 9 月 21 日刑月 13 巻 8＝9 号 527 頁
❷東京高判昭和 59 年 11 月 19 日東時 35 巻 10 ～ 12 号 86 頁
❸東京高判昭和 56 年 2 月 5 日東時 32 巻 2 号 9 頁
❹最決平成 16 年 2 月 9 日刑集 58 巻 2 号 89 頁

▶▶解説

Key Word 1項詐欺か2項詐欺か
既遂時期
名義の偽り

1．クレジットカードのシステムは、会員が加盟店でカードを使用して商品を購入する場合、加盟店が信販会社に売上票を送付し、加盟店は信販会社から代金の立替払いを受け、信販会社から会員に代金請求がなされるというものである。甲が、代金支払意思も能力もないのに、自己名義のカードで加盟店から商品を購入した場合、詐欺罪を肯定する説が多数であるが、その理論構成および既遂時期に争いがある。**裁判例（❶❷）は、被欺罔者、処分行為者、被害者いずれも加盟店とし、支払意思や能力がないのに加盟店にカードを提示して欺罔し、加盟店が錯誤により商品を交付したことを損害と捉えて1項詐欺罪を認め、商品購入時を既遂とするが**、加盟店は信販会社から立替払いを受けるために損失を被らない以上、被害者といえるか疑問が残る。甲が加盟店を介して信販会社を欺罔し立替払いという処分行為をさせ、代金債務を免れたとして、信販会社に対する2項詐欺罪を認めて、立替払い時を既遂とする見解も、信販会社は加盟店が欺罔されたと知っても必ず立替払いをしなければならないから、錯誤に基づく処分行為とはいえず、また既遂時期も遅すぎると批判される。こうして**加盟店を被欺罔者かつ処分行為者、信販会社を被害者として三角詐欺と捉える説が有力**となるが、この説は甲の得たものを財物として**商品購入時を既遂とする1項詐欺罪説**と、**債務の免脱とする2項詐欺罪説**に分かれ、後者はさらに既遂時期を商品購入時とする説と立替払い時とする説に分かれる。信販会社を被害者とする以上、甲が得たのは債務の免脱であるから、加盟店は信販会社のために財産処分をする地位にあり、加盟店の処分行為により信販会社に立替払いさせることによって甲が代金債務を免れたとして、商品購入時に既遂を認める2項詐欺罪説が妥当となろう。

2．クレジットカード制度は、**カード名義人に対する個別的な信用を基礎とするものであり、原則として名義人本人以外のカード利用は許されない**ため、名義人の許諾がなければ、他人になりすましたことについて加盟店に対する1項詐欺罪が成立する（❸）。名義人の許諾があると誤信していた場合でも、甲が名義を偽ったことを欺罔行為として1項詐欺罪が成立するため（❹）、名義の偽りがあれば原則的に本罪が肯定されることになる。ただし、名義人の許諾を得て特定の商品の購入をする場合や、名義人と一定の関係にある者（近親者等）のカード利用の場合であれば、名義人に支払意思と能力がある限りで実質的な財産侵害がないから、本罪は成立しないとの考えが有力である。 **［菅沼真也子］**

161★ 詐欺罪(10)
——財産的損害の意義

(1) 未成年者である甲は、書店主であるAに対し、自身が成人であるとの虚偽を述べ、成人向け雑誌を購入した。甲の行為が詐欺罪の構成要件に該当するとする立場と、該当しないとする立場との違いはどこにあるか。
(2) 乙は、中風の患者であるBに対し、小売価格2000円の電気マッサージ器を示して、「この機械は、あなたの病気によく効く」と嘘を述べて、マッサージ器と引き換えに現金2000円を受け取った。乙の行為は詐欺罪に該当すると考えられるが、交付した現金に見合う物を受け取ったようにもみえるBに、なぜ法益侵害が認められるのか。
(3) 貧困児童への学習支援のために寄付金を集めていた丙は、Cに対し、「地震の被災地支援のためにご協力をお願いします」と嘘を述べて、Cから現金2000円を受け取った。丙の行為は詐欺罪に該当すると考えられるが、初めから対価を期待していないCに、なぜ法益侵害が認められるのか。
(4) 地震の被災地支援のために寄付金を集めていた丁は、寄付をCに依頼するに際し、「お隣のDさんは2000円寄付して下さいました」と嘘を述べた。Cは、「Dが寄付をしたのに自分がしなければ、けちだと思われてしまう」と考え、現金2000円を交付した。丁の行為は、詐欺罪に該当するか。

参考　❶最決昭和34年9月28日刑集13巻11号2993頁

▶▶解説 **Key Word** 財産的損害 交付目的

1．移転罪（項目 **128** 参照）である詐欺罪（246）は、財産の占有喪失を法益侵害結果とするが、そこには被害者自身の交付行為が介在するため、**本人の意思に基づく財産移転がなぜ／どのような場合に法益侵害（財産的損害）と評価されるのか**が問題となる。かつての通説である**形式的個別財産説は、財産交付が錯誤に基づく場合には常に損害を認め、(1)**の甲の行為にも詐欺罪の成立を認める。もっとも、書店主であるAが財物を交付したのはあくまで代金を得るためであり、その目的を達成しうる有意義な出費にまで損害を認めることには疑問も生じる。そこで、近時は、**交付者の目的（交付目的）が十分に達成されず無駄な出費となった場合に限り損害を認める実質的個別財産説**が有力化している。ここでいう「財産的損害」が、財産移転とは別個の「結果」ではなくあくまで財産移転に与えられる「評価」にすぎないとすれば、**これを独立の要件として論じるのではなく、交付者の「錯誤」やそれを惹き起こす「欺く行為」の内容として論じることも可能**であり、近時の判例もそのような枠組みに依拠している（項目 **155** 参照）。

2．取引目的が達成できなかったと認められる限り、たとえ金銭的なマイナス（赤字）が生じていなくても、損害は認められうる。(2)でBが価格相当の物を対価として得たとしても、期待した効用（病気への効能）が得られないのであれば、Bにとっては無駄な出費であり、損害を認めうる。❶は、同様の事案で詐欺罪の成立を認めている。

3．寄付のように**一定の社会的（利他的）目的のためになされる財産交付は、その目的が達成されなければ、無駄な出費となる。(3)**では、貧困児童への学習支援は実現されるものの、Cが期待した被災地支援という目的は達成されない以上、Cにとっては無駄な出費であり、損害を認めうる。

4．寄付の社会的目的とは無関係な錯誤がある場合に、損害は認められるだろうか。**(4)**でCは、見栄を張るのに必要な出費だと期待して現金を交付しているが、現実には不要な（無駄な）出費であることから、Cの価値観を基準とすれば、損害が認められることになりそうである。もっとも、見栄を張るために寄付をするという特殊な価値観は、それ自体が法で禁じられるものではないとしても、（刑）法による積極的保護に値するかについては、疑問の余地がある。こうして、社会的に重要性が認められた目的の不達成に限って、財産的損害を認めるべきだとする見解も有力である。

［**野村健太郎**］

162 詐欺罪⑾
——証明書の不正取得

(1)　甲は、窓口に虚偽の証明書を提出し、旅券の発行を受けた。甲の罪責について論じなさい。

(2)　甲は、窓口に虚偽の証明書を提出し、国民健康保険被保険者証の発行を受けた。甲の罪責について論じなさい。

(3)　甲は、銀行で、第三者に譲渡する目的を隠して、自己名義の預金口座を開設し、預金通帳の交付を受けた。甲の罪責について論じなさい。

参考　❶最判昭和 27 年 12 月 25 日刑集 6 巻 12 号 1387 頁
❷最決平成 18 年 8 月 21 日判タ 1227 号 184 頁
❸最決平成 19 年 7 月 17 日刑集 61 巻 5 号 521 頁

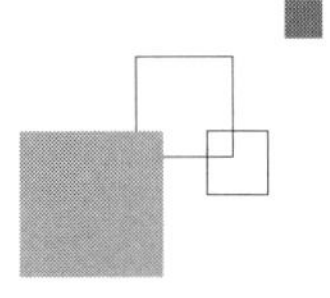

▶▶解説

Key Word 証明書の不正取得と詐欺罪

1． 担当者を欺いて証明書の交付を受けた事案では、しばしば詐欺罪（246 Ⅰ）の成立が否定される。❶は、旅券の不正取得が軽い犯罪（157 Ⅱ）でカバーされることを理由に重い詐欺罪の成立を否定するが、同時に２種類の法益を侵害すれば２つの犯罪が成立しうる以上、詐欺罪の成立を否定するためには、詐欺としての法益侵害（財産的損害）が認められないことの説明が必要となる（項目**152**も参照）。学説では、旅券等は事実や資格を証明する文書にすぎず財産的権利を与えるものではないから、交付者に経済的負担は生じないという説明が有力である。もっとも、詐欺罪の法益侵害の実体は交付した財産の喪失にある（項目**161**参照）ところ、上記のような説明は、文書交付の効果としての損害（財産給付義務の発生）を否定しているだけであり、文書を喪失したこと自体の法益侵害性が否定される根拠を示せていない。他方、不適切な事実証明の防止という関心は文書偽造罪等の対象であって詐欺罪で保護される交付目的には含まれず、証明文書が申請者本人に交付されていれば交付目的は達成されているとする見解もある。これに対しては、利益・関心が他の処罰規定でカバーされる限りで詐欺罪の保護対象から除外されるという理論構成は、詐欺罪を他に処罰規定がない場合のための「受け皿」にするものではないか、そもそも証明文書の交付目的は（適切な）事実証明の「実現」であり、（不適切な）事実証明の「防止」という文書偽造罪等の保護目的とは異なるのではないか、といった批判が向けられうる。

2． ❷は、(2)について、１項詐欺罪の成立を認めている。受領者が得る経済的利益（医療費負担の軽減）は、交付者（地方公共団体）による保険金の負担によってもたらされるものであることから、財産的損害が認められる。なお、学説には、そのような「利益の移転」は２項詐欺罪に問うべきだとする見解もある。

3． (3)について、❸は、１項詐欺罪の成立を認めている。これを支持する学説は、預金口座が振込め詐欺等の犯罪に用いられて銀行側が損害賠償を請求されたり社会的信用を失ったりする可能性があることを指摘して、財産的損害を認める。しかし、そのようなリスクが仮に認められるとしても、それは、通帳という財物の喪失とは別個の損害であることから、詐欺罪としての財産的損害を認める根拠にはならないとする見解もある。

［野村健太郎］

163★ 詐欺罪⑿
——不法原因給付と詐欺罪

(1)　甲は、覚醒剤常習者であるAに覚醒剤を売ってやると申し向けて、Aからその代金を受け取ったが、実際には覚醒剤を譲渡するつもりはなかったので、甲はAに覚醒剤を引き渡さなかった。甲の行為は詐欺罪（246 Ⅰ）となるか。

(2)　甲は、Aに対してBを殺害するよう依頼し、実行後に報酬を支払うと約束した。Aが甲の指示通りにBを殺害し、甲のところへ報酬を受け取りにきた際、甲は「明日まとまった現金が入るから明日の朝10時にまたきてくれ」と嘘を言ってその旨Aを誤信させ、その後、Aに報酬を支払わないまま逃げてしまった。甲の行為は詐欺罪（246 Ⅱ）となるか。

参考
❶大判明治43年5月23日刑録16輯906頁
❷最判昭和25年7月4日刑集4巻7号1168頁
❸札幌高判昭和27年11月20日高刑集5巻11号2018頁
❹名古屋高判昭和30年12月13日裁特2巻24号1276頁
❺最決昭和61年11月18日刑集40巻7号523頁

▶▶解説

Key Word 返還請求権
公序良俗違反
法的保護に値する利益の侵害

1．不法原因給付は、交付者に返還請求権がなく、その反射効として交付物の所有権が受領者に移転するが（民708）、人を欺いてこれを交付させた場合について、**通説と判例（❶❷）は1項詐欺罪（246 I）を肯定する**。その根拠として、**相手方は欺かれなければ財物を交付しなかったのであるから欺罔行為によって不法原因給付がなされたとする説**と、**交付の目的は不法であるが交付する物自体（(1)では金銭）は相手方が適法に占有する物であり、詐欺行為によってその適法な財産状態を侵害したとする説**があるが、いずれの見解も、民法708条はあくまでも給付後の返還に関わる規定であるから、**不法な原因に基づく給付に先立って詐欺行為が行われる場合には、給付前の正当な権利が侵害される**、との考え方に基づいている。形式的個別財産説からは前者の説が、実質的個別財産説であれば後者の説が妥当ということになろう。この場合に被害者に返還請求権を認めるかについては、行為者が不法の原因を作出したとして民法708条ただし書が適用され返還請求権が認められるという見解（それゆえに盗品関与罪が成立する）と、人を欺く手段が直ちに「不法の原因」を作出したとはいえず、また詐欺が成立しうる場合において一般に同条ただし書の適用を肯定することには疑問があるとして、これを否定する見解（盗品関与罪は不成立）が対立している。
2．報酬を支払うと偽って違法行為や犯罪行為を行わせたうえで、支払いを免れたような場合に、2項詐欺罪が成立するかについては、議論がある。売春の対価の支払いを免れた事案において、売春行為は公序良俗に反し、その契約は無効であって（民90）代金債務を負担することはないとして2項詐欺罪を否定した裁判例と（❸）、民事上契約が無効であることと刑事上の責任の有無は本質を異にするものであり、違法な手段で社会秩序が乱されたとして2項詐欺罪を肯定した裁判例があるが（❹）、強盗殺人未遂事案で覚醒剤の返還ないし代金支払いの免脱を財産上不法の利益と認めた判例があることから（❺）、**民法上無効な債務でも事実上支払いが請求されうる場合には、裁判所は無効な債務の免脱を財産上不法の利益とみなしている**と理解できる（項目**144**参照）。欺かれなければ公序良俗に反する行為をしなかったという点では**(1)**と同じともいえるが、**財産犯が成立するのは法的保護に値する利益を侵害した場合に限られ**、売春の代金や殺人の報酬といった債務は、被欺罔者が行為者に対して有する請求権が法的に成立し得ず、刑法上保護の対象とはならない、と考えるのが妥当であろう。　［**菅沼真也子**］

164 電子計算機使用詐欺罪

(1) 甲は、路上で拾ったAのキャッシュカードを用いてATMを操作し、Aの預金を自身の口座に振替送金した。この振替送金行為は、電子計算機使用詐欺罪（246の2）として処罰されるが、そもそも、他の財産罪、例えば、窃盗罪（235）、詐欺罪（246）、背任罪（247）として処罰することはできないのだろうか。

(2) **(1)**で、甲は実際にキャッシュカードで振替送金を行っているのに、なぜ「虚偽」の情報による「不実」の記録の作成と評価されるのか。

(3) 銀行の貸付担当者である乙は、B社に対して回収の見込みの乏しい無担保の貸付（不良貸付）を行うため、銀行のコンピュータを操作し、銀行名義でB社口座への入金処理をした。乙の行為は、電子計算機使用詐欺罪に該当するか。

(4) 信用金庫Cの支店長である丙は、実際には現金を預け入れていないのに、部下に命じて、同支店に設けられた自己名義の口座に2800万円の入金処理をさせた。丙の行為は、電子計算機使用詐欺罪に該当するか。

参考
❶東京高判平成24年10月30日高検速（平24）146頁
❷名古屋高判令和2年11月5日高検速（令2）522頁
❸山口地判令和5年2月28日裁判所ウェブサイト
❹東京高判平成5年6月29日高刑集46巻2号189頁

▶▶解説

Key Word 情報・電磁的記録の虚偽性

1． 拾ったキャッシュカードを用いたATMでの振替送金行為は、「財物」の窃取ではないため窃盗罪には該当せず、窓口での振替送金のように「人を欺いて」なされたものではないため2項詐欺罪にも該当しない。また、持ち主から事務を委託されていたわけではない行為者は「他人のためにその事務を処理する者」にあたらないため背任罪にも該当しない。このように、古典的な犯罪と同等の当罰性がありながら処罰できなかった行為を捕捉すべく設けられたのが、246条の2である。近時の裁判例には、自動改札機を用いたキセル乗車（❶❷）や、誤振込みされた金銭のネット送金（❸）につき本罪を適用したものがある。

2． 246条の2前段にいう**「財産権の得喪若しくは変更に係る」「電磁的記録」とは、財産権の得喪・変更それ自体の記録、または、その得喪・変更を生じさせるべき事実の記録を意味する。**銀行が管理する預金残高の記録は、預金債権という財産権の記録であり、ATMの操作は、その得喪・変更の記録を作る行為である。もっとも、ATMの操作は、本来、カードの所有者の意思に基づいてなされることが予定されている。したがって、所有者の意思に反した操作は、（所有者の意思に基づく操作がなされたという）「虚偽」の情報を与えて「不実」の記録を作る行為と評価されるのである。これは、拾った預金通帳を用いた窓口での振替送金が、銀行側を「欺く」行為と評価されるのと同様である。

3． **(3)**の乙のような**権限のある者による不良貸付は民事上有効であるため、そこでなされる入金処理は、「虚偽」の情報による「不実」の記録の作成とはいえず、電子計算機使用詐欺罪には該当しない。**もっとも、それが任務違背行為といえる場合には、背任罪（247）に該当する余地がある。

4． **❹**は、**(4)**類似の事案で、原審が電子計算機使用詐欺罪の成立を否定した（支店長の命令で支店の業務として行われた入金処理は、現実に行われたものであって、「虚偽の情報」を与えたことにはならないとした）のを破棄し、現金の受入れ等の実体を伴わない入金処理は、「虚偽の情報」を与える行為と評価できるとして、本罪の成立を認めた。もっとも、電子計算機使用詐欺罪の「詐欺罪」的性格を重視する立場からは、行為者の占有下にある財物の領得が占有侵害を欠き詐欺罪に該当しない（横領罪にしかならない）のと同様、行為者の事実的な支配下にある業務を通じて利益を得る行為も、（背任罪にはあたるとしても）電子計算機使用詐欺罪には該当しないのではないか、という疑問も向けられている。　　［**野村健太郎**］

165★ 恐喝罪(1)
——権利行使と恐喝

甲は、友人のAに1年後に返済するという約束で100万円を貸した。1年後、甲は街で偶然Aに会った際、100万円を返すように催促したが、Aはその日お金を持ちあわせていなかったので、さらに1か月後に必ず返すと約束した。

1か月後に甲はA宅に赴き、100万円を返すように言ったが、その日も話し合いは物別れに終わったため、再度次の日に知人を連れてA宅を訪れ、100万円を返すように強く迫り、「今日中に100万円を返せ。さもなければAや家族に危害を加える」などと脅かして、Aが差し出した200万円を取り上げた。甲の罪責について論じなさい。

参考　❶大連判大正2年12月23日刑録19輯1502頁
❷大判昭和9年8月2日刑集13巻1011頁
❸最判昭和30年10月14日刑集9巻11号2173頁

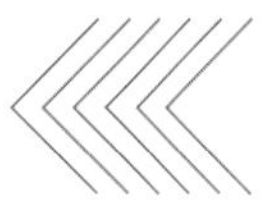

▶▶解説

Key Word 権利行使と恐喝 財産罪の保護法益

1．金銭債権を有する者が、恐喝的手段を用いて債務の弁済をうけた場合のように、他人に対し何らかの権利を有する者が、その権利を行使する手段として恐喝的手段を用いた場合、恐喝罪（249）は成立するか。

2．権利行使と恐喝罪として問題となる事例について、判例の立場には変遷がある。大審院は、恐喝的手段を用いて、その権利の範囲内で財物や利益を取得しても恐喝罪は成立しないが、その権利の範囲を超えて財物や利益を取得した場合や、正当な権利を有する場合であってもその権利の実行に藉口するだけであれば、恐喝罪が成立するとした（❶）。その後、権利実行の意思で恐喝的手段を用いた場合でも、法律の認める範囲を逸脱する方法で権利を実行した場合には、権利の濫用であるとして恐喝罪を認める判断が現れ（❷）、最高裁は、「他人に対して権利を有する者がその権利を実行することは、**その権利の範囲内であり且つその方法が社会通念上一般に忍容すべきものと認められる程度を超えない限り、何ら違法の問題を生じない」が、その範囲や程度を逸脱するときは違法となり、恐喝罪が成立する**ことを認めるに至った（❸）。このような最高裁の立場に立つと、設問では権利の範囲を超えるため、恐喝罪が成立することになる。

3．学説は、交付をうける権利がある場合には、脅迫的手段を用いたとしても恐喝罪は成立せず、その手段が債権の行使として許される範囲を超えるときは脅迫罪を構成するにすぎないとして恐喝罪を否定する立場と、権利の実行とはいえ公序良俗に反する方法をもってなされることは法律上許されるべきではないとして、社会的に相当といえない場合には恐喝罪を肯定する立場に大別される。この背景には、財産罪の保護法益をめぐる議論があると解されている。**財産罪の保護法益を所有権その他の本権とする本権説に立つと、正当な権利の実現といえるかが焦点となる**。正当な権利の実現であり、権利行使の範囲内であれば恐喝罪は成立しないが、権利行使の範囲内であっても手段の違法性が肯定される場合には、脅迫罪を構成する可能性がある。設問では、権利の範囲を超えている部分について恐喝罪が成立する。これに対し、**財物の所持それ自体を保護法益とする占有説に立つと、原則的に恐喝罪の成立は肯定され、違法性が阻却されるかが問題となる**が、その際、①権利の範囲内か、②権利行使という正当な目的の存在、③手段の相当性などが考慮される。設問においても200万円全体について恐喝罪が成立することになろう。

［**山本高子**］

166 恐喝罪(2)
——欺罔と恐喝の併用、収賄罪との関係

(1) 甲は、よくあたると評判の占い師であったが、仕事の悩みを相談に来たAに対し、「今の仕事がうまくいかないのは、前世の行いのせいである。お祓いをすれば少しはよくなるかもしれない。そのためには、50万円必要だ。ひどい未来が待っているがそれでもよいのか」と、Aに強い口調で話したため、Aはひどく怖くなり、甲に言われた通り、50万円を渡した。甲の罪責について論じなさい。

(2) 乙は、Bの自宅に電話をかけ、Bが高齢者向けマンションの優先入居権を有していると偽ったうえで、その名義を譲ってほしいと持ちかけた。Bは、承諾すると返事をしたが、翌日弁護士に扮した乙が、名義譲渡は違法であり、裁判となるため、示談金として300万円必要であると強く迫ったため、Bは裁判沙汰になるのは身内に迷惑がかかると怖くなり、自宅を訪れた乙に300万円を渡した。乙の罪責について論じなさい。

(3) 公務員丙は、誤って税金を過少申告した知人のCが相談に来た際、「過少申告は犯罪であり、逮捕されるかもしれない。もみ消すためには、お金が必要だ。気持ちをみせてほしい」と強く迫ったため、Cは10万円の商品券を丙に手渡した。丙の罪責について論じなさい。

参考
❶最判昭和24年2月8日刑集3巻2号83頁
❷最判昭和25年4月6日刑集4巻4号481頁
❸福岡高判昭和44年12月18日刑月1巻12号1110頁
❹最決昭和39年12月8日刑集18巻10号952頁

▶▶解説

Key Word 詐欺罪と恐喝罪の関係
恐喝罪と収賄罪の成否

1. 人に財物を交付させる手段として、詐欺行為と恐喝行為が併用された場合、詐欺罪（246 Ⅰ）が成立するか、それとも恐喝罪（249 Ⅰ）が成立するのか。

最高裁は、害悪告知の内容が虚偽の事実であっても、相手方が畏怖の結果として財物を交付するに至った場合には、恐喝罪が成立すると判示している（❶）。このような判例の立場によると、**(1)**の場合には、甲の言辞により被害者が恐怖心を抱いており、その恐怖心から財物を交付しているため、恐喝罪が成立することになる。

このような被害者の心理面から判断する方法については、被害者の心理に犯罪の成否が左右され、犯罪が未遂に終わった場合に、いずれの未遂罪が成立するのか不明であるとの批判がある。それゆえ、行為自体の性格が客観的に恐喝行為にあたるか、欺罔行為にあたるかにより区別すべきであるとする立場も主張されている。なお、**錯誤に陥ると同時に畏怖して交付行為が行われた場合、詐欺罪と恐喝罪の観念的競合とする立場が有力である。**近年急増する振込め詐欺の事例の中には、**(2)**で挙げたような被害者が錯誤に陥ると同時に、畏怖して交付行為を行う事例も少なくない。乙についても、Bに優先入居権があるように装い、名義譲渡を持ちかけ、その名義譲渡が違法である旨告げて、Bに錯誤を生じさせるとともに、畏怖心から300万円を交付させており、詐欺罪と恐喝罪の成立が認められることになろう。

2. また、職務執行に名を借りて財物を喝取した場合、収賄罪（197）と恐喝罪のいずれが成立するか。**判例の多くは、収賄罪は成立せず、恐喝罪のみ成立するとする**（❷）。**公務員に職務を執行する意思がないこと、被害者が任意に財物を交付していないことがその理由である。**しかし、公務員に職務執行の意思がある場合であるが、下級審（❸）において、恐喝罪と収賄罪の成立を認めたものもあり、その際に重視されたのは、「相手方に不完全であっても、なお、財物を交付すべきか否かを選択するに足る意思の自由が残っているか」であった。贈賄罪の判例（❹）においても、賄賂供与という行為は、不完全ながらも贈賄すべきか否かを決定する自由があれば足りるとされており、意思の自由を問題にする立場は、贈賄罪の判例とも整合すると評価されている。

(3)においては、Cに対し、強く金品を要求し、商品券10万円を喝取したことが恐喝罪に問われることになる。

［**山本高子**］

167★ 預金に関連する財産犯の成否(1)
——誤振込み

Aは料金の取立てをB社に依頼し、B社は取立てにより集金した料金をAの指定した預金口座に振込送金していた。ところが、A側の誤った指定により、B社は当該料金約75万円を甲の普通預金口座に振り込んでしまった。甲は、通帳の記載から、B社による約75万円の振込みを知ったが、これを自己の借金の返済に充てようと考え、C銀行窓口係員に対し、誤った振込みがあった旨を告げることなく、その時点で残高が92万円余りとなっていた預金のうち88万円の払戻しを請求し、同係員から即時に現金88万円の交付を受けた。

(1) 甲の罪責について論じなさい。

(2) 誤って振り込まれた金額に相当する現金を、甲がATMから引き出したとする。この場合、甲の罪責について論じなさい。

(3) 誤って振り込まれた金額に相当する預金について、甲はDに対する借金返済に充てるため、ATMを操作してDの預金口座に振り込んだとする。この場合、甲の罪責について論じなさい。

参考 ❶最決平成15年3月12日刑集57巻3号322頁
❷最判平成8年4月26日民集50巻5号1267頁
❸山口地判令和5年2月28日裁判所ウェブサイト

▶▶解説

Key Word 誤振込み
預金の払戻し
詐欺罪における欺罔と錯誤

1．「誤振込み」に関わる金銭について、❷は、「振込依頼人と受取人との間に振込みの原因となる法律関係が存在するか否かにかかわらず、受取人と銀行との間に振込金額相当の普通預金契約が成立し、受取人が銀行に対して右金額相当の普通預金債権を取得する」と解している。これを踏まえると、**甲は「誤振込み」に関わる金銭について預金債権を取得しているため**に、C銀行に対する関係において詐欺罪（246 Ⅰ）は成立しないようにみえる（なお、預金による占有については、項目**168**参照）。しかし、❶は、❷を前提にして甲に預金債権の取得を認めつつ、銀行において、組戻し手続（受取人の承諾を得て振込依頼前の状態に戻すこと）などといった措置を講じさせるために、**口座名義人には、「誤った振込みがあった旨を銀行に告知すべき信義則上の義務がある」**とした。このような観点から、❶は、**「誤った振込みがあることを知った受取人が、その情を秘して預金の払戻しを請求することは、詐欺罪の欺罔行為に当たり、また、誤った振込みの有無に関する錯誤は同罪の錯誤に当たるというべきである」と判示した**。これによると、**(1)**における甲の罪責は、詐欺罪となる。また、銀行窓口係員は、事情を知っていれば、その預金の払戻し全額を拒絶していただろうから、その払戻しによって得た金銭の全額につき、詐欺罪の成立が認められることになろう。

2．**(2)**では、甲はATMを操作して預金を引き出しているにすぎず、機械に対する関係において詐欺罪の成立を認めることはできない。そこで、**(2)**では窃盗罪（235）の成否を検討することになる。**(1)**と同様に、**ATMの管理者たる銀行側の責任者は、誤振込みがあったという事情を知っていれば、その預金の引出しを認めなかったであろうといえる**。したがって、**(2)**において、甲がATMから誤振込みに関わる金銭を引き出すことについては、銀行側の意思に反して、ATMに保管された金銭の占有侵害・移転が行われたとして、窃盗罪の成立が認められる。なお、**(3)**では、甲がATMを操作することによって電子計算機に虚偽の情報を入力し、第三者に「財産上の利益」を取得させた点に着目すると、電子計算機使用詐欺罪（246の2）が成立する（近時の裁判例については❸参照）。

［**内田幸隆**］

168★ 預金に関連する財産犯の成否(2)
――預金の占有・振込め詐欺

(1)　甲は、Aから現金100万円を預かったが、当該現金を自己名義の預金口座に預け入れた。ところが、甲は、借金の返済に充てるため、Aから預かった100万円に相当する預金を銀行窓口から引き出した。甲の罪責について論じなさい。

(2)　乙は、Bの息子Cを装ってBに電話をかけ、「丙に対して10万円を返済しないといけないが、金がない。後日返すから10万円を丙の預金口座に振り込んでくれないか」と申し向けた。その言葉を信じ込んだBは、その電話の1時間後には自宅にあった現金10万円を最寄りの銀行から丙名義の口座に振り込んだ。乙の罪責について論じなさい。

(3)　乙は、Bに対する上述の電話をした直後に、知人である丙に対して電話をかけ、「これからBという人物がおまえの口座に10万円を振り込むので、その入金を受け入れてほしい。入金を確認次第、引き出して自分に渡してくれたら手数料1万円を渡す」と申し向けた。丙は、そのことを聞いて不審に思い、乙の詐欺の片棒を担いでいるのかもしれないと思ったが、生活費に困っていたため、入金の受入れと現金引出しについて乙の依頼を引き受けた。その後、丙は、D銀行に赴き、ATMを操作して10万円の入金を確認し、10万円をATMから引き出して、それを乙に引き渡して乙から1万円を受け取った。丙の罪責について論じなさい。

参考　❶大判大正元年10月8日刑録18輯1231頁
❷東京高判平成25年9月4日東時64巻1～12号188頁
❸最判平成20年10月10日民集62巻9号2361頁

▶▶解説

Key Word 預金による占有　振込め詐欺　銀行への告知義務

1．横領罪（252 Ⅰ）の要件である「占有」では、濫用のおそれのある支配力が問題となる。したがって、物に対する「事実上の支配」だけでなく、「法律上の支配」が認められる場合にも、横領罪における「占有」が認められる。この観点からは、預金名義人には、預金相当額について自由に処分することができる権利がある以上、預金に関わる金銭について「法律上の支配」があるといえ、横領罪における「占有」が認められる（❶）。このように考えると、**(1)**において、銀行に預け入れた100万円に相当する金銭について甲の「占有」が認められ、100万円を引き出すことによって、Aに帰属する金銭を自己のために処分した甲には横領罪の成立を認めることができる。

2．**(2)**と**(3)**において乙は、Bを欺罔することによって丙の口座に振込みをさせ、現金10万円を処分させている。また、乙は、丙の協力を得ることによって、丙の口座に振り込まれた10万円につき、自己の支配下に置いたといえる。したがって、丙の口座に入金があった段階で、現金の交付がなされたとみて、1項詐欺罪（246 Ⅰ）の既遂が認められる（項目**153**参照）。

3．**(3)**において、丙は、乙による詐欺罪の実行に途中から関与しているが、この点につき、承継的共犯（項目**78**参照）の成否が問題となる。他方で、丙が、10万円を自己の口座から引き出す点については、D銀行に対する関係において別罪の成否が問題となる。誤振込みに関する民事判例によると、犯罪行為に由来する振込みであっても、丙は預金債権を取得するともいえる。しかし、❷は、銀行に口座凍結等の措置を講じる機会を与えるために、預金契約者は、自己の口座が詐欺等の犯罪行為に利用されている旨を銀行に告知すべき義務があるとした（誤振込みについては、項目**167**参照）。これによると、D銀行側が、告知に基づき、乙による詐欺罪の実行に由来する預金であると知っていれば、その預金の引出しを拒絶していたはずであるから、丙による預金の引出しは、D銀行側の意思に反するものとなって、窃盗罪（235）を構成する。なお、❸によると、丙が当該預金を引き出すことは権利の濫用に該当し、そもそも預金を引き出すことができる正当な権限がないともいえるのであり、こうした観点から窃盗罪の成立を認めることも考えられる。

［内田幸隆］

169 横領罪(1)
――物の他人性

(1)　甲は、Aに投資のために株式を購入するように頼まれ、1000万円を預かったが、実際には株式を購入せず、それを自宅のローンの返済に充てた。なお、甲は、1000万円を補填できるほど十分な預金などは有していなかった。甲の罪責について論じなさい。

(2)　乙は、通信販売で美容器具を3回払いで購入したが、思ったような効果がなかったため、まだ1回しか支払いをしていないにもかかわらず、インターネットオークションで売った。乙の罪責について論じなさい。

(3)　丙は、会社の資金を調達するため知人Bから融資を受けたが、その際、工場にある機械を担保とし、所有権はBに移転するが、丙が使用することができる旨の契約を結んでいた。しかし、その後、資金繰りがさらに悪化したので、丙はBに無断でその機械を第三者に売った。丙の罪責について論じなさい。

参考　❶最判昭和26年5月25日刑集5巻6号1186頁
❷最決昭和55年7月15日判時972号129頁
❸大判昭和8年11月9日刑集12巻1946頁

▶▶解説

Key Word 委託された金銭と横領罪
所有権留保
譲渡担保

1．委託された金銭についてそれを領得した場合に横領罪（252 Ⅰ）は成立するか。民法解釈論上は封緘されている場合を除き、占有と所有は一致するとして、占有者に所有権を認める。これは、取引の安全を保護するためとされているが、この立場を前提とすると、委託された金銭を領得したとしても横領罪は成立せず、背任罪（247）の成立しか認められないことになる。

これに対し、刑法解釈論上は、消費寄託のように、受託者の費消が予定されている場合には、金銭の所有権は受託者に移るとされ、横領罪は成立しないが、**使途が定められている場合には、委託者に所有権があり横領罪が成立するとする立場が、判例（❶）・通説となっている。**このときには、特定された金銭についての所有権ではなく、一定の金額についての所有権として認められるため、使途が定められた金銭を費消しても、確実に補填できるような場合には、横領罪は成立しない。甲については、そのような事情はないので、横領罪となる。

2．次に、所有権留保である。**割賦売買契約においては、代金が完済されるまでは、目的物の所有権は売主に属するため、代金完済前に買主が目的物を処分した場合、判例（❷）・学説は、横領罪の成立を肯定する。**乙の行為も、横領罪となるだろう。ただ、契約上処分が許容されている場合や残債務がわずかな場合には、売主に留保された所有権の保護が稀薄になっているとして、横領罪の成立は否定されるとする立場が多い。

3．さらに、所有権留保と同様の非典型担保に譲渡担保がある。譲渡担保とは、担保の目的である権利を債務者ないしは物上保証人が債権者に移転し、債務不履行が生じた場合に、確定的に債権者に権利が帰属するものをいう。そもそも民事判例は、所有権が外部的にのみ債権者に移転する類型と、内外部ともに債権者に移転する類型とに区分して判断していたため、刑事判例もそれに従ったもの（❸）があり、学説も、従来は、所有権が外部的にのみ債権者に移転する類型については、債務者に所有権が留保されているため、債権者が処分すると横領罪が成立するが、所有権が内外部とも債権者に移転する場合には、債務者が処分すると横領罪が成立すると解していた。ただ、その後の民事判例は、上記の区別を採用せず、そのような民事判例から、刑法解釈論上も債権者に権利が移転しているものとして、債務者による不法な処分に対し横領罪を認める立場が有力である。丙についても横領罪が成立することになるだろう。

［山本高子］

170★ 横領罪(2)
——二重売買の擬律

甲は、Aとの間で、自分が所有する土地Xについて2000万円で売却する契約を結んだ。以前からXを取得したいと考えていた乙は、この話を聞いて、甲にAよりも高い2500万円で購入したいと申し入れた。しかし、すでにAに売却したことを理由に、甲は乙の申出を断った。何とかXを取得したい乙は、その後も再三再四甲に交渉し、甲が法的知識に疎く、経済的にも困窮していたことを利用し、自分に売却しても裁判になることはなく、万が一裁判になっても乙が解決するかのごとく甲を誤信させて、4000万円で売却するよう甲に話した。甲は、Aの倍の金額を聞き、乙に売却しようと考え、まだ所有権移転登記がなされていないことを奇貨として、乙に4000万円で売却した。以下の**(1)**～**(3)**の段階に従って、甲の罪責について論じなさい。

(1)　まだ、Aも乙も契約を結んだだけで、いずれも甲に手付金等を支払ってはおらず、登記の名義はまだ甲のままであった。

(2)　Aが手付金をすでに支払っていたが、登記の名義はまだ甲のままであった。

(3)　Aが手付金をすでに支払っていたが、登記は乙に移転された。

また、以上の甲の行為に対する乙の罪責について論じなさい。

参考　❶最判昭和33年6月20日民集12巻10号1585頁
❷最判昭和30年12月26日刑集9巻14号3053頁
❸福岡高判昭和47年11月22日刑月4巻11号1803頁

▶▶解説

Key Word 物の他人性 不動産の占有 配信的悪意者

1．横領罪（252 Ⅰ）の客体は、「自己の占有する他人の物」である。横領罪は占有により自己が有する物の支配力を濫用して所有権を侵害する犯罪なので、**横領罪にいう「占有」とは、窃盗罪等とは異なり、事実上の支配のほか、法律上の支配も含まれる**（項目**132**および**133**参照）。したがって、土地の登記名義人も当該土地について占有しているといえる。また、「物」とは有体物をいい（項目**129**参照）、動産のほか、不動産も含まれる。

2．民法176条は、「物権の設定及び移転は、当事者の意思表示のみによって、その効力を生ずる」とし、❶によれば、特定物売買の場合、原則として買主に対して直ちに所有権移転の効力が生ずるので、**自己の所有物の売買契約締結時に、その物の所有権は相手方に移転する**。ただ、**物が買主に引き渡される前は、引き続き売主がその物を所持しているので、その段階では、その物は売主が占有する買主**（以下「第1譲受人」）**の物になる**。そして、売主が、そのことを奇貨として、第三者（以下「第2譲受人」）に売却すれば、横領罪が成立することになる（❷）。

3．しかし、動産については引渡、不動産については移転登記があれば、第1譲受人は第2譲受人に対抗しうるので（民177・178）、売主が第2譲受人に売却した時点で横領罪を認めるのは早すぎるとも考えられる。そこで、特に不動産について段階に分ける見解が主張されている。これによれば、売主が第2譲受人と売買契約を結んだだけでは、何ら第1譲受人に財産的な損害が発生していないので、横領罪は成立せず（**(1)**）、第1譲受人が代金等を支払った場合でも、まだ不動産の移転登記がなされていなければ、横領は未遂の段階にあって不可罰であり（**(2)**）、**第1譲受人が代金等を支払ったうえで、第2譲受人が移転登記等の対抗要件を備えたときに横領罪が成立するとされている**（**(3)**）。

4．情を知りつつ、自己に売却するように言った第2譲受人に、売主の横領についての共犯が成立しないかということも問題になる。この点、判例・通説は、民法177条の「第三者」に含まれる単純悪意者を二重売買についての横領罪の共犯として処罰するのは妥当ではないとして、**背信的悪意者には横領罪の共犯が成立するが、単純悪意者には横領罪の共犯は成立しないとする**。本設例の乙は背信的悪意者と考えられるため、横領罪の責任を負うことになるであろう（❸）。

［関根　徹］

171 横領罪(3)
——不法原因給付と横領罪

Aは、自動車を運転中、スピード違反でB警察署所属の警察官に捕まった。Aは、違反点数の累積により、免許停止になってしまうと考え、寛大な処置をしてもらうため、B警察署長のCに20万円を渡そうと、Cの知り合いである甲に預けた。しかし、甲は、Aから預かった20万円をCに渡さずに、遊興に全額費消した。甲の罪責について論じなさい。

参考 ❶最判昭和23年6月5日刑集2巻7号641頁
❷最大判昭和45年10月21日民集24巻11号1560頁

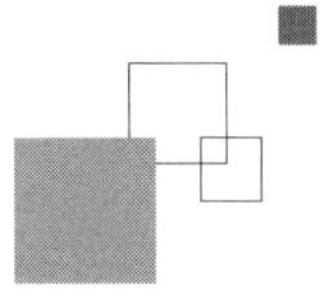

▶▶解説

Key Word 返還請求権
所有権
不法原因給付と不法原因寄託

1. 横領罪（252 Ⅰ）の客体は、「自己の占有する他人の物」である。ここでいう「他人の物」とは、他人が所有する物である。本設例のように、贈賄という犯罪の目的で交付された金銭は、不法な原因に基づく委託物である。民法708条本文は、「不法な原因のために給付をした者は、その給付したものの返還を請求することができない」と規定する。したがって、**贈賄という不法な原因に基づいて財物を交付した場合には、交付した者はその財物の返還を請求することができない**。それにもかかわらず、他人から預かった不法原因給付物を領得した場合に横領罪が成立するのかということが問題になる。

2. ❶は、横領罪の目的物は自己の占有する他人の物であることを要件としているだけで、物の給付者に民法上その返還を請求することができることまでを要件としてはいないということを理由に、横領罪の成立を認めた。ただし、❶は、不法原因給付の場合であっても**給付者に所有権が残ることを前提に判断したものであると**されている。

3. しかし、その後、❷**が、給付した者は不当利得に基づいても所有権に基づいても給付した財物の返還を請求することができず、その反射的効果として所有権も給付を受けた者に移るということを示した**。そうすると、不法な原因に基づいて他人に財物を交付した場合には、その財物は結果的にその所有権が交付を受けた者に移転するため、交付を受けた者にとっては、**「自己の占有する自己の物」**になる。したがって、預かった財物を領得したとしても横領罪には問えないことになる。

4. この点、**不法な原因に基づいて預けた場合には、その目的物は委託されただけで、終局的に移転する前なので、不法原因給付ではなく、不法原因寄託であるとして、まだ所有権は委託者側に残っているという見解が主張されている**。これによれば、委託された財物は、受託者にとって「自己の占有する他人の物」になり、これを受託者が領得すれば、横領罪が成立することになる。もっとも、このような解釈は民法学では一般的にとられていないようであり、その妥当性については争いがある。

［関根　徹］

172★ 横領罪(4)
——不法領得の意思

A社の取締役経理部長である甲は、CがAの株式を買い占めてその経営権をB会長ら一族から奪取しようと画策していることを知り、それに対抗するため、D研究所代表Eに対し、Cの取引先金融機関等に融資を行わないよう圧力をかけたり、Cを中傷する文書を頒布してその信用を失墜させ、Cに対する金融機関等の資金支援を妨げて株買占めを妨害し、さらには買占めに係る株式を放出させる等、Cによる経営権の取得を阻止するための工作を依頼し、その工作資金および報酬等にAの資金を流用しようと考え、支出権限がないのに、3回にわたり、業務上保管中のAの現金合計3億円をEに交付した。なお、Eに現金を交付した時点では、AにおいてCが支配する株式を買い取るとの方針は固まっておらず、Aの社長も株式買取りの可能性を探るための工作を了承したにとどまっていた。また、Eへの3億円の交付に見合った工作が成功するか否かも全く不明であった。他方で、株式買取りが実現すれば、さらに、Eに10億円の経費および報酬を支払うことになっており、これを含む買取価格の総額は100億円に上った。

甲の罪責について論じなさい。

参考 ❶最判昭和27年10月17日集刑68号361頁
❷最判昭和24年3月8日刑集3巻3号276頁
❸最決平成13年11月5日刑集55巻6号546頁

▶▶解説

Key Word 横領行為
不法領得の意思の内容

1．横領行為の意義については、**自己の占有する他人の物を自己に領得する意思を外部に発現する行為をいうとする領得行為説が判例・通説である（❶）**。さらに、学説上は、委託の趣旨に反する権限逸脱をいうとする越権行為説もある。

2．領得行為説によれば、「横領した」かどうかは、不法領得の意思の肯否にかかっている。**不法領得の意思とは、他人の物の占有者が委託の任務に背いて、その物につき権限がないのに所有者でなければできないような処分をする意思をいう（❷）**。窃盗罪等の不法領得の意思とは内容が異なる（項目 **135** および **136** 参照）。窃盗罪等の場合、他人が占有する他人の物を領得するので、不法領得の意思に権利者を排除する意思が必要とされるのに対し、横領罪の場合、もともと他人の物を自己が占有しているので、権利者を排除する必要がない。また、窃盗罪等の場合、占有移転があるだけで窃盗罪等になるのか、それとも器物損壊罪になるのか明らかではないので、経済的用法に従って利用処分する意思が必要とされるが、横領罪の場合、物の占有が適法に開始されており、占有開始時の目的ではなく、他人の物を自己が占有した後のその物の所有権を侵害することが問題になるので、経済的用法に従って利用処分する意思も必要とはされない。ただ、不法領得の意思の内容が広くなりすぎ、越権行為説と変わらないとし、経済的用法に従い利用・処分する意思を必要とする見解も有力である。

3．横領罪における不法領得の意思を❷のように解すると、**一時使用の意思**の場合には、基本的に不法領得の意思が否定されるが、権利者が許容しないような使用方法の場合には、不法領得の意思が肯定されることになる。また、**毀棄・隠匿の意思**も不法領得の意思に含まれる（ただし、経済的用法に従い利用・処分する意思を必要とすれば、否定される）。さらに、**後日補填する意思**の下に不特定物を処分したとしても、不法領得の意思は認められる（❷）。他方で、相殺の意思の場合には不法領得の意思は否定される。

4．**不法領得の意思は自己が領得する意思の場合だけでなく、第三者に領得させる意思でも認められる（❷）**。ただし、自己領得目的または実質的に自己領得といえるような第三者領得目的に限定することも可能である。他方で、**本人のためにする意思の場合には不法領得の意思が否定される（❸）**。本設例の甲の行為は、Aのために行われたと評価し得なくもないが、❸は不法領得の意思を肯定している。甲には業務上横領罪（253）が成立しよう。

［関根　徹］

173 横領罪(5)
——横領の意義

甲は、T郵便局の局長として、同局における現金の受入れ、支払い、保管その他一切の事務を監督する立場にあったところ、甲は以前に顧客が預け入れようとした現金計100万円を所定の手続を経ずに横領したことから、Aが預け入れた郵便貯金計100万円でその穴埋めをした。

甲の罪責について論じなさい。

参考 ❶大判昭和6年12月17日刑集10巻789頁
❷最決平成21年3月26日刑集63巻3号291頁

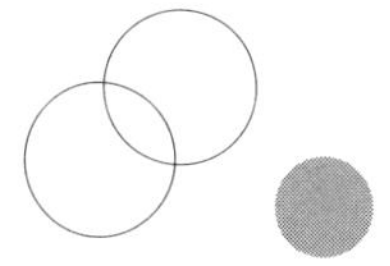

▶▶解説

Key Word 横領行為
不法領得の意思
穴埋め横領

1．判例・通説によれば、横領行為とは自己の占有する他人の物を領得する意思を外部に発現する行為をいう。不法領得の意思を発現する行為は、必ずしもその物の客観的な領得行為であることを必要とせず、単に領得の意思を持って行為を行えばそれで足りる（項目**172**参照）。

2．横領行為には、委託物の売却や質入れ等の法律行為だけでなく、費消や着服等の事実行為も含まれる。法律行為の場合には、当該行為が無効であるかどうか、または取り消しうるかどうかということは横領罪の成否に影響しない。

3．以下では横領行為とされるもののうちのいくつかをみていく。

①担保の供用　自己が占有する他人の物を担保に供することも横領罪になる。担保に供すること自体は所有権を侵害しないが、担保に供することも所有者でなければできない処分であり、また、担保に供されることで物の財産的価値が減り、他方で占有者は金銭的な利益を受けられるので、横領罪になる。例えば自己の占有する他人の不動産に抵当権を設定すること等がこれにあたる。抵当権の場合には仮登記でもよく、❷は、不実の抵当権仮登記について横領罪を認めた。

②貸与　自己が占有する他人の物を、委託の趣旨に反して貸与することも横領罪になる。賃貸借、使用貸借または消費貸借のうちのいずれでもよい。この貸与に関しては、金融機関の役員等が不当貸付を行った場合に、業務上横領罪と背任罪のうちのどちらが成立するのかということが問題になる。判例は、貸付が自己名義・自己計算による時には業務上横領罪になり、本人名義・本人計算による時は背任罪になるとする（項目**178**参照）。

③穴埋め横領　以前に横領した金銭等の不特定物の穴埋めに、さらに次々と横領して前の横領の穴埋めをする場合を穴埋め横領という。以前の横領により生じた損害が後の横領により補填されるため、実質的に損害が生じていないことを理由に、横領罪を否定する見解があるが、以前の横領の穴埋めに委託された財物を使うことは、委託の任務に背いており、その物を補填に使用する権限がないのに、補填という処分を行っており、さらに横領行為が行われた時点で損害が発生するので、横領罪は成立する。1度成立した横領罪が後の補填により、不成立になることは考えられないので、穴埋め横領の場合にも横領罪が成立すると考えられる。判例も横領罪を認める（❶）。甲には最初の100万円と後のAが預け入れた100万円のいずれについても業務上横領罪（253）が成立する。　［**関根　徹**］

174 横領罪(6)
――横領後の横領

甲は、宗教法人Ｓの責任役員であるが、自己が経営するＴ不動産の事業資金を確保するため、自己が責任役員として管理していたＳ所有の土地Ａに5000万円を極度額とする根抵当権を設定した。しかし、その後、Ｔ不動産の事業が悪化し、１億円の債務を抱えたため、その返済資金に充てるため、Ａを１億2000万円でＹ不動産に売却し、Ａの所有権移転登記手続を完了させた。

甲の罪責について論じなさい。

参考　❶最判昭和31年6月26日刑集10巻6号874頁
❷最大判平成15年4月23日刑集57巻4号467頁
❸大阪地判平成20年3月14日刑集63巻3号305頁

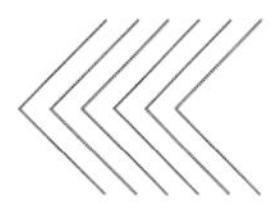

▶▶解説

Key Word 不可罰的事後行為
包括一罪

1．自己が占有する他人の不動産に抵当権を設定することも横領行為に含まれる（項目**173**参照）。ただ、抵当権の設定が横領罪にあたるとしても、抵当権が設定された不動産を引き続き占有することは可能なので、その後さらに、その不動産を、例えば売却等をして所有権を移転させることも可能である。この場合、後の所有権移転行為が横領罪になるのかということが問題になる。

2．この点、❶は、抵当権の設定によって一度横領罪が成立した以上、その後の所有権移転行為について横領罪は成立しないとした。その根拠は、**所有権移転行為は抵当権設定行為の不可罰的事後行為になる**という点に求められている。しかし、先行の抵当権設定行為が横領罪になるとしても、依然として、**抵当権が設定された不動産は受託者が占有する他人の不動産のままであり、受託者はこれを売却することにより、委託者の所有権をさらに侵害することは可能**なので、後の所有権侵害行為も横領罪の構成要件に該当する以上、横領罪が成立すると考えるべきであろう。

3．❷は、❶を変更し、抵当権設定後の所有権移転行為について横領罪の成立を認めた。❷は、抵当権を設定したとしても、当該土地は依然として自己が占有する他人の物であることに変わりはなく、その土地の所有権をほしいままに移転し、登記を了すれば、委託の任務に背いて、その物につき権限がないのに所有者でなければできない処分をしたとして、横領罪になるとした。したがって、本設例の甲には、根抵当権設定行為についての業務上横領罪（253）と所有権移転行為についての業務上横領罪の２つが成立する。

4．先行の抵当権設定行為とともに後行の所有権移転行為も横領罪になるとすると、両者の罪数関係が問題になる。❷は、この点について言及していない。別個独立の行為がそれぞれ横領罪になるので、２つの横領罪は併合罪になるとも考えられるが、**１個の物は１回しか横領できないという理解のもと、２つの横領罪は包括一罪になる**とする見解が有力である。❸は、先行の抵当権設定仮登記について包括一罪として横領罪を認め、後行の所有権移転仮登記は量刑事情として考慮すれば足りるとした。１個の物は１回しか横領できないという理解によれば、❸のようにも考えられるが、**所有権の侵害の程度を考えると、包括一罪として所有権移転行為についての横領罪が成立するとも考えられる**。

［関根　徹］

175 背任罪(1)
——不良貸付

(1) A銀行B支店の支店長である甲は、倒産寸前のC社に対して実質無担保で1000万円を貸し付けた。甲の行為は、背任罪（247）に該当しうるが、そこでの法益侵害（財産上の損害）の実質は何か。
(2) **(1)**で、甲の貸付行為が、ことさらにC社を利したいという動機によるものではなく、ただA銀行の顧問弁護士である乙からの勧めに漫然と従ってなされたものであった場合、背任罪に該当するか。
(3) **(1)**で、甲の貸付行為の動機が、C社が倒産すれば、自身がそれまで行ってきた同社への融資に対する責任を問われることになるから、それを回避したいというものであった場合、背任罪に該当するか。

参考　❶最決平成10年11月25日刑集52巻8号570頁
❷最決昭和63年11月21日刑集42巻9号1251頁

▶▶解説

Key Word 財産上の損害 図利加害目的

1．背任罪（247）は、「財産上の損害」が明文で要求された犯罪である。詐欺罪における財産的損害が、個別の財産移転そのものに与えられる評価であった（項目 **161** 参照）のに対し、背任罪における財産上の損害は、「他人（本人）」の全体としての財産状態の悪化を意味する。詐欺罪等が個別財産に対する罪だとされるのに対し、背任罪が全体財産に対する罪だとされるのは、そのためである。個別財産の喪失があっても、それを埋め合わせるだけの利益が生じていれば、全体としての財産状態の悪化（財産上の損害）は認められず、背任罪は成立しない。もっとも、**(1)**の不良貸付のように、法的には融資額プラス利息分の債権が生じていても、回収の見込みがなく、経済的な価値がゼロに等しい場合には、全体としての財産が減少したものとして、財産上の損害が認められる。

2．背任罪は、「自己若しくは第三者の利益を図り又は本人に損害を加える目的」を要件とする。この図利加害目的要件については、本人の利益を図ってなされた行為のみを例外的に処罰対象から外す趣旨だと解し、本人図利が（主たる）動機となっていない限り同要件は常に充たされるとする消極的動機説が有力に主張されている。この立場からは、**(2)**のように、自己（甲）・第三者（C社）図利目的や本人（A）加害目的の存在が認定されない場合でも、背任罪に該当しうることになる。判例も、消極的動機説に近い立場を示していると評価されている（❶は、本人図利の動機の存在を認めつつ、それが決定的な動機ではなかったことを理由に、図利加害目的を認めている）。もっとも、そのような解釈は条文の枠を超えるものだとして、自己・第三者図利目的か本人加害目的の存在を要求する積極的動機説も有力である。

3．自己・第三者図利目的については、背任罪が財産罪であることを重視して、その内容を財産上の利益に限定すべきだとする見解もある。この立場からは、**(3)**のような自己保身目的は、背任罪の図利目的に含まれないことになる。これに対し、背任罪における図利目的は、領得罪における不法領得の意思とは異なり、そもそも利益「移転」性（被害者の利益喪失と行為者の利益取得が対応していること）を基礎づけるための要件ではないと考えるならば、その内容を財産上の利益に限定すべき理由はなく、自己保身目的もそこに含まれることになる。❷は、自己の信用失墜を防ぐ目的で任務違背行為がなされた事案について、図利加害目的を認めている。

［野村健太郎］

176★ 背任罪(2)
——二重抵当の擬律

甲は、Aから1000万円を借りるため、自己が所有する不動産（時価1000万円）に抵当権を設定する契約をAとの間に締結したうえで、Aに対して抵当権設定に必要な書類等を交付した。ところが、Aが未だに当該抵当権に関する登記を完了していないのにもかかわらず、甲は、さらにBから1000万円を借りるため、当該不動産に抵当権を設定する契約をBとの間に締結した。その後、Bは当該抵当権に関して第1順位の登記を完了させ、その結果、Aは劣後する順位の登記を行うことになった。甲の罪責について論じなさい。

参考　❶最判昭和31年12月7日刑集10巻12号1592頁
❷最決平成15年3月18日刑集57巻3号356頁

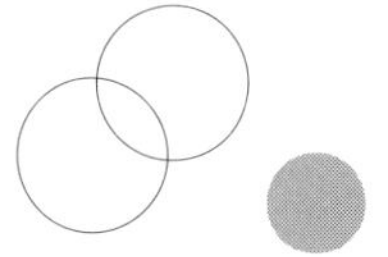

▶▶解説

Key Word 不動産の二重抵当
背任罪における事務処理者

1． 不動産の二重譲渡については横領罪（252 Ⅰ）が成立すると解されているが（項目 **170** 参照）、**不動産の二重抵当については、「他人」の不動産を処分したとはいえないことから、横領罪の成立を認めることはできない**。甲は、Bから1000万円を詐取したともいえそうであるが、Bには財産的損害が生じておらず、詐欺罪（246）の成立も認めることはできない。また、Bを被欺罔者、Aを被害者として甲の罪責を問うことも考えられるが、BはAの財産を処分する権限があるといえないために、**三角詐欺として詐欺罪の成立を認めることもできない**。

2． そこで、甲の当該行為について、背任罪（247）の成否が問題となる。背任罪が成立するためには、行為者が相手方との信任関係に基づき、他人のために「他人の事務」を処理する者（事務処理者）といえなければならない。**他方で、他人のために「自己の事務」を処理するにすぎない者は、背任罪でいう「事務処理者」にはあたらないと考えられている**。

本設例では、甲はAに対する関係において、登記協力義務を果たしているとはいえない。ただ、登記に協力すべきことは、甲自身の事務なのであって、甲は「事務処理者」にはあたらないようにみえる。これに対して、❶は、抵当権設定者における「抵当権者に協力する任務」は「主として他人である抵当権者のために負うもの」であるとして、抵当権設定者が「事務処理者」にあたると判示した。また、❷は、質権設定者における「担保価値保全の任務は、他人である質権者のために負うものと解される」として、質権設定者が「事務処理者」にあたることを肯定している。このように、**判例は、登記協力義務を含めて、担保価値を保全する義務全般を担保権者のためになすべきものとして、担保権設定者が「事務処理者」にあたることを肯定している**。こうした判例の見地からすると、本設例において甲は「事務処理者」にあたるのであって、図利または加害の目的からその任務に違背してAに財産上の損害を加えている限り、背任罪の成立が認められることになろう。なお、「財産上の損害」の有無は経済的見地から判断されることになるが（項目 **175** 参照）、❶は、抵当権の順位が財産上の利害に関係するとして、抵当権の順位を劣後させたことをもって「財産上の損害」の発生を認めている。

［**内田幸隆**］

177★ 背任罪(3)
――共犯

A 社の社長である甲は、A 社が倒産寸前の経営状態に陥ってしまったことに困り、B 銀行の融資担当者である乙に対して、「このままだと倒産してしまう。ここはお互いのことを考えて運転資金として 1000 万円を貸してほしい」と頼み込んだ。乙は、甲の言葉を聞き、これまで A 社に対して行った融資が回収不能となって自分の責任問題となることを恐れて、とにかく当面の間は A 社を存続させるために、A 社が十分な担保を提供できないことを知りながら、A 社に対して融資を行うことを決定した。その後、B 銀行から A 社に対して 1000 万円の融資が実行されたが、結局、この貸付金は回収不能となった。甲と乙の罪責について論じなさい。

参考　❶最決平成 21 年 11 月 9 日刑集 63 巻 9 号 1117 頁
❷最決平成 15 年 2 月 18 日刑集 57 巻 2 号 161 頁

▶▶解説

Key Word 不良融資
背任罪の共犯

1．金融機関における不良融資が問題になる場合、その融資の決定に関与した金融機関の担当者については背任罪（247）の成否が問題になる。これに対して、その融資の借手について、背任罪の共犯を認めうるであろうか。そもそも金融機関と融資の借手は対向関係にある以上、融資の借手をあえて背任罪の共犯として処罰することは適当でないともいえる。しかし、結局は融資の借手が金融機関における融資の決定についてどの程度関与しているかによって、背任罪の共犯の成否を検討するべきであろう。

2．甲に背任罪の共犯を認めるためには、乙に背任罪が成立することが前提となる。乙は、A社について客観性のある再建・整理計画を策定することなく無担保の融資を決定しており、その融資判断には合理性がない。したがって、乙の行為には任務違背性が認められ、背任罪の成立が認められる（❶）。

3．次に、背任罪となりうる融資の決定・実行につき、その借手のどのような介入が問題になるかを検討する。具体的には、背任罪の共謀共同正犯の成否がこれまで争われてきたが、❷は、融資の借手において、「融資担当者がその任務に違背するに当たり、支配的な影響力を行使することもなく、また、社会通念上許されないような方法を用いるなどして積極的に働き掛けることもなかった」としても、融資側の任務違背性、財産上の損害について高度の認識を有していたことに加え、融資担当者が図利目的を有していたことを認識し、融資側において「融資に応じざるを得ない状況にあることを利用しつつ」問題となった融資の実現に加担したとして、融資の借手に特別背任罪の共同正犯の成立を認めた。この判例によると、融資の借手において、融資側の任務違背性、財産上の損害、図利加害目的につき認識があることを前提としつつ、融資側に対する「積極的な働きかけ」がある場合はもちろんのこと、融資側とその借手側において利害の一致が生じて、融資の依頼がそのまま受け入れられる場合には、融資の受手が背任罪の実行過程において「重要な役割」を果たしているとみて、背任罪の共同正犯の成立が認められる。本設例では、甲から乙に対して積極的な働きかけがなかったとしても、甲と乙との関係において乙が融資に応じざるを得ない状況があるといえる限りにおいて、甲に背任罪の共同正犯を認めることができる。

［内田幸隆］

178 横領と背任の区別

甲は、信用組合の支店長として、信用組合の事務を総括処理していたところ、支店の預金成績の向上を図るために、預金者Ａに対して、組合正規の利息以外に預金謝礼金の名目で、自己が業務上保管している金銭を交付した。甲の罪責について論じなさい。

参考　❶最判昭和 33 年 10 月 10 日刑集 12 巻 14 号 3246 頁
❷大判昭和 9 年 7 月 19 日刑集 13 巻 983 頁
❸最判昭和 34 年 2 月 13 日刑集 13 巻 2 号 101 頁

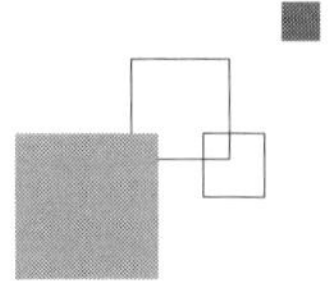

▶▶解説

Key Word 横領と背任の関係
領得行為
自己の名義・計算

1．横領罪（252 Ⅰ）と背任罪（247）は、成立範囲が部分的に重なり合う関係にあるとされている。そこで、この両罪が重なり合う場合、すなわち、委託を受けて他人の財物を占有する「事務処理者」が、その占有する財物を不正に処分する場合には、法条競合として、どちらの罪の成立を認めればよいかが問題となる。
2．両罪を区別する基準については、行為態様の違いに着目して、「権限逸脱」による処分が横領罪を構成し、「権限濫用」による処分が背任罪を構成するという見解がある。しかし、横領行為は領得行為として理解されるべきこと、また、「財産上の利益」に対する不正な処分については「権限逸脱」であっても背任罪の成立を認めるべきことを前提とするのであれば、「領得行為」による処分が横領罪を構成し、その他の背信的行為による処分が背任罪を構成すると解するべきことになる。また、この見解によれば、背任罪と比較して横領罪の方が重いことから、まず横領罪の成否を検討したうえで、それが否定された場合に改めて背任罪の成否を検討すれば足りることになる。
3．以上に対して、行為者自身の「自己」の名義・計算による不正処分が横領罪を構成し、事務処理を委託した「本人」の名義・計算による不正処分が背任罪を構成するとも理解されている（❶❷）。自己の名義・計算による処分は、その処分による経済的損益を自己に帰属させるものであるから、領得行為の有無が問われる。他方で、本人の名義・計算による処分は、行為者が「他人の事務」を処理する際に生じた経済的損益を本人に帰属させるものであるから、事務処理者による任務違背行為の有無が問われる。本設例では、甲が伝票による金銭の支出によってその金銭を自由に処分できる状態に置き、実際にその金銭を勝手に交付したとみて、甲自身の計算による処分があったとみなすことができよう（❶）。

なお、❸は、法によって予め使途が限定されている金銭について、その保管を委託されていた者が使途以外に処分した場合に、その処分は行為者の計算によるものとして不法領得の意思も認め、業務上横領罪（253）の成立を認めた。しかし、その後、判例は、処分が法令に違反するからといって直ちに不法領得の意思を認めることはできないとの判断も示している（項目 **172** 参照）。

［**内田幸隆**］

179★ 盗品関与罪(1)
——罪質

A製薬会社に勤務する甲は、新薬に関する情報を売却する目的で、新薬開発チームの責任者であるBの部屋に忍び込み、新薬に関する情報がとじられたファイルを持ち出し、コピーをした後、ファイルを元あった場所に戻した。その後、甲はこのコピーをライバル会社の役員である乙に1000万円で売却した。

(1) 乙に盗品等有償譲受罪（256 II）が成立するか。

(2) 甲が乙に渡したものがファイルであった場合、乙に盗品等有償譲受罪が成立するか。

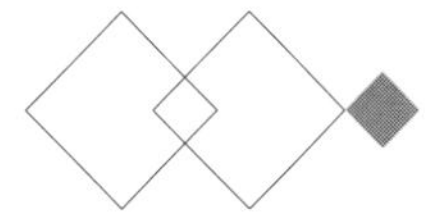

▶▶解説

Key Word 盗品関与罪の罪質
追求権

1．盗品関与罪の罪質をめぐっては、①本犯の行為によって生じた違法な財産状態を維持存続させる罪であるとする違法状態維持説と②**本犯である財産犯の被害者が盗品等に対して有する追求権の行使を困難にする罪であるとする追求権説**が主張されてきた。①説は財産犯以外の犯罪によって得られた物も客体に含めるため、「盗品その他財産に対する罪に当たる行為によって領得された物」という条文の文言に合致しない。そこで②説が通説となるが、盗品等運搬罪など256条2項の罪の法定刑が、占有や所有権を直接侵害する罪である窃盗罪よりも重いことに着目するならば、盗品関与罪の罪質を追求権侵害の点だけで説明することは難しい。そのため、③**財産犯的側面に加えて、盗品等の買手がいるから窃盗が横行するという本犯助長的性格・事後従犯的性格や、盗品等の処分に関与することで利益にあずかるという利益関与的性格を併せ持つ犯罪**であるとする見解が主張されている。なお、通説も本罪の**複合的性格**が法定刑の重さを根拠づけるとしている。

2．盗品関与罪の客体は財産犯にあたる罪によって領得された物である。したがって、本罪の前提となる財産に対する罪（本犯）は、窃盗罪、強盗罪、詐欺罪、恐喝罪、横領罪といった領得罪を意味することになる。また、本罪の客体は、財産犯にあたる行為によって直接領得された物であることを意味する。そして、被害者の追求権を保護法益とすることから、本罪の客体は、前提犯罪である本犯の被害者が法律上追求することができるものに限定されることになる。

3．**(1)**では、まず前提として、ファイルを持ち出した甲の行為に窃盗罪（235）が成立する（項目**129**参照）。乙が取得したコピーには、たしかに新薬の情報が含まれているが、コピーは財産犯にあたる行為によって直接領得された物にあたらない。**コピーは盗品等有償譲受罪の客体である盗品等にあたらないため、乙に盗品等有償譲受罪は成立しない。**保護法益の観点から考えると、会社はコピーに対して追求権を有していないため、コピーを買い受けた乙の行為に追求権侵害はないということになる。これに対して、**(2)**の場合、乙が甲から買い受けたのはファイルであるため、財産犯にあたる行為によって直接領得された物にあたる。したがって、**(2)**の乙には盗品等有償譲受罪が成立する。

［**安井哲章**］

180 盗品関与罪(2)
——各行為類型

甲は友人の乙からダイヤの指輪数個を渡され、これを２人の共通の友人である丙に届けるよう依頼された。甲は乙の様子からこの指輪が盗品であるかもしれないと思ったが、友人からの頼みであることから断ることをせず、指輪を丙に届けた。甲から、乙の頼みで預かってほしい旨伝えられた丙は、特に疑うこともなくこの指輪を預かった。数日後、丙はテレビのニュースで、宝石店で窃盗事件が発生し、乙が被疑者として指名手配されていることを知った。これにより、丙は自分が預かっている指輪が盗品であることに気づいたが、丙はそのままこの指輪を保管し続けた。

(1)　甲に盗品等運搬罪（256 Ⅱ）が成立するか。

(2)　丙に盗品等保管罪（256 Ⅱ）が成立するか。

(3)　事例と異なり、甲が乙から依頼を受けて、所有者と交渉してダイヤの指輪を買い取らせた場合、甲に盗品等有償処分のあっせん罪（256 Ⅱ）が成立するか。

参考　❶最決昭和 50 年 6 月 12 日刑集 29 巻 6 号 365 頁
❷最決平成 14 年 7 月 1 日刑集 56 巻 6 号 265 頁

▶▶解説 **Key Word** 盗品等の知情の時期
被害者等による盗品等の正常な回復

1．盗品関与罪が成立するためには、原則として、行為の時点で客体が盗品等であることの認識（盗品等の知情）が必要である。ただし、保管罪の場合は、保管の開始時点で盗品等であることを認識していなくとも、保管の途中で盗品等であることに気づけば、その時点から盗品等保管罪が成立するというのが判例の立場（❶）である。知情後の保管行為は本犯の発覚を妨げる行為であるため、被害者の追求権を侵害する行為であり、また、本犯助長的性格・事後従犯的性格も認められるからである。

2．盗品等を被害者のもとに運搬する行為は盗品等運搬罪にあたるか。この行為は被害者側の追求権を回復する行為であるため、原則として盗品等運搬罪にあたらないと解すべきである。しかしながら、被害者側の利益ではなく、本犯の犯人の利益のために運搬を行った場合には、被害者による盗品等の正常な回復を困難にし、さらに本犯助長的性格が認められるため、盗品等運搬罪が成立する。❷において最高裁は、行為者が被害者側に対し盗難物件を買い受けるよう働きかけた事案において、被害者による盗品等の正常な回復を困難にし、本犯を助長し誘発するおそれがあることを理由として、有償の処分のあっせん罪が成立するとした。

3．**(1)**において、甲は乙の依頼を受け、指輪が盗品であることを認識しつつ、これを丙のもとまで届けている。これは、委託を受けて盗品等を場所的に移転させる行為に該当するため、甲に盗品等運搬罪が成立する。**(2)**において、丙は保管の途中から指輪が盗品であることの認識を有するに至っている。盗品等であることを認識して保管を継続することは、被害者側の追求権を侵害し本犯を助長する行為であるため、盗品等であることを認識した時点以降の保管行為について盗品等保管罪が成立することになる。**(3)**における甲の行為は犯人側の利益のためのあっせん行為であり、被害者による盗品等の正常な回復を困難にし、本犯を助長し誘発するおそれが認められるため、甲に盗品等有償処分のあっせん罪が成立する。

［**安井哲章**］

181 建造物損壊罪

甲は、新薬を開発するベンチャー企業であるA社が、新株を発行することを知り、値上がりすることを見込んで購入したが、その際、資金が足りなかったため、自宅に抵当権を設定した。その後、A社の株式は値上がりせず、甲も株式の購入代金を支払うことができなくなったため、裁判所に抵当権実行が申し立てられ、執行官が執行に訪れたが、そのとき、甲は、玄関ドアを金属バットで数回殴り、玄関ドアを凹ませた。

なお、甲は、抵当権の設定は形式的なものにすぎず、その実行はない旨の説明を受けたため、そのことを誤信していたとして、上記行為以前に取消しの意思表示をしたから、行為の時点における本件建物の所有権は自分にあると主張していた。

甲の罪責について論じなさい。

参考　❶最決昭和61年7月18日刑集40巻5号438頁
❷大判明治43年12月16日刑録16輯2188頁
❸最決平成19年3月20日刑集61巻2号66頁

▶▶解説

Key Word 建造物の意義 建造物の他人性

1．建造物等損壊罪（260）における「他人の建造物」とは、どのように理解されるか。「他人の」「建造物」それぞれについて、見解の対立がある。

2．まず、「他人の」建造物とは、「他人の所有に属する」建造物を意味するとされ、本罪にも262条が適用される。**最高裁は、「他人の」建造物というためには、他人の所有権が将来民事訴訟等において否定される可能性がないということまで要しないとした（❶）**。このような立場は独立説と呼ばれる。この独立説によれば、262条の「物権」について、民法的にみて詐欺による取消しの可能性が排除されないとしても、権利を主張する他人に「社会観念上一応尊重すべき経済的利益がある」と認められる場合、物権を負担した建造物と解することができる。

これに対して、民法上の権利関係の確定を前提とし、民法の解釈適用により、所有権の帰属を確定すべきであるとする従属説も主張されている。この従属説の立場によれば、行為者が所有者である可能性が残る限り、建造物損壊罪を適用することはできない。これに対し、独立説からは、これでは民事法上の権利の刑法的保護が弱められる、民事訴訟の結果に刑事裁判の帰趨が左右されることになるとの批判がされる。

3．次に、**「建造物」とは、壁または柱で支えられた屋根を持つ工作物であり、土地に定着し、少なくともその内部に人が出入りできるものをいう。建造物の一部を組成し、損壊しなければ自由に取り外すことができないものも建造物の一部である（❷）**。それゆえ、天井、敷居、鴨居、屋根、瓦は建造物の一部とされるが、畳、雨戸、障子、襖など自由に取り外すことができる物は器物損壊罪の客体となるにすぎない。もっとも、**建造物損壊罪の客体にあたるかどうかは、当該物と建造物との接合の程度のほか、当該物が建造物において果たしている機能上の重要性をも総合考慮して決すべきである**として、適切な道具を使用すれば損壊せずに取り外すことができる住居の玄関ドアも建造物と認められた（❸）。住居の玄関ドアは、外界とのしゃ断、防犯、防風、防音等の重要な機能を果たしていることが重視された判断である。

4．本設例については、判例や多数説の立場では建造物損壊罪が成立することになる。もっとも、玄関ドアは補修が容易であるから、凹（くぼ）損しただけで建造物の効用が侵害されたとはいえないとして損壊を否定する考え方もあり得よう。

［山本高子］

182 毀棄・損壊の意義

(1) 甲は、家庭菜園で野菜や花を育てていたが、隣の畑を借りているAの野菜の方が、自分の育てている野菜より大きく育っているのが腹立たしくなり、いつもAが家庭菜園で使っているじょうろを自宅に持ち帰り、自宅の倉庫に隠した。

甲の罪責について論じなさい。

(2) 乙は、自分が通う大学の学費が値上げされたことに腹を立て、大学キャンパス内の建物の壁に、「学費値上げ反対！」と大きく書いたビラを300枚貼りつけ、さらにビラが貼りつけられていない部分に、ラッカースプレーを使用し、「学生は怒っている！」などと書いた。

乙の罪責について論じなさい。

参考
❶大判明治42年4月16日刑録15輯452頁
❷大判昭和9年12月22日刑集13巻1789頁
❸最決昭和41年6月10日刑集20巻5号374頁
❹最決平成18年1月17日刑集60巻1号29頁

▶▶解説

Key Word 毀棄・損壊の意義 隠匿と毀棄・損壊

1．毀棄・隠匿の罪（258以下）における毀棄や損壊とは、どのような概念を指すのか。ガラスのコップを割るなど物理的に破壊することが含まれるのは当然としても、落書きやビラを貼るなどの建物の美観を損ねる行為も含まれるのか、問題となる。

2．そこで、損壊とは、罪刑法定主義の要請による解釈の厳格性から、物の全部または一部を物質的に破壊・毀損し、それによってその物の本来の用法に従う使用の全部または一部を不能ならしめることと解する物質的損壊説と、**物質的に器物の形体を変更または滅失させるほか、事実上または感情上その物を再び本来の目的の用に供することができない状態にさせる場合を含め、広く物の本来の効用（使用価値）を滅却・減損させることをいうとする効用侵害説**が主張されている。この効用侵害説の根拠は、使用価値の滅却が、所有価値の喪失と同程度の反価値性を有すること、物理的損壊に限定するのでは処罰範囲が狭すぎること、窃盗罪において不法領得の意思が欠けるとして窃盗罪が成立しない場合を毀棄罪で捕捉する必要があることなどを挙げている。

効用侵害説によれば、損壊には隠匿も含まれると解される。これに対しては、罪刑法定主義の観点から、毀棄や損壊の文言を解釈したとき、隠匿の意味が導かれるか、疑問も呈されている。

3．判例においては、食器に放尿する行為や競売事件の記録を持ち出し、隠匿する行為、養魚池の鯉を流出させる行為、看板を取り外して離れた場所に投げ捨てる行為、家屋を建設するために地ならしした敷地を掘り起こす行為などが損壊にあたると判断され、広く物の効用を害する行為を損壊とする効用侵害説に立っている（❶❷）。それゆえ、建造物に多数のビラを貼る行為（❸）も建造物の効用を減損すれば損壊にあたることになる。さらに、**建造物への落書きに対する最高裁決定（❹）は、建造物の外観や美観の著しい汚損や、原状回復に相当の困難を生じさせたことなどを指摘して効用の減損を肯定し、損壊を認めている。**

4．本設例においては、物質的損壊説からは、器物損壊罪や建造物損壊罪の成立を認めることはできないが、効用侵害説に立つと、器物損壊罪や建造物損壊罪が認められることになる。

［山本高子］

183 放火罪(1)

——現住性の意義

(1) 甲は、居住に必要な設備を備えているが、誰も住居として使用していない住宅を投資用に保有していた。だが、その住宅に関して競売手続が実施されそうになったことから、それを妨害するため、人が生活していることを装うとともに、また防犯の意味も兼ねて、自らが経営する会社の社員5名を1週間に2～3日程度の頻度で交替で寝泊まりさせることにした。しかし、約1か月後、甲は、当該住宅にかけられた火災保険金を騙取しようと考えるに至り、この5名に2泊3日の旅行をさせ、その旅行中に当該住宅に放火して全焼させた。なお、この5名は、この旅行から帰った後も当該住宅に対する交替での宿泊を継続すると考え、1名は住宅の鍵を旅行に持参していた。甲の罪責はどうなるか（詐欺罪・競売妨害関連犯罪の点を除く）。

(2) 乙は、夫婦であるA・B2名を殺害した直後、この夫婦のみが居住していた住宅を放火して全焼させた。乙の罪責はどうなるか（殺人罪・死体損壊罪の点を除く）。

参考　❶最決平成9年10月21日刑集51巻9号755頁
❷大判大正6年4月13日刑録23輯312頁

▶▶解説

Key Word 建造物の現住性 人の起居の場所 居住者全員の死亡

1．放火罪は、放火客体の相違に基づき類型化されているため、当該放火客体が、いずれに該当するかの判断が重要になる。主要類型である現住建造物等放火罪（108）の客体は、現に人が住居に使用する建造物等（現住建造物等）、または現に人がいる建造物等（現在建造物等）である。人とは犯人以外の者をいう。

放火罪の第1次的な処罰根拠である公共の危険は、一般に「不特定又は多数人の生命・身体・財産に対する危険」とされ、延焼の危険など建造物外部に対する危険が念頭に置かれる。もっとも、その具体的内容は、放火類型ごとに異なりうる。**現住建造物（住居）の場合、それ以外の非現住建造物等に比べ、居住者や来訪者がその中に立ち入り、放火により生命・身体に危険を被る可能性が類型的に高まる**。この建造物内部に対する類型的な危険も同時に発生する点に、108条の重罰化根拠が求められる。

現に人が住居に使用する（現住性）とは、人の起居（起臥寝食）の場所として日常的に利用されていることをいう。住居として使用されていれば、放火当時に現に人が滞在している必要はない。現在建造物が現住建造物（住居）と対置して規定されているからでもあるが、より実質的には、住居としての利用実態があれば、上記の危険の発生を類型的に認めうるからである。

2．**(1)**では、1週間に2～3日程度の頻度で寝泊まりしていれば、生活拠点としてではないとはいえ、人の起居の場所として日常的に使用されていたと評価できる。また、放火当時、寝泊まりする可能性のある者は、全員、旅行先に滞在していたが、旅行から帰れば再び交替での宿泊を継続するものと考え、鍵も持参していた以上、その使用形態に変更はなく、108条の罪が成立する（❶参照）。

3．これに対して、**(2)**の場合、108条の罪の成立を否定するのが大審院の判断である（❷）。**居住者全員が死亡した以上、他に居住者はおらず、その他の人が現在している事実もなければ、非現住建造物等として109条に該当する**というのがその理由である。居住者の死亡直後であれば、「来訪者がその中に立ち入り、生命・身体に危険を被る可能性」は依然として残り、実質的には、108条の重罰化根拠たる建造部内部に対する類型的危険を認めうるようにも思われる。だが、それでも108条の成立を否定するという判断は、建造物等内部に対する危険の有無を、建造物の現住性の有無の判断に織り込ませるという現在の規定形式に必然的に生ずる、条文の文言解釈の制約に基づく帰結である。　**［星周一郎］**

184 放火罪(2)
――客体

以下のそれぞれの放火行為に関して、甲は現住建造物等放火罪（108）の罪責を負うか。

(1) 甲は、12階建賃貸マンションのエレベーターのかご内に放火して、その内部の側壁を全焼させた。

(2) さらに、甲は、同マンション内に1室だけあった、空き部屋となっていた1室に侵入して、その中で放火し、その部屋を全焼させた。

(3) 別の日に、甲は、一軒家の住居部分と廊下でつながった非現住建造部分である倉庫部分に放火して、倉庫部分のみを全焼させた。この場合、当該廊下が、木造の場合と難燃性のコンクリート造の場合とで、甲の罪責の判断は異なるか。

参考　❶最決平成元年7月7日判時1326号157頁
❷東京高判昭和58年6月20日刑月15巻4＝6号299頁
❸最決平成元年7月14日刑集43巻7号641頁
❹福岡地判平成14年1月17日判タ1097号305頁

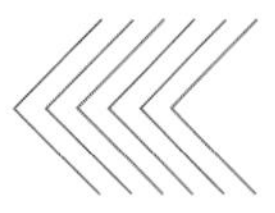

▶▶解説

Key Word 建造物
内部的独立性
外観上・構造上の一体性

1．**建造物とは、家屋その他これに類似する建築物であって、屋根を有し壁や柱によって支えられ、土地に定着し、人の出入りが可能なものをいう。**建造物等損壊罪（260）では、敷居や鴨居、天井板など、毀損しなければ取り外せない物は建造物に含まれるが、障子や襖、雨戸など、毀損せずに取り外せる物は、器物損壊罪（261）の客体たる器物とされる。その区別は、①建造物との接合の程度・取り外しの容易性や、②構造上・機能上の重要性等により判断される。これらの判断は、放火罪の客体でも同様とされる。

(1)で、エレベーターのかごは、①毀損を伴わなくても「容易に取り外せる」とはいえず、②各居住部分と一体として機能するため、建造物の一部にあたる。

2．**難燃性大規模建造物では、耐火構造の区画ごとに内部的独立性を認めるべきかも問題となる。**マンション内の、内部的独立性が認められる空室部分への放火は、非現住建造物等放火罪となる。**内部的独立性の有無は、他の現住部分への延焼可能性や、その部分との機能的な一体性により判断される。**いずれも、108条の重罰化根拠である建造物内部に対する危険を徴表するからである（項目**183**参照）。

(1)の場合、エレベーターから居住部分への延焼の可能性は極めて低いが、いわば玄関の延長として居住部分と一体的に使用され、住人等が被る危険性は、居住部分と基本的に変わらない（❶参照）。**(2)**の場合、別々の居室の利用に機能的な一体性はないが、隣接する居室への延焼可能性がないとはいえない（❷参照）。いずれの場合にも、内部的独立性は認められず、マンション全体に対する現住建造物等放火罪の成立は肯定されよう。

3．**複数の現住建造物と非現住建造物とが接続されている場合には、外観上・構造上の一体性の問題も生じうる。**これは**現住部分への延焼可能性や、機能的な利用の一体性の程度により判断される。**なお、**両部分の物理的・構造的な一体性の存在が前提として必要と解するのが一般的であるが、不要とする見解もある。**

(3)の場合、廊下で接続されているため、物理的・構造的一体性はある。そして、廊下が木造の場合、倉庫から現住部分への延焼の可能性は認められ、住宅の一部として機能的に一体的な利用も含め、現住建造物としての一体性がある（❸参照）。これに対し、廊下がコンクリート造の場合は、延焼の可能性はかなり低く、機能的な面でも、**(1)**のような「玄関の延長」と同程度の居住者等への危険は認められず、一体性が否定される余地もある（❹参照）。　［**星周一郎**］

185★ 放火罪(3)
——既遂時期

以下のそれぞれの場合、甲の放火罪に関する罪責はどうなるか。

(1)　甲が放火したのが木造2階建ての住宅であり、その木製の外壁約0.3㎡を燃焼させたが、その段階で、居住者が火災を発見して消火し、鎮火された。

(2)　甲が放火したのが難燃性のコンクリート造の耐火建造物であるマンションの廊下部分であり、媒介物により廊下の外壁表面の塗装等を損傷させ、有毒ガスは発生したが、外壁そのものが燃焼することはなく、居住者により鎮火された。

(3)　甲が放火したのが難燃性のコンクリート造の耐火建造物の住居部分の一室の内部であり、その部屋の化粧壁（壁紙等）や木製の梁など約0.3㎡を燃焼させた段階で、居住者により鎮火された。

参考　❶最判昭和23年11月2日刑集2巻12号1443頁
❷最決平成元年7月7日判時1326号157頁
❸東京地判昭和59年6月22日刑月16巻5=6号467頁

▶▶解説

Key Word 焼損
独立燃焼説
難燃性建造物の可燃部分

1．**放火罪の既遂には、少なくとも客体の焼損が必要となる。**焼損（平成7年の刑法改正前は「焼燬（しょうき）」）の意義に関しては、その文言解釈に加えて、①放火罪の処罰根拠の理解と、②既遂時期の判断とを軸に、見解がいくつか対立する。**判例は、①公共危険犯的性質を重視し、②既遂時期を比較的早く設定する独立燃焼説、すなわち、火が媒介物を離れ独立に燃焼を継続する状態をもって焼損と解してきた。**

2．たしかに、放火罪には①財産犯的性格もあり、また、②木造建築物が多いわが国では既遂時期が早すぎ、未遂の余地がほとんどなくなるとして、独立燃焼説を批判する見解（効用喪失説、燃え上がり説、毀棄説）も有力である。

しかし、②警察の認知件数での放火未遂の比率は概ね25％程度であり、批判論はあたらない。また、木造建造物でも、火が媒介物を離れて独立に燃焼を開始するというのは、事態がかなり進行していることを意味する。キャンプファイヤーでの「火起こし」の大変さを想起すれば、より実感的に理解できよう。また①現住建造物等放火罪（108）では、客体の所有関係は問題としておらず、放火罪の一次的な処罰根拠として公共の危険を重視すべきである。それゆえ、独立燃焼説が妥当である。

❶の事案では、天井板約30 cm四方（約0.09 ㎡）燃焼させれば、独立燃焼状態にあったとされており、**(1)**でも、焼損に至ったといえよう。

3．**難燃性建造物への放火の場合には、独立燃焼に至らなくても媒介物の火力によって有毒ガス等が発生し、コンクリート壁の崩落などがありうる**ことから、そういった火力による客体の毀損をもって焼損とすべきとの見解も主張される。

だが、**客体それ自体が燃焼していない以上、それを「焼損」と解することは、文言解釈として困難である。**難燃性建造物といっても、マンション等の居室は、コンクリート壁がむき出しになっているわけでもなく、内装等も建造物の一部と解しうる（項目**184**参照）。そうであれば、その可燃部分の独立燃焼をもって、放火罪の既遂を根拠づける（建造物内部の人や財産に対する危険も含めた）公共の危険（項目**183**参照）が生じたとする評価は、木造建造物の場合と基本的に同じであろう。

(2)では、有毒ガスは発生したが、建物自体の燃焼がない以上、焼損とは評価できない（❸参照）。これに対し、**(3)**では、建造物の一部である化粧壁が0.3 ㎡燃焼していることから、焼損に至ったと評価できよう（❷参照）。　［**星周一郎**］

186★ 放火罪(4)
――公共の危険とその認識

甲は、遊び仲間の乙に対して、かつて同じ遊び仲間であったのに疎遠になったAに嫌がらせをする目的で、バイクを燃やすよう指示した。乙は、Aの自宅前の軒下に置いてあったバイクに放火してそれを焼損し、Aの自宅に延焼する危険を生じさせた。

(1) 甲が、Aのバイクが置いてある場所を知っており、場合によってはAの自宅に延焼してもかまわないと思っており、乙もそのような認識であった場合、甲および乙の罪責はどうなるか。

(2) 甲が、Aのバイクをどこで燃焼させるか認識していなかった場合、甲の罪責はどうなるか。

(3) 甲が、バイクを、周囲に燃え拡がる物のない場所へ持ち出して燃焼させるように乙に指示していたのに、乙がA宅の軒下で燃焼させたという場合、甲の罪責はどうなるか。

参考　❶大判昭和6年7月2日刑集10巻303頁
❷最判昭和60年3月28日刑集39巻2号75頁

▶▶解説

Key Word 公共の危険の意義
公共の危険の認識必要説・認識不要説

1． 自己所有の非現住建造物等放火罪（109 Ⅱ）および建造物等以外放火罪（110）は、公共の危険の発生が条文上の要件である。それゆえ、**公共の危険の発生の認識も故意の成立に必要とする認識必要説は、責任主義の観点からは当然とも思われる**。しかし、**判例は、ほぼ一貫して認識不要説に立つ**。

2． この対立は、公共の危険とその認識内容の内実の理解の差に起因する。公共の危険の意義として、ⓐ 109 条 2 項・110 条所定の物から、108 条・109 条 1 項所定の物への延焼の危険とする限定説と、ⓑそれに加えて、不特定または多数の生命・身体・財産に対する危険も含まれるとする非限定説とがある。ⓐ説だと、公共の危険の認識は、① 108 条・109 条 1 項所定の物件への延焼の危険の認識となるが、それは、108 条・109 条 1 項の（未必の）故意をも意味するため、同罪の未遂が成立し、109 条 2 項・110 条が独自に成立する領域がなくなりかねない。そこで、認識必要説の論者は、その認識内容を②「公共の危険の発生については予見があるが、延焼の具体的認識を欠いている心理状態」などと構成する。また、公共の危険の意義を判例と同じくⓑ説で理解すれば、①「延焼の危険の認識」とは区別された「公共の危険の認識」を認める余地は拡大する。

3． だが、**文理解釈では、「公共の危険を生じなかったときは、罰しない」（109 Ⅱ）は処罰条件を、「よって公共の危険を生じさせた」（110）は結果的加重犯を意味し、いずれも故意の対象ではない**（❶参照）。**実務的にも、認識必要説のいう②の心理状態を認めうるかは疑問である**。これらが認識不要説の論拠である。

その燃焼が公共の危険と結びつかないような物は、109 条 2 項・110 条の客体から除外されると解し、焼損を独立燃焼説で解するならば（項目 **185** 参照）、同条所定の客体を放火して焼損するという基本的行為には、ⓑ説のいう公共の危険が、程度は低いもののすでに備わっている。それゆえ、そのような基本的行為の認識をもって、前述②と同等の心理状態と解することもできる。

4． **(1)**の場合、甲も乙も、現住建造物等放火罪の客体である住居への延焼を認識・認容しているため、同罪の故意および共謀が認められ、バイクを媒介物とした同罪未遂の共同正犯となる。**(2)**および**(3)**の場合、認識必要説からは、甲は、建造物等以外放火罪の故意を欠き、乙との共謀も器物損壊のそれにとどまるから、乙との間では共犯の錯誤の問題として処理することになる。認識不要説からは、甲と乙に建造物等以外放火罪の共同正犯が認められる（❷参照）。［**星周一郎**］

187 往来危険による汽車転覆等罪

甲は、電車区内の電車を動かして、本線への入口で停止させて騒ぎを起こそうと考え、始発電車の直前に電車区内で留置中の無人の電車を動かし、入口付近でブレーキをかけ運転室から飛び降りた。ところが、ブレーキ操作が不適切であったため、当該電車は、電車区の入口のポイントを通過して、隣接する駅の頭端式（行き止まり）の番線にまで進入し、その車止めを突破して脱線、転覆し、線路脇に居合わせたＡに衝突させ、Ａを死亡させた。

(1) 甲の行為は、往来危険罪（125）にいう往来の危険を生じさせたか。

(2) 甲は電車の転覆を意図していない。往来危険による汽車転覆等罪（127）は、電車の転覆等を故意に惹起する行為を対象とする汽車転覆等致死罪（126）と、どのような関係に立つか。

(3) 127条の客体としての電車等は、有人のものに限られるか。

(4) 127条に該当する行為をした結果、さらに人が死亡した場合、127条により、126条3項が適用されるか。適用される場合、転覆した電車等内の乗客等に死の結果が生じた場合に限られるか。

参考　❶最大判昭和30年6月22日刑集9巻8号1189頁
❷最判昭和36年12月1日刑集15巻11号1807頁
❸最決平成15年6月2日刑集57巻6号749頁

▶▶解説

Key Word 往来の危険の意義
往来危険罪の結果的加重犯

1．往来危険罪は、往来の危険の発生が条文上の要件となっている具体的危険犯である。だが、差し迫った高度な危険の発生を要する趣旨と理解すべき論理的必然性はなく、同罪での処罰に値する程度の危険が発生したか否かが問題となる。最高裁は、電車の安全な往来を妨げるおそれのある状態をいうとし、単に交通の妨害を生じさせただけでは足りないが、脱線等の実害の発生が必然的・蓋然的であることまでは必要なく、その可能性があれば足りるとする（❷および❸）。この基準によるならば、本設例では、往来の危険の発生を肯定できる。
2．本設例での電車の脱線、転覆が故意によるものであれば、126条となるが、甲はそれを意図していない。それゆえ、往来危険罪を犯し、転覆等の加重結果を生じさせたとして、結果的加重犯たる127条に該当する。ただし、同条は、結果の重大性に鑑みて、故意犯たる126条と同列に扱う規定であることになる。
3．往来危険罪は、電車等を往来の危険を生じさせる手段とした場合も成立するから、その結果的加重犯である127条でも、当該手段として用いられた電車等も客体に含まれうる。もっとも、126条では、客体を有人の電車等に限っているため、「前条の例による」とする127条でも同様に解すべきとする見解もある。しかしながら、**発生する往来の危険は、転覆等した電車が有人か無人かで差異はなく、127条の文理上も、有人の電車等に限定すべき必然性はない**。そうであれば、本設例の行為も127条に該当しうる。
4．往来危険罪を犯し、意図せず転覆等の加重結果を生じさせ、さらに人を死亡させた行為に対して、127条により126条3項が適用されるかも争われる。適用否定説は、法定刑の重さ（死刑または無期懲役）等を勘案し、転覆等に故意がない場合、適用すべきでないとする。だが、そのような理解に**文理上の根拠はなく、往来の危険自体が類型的に人の死を招く危険を含む以上、死の結果を生じた場合を127条が考慮してないとするのは不自然だとするなら、適用は肯定される**。

また、126条3項の適用を認める場合、転覆等された電車等内部の乗客に死の結果が生じた場合に限るとする見解もある。しかし、その見解にも**文理上の根拠はなく、処罰根拠たる往来の危険の性質を勘案すれば、交通機関の周囲の人の安全も保護の対象であり、車外の人が死亡した場合にも適用すべきである**。
5．以上の見解によれば、本設例の甲には、127条により126条3項が適用されることになる（❶参照）。

［星周一郎］

188 通貨偽造罪
――通貨の意義

(1) 戦後、政府は、日本銀行券の旧券から新券への切り替えにあたり、応急の措置として、国民1人につき金額100円に相当する証紙を交付し、旧券にこの証紙を貼付すればこの金額の限度内で旧券も新券とみなされるものとした。甲は、行使の目的で、不正に入手した証紙を旧券に貼付し、限度額を超えて新券とみなされるものを作成した。甲が作成した新券は、真正な新券と寸分違わず同じものであり、流通状態に置かれうるものであった。甲の罪責について論じなさい。

(2) 乙は、時代劇の主人公である銭形平次に憧れ、行使の目的で、江戸時代の代表的な銭貨で、明治初年に至るまでわが国で通用していた寛永通宝を本物そっくりに鋳造した。乙の罪責について論じなさい。

(3) 丙は、行使の目的で、令和6年を目途に発行が予定されている新しい図案の1万円札を発行前の令和5年の時点で偽造した。丙の罪責について論じなさい。

参考 ❶最判昭和22年12月17日刑集1巻94頁

▶▶解説

Key Word 公共の信用 取引の安全 通貨発行権 強制通用力

1. 甲には通貨偽造罪（148 Ⅰ）が成立しうる。本罪の保護法益が通貨の真正に対する公共の信用（ひいては取引の安全）という社会的法益であることに今日ではほぼ異論の余地はない。**論点は、それに加えて国の通貨発行権（通貨高権）という国家的法益も含まれるかである。**これを肯定する見解は外国通貨の偽造（149 Ⅰ）よりも内国通貨の偽造の方が重く処罰されていることをその主な理由とする。しかし、これに対しては、外国通貨に比べて内国通貨の方が国内での流通範囲が格段に広いため、後者の偽造による法益侵害の危険の方が大きいことで説明できるとする反論もある。この争点が顕在化するのが**(1)**の事案である。この事案についての判例（❶）は、**「通貨偽造罪は通貨発行権者の発行権を保障することによつて通貨に対する社会の信用を確保しようとする」ものとし、通貨高権の保障を理由に本罪の成立を認めている。**たしかに、甲が作成した新券それ自体は完全に有効に流通しうるものであるため、この新券に対しては一見すると公共の信用は害され得ない。しかし、**(1)**の場合、公共の信用（のみ）を保護法益とする説によっても本罪を認める余地がある。それによれば、通貨の真正に対する信用は通貨が権限に基づいて作成されたことに対する信用であるとされ、たとえ本物と見分けがつかず有効とせざるを得ない通貨であっても、それが無権限で作出されたことをもって通貨の真正に対する信用が害されたといいうるとされている。

2. 乙に通貨偽造罪は成立しない。一般的に、**148条1項にいう「通用する」とは、強制通用力（法律が貨幣や紙幣に与えた支払手段としての通用力）のあるものと解されている。**通貨の単位及び貨幣の発行等に関する法律（5 Ⅰ・Ⅱ・7）などによれば、古貨・廃貨ないし通用期限後引換中の貨幣は、強制通用力が認められず、本罪の客体たる通貨にあたらない。

3. 丙には通貨偽造罪が成立しうる。偽貨に相当する真貨の要否をめぐっては必要説と不要説（通説）の対立がある。不要説はまさに**(3)**の事案を処罰する必要性を理由に主張されている。他方で、必要説は、偽貨に相当する真貨が存在しなければ一般人は誤信し得ないから公共の信用は害され得ないこと、「通用する」貨幣などを偽造・変造するという以上は真貨の存在が前提となるべきことなどをその理由とする。しかし、**(3)**では、必要説をとっても、近い将来に通用することが予定されている場合には、たとえ新しい図案の1万円札であっても架空の通貨とはいえず、本罪の成立が認められうるとされている。

［**後藤啓介**］

189★ 文書偽造罪(1)
——文書の意義

甲は、知人Aになりすまし、Aの名義で銀行に口座を開設し、振り込め詐欺の詐取金を受け取るための口座にしようと考え、スマホアプリを用いてB銀行のサイトにアクセスし、必要事項を記入したうえ、証明書類として、甲名義の運転免許証の氏名欄に、Aの名前を貼りつけてコピーをとったものを用意し、これをアプリの本人確認書類送付機能を用い、スマホで撮影して送信した。これを受け取ったB銀行では、電磁的記録として保管したうえで、これをディスプレー上で表示して画面を確認するという処理をしていたが、紙の上にプリントアウトして事務処理に用いることはなかった。

文書偽造罪を論じるとすれば、何を捉えて客体と考えることになるか。

参考　❶最判昭和51年4月30日刑集30巻3号453頁
❷広島高岡山支判平成8年5月22日高刑集49巻2号246頁

▶▶解説

Key Word コピーの文書性 名義人の表示 有形偽造

1．文書偽造罪（154以下）で文書が保護されるのは、文書が様々な局面で証拠として使われるからである。文書は、刑法上、文字またはこれに代わるべき符号を用い永続すべき状態において物体の上に記載した意思表示をいうとされるのも、相手方に証拠として見せて使うことが想定されているからである。証拠として使えるからには、見てわかるものでなければならないので、文字などの読めるもので書かれている必要があるし、作成時と呈示時で内容が異なっていては困るので、物の上に固定化された状態で意思内容が表示されていなければならないのである。

そして何より重要であるのが、名義人の表示である。名義人は、「この文書は私が作成したものです」と保障してくれる人のことであり、文書に対する信頼とは、名義人に対する信頼なのである。それゆえ、こうした名義人の表示がないものは、信用するに足りないものとなる。

2．戸籍謄本というものがあった。現在は、戸籍も電子化され、戸籍謄本に相当する証明書は全部事項証明書に変わったが、以前は、戸籍の原簿を役所の係員がコピーし、これに「右は原本と相違ないことを証明する」との認証文言を付し、市長等の公印が押されて交付されていたのである。謄本は原簿のコピーであるが、認証文言が付され、発行時の市長等を名義人とする新たな文書として成立したのだから、原本である。これに対し、読者の皆さんが成績証明書をコピーした場合、こうした認証文言もコピーした読者の皆さんの名前も書かれていないから、名義人が存在せず、刑法上の文書ではないことになるのであろうか。

3．本設例の場合には、そもそも何を客体とするかが問われるが、B銀行側の「電磁的記録」（7の2）は文書ではないというのが一般的な理解であるし、「ディスプレー上の表示」は永続性に欠けるから、これも文書としては認められない。それゆえ、免許証の偽造だと考えるか（項目**192**参照）、コピーの作成をもって文書の偽造と考えるかが問題となろう。ここでは後者の可能性を検討しておこう。

判例は、コピーやファックスにつき、文書偽造罪の成立を認めている（❶や❷等）。その根拠は、①原本の名義人は、内容を改ざんしない限り、複写物についても自らが名義人となることを認めているので、改ざんのない複写物の名義人は原本の名義人であるが、②内容が改ざんされた場合には、原本の名義人が名義人となることを認めていないため、これを冒用したことになる（偽造罪が成立する）というものである。

［**安田拓人**］

190★ 文書偽造罪(2)
——偽造の意義

(1) 私文書については、有形偽造（他人の名義を勝手に使って文書を作成すること）が処罰される一方で、無形偽造（名義はあっているが内容が虚偽の文書を作成すること）は例外的に処罰されるだけであることの理由を説明しなさい。
(2) 作成者の意義に関する見解の対立を再確認したうえ、名義人を作成者という概念を用いて定義し、名義人・作成者という概念を用いて偽造の定義を述べなさい。
(3) ④権限なき文書作成が偽造になること（例えば、市役所の市民課職員が権限を与えられていないのに市長名義の住民票を発行した場合を考えなさい）、逆に、回権限ある文書作成なら偽造にならないこと（例えば、市役所の市民課長が市長から与えられた権限の範囲内で住民票を適正に発行した場合を考えなさい）を、名義人・作成者という概念を用いて説明しなさい。

参考　❶最判昭和51年5月6日刑集30巻4号591頁
❷最判昭和59年2月17日刑集38巻3号336頁

▶▶解説

Key Word 有形偽造の意義
人格の同一性の偽り
作成権限なき作成

1. わが国の刑法では、私文書については、有形偽造が処罰されるのに対し、無形偽造は診断書等の例外を除いて処罰されない（159・160）。受取人からみれば、どちらも困るが、内容が嘘でも、名義人の表示に誤りがなければ、その名義人に対して法的な責任を追及できるのに対し、名義人の表示に誤りがあれば、法的な責任を追及できず、とても困るからである。有形偽造になるかどうかにとっては、責任追及が可能か、という観点が重要である。

2. **有形偽造は、「名義人と作成者との間の人格の同一性を偽ること」だと定義される。**このような定義は、作成者の意義に関する観念説からのものである。観念説によれば、作成者とは、この人の意思に基づいて文書が作成されたのだといえる人のことであるから、社長の意思に基づいて秘書が作成した文書については「作成者は社長」である。そして、**名義人とは、当該文書を見たとき、この人が作成者だなと思われる人のことであるから、真正な文書の場合には、観念説の立場からすると、名義人＝作成者となる。これに対し、真正でない文書の場合には、文書の作成が名義人の意思に基づいていないから、手を動かした人が作成者となるので、名義人≠作成者となり、偽造となる。**

他方、事実説からすれば、手を動かした人が作成者となる。社長の意思に基づいて秘書が作成した文書の場合、名義人は社長だが、作成者は秘書となる。そうすると不一致が生じるが、社長の同意があるから不可罰だ等とすることになる。

3. ❶によれば、偽造とは「作成名義人以外の者が、権限なしに、その名義を用いて……文書を作成することを意味する」。この定義は、偽造になる場合を表現したものだから、観念説の立場からでも説明可能である。では権限ある場合はどうか。ここで、手を動かした人が作成者だが、権限があるから偽造でないのだと説明するのでは、事実説になる。観念説の立場からは、権限を与えた人が名義人であり作成者であるから、名義人と作成者との間の人格の同一性は偽られておらず、偽造ではないのである。❷は、偽造を権限なき作成と定義し、名義人と作成者との間の人格の同一性を偽ることをその本質だと表現しているが、やや誤解を招く。観念説の立場からすれば、㋺のケースでは、本来、市民課長は市長から権限を与えられているため、名義人も作成者も市長だから偽造ではないというべきところ、現実の作成者に着目する方が直感的に理解しやすいため、市民課長には権限があるから偽造ではないと表現しているだけなのである。　**［安田拓人］**

191 文書偽造罪(3)
――作成名義人と作成者

(1)　法学部生のAは、B大学法科大学院を受験するにあたり、実力不足を自覚していたため、同法科大学院に進学した優秀な先輩の甲に依頼し、身代わり受験をしてもらうことにした。甲は、試験当日、同法科大学院の試験会場に赴き、氏名欄にAと記載したうえ、憲法など7科目の答案を書き上げ、提出した。甲の行為は、私文書偽造罪・同行使罪（159 I・161）を構成するか。

(2)　乙は、Cから代理権を与えられていないにもかかわらず、契約書に「C代理人乙」と記載し、乙の印鑑を押した。乙に私文書偽造罪（159 I）は成立するか。

参考　❶最決昭和56年4月8日刑集35巻3号57頁
❷東京高判平成5年4月5日高刑集46巻2号35頁
❸最決昭和45年9月4日刑集24巻10号1319頁

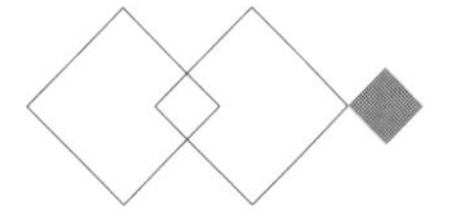

▶▶解説

Key Word 名義人の承諾　代理・代表名義の冒用

1．有形偽造とは、「名義人と作成者との間の人格の同一性を偽ること」である。名義人とは、当該文書の成立に責任を負うものであり、当該文書の存在に関する保障人である。そして、名義人とは、当該文書の外観から、当該文書の作成者だとみられるものを指す。それゆえ、実際の作成者がこれと異なる場合には、名義人と作成者が一致せず、偽造となる。

上記の偽造の定義は、作成者の意義につき観念説の立場をとることが前提となる（項目**190**参照）。この立場に立つからこそ、社長の指示を受けて社長の名前で文書を作成した秘書がいた場合、作成者は社長であり、当該文書の名義人も社長であるから、名義人と作成者が一致し、偽造でないということになるのである。

2．そうすると、**(1)**の場合は、答案はAの意思に基づいて作成されているから、作成者も名義人もAだということになり、偽造でないことになりそうであるが、❶は、「交通事件原票中の供述書」につき、「文書の性質上、作成名義人以外の者がこれを作成することは法令上許されない」とし、❷は、大学入試答案につき、「志願者本人の学力の程度を判断するためのものであって、作成名義人以外の者の作成が許容されるものでないことは明らか」だとして、偽造を認めている。文書の性質次第では、名義人本人が書かないと意味をなさない場合があり、その場合には、他人により成立させた文書については、保障人たり得ないということである。これを受取人側からみれば、こうした性質の文書の場合には、名義人自身が書いたのでなければ、文書に関する責任を追及できず、問題なのである。

3．**(2)**の場合は、勝手に作成している乙が作成者なのはどの立場からも明らかであるから、乙が「C代理人」という肩書を付したことにより、乙以外の人格が名義人として観念されるかが問われる。

❸は、代理・代表名義の文書は、「その文書によって表示された意識内容にもとづく効果が、代表もしくは代理された本人に帰属する形式のものであるから、その名義人は、代表もしくは代理された本人であると解するのが相当である」としている。これによれば、**(2)**の場合には、名義人はC、作成者は乙で、一致しないから、偽造が認められる。これは、実際に代理権が与えられていた場合に、作成者が本人となる理由を、代理の法的効果が本人に帰属することを理由とするものであるが、偽造にならない理由は、代理権が与えられている以上、当該文書は本人の意思に基づいて作成されたからだ、ということになろう。　**［安田拓人］**

192　文書偽造罪(4)
──行使の意義

甲は、金融会社の無人店舗に設置された自動契約受付機を悪用して、他人になりすまして融資金入出用カードをだまし取ろうと考え、自らの運転免許証の上に、Ａの免許証から氏名、生年月日、住所等の部分をコピーした紙片を重ね、上からメンディングテープを全体に貼りつけたものを作成し、Ｂ株式会社Ｃ支店の自動契約受付機設置コーナーにおいて、Ａの名前で借入れを申し込み、身分証明書として受付機のイメージスキャナーに改ざんした免許証を読み取らせ、イメージスキャナーと回線で接続された同支店設置のディスプレーにこれを表示させて、対応した係員Ｄがこれを閲覧した。

(1)　改ざんした免許証は、直接手にとって眺めれば、改ざんしたものであることが容易に判別できるが、この使われ方を前提として偽造の程度に達しているとすることは許されるか。

(2)　イメージスキャナーを利用して間接的に相手方に認識させる行為は、「行使」にあたるか。

参考　❶大判明治 43 年 8 月 9 日刑録 16 輯 1452 頁
❷福島地判昭和 61 年 1 月 31 日刑月 18 巻 1=2 号 57 頁
❸東京高判昭和 52 年 2 月 28 日高刑集 30 巻 1 号 108 頁
❹大阪地判平成 8 年 7 月 8 日判タ 960 号 293 頁
❺札幌高判平成 17 年 5 月 17 日高検速（平 17）343 頁
❻東京高判平成 20 年 7 月 18 日判タ 1306 号 311 頁
❼東京地判平成 22 年 9 月 6 日判時 2112 号 139 頁

▶▶解説

Key Word 行使の意義 偽造の程度

1． **(1)**で公文書偽造等罪（155 Ⅰ）の成立が認められるためには、「行使の目的」が認められる必要があるため、**(2)**に答えることが必要となる。

偽造文書の行使とは、偽造文書を真正の文書として使用することをいう。本設例では、免許証をイメージスキャナーを利用して間接的に認識させているが、これでよいかが問題となる。古い判例には、原本を他人に閲覧させることが必要であり、その謄本を示したりするだけでは足りないとしたものがある（❶）が、近時の下級審裁判例には、偽造文書の縮小写真コピーを作成してこれを使用する行為につき、行使罪の成立を認めたもの（❷）、あるいは、こうした使用を予定している場合につき行使の目的を認めたもの（❸）が登場している。

ここでは、**「呈示されたものと同じ原本が存在しているであろうことへの信頼」を原本に対する信頼と同視できるか**が問われている。もっとも、本設例の場合は、あくまで呈示されたのは原本で、機械を介している限りで間接的であるにすぎないとすれば、古い判例の立場によっても行使罪の成立は否定されないとも考えられよう。

2． このように、文書の呈示方法が、機械を介した間接的なものでもよいとなると、それが偽造罪の成立に必要である、「作成された文書が一般人をして真正に作成されたものと誤信させるに足りる程度」の形式・外観を備えているかの判断に影響を及ぼす。具体的にいえば、**手に取れば改ざんがすぐわかるものでも、機械を介すれば改ざんがわからない場合に、偽造罪の成立を認めてよいか**が問題となる。

❹は、偽造の成否の判断にあたっては、「当該文書の客観的形状のみならず、当該文書の種類・性質や社会における機能、そこから想定される文書の行使の形態等をも併せて考慮しなければならない」との前提から、本設例のような使用形態も登場してきていることを踏まえ、偽造罪の成立を認めている（❺も同様）。これに対し、❻は、「偽造の成否は当該文書の客観的形状を基本に判断すべきである。確かに、文書偽造罪が行使の目的をその要件としていることからすれば、偽造の成否の判断に際して文書の行使形態を考慮すべき面はあるが、その考慮できる程度には限度がある」とし、電子機器を介さず肉眼等で見れば原本と見誤ることが通常考え難いものについては偽造罪の成立は認められないとしている。

［**安田拓人**］

193 文書偽造罪(5)
——虚偽公文書作成罪の間接正犯

(1)　私人たる甲は、戦後間もない頃、米国領事館から旅券の交付を受けるのに必要となったため、甲が日本において兵役に服したことがない旨および選挙に投票したことがない旨の虚偽の内容を記載した証明書願をＡ村役場係員Ｂに提出し、これらの情を知らないＢに証明書記載の内容が事実相違ないことを証明する旨のＡ村長名義の虚偽の証明書を作成させた。甲の罪責について論じなさい。

(2)　Ｃ県Ｄ地方事務所建築係乙は、職務上上司を補佐して公文書の起案を担当する公務員（いわゆる補助公務員）として、上司たる公務員の同地方事務所長Ｅの下で建築物の現場審査やそれに関する公文書の起案などの職務を担当していた。乙は、その地位を利用し行使の目的をもって未だ着工していないＦの住宅の現場審査申請書に、建前が完了した旨の虚偽の報告記載をし、これを住宅の現場審査合格書の作成権限者であるＥに提出し、情を知らないＥに真実その報告記載の通り建築が進行したものと誤信させて所要の記名、捺印をさせ、内容虚偽の現場審査合格書を作成させた。乙の罪責について論じなさい。

参考　❶最判昭和 27 年 12 月 25 日刑集 6 巻 12 号 1387 頁
❷最判昭和 32 年 10 月 4 日刑集 11 巻 10 号 2464 頁

▶▶解説

Key Word 虚偽公文書等作成罪
間接正犯

1．甲につき犯罪は成立しない。論点は、私人たる甲が事情を知らない公務員Bに虚偽の申立てをして内容虚偽の証明書を作成させた場合に、虚偽公文書作成等罪（156）の間接正犯ないし公正証書原本不実記載等罪（157）が成立するかである。現行刑法は、無形偽造（作成権限を有する者が真実に合致しない内容の文書・図画を作成すること）につき、私文書のそれは原則的に不可罰とし（この点、虚偽診断書等作成罪〔160〕も参照）、公文書のそれに限ってこの両罪などで処罰している（項目**189**および**190**参照）。まず、156条の成否に関しては、同罪は主体が公務員に限定された身分犯であるため、非公務員（甲）は、同罪の正犯には（ゆえに、間接正犯にも）なり得ない。次に、157条は、いわば156条の間接正犯として、私人などが公務員に157条所定の公文書の無形偽造をさせた場合のみを処罰している。**(1)**の事案についての判例（❶）は、157条の法定刑が156条のそれよりも著しく軽いとする現行刑法の趣旨は、157条以外の場合には非公務員（甲）が公務員（B）に虚偽の申告をして虚偽の公文書を作成させる間接正犯については処罰しない趣旨であるとする。**(1)**の各証明書は157条のいずれの客体にもあたらない。ゆえに、甲にこれらの罪は成立しないということになる。

2．乙は虚偽公文書作成等罪（156）の間接正犯となりうる。論点は、補助者たる公務員乙が、作成権限はあるが情を知らない公務員Eを利用して内容虚偽の証明書を作成させた場合に、本罪の間接正犯が成立するかである（なお、作成権限者たる公務員Eが内容を認めて正規の署名などをしている本件の場合、完成した文書は偽造文書とはいえないから、乙に公文書偽造等罪〔155〕の間接正犯は成立しない）。**(1)**と**(2)**は、いずれも情を知らない公務員を利用して内容虚偽の文書を作成させているため、行為態様が公務員を利用した間接正犯的な形態といえる点で同じであるが、**(1)**の行為主体は非公務員である一方、**(2)**のそれは公務員である点に違いがある。たしかに、**(2)**の場合、乙には公文書の作成権限まではないとして、**(1)**の私人たる甲の場合と同様、補助者たる公務員乙も本罪の主体たり得ないとみる余地がある。しかし、**(2)**の事案についての判例（❷）は、「虚偽公文書作成罪は、公文書の作成権限者たる公務員を主体とする身分犯ではある」としつつも、乙は「その職務に関し内容虚偽の文書を起案し情を知らない作成権限者たる公務員［E］を利用して虚偽の公文書を完成したもの」といえるとし、補助者たる公務員乙も同罪の間接正犯となりうることを認めている。　**［後藤啓介］**

194 有価証券偽造罪

(1) 甲は、テレホンカード（以下「テレカ」という）裏面の電磁気情報部分（電磁的記録）内蔵の通話可能度数を権限なく改ざんし、Aに対しその旨を告げてそれを売り渡して交付した。甲の罪責について論じなさい。
(2) B漁業協同組合の参事乙は、水産業協同組合法45条3項により会社法11条1項・3項が準用され法的には支配人と同様の包括的代理権限を有し、実際に起案者・補佐役としてB組合に関する手形の作成にも関与していた。しかし、B組合内部の定めでは、B組合が組合員などのために融通手形として振り出すB組合長C振出名義の約束手形の作成権限はすべて専務理事Dに属していた。乙は、CまたはDの決裁・承認を受けることなく、E漁業株式会社（B組合の准組合員）のため融通手形として組合長C振出名義の約束手形を作成した。乙の罪責について論じなさい。
(3) インターネット上のウェブサイトEの運営者丙は、E閲覧を通じて利益を得る目的で、閲覧者の電子計算機において仮想通貨Fのマイニングを行わせるためのプログラムコードを、サーバコンピュータ上のEを構成するファイル内に蔵置して保管した。Eは、閲覧中にマイニングが行われることについて同意を得る仕様になっておらず、その説明や表示もなかった。しかし、本件プログラムコードは、一般の広告表示プログラムと比較しても、閲覧者の電子計算機の機能や情報処理に与える影響において有意な差異は認められないものであった。丙の罪責について論じなさい。

参考　❶最判昭和32年7月25日刑集11巻7号2037頁
❷最決平成3年4月5日刑集45巻4号171頁
❸最決昭和43年6月25日刑集22巻6号490頁
❹最判令和4年1月20日刑集76巻1号1頁

▶▶解説

Key Word 支払用カード電磁的記録に関する罪
不正指令電磁的記録に関する罪

1． 甲には支払用カード電磁的記録不正作出罪（163の2Ⅰ）および同譲渡罪（同Ⅲ）が成立しうる。支払用カード電磁的記録に関する罪（第18章の2）の新設前はテレカなどのプリペイドカードが有価証券偽造罪（162）の客体となるか争いがあった（有価証券の意義につき、判例❶参照）。**(1)**の事案についての判例（❷）は、テレカの「磁気情報部分並びにその券面上の記載及び外観を一体としてみれば、電話の役務の提供を受ける財産上の権利がその証券上に表示されていると認められ」るとし、テレカも有価証券にあたるとした。ただ、磁気情報部分の実質的な機能が通常のテレカと同じなのに外観上はそれとわからないホワイトカードや外観が一見して異常なカードなどは有価証券に含め得ないとの批判もあった。第18章の2の罪の新設後は券面上の記載や外観に関係なく同罪の客体とされることになった。
2． 乙には有価証券偽造罪（162Ⅰ）が成立しうる。無論、作成権限のない者が他人の名義を冒用して有価証券を作成した場合には本罪が成立する。論点は、乙が法的に有する包括的代理権限にはB組合の内部的制約があるのにそれを無視して手形を作成したことにつき、乙にそもそもその作成権限があったか否かである。**(2)**の事案についての判例（❸）・**通説は、実質的に作成権限があるか否かにより有価証券偽造罪の成否が判断されるとする。**つまり、権限濫用（権限内）の場合は無形偽造として本罪では処罰し得ない（ただし、背任罪〔247〕などには問われうる）が、無権限ないし権限逸脱（権限外）の場合は有形偽造として本罪で処罰されうるとする。❸は、B組合内部の定めにより実質的には乙に手形の作成権限そのものがなかったものとみるべきであるとして本罪の成立を認めている。
3． 丙に不正指令電磁的記録保管罪（168の3）は成立しない。**(3)**の事案についての判例（❹）は、「不正指令電磁的記録」（168の2Ⅰ①）にいう「**反意図性は、当該プログラムについて一般の使用者が認識すべき動作と実際の動作が異なる場合に肯定され」、「不正性は、電子計算機による情報処理に対する社会一般の信頼を保護し、電子計算機の社会的機能を保護するという観点から、社会的に許容し得ないプログラムについて肯定される**」とし、本件事情の下では反意図性は認められるとしたが、不正法につき本件プログラムコードは一般的な広告表示プログラムと比べても電子計算機の機能や情報処理に与える影響に有意差は認められず「マイニング自体は、仮想通貨の信頼性を確保するための仕組みであり、社会的に許容し得ないものとはいい難い」として本罪の成立を否定した。　［**後藤啓介**］

195 文書と署名の区別

甲は、警察署において窃盗事件の被疑者として警察官Aによる取り調べを受けた際、架空の名前の「乙」を名乗り、被疑事実に間違いはない旨の供述をしたうえ、Aが作成した供述調書の供述録取欄にある「……私が……B所有の現金3万円を盗んだことに間違いはありません」という部分の末尾の被疑者署名欄に「乙」と署名した。

(1) 高裁判例（❷❸等）は、甲がしたように、供述調書の被疑者署名欄に架空の氏名（ないし他人の氏名）を書くことは、私署名偽造罪（167 Ⅰ）にあたるとしている。しかし、供述録取部分には供述者の供述内容が（1人称の形式で）記されているのであるから、その部分は私文書（159）ではないか。

(2) 警察官は、道路交通法違反を現認した際に交通事件原票を作成する。判例は、交通事件原票中に含まれる供述書（「上記違反をしたことは相違ありません」という不動文字が印刷された部分に違反者が署名するようになっている）は私文書であり、違反者が架空の氏名ないし他人の氏名を署名することは私文書偽造罪（159 Ⅰ）にあたるとする（❶等）。このことと、甲について私署名偽造罪が成立するにすぎないとすることとは矛盾しないか。

参考 ❶最決昭和56年4月8日刑集35巻3号57頁
❷東京高判平成7年5月22日東時46巻1～12号30頁
❸東京高判平成13年7月16日東時52巻1～12号37頁
❹福岡高判平成15年2月13日判時1840号156頁

▶▶解説

Key Word 文書の意義 署名偽造 供述調書 交通事件原票

1．文書と印章・署名とはどのように区別されるか。どちらも、社会生活において証明手段として重要な役割を果たしている。文書と印章・署名の違いは、印章・署名が人の同一性を証明するだけの機能しか持たないのに対し、文書は、「人の意思・観念を文字等により表示したもの」として、多様で複雑な内容の証明機能を持つ点にある。例えば、大学の成績証明書は文書であり、学長（作成名義人）が責任の主体となり、その学生の学業成績について証明する機能を有する。
2．供述調書中の被疑者の供述を記録した部分は、私人たる供述者が被疑事実等について有する主観的観念を表示したものとして、これを私文書とみることもできそうである。なお、1枚の紙の上に複数個の文書が存在することはありうるし、公文書と私文書とが併存することもある（(2)にあるように、交通事件原票という公文書の中に含まれる供述書部分は私文書とされている。例えば、❶等）。
3．しかし、(1)にあるように、捜査官作成の供述調書に供述者（被疑者である場合と、目撃者等の参考人である場合とがある）が他人の名前ないし架空の名前を署名することは私署名偽造罪となる（提出すれば、167条2項の不正使用罪も成立する）とする裁判例が多い（❷❸等）。その理由は明らかでないが、私文書というためには、交通事件原票の供述欄のように「その外形上公文書から独立性を有する一個の文書」であることを要するとして、警察官が作成する捜査報告書末尾の被疑者署名欄についてそれは私文書でないとした高裁判例が参考になる（❹）。交通事件原票中の供述書欄は、「供述書」という見出しを持つ枠囲みの部分として形式的に他の部分と区別されているが、供述調書における供述録取部分はそうではなく、供述者独自の意思・観念の表示としての性格が弱い。こうした形式に注目して、文書性を否定することは可能であろう。
4．供述者が被疑者（または、後に被疑者となる者）であるケースについては、刑法が、自己の事件についての証拠偽造行為を犯罪としていないこと（104）との関係も問題となる。もし甲が自己の被疑事件について「乙」なる人として供述書を作ったことを私文書偽造罪として処罰するならば、甲が自己の事件について犯した証拠偽造行為を処罰することになってしまうからである。そう考えると、❷❸❹が私文書偽造罪を否定していることは納得できるが、交通事件原票中の供述書欄に関する判例（❶等）に対しては疑義が生じることになろう。

［井田　良］

196 わいせつ物頒布等罪(1)
——わいせつの意義

(1) 漫画家の甲は、一部に過激な性描写があるものの、全体としてみると芸術的であり、また深い思想的内容を含み、それにより性的刺激が減少・緩和され、好色的興味に訴える内容とはいえない漫画を執筆した。出版社の編集長乙は、甲の漫画を見たところ、性描写が過激であると感じたものの、過激である方が話題になると考えて、甲と相談のうえ、性交が描写された箇所を特に修正することなく単行本として出版し、それらは、書店で多数の客に販売された。甲および乙に、わいせつ図画頒布罪（175 Ⅰ）は成立するか。また、甲はクラウドファンディングを行ったとした場合、資金提供者に資金提供という方法で作品制作に参加する機会を与えることに芸術性・思想性が含まれているとしたならば、このことはわいせつ性の判断に影響を与えるか。

(2) 写真家の丙は、写真集を作って販売する目的で、同意を得たうえで16歳の少女Aの上半身を裸にし、胸部を露出させた写真を撮影した。その後、丙は、その写真を使って写真集を作成し、完成した多数の写真集を自宅に保管した。なお、写真集は、性欲を興奮させ、刺激するものであったが、高い芸術性を感じさせるものでもあった。丙には、わいせつ図画有償頒布目的所持罪（175 Ⅱ）、および、児童買春・児童ポルノ処罰法における児童ポルノ提供目的製造罪、提供目的所持罪（同7 Ⅶ）が成立するか。

参考
❶最大判昭和32年3月13日刑集11巻3号997頁
❷最大判昭和44年10月15日刑集23巻10号1239頁
❸最判昭和55年11月28日刑集34巻6号433頁
❹最判令和2年7月16日刑集74巻4号343頁

▶▶解説

Key Word わいせつ
全体的考察方法
児童ポルノ

1．わいせつ物頒布等罪における**わいせつ**とは、「いたずらに性欲を興奮または刺激させ、かつ、普通人の正常な性的羞恥心を害し、善良な性的道義観念に反するもの」とされている。もっとも、この定義は曖昧・不明確であり、文芸作品や映画等の一部に過激な性描写が含まれる場合では特に問題となる。判例は、かつては部分的考察方法をとり、芸術的な文書であったとしても、性的場面の描写が社会通念上認容される限界を超えていれば、わいせつ文書であるとしていた（❶）。しかし、その後は**全体的考察方法**をとり（❷および❸）、❸は、「当該文書の性に関する露骨で詳細な描写叙述の程度とその手法、右描写叙述の文書全体に占める比重、文書に表現された思想等と右描写叙述との関連性、文書の構成や展開、さらには芸術性・思想性等による性的刺激の緩和の程度、これらの観点から該文書を全体としてみたときに、主として、読者の好色的興味にうったえるものと認められるか否かなどの諸点を検討することが必要」だとして、具体的な判断基準を示した。(1)の漫画は、❶の基準によれば、過激な性描写が含まれるから、本罪が成立しうるが（甲らの錯誤はあてはめの錯誤であり、故意阻却はない）、❷および❸に従えば、わいせつ性は否定されよう。だが、上記❸の基準も明確とはいえず、また、わいせつであるか否かは時代の変化によって変わりうるものである。そこで、性器、性行為を露骨に描写した、端的な春画・春本（ハードコアポルノ）のみをわいせつとする見解も有力である。クラウドファンディングの点については、❹は、女性器の3Dデータファイルを送信した事案において、そのような機会を他者に与えるものであることに芸術性・思想性が含まれているとしても、そのことを考慮して検討、判断すべきではないとしている。

2．丙作成の写真集は、露出は胸部のみであり、また、高い芸術性を感じさせるというのであるから、今日の社会通念からすると、わいせつ性は否定されるであろう。ただし、Aは16歳であるから、丙には**児童ポルノ**提供目的製造罪、提供目的所持罪が成立する（児童とは18歳未満の者のことをいう）。わいせつ物頒布等罪の法益は、判例・通説によれば性的秩序ないし性道徳であるのに対し、児童ポルノ（児童買春2Ⅲ参照）は、その作成過程で児童の心身に有害な影響を与えるがゆえに処罰されるのであり、刑法上のわいせつ概念よりも広いからである。なお、児童ポルノ提供目的所持罪、わいせつ物有償頒布目的所持罪のいずれもが成立する場合は、観念的競合となる。

［南　由介］

197★ わいせつ物頒布等罪(2)
——公然陳列の意義

甲は、わいせつな内容を含む動画のデータファイルをサーバコンピュータに記録、保存して、不特定多数の者がインターネットを介してそのデータファイルをダウンロードできるウェブサイトを開設し、ダウンロードした者がそれをパソコンに保存した後、動画再生ソフトを利用し再生させて、その内容を閲覧することができるようにした。Aらは、インターネットを利用して、甲がサーバコンピュータに記録、保存した動画のデータファイルをダウンロードし、自己のパソコンに保存した。

(1) 甲は、わいせつ物等を「公然と陳列した」といえるか。また、データファイルをダウンロードする者は、インターネットの接続やダウンロード等の一定の操作を必要とするが、それは犯罪の成立を妨げるか。

(2) 甲が動画データファイルを日本国内から外国のサーバコンピュータに記録、保存したとすれば、犯罪の成立は否定されるか。

(3) 甲とは無関係の第三者である乙は、甲のウェブサイトの存在を知り、多くの人にその存在を知らせるため、インターネット上の自己のウェブサイトに、甲のウェブサイトのURLを、その文字列の一部をカタカナに改変して掲載した。乙は、わいせつ物等を「公然と陳列した」といえるか。

参考　❶最決平成13年7月16日刑集55巻5号317頁
❷最決平成26年11月25日刑集68巻9号1053頁
❸最決平成24年7月9日判時2166号140頁

▶▶解説

Key Word 公然陳列
サイバーポルノ
遍在説

1．わいせつな画像や動画のデータファイルが記録、保存されたコンピュータのハードディスク等は「電磁的記録に係る記録媒体」に当たる。公然陳列は、「わいせつな内容を不特定又は多数の者が認識できる状態に置くこと」（❶）だとされ、不特定または多数の者の勧誘の結果、特定の者が閲覧したという場合も、これに該当する。これに従えば、甲は、閲覧可能にした時点で電磁的記録に係る記録媒体を公然と陳列したことになる。A はダウンロード等を行っているが、公然陳列というためには、直ちに認識できる状態にする必要はなく、比較的容易に閲覧等することができる状態にすれば足りる（❶）。また、A がデータファイルをダウンロードし、パソコンに保存した点で、175 条 1 項後段のわいせつ電磁的記録等送信頒布罪の成立も認められうる（❷）。ダウンロードは、実際はサーバの動作を伴い、それはウェブサイト開設者のプログラムに基づくものであるから「送信」であり、保存により「頒布」が認められるのである。なお、ここでは、公然陳列罪と送信頒布罪の二罪が認められるのではなく、175 条 1 項にあたる一罪の成立が認められる（包括一罪）ことになろう。

2．外国のサーバコンピュータに記録、保存した場合、175 条の法益は国内の性的秩序の保護であるから本条を適用しうるかが問題となるが、❷は、日本国内から外国の共犯者にデータファイルを送り、その者が外国のサーバコンピュータに記録、保存した事案において本罪の成立を認めた。構成要件該当事実の一部が国内であれば犯罪地は国内（遍在説）だとすれば、アップロード行為や法益が危険にさらされたという結果が国内で認められる以上、日本刑法の適用が可能となる。

3．(3)と類似の事案（ただし、児童ポルノが問題となったケース）について、閲覧者が特段複雑困難な操作を要せず閲覧でき、かつ、閲覧を積極的に誘引するものとの理由から公然陳列罪を認めた原判決の法令適用に、❸は何ら判断を示すことなく上告を棄却した。これには、原判決の判断を是認したと捉えるのは相当でないとの指摘もある。また、2 人の裁判官の反対意見は「既に第三者によって公然陳列されている児童ポルノの所在場所の情報を単に情報として示すだけでは不十分」だとして、幇助犯成立の余地を検討すべきとした。これに対しては、陳列行為が終了している以上犯罪は終わっており、幇助犯成立は困難との批判がある。なお、URL の一部の改変については、正しいものが容易に認識できるのであれば、成立は妨げられない。

［南　由介］

198 賭博と富くじ

(1) 賭博罪で処罰された前科もなく、常日頃、賭博をすることもなかった甲は、ゲーム機賭博店を長期間営業し続ける意思で、5200万円の資金を投下し、店舗や賭博ゲーム機34台を用意して、営業を開始した。しかし、営業開始から3日目に、警察による摘発がなされ、甲はゲーム機賭博店の閉店を余儀なくされた。なお、摘発されるまでにAら延べ140人の客が来店し、売上の利益は約70万円であった。甲に常習賭博罪（186 Ⅰ）は成立するか。

(2) **(1)**で、乙は、甲から頼まれ、賭博ゲーム機を店舗へ搬入するための作業を手伝ったとする。乙に賭博の常習性がなかった場合、常習賭博幇助罪は成立するか。また、逆に、甲の常習性が否定され、乙に常習性があった場合の乙の罪責はどうなるか。

(3) 暴力団員の丙は、暴力団事務所の一室を本拠とし、金を賭けてプロ野球の勝ち負けを予想し、勝った者に勝金を与えるという野球賭博の受付を、固定電話を用いて行った。暴力団事務所に賭博参加者が集まることはないが、それでも丙は賭博場を開張した（186 Ⅱ）といえるか。また、丙が、携帯電話のアプリ「LINE」を利用して、各所に所在する客から野球賭博の申込みを受け、結果を集計して整理し、勝者への支払い等の作業を行っていた場合はどうか。

参考
❶最決昭和54年10月26日刑集33巻6号665頁
❷大判大正3年5月18日刑録20輯932頁
❸最決昭和48年2月28日刑集27巻1号68頁
❹大阪高判平成29年2月9日高検速（平29）238頁
❺福岡地判平成27年10月28日LEX/DB 25541477

▶▶解説

Key Word 常習性 賭博場開張

1．賭博（185）とは、偶然の勝ち負けにより財産の得喪を争うことであり、また、富くじ（187）とは、発売者がくじを販売し、購買者から金品を集め、偶然的方法により購買者に不平等な金銭等の分配をすることである。競馬の勝馬投票券（馬券）や宝くじは富くじであるが、その発売は特別法により違法性が阻却される。ゲーム機賭博店を営業することは、判例によれば、賭博場開張図利罪ではなく、賭博罪が成立するのみである。**(1)**では、3日間しか営業できなかった甲に、賭博の常習性があるのかが問題となる。**常習性は、賭博を反覆累行する習癖がある場合に認められ、具体的には、賭博の前科、賭博の種類、賭金の額、賭博の期間等を総合的に考慮して判断される。❶**は、**(1)**と同様の事案で常習賭博罪の成立を認めた。営業の意思があれば直ちに常習となるわけではないが、長期間営業継続の意思の下に多額の資金を投下して営業を開始し、また、来店者数や利益から多数回の賭博行為が認められることなどから、被告人に反復累行の習癖が獲得、形成され、それに基づき賭博がなされたと認められうると考えて、最高裁は常習性を肯定したものといえよう。

2．判例は、常習性を加減的身分（不真正身分犯の身分）であるとして、**常習性のある正犯を常習性のない者が幇助した場合は、65条2項により、幇助者には単純賭博幇助罪が成立する**としている。また、逆に、**帮助者のみに常習性が認められる場合は、帮助者に常習賭博帮助罪の成立を認めている**（**❷**）。これに対しては、正犯への従属性の観点から、単純賭博幇助罪とする見解も有力である。

3．**賭博場の開張とは、自ら主宰者となって、その支配下に賭博をさせる場所を開設すること**である。**❸**は、「必ずしも賭博者を一定の場所に集合させることを要しない」として、暴力団事務所の1室を本拠とし、電話により野球賭博の受付等を行った事案について、賭博場開張図利罪の成立を認めた。**❹**はLINEを用いた野球賭博の事案であるが、申込みを受け、結果を集計して整理し、勝者に支払うべき金員等を集計し、これに従って金員を支払う部署が整備され、その全体が賭博場と評価できるような場合は、申込みを受け集計する者の所在地、賭客の居所等を含んだその全体が、1つの場所として、賭博場を構成するとした。このように考えれば、オンラインカジノも賭博場開張となろう。他方、携帯電話の電子メールを用いたケースである**❺**は、胴元と賭客が存在しさえすれば直ちに成立となってしまいかねないとして、賭博場開張を否定している。　［南　由介］

199 死体損壊罪

(1) 甲は、自身の妊娠を知っていたが、医師の診察も受けていなかったところ、居住するアパートの自室内でＡを出産し、Ａはすぐに死亡した。甲は、出産して少し休んだ後、Ａの死体を、タオルで包み、段ボール箱に入れ、その上に別のタオルをかぶせ、Ａの名前やお詫びの言葉を書いた手紙を置き、段ボール箱に接着テープで封をし、それをさらに別の段ボール箱に入れ、接着テープで封をして棚の上に置いた。２日後、甲の異変に気づいたＢらによってＡの死体は発見された。甲に死体遺棄罪は成立するか。

(2) 山奥にある自宅に居住していた乙は、数日間留守にした後、自宅に戻ると、トイレの小窓に男が引っかかり、死んでいるのを発見した。どうやらその男Ｃは泥棒に入ろうとして引っかかり、そのまま死んでしまったようであった。乙は、朽ち果てたらいい気味だと思いＣを放置した結果、Ｃの死体はミイラのような状態となった。乙の罪責について論じなさい。

(3) 上記**(2)**で死んでいた男は、実は乙の息子Ｄであり、久々に実家に戻ったが留守であったため、小窓から中に入ろうとしたところ、引っかかってしまったとする。乙は、親不孝者のＤを手厚く弔うのは不愉快に感じたため、庭に穴を掘ってそこにＤの死体を放り込み、土で埋めた。それから５年後、大雨で甲宅の敷地の土砂が流されＤの白骨が露出し、Ｄが埋められていた事実が発覚した。乙の行為は死体遺棄に該当するとして、その行為が終了したのはいつか。

参考
❶最判令和 5 年 3 月 24 日判タ 1510 号 163 頁
❷大判大正 13 年 3 月 14 日刑集 3 巻 285 頁
❸大阪地判平成 25 年 3 月 22 日判タ 1413 号 386 頁
❹大阪地判平成 28 年 11 月 8 日 LLI/DB L07150974

▶▶解説

Key Word 遺棄
習俗上の埋葬等とは認められない態様
葬祭義務

1．死体損壊等罪（190）における遺棄とは、死体等を移動させてから放棄、隠匿することだとされ、**(1)**の甲はAの死体を段ボール箱に二重に入れ、接着テープで封をしていることから、隠匿しており、本罪が成立するのではないかが問題となる。❶は、**「死者に対する一般的な宗教感情や敬けん感情」が保護法益**とした上で、**「習俗上の埋葬等とは認められない態様で死体等を放棄し又は隠匿する行為が死体遺棄罪の『遺棄』に当たる」**とし、**(1)**類似の事案で、死体を隠匿し、発見が困難な状況を作出したが、それが行われた場所やこん包等から、態様自体がいまだ習俗上の埋葬等と相いれない処置ではないとして、本罪の成立を否定した。発見を困難にすることが直ちに法益を害するものではなく、出産直後であり、死亡後間もない点も考えれば、成立を否定した判断は妥当であろう。

2．本罪は、作為のみならず不作為によってもこれを犯しうる（不真正不作為犯）。**不作為犯が成立するには作為義務が必要であり、ここでは、法令・慣習等により葬祭をなすべき義務のある者でなければならないとされている。判例は、親子、孫、夫婦のほか、監護義務がある者との関係で葬祭義務を認めている。****(2)**のCについては、乙にとり見ず知らずの者であり、乙にはCとの関係で葬祭義務がないことから、作為義務は否定され、不真正不作為犯としての死体遺棄罪は成立しない。❷は、自己の所有する炭焼かまどに落ちて死んだ、親族ではなく、監護の責務関係もない子どもを発見した被告人が、かまどから死体を搬出せず、穴を塞ぎ燃焼を継続させた事案について、本罪の成立を否定している。

3．**(3)**については、本罪の公訴時効は3年であり（刑訴250Ⅱ⑥）、埋めた行為（作為）のみを問題とする限り、乙を起訴して有罪とすることはできない。そこで、葬祭義務のある者が埋め続ける行為を不作為の遺棄と捉え、遺棄の終了を死体が発見された時点と考えて、公訴時効の完成を否定できないかが問われる。❸は、先行する死体を隠匿した作為により本件事象の違法性は評価し尽くされるとし、その後の放置し続けた不作為につき死体遺棄を否定した。他方、❹は、当初の遺棄行為後も葬祭義務は消滅せず、その義務違反行為が続いている場合は、不作為の遺棄が継続しているとして、不作為の死体遺棄を認めた。**先行する作為があっても、葬祭義務が継続する限り実行行為は終了していないと考えられる**（後の不作為は共罰的事後行為にすぎない〔項目**174**参照〕）から、❹が妥当であろう。Dが埋められている間は、死体遺棄罪が成立し続けることになる。　［**南　由介**］

200 公務員の意義

Ａは、Ｘ国立大学法人に臨時で雇用され、上司である係長の監督の下、週５日午前９時から午後４時まで、窓口での学生対応や資料の作成、文書の起案等の業務の補助として働いていた。ある日、学生の甲は、大学の窓口を訪れ、卒業するために必要な単位についてＡに確認を求めた。Ａは履修要項に基づいて計算し、卒業は困難である旨を甲に伝えたところ、甲は、自身の計算では可能であると考えていたため激高し、Ａが手に持っていた履修要項を取り上げて、それでＡの頭を思いっきり叩いた。それによりＡは酷く動揺して、その日は仕事が手につかなくなった。甲はどのような罪責を負うか。甲の罪責の検討にあたり、次の事実はそれぞれどのような意味を持つか。

(1)　かつての国立大学は、現在では国立大学法人によって設置されており、業務に従事する役職員は公務員ではなくなっていること。

(2)　Ａは、臨時で雇用され、係長の監督の下、業務の補助を行っていたにすぎないこと。

参考　❶最決昭和 30 年 12 月 3 日刑集 9 巻 13 号 2596 頁
❷最判昭和 35 年 3 月 1 日刑集 14 巻 3 号 209 頁

▶▶解説

Key Word 公務員
みなし公務員
単純な機械的・肉体的労務

1．刑法上、「公務員」は、公務執行妨害罪（95）や公文書偽造等罪（155）、汚職の罪（193以下）等の多くで用いられており、その意義を明らかにする必要性から、刑法典の総則に定義規定が置かれている（7Ⅰ）。それによれば、**公務員とは、「国又は地方公共団体の職員その他法令により公務に従事する議員、委員その他の職員」とされているが、その実質は、「法令により公務に従事する職員」である**。それでは、国立大学法人やその他の公法人（共済組合や公団等）の業務は公務であり、それを担う人は公務員といえるだろうか。かつての判例は、公法人の職員を公務員とする傾向にあった。しかし、公法人といってもその業務の性格は様々であるから、公法人の業務であることを理由に直ちに公務とすることには疑問がある。他方、公共の利害に重大な影響を及ぼす業務を行う団体は、公務員とみなす旨の規定（みなし公務員規定）が置かれている場合が少なくない。そこで、**みなし公務員規定がある場合に限り、その公法人の業務を公務とする見解が今日では有力になっている**。これに従えば、国立大学法人法にはみなし公務員規定があるから（国立法人19）、甲の行為は、公務執行妨害罪を構成しうる。なお、手段としての暴行は、公務執行妨害罪に吸収され、別に暴行罪を構成しない。また、甲の行為が暴行に至らない程度であったとするならば、国立大学法人の業務は業務妨害罪でも保護されることから、威力業務妨害罪（234）が問題となる（項目**127**参照）。

2．次に、Aは、臨時で雇用され、係長の監督の下、業務の補助を行っていた点で、職員といえるかが問題となる。というのも、**「職員」というためには、職制等で「職員」と呼ばれる身分を有することまでは必要ないが、公務に従事することが法令の根拠に基づくものであり、かつ、ある程度、精神的・知能的な仕事を担当する者であることを要し、単純な機械的・肉体的労務に従事する者は含まれない**と解されているからである（❶および❷）。もっとも、郵政民営化以前の郵便集配人に関し、❷は、単純な肉体的・機械的労働にとどまらず、民事訴訟法、郵便法、郵便取扱規程等の諸規定に基づく精神的労務に属する事務をもあわせ担当しているとして、公務員だとした。これに従えば、かなり広い範囲で「公務員」が肯定されよう。Aについては、補助ではあるが学生対応や文書の起案等を行っており、それは単純な機械的・肉体的労務ではないから、公務に従事する職員であり、公務執行妨害罪により保護されることとなる。　［**南　由介**］

201★ 公務執行妨害罪(1)
――要件

X県議会の委員会における議員の不適切な発言に対し、甲ら4名は謝罪を求める陳情を行い、それにつき審議する委員会が開かれたが、甲らの執拗な抗議により委員会室は騒然となったため、委員長のAはそれ以上委員会を継続できないと考えて休憩を宣言した。甲らはそれに憤慨し、退席しようとしていたAのもとに赴き、取り囲んでAの腕を掴み、足蹴にするなどし、また、甲は、Aの傍らに置かれていたAの鞄を持ち上げ、床に強くたたきつけた。それによりAの鞄は壊れた。その後、甲らは逮捕された。甲らの逮捕を知った乙ら数十名は、甲らの逮捕とAの対応に抗議するため、県議会を訪れた。しかし、すでに多数の警察官が出動していたため、乙らは県議会の建物内に入ることはできなかった。腹を立てた乙は、拳半分ほどの石を警察官Bに向けて投げ、石はBの耳元をかすめた。ただ、Bはそのことにまったく気づかず、Bの警備活動には、何らの支障も生じなかった。

(1)　甲らのAの腕を掴む等の行為は、Aが「職務を執行するに当たり」(95Ⅰ)なされたものといえるか。

(2)　Aの鞄を壊した行為は、「暴行」(95Ⅰ)に該当するか。

(3)　乙は、公務の執行を妨害したといえるか。

参考　❶最判昭和45年12月22日刑集24巻13号1812頁
❷最決平成元年3月10日刑集43巻3号188頁
❸最判昭和33年10月14日刑集12巻14号3264頁
❹最判昭和41年3月24日刑集20巻3号129頁
❺最判昭和33年9月30日刑集12巻13号3151頁

▶▶解説

Key Word 職務を執行するに当たり 間接暴行 妨害の意義

1．公務執行妨害罪は、公務員ではなく公務を保護していることから、暴行・脅迫は「**職務を執行するに当たり**」なされる必要がある。その意義につき、❶は、「**具体的・個別的に特定された職務の執行を開始してからこれを終了するまでの時間的範囲およびまさに当該職務の執行を開始しようとしている場合のように当該職務の執行と時間的に接着しこれと切り離し得ない一体的関係にあるとみることができる範囲内の職務行為**」**に限る**としている。これに従えば、勤務時間中であれば全て保護されるのではなく、当直勤務の警察官が仮眠中であった場合などは含まれないことになる。本設例では、休憩宣言の後に暴行が加えられた点が問題となる。❷は、本設例と類似のケースにつき、「委員会の秩序を保持し、右紛議に対処するための職務を現に執行していた」として、本罪の成立を認めた。これは、休憩宣言後も職務が継続していたと考えるものであるが、休憩宣言後も当然に職務が継続するという趣旨ではなく、騒然とした状況下で、紛議に対処する事情があったがゆえに、職務の継続性が肯定されたものといえよう。なお、議会の委員長の職務については、業務妨害罪との関係も問題となりうる（項目**127**参照）。

2．鞄を破壊した行為は、直接には物に対する有形力の行使である。暴行罪（208）における暴行は、「人の身体に向けられた有形力の行使」であるのに対し、**本罪の暴行は、「人に向けられた有形力の行使」であれば足り、間接暴行も含む**とされている。判例は、税務署係員が差し押さえた焼酎の甕を鉈で破砕し流失させた事案（❸）や、公務員の指揮の下、その手足となり、職務の執行に密接不可分の関係で関与する補助者に暴行が加えられた事案（❹）で本罪の成立を認めている。甲はＡの面前で鞄をたたきつけており、有形力が間接的にＡに向いているといえ、それも暴行となろう（なお、器物損壊罪〔261〕も成立し、本罪とは観念的競合となる）。暴行は、成立範囲の限定のため公務員の面前で行われた場合に限るとする見解もあるが、判例がこのような限定を認めるかどうかは定かでない。

3．**本罪は抽象的危険犯であり、妨害の結果発生は不要である**。暴行・脅迫の程度は、公務の執行を妨害しうるものである必要があるとするのが一般的だが、暴行罪の暴行に該当すれば本罪の暴行にもあたるとする見解もある。❺は、警察官への１回の投石について、後者の立場に基づき本罪の成立を認めたものと理解されている。これに従えば、乙には本罪が成立するが、投石は危険な行為であるから、前者の立場からも、成立が肯定される余地は十分にある。　　**［南　由介］**

202 公務執行妨害罪(2)
——職務執行の適法性と錯誤

甲は乙と食事に出かけ、相当量の酒を飲んだ。帰宅の際、乙がＡ運転のタクシーを止めようとしたが、Ａは乙の前で止まることができず、数m進んだところで停車した。これに乙は激怒し、Ａに対して「乗車拒否しただろ」と申し向け、Ａの顔面を複数回殴打した。甲と乙は、他の場所へ歩き出したが、Ａは「おい待て、どこへ行く」と声をかけながら追いかけた。

その頃、近くを警ら中の巡査Ｂが近隣住民からの通報を受けて臨場したところ、Ａは甲・乙の方を指さし、「あいつらに殴られました」と述べた。Ｂは、状況から甲および乙を準現行犯人と認め、これを逮捕しようとし、両名に対して「タクシーともめてたよね。話を聞きたい」と告げ、甲の肩に手をかけた。しかし甲は、酩酊から警察官であるＢが声をかけてきたことに気付かず、突然誰かに理由なく肩をたたかれたと考えて激高し、Ｂの顔面を手拳で殴打した。

(1)　95条1項にいう「職務」は適法であることを要するか。

(2)　甲は、Ａへの暴行には関与していない。Ｂの行為は適法な職務といえるか。

(3)　甲は、Ｂの声かけを認識していない。甲に公務執行妨害罪の故意が認められるか。

参考　❶大判昭和7年3月24日刑集11巻296頁
❷最決昭和41年4月14日判時449号64頁
❸大阪高判昭和40年9月9日判時449号64頁
❹大阪地判昭和47年9月6日判タ306号298頁

▶▶解説

Key Word 公務の適法性　適法性の判断基準　適法性の錯誤

1． 公務執行妨害罪（95 Ⅰ）は、「公務員が職務を執行するに当たり」暴行・脅迫を加えた場合に成立する。**「職務」は適法な職務であることを要する（❶）**。違法な職務は、刑法で保護するに値しないためである。

2． 次に、職務の適法性の判断基準が問題となる。公務員が適法な職務執行と信じて行為した場合には適法とする主観説に親和的な判例（❶）もあるが、公務員の主観的判断に従うことを国民に要求することになり不当であると批判される。通説は、**職務の適法性は職務の根拠法令の解釈問題であるとして、裁判所が法令を基準として判断するとする（客観説）**。この場合さらに、判断時を行為時とするか裁判時とするかが問題となる。いわれのない職務執行を甘受する必要はないとの観点からは、事後的に無罪となった場合には逮捕は違法であり、本罪は成立しないとの立場が導かれる。しかし、**逮捕における「相当な理由」要件のように（刑訴 199）、行為時の状況を前提とした判断が想定されている場合には、行為時判断に基づく職務執行にも要保護性がある**。ここから、行為時基準説が主張される。判例（❷および❸）は行為時基準説に親和的である。これによれば、設例のBの行為は、行為時点で、現場付近でAから追呼されている甲・乙を準現行犯と判断して逮捕（刑訴 212 Ⅱ①）しようとしたものであり、適法な職務といえる。

3． さらに、職務執行が違法であると誤信して暴行・脅迫を加えた場合（適法性の錯誤）が問題となる。適法性を構成要件要素とする立場からは、適法性の錯誤は事実の錯誤として故意を阻却することになる。しかし、事実の錯誤は、軽率な誤信であっても故意を阻却するため、公務の保護が後退する。ここから、適法性の錯誤を法律の錯誤とする見解も主張されるが、職務の適法性を違法要素とすることが前提となる。職務の適法性を構成要件要素としつつ、軽率な誤信からも公務を保護するために主張されるのが、適法性を基礎づける事実と、適法性評価そのものを区別し、前者を事実の錯誤、後者を法律の錯誤と扱う二分説である。例えば、逮捕状呈示の事実を認識していないときは故意を阻却するが、緊急逮捕（刑訴 210）のような令状によらない逮捕は許されないと考えた場合には、その誤信に相当な理由がある場合に限り、故意ないし責任が阻却されるとする。二分説によれば、本設例の甲は酩酊ゆえに、Bが職務執行をしようとしているとの事実を認識していないため、故意を欠くことになる（❹は、事実の錯誤と法律の錯誤の両面から分析する）。

[**仲道祐樹**]

203 犯人隠避の意義

甲は、友人の乙から「突然家に警察が来て、覚醒剤の取引リストに俺の名前があったと。全く身に覚えがない。親に任せて裏から逃げたけど、行くところがない。匿ってほしい」との連絡を受けた。甲は、乙に対し、「俺の実家に行け。お前の銀行口座に３万円入れるから、電車で行け」と告げ、３万円を乙の口座に振り込んだ。

その後、乙は駅で警察に身柄を拘束された。これを知った甲は、丙に対して、「お前が真犯人ってことで乙の代わりに警察に行け」と指示し、警察に出頭させた。警察は丙の事情聴取を行ったものの、乙の身柄拘束を解くことはなかった

その後、覚醒剤の取引リストに載っていたのは同姓同名の別人であることが明らかとなった。

(1)　犯人蔵匿等罪（103）は、「罰金以上の刑に当たる罪を犯した者」を客体とする。乙は、この要件を充足するか。

(2)　甲が乙に逃走資金を提供した行為は、犯人隠避罪に該当する。では、乙に犯人隠避教唆罪が成立するか。

(3)　丙が出頭したにもかかわらず、警察は乙の身柄拘束を解かなかった。この場合でも丙に犯人隠避罪は成立するか。

参考　❶最判昭和 24 年 8 月 9 日刑集 3 巻 9 号 1440 頁
❷大判昭和 8 年 10 月 18 日刑集 12 巻 1820 頁
❸最決令和 3 年 6 月 9 日集刑 329 号 85 頁
❹福岡地小倉支判昭和 61 年 8 月 5 日刑集 43 巻 5 号 410 頁
❺最決平成元年 5 月 1 日刑集 43 巻 5 号 405 頁
❻最決平成 29 年 3 月 27 日刑集 71 巻 3 号 183 頁

▶▶解説

Key Word　罪を犯した者の意義　犯人蔵匿隠避の教唆　隠避の意義

1． 犯人蔵匿等罪は、「罰金以上の刑に当たる罪を犯した者」を客体とする。本設例の乙は覚醒剤所持（覚醒剤41の2Ⅰ）の被疑事実で捜査対象となっている。同罪は、「罰金以上の刑に当たる罪」に該当する。しかし、本件乙は覚醒剤所持を実際には行っていない。このような場合も「罪を犯した者」に該当するかが問題となる。「罪を犯した」という文理等から真犯人に限るとする見解もあるが、判例は、103条の立法目的を国の刑事司法作用の保護と捉え、犯罪捜査も含まれるとの立場から**「罪を犯した者」には「犯罪の嫌疑によつて捜査中の者」も含む**としている（❶）。したがって、乙も「罪を犯した者」に該当する。

2． 103条が規定する行為態様は「蔵匿」と「隠避」である。本件甲による逃走資金の提供は、「隠避」に該当する。では、これを依頼した乙に犯人隠避教唆が成立するか。**犯人の自己蔵匿・隠避が不可罰である根拠が、期待可能性が類型的に減少している点に求められる**ことからすれば、教唆の場合も、期待可能性が減少しているといえれば不可罰となるとも考えられる。しかし、❷は、**単なる自己蔵匿・隠避は「防禦ノ自由」に属すが、他人を教唆して自己を隠避させる行為は「防禦ノ濫用」である**として、犯人蔵匿等教唆罪を肯定した。判例によれば、乙には犯人隠避教唆罪が成立する。ただし、この結論が共犯の処罰根拠における因果的共犯論と整合的かはなお問題として残る（❸の山口厚裁判官の反対意見も参照）。

3． 身代わり犯人としての出頭は、「隠匿場の供給」を前提とする「蔵匿」には該当しない。そのため、「隠避」にあたるかが問題となる。丙の行為に犯人隠避罪が認められるためには、①捜査機関が乙の身柄を確保している場合であっても「隠避」は可能である、②乙の身柄拘束を解くに至っていない場合でも「隠避させた」に該当する、といえる必要がある。❹は、103条の趣旨を「官憲による身柄の確保に向けられた刑事司法作用の保護」と捉え、捜査機関により逮捕勾留されている者を「隠避させる」ことを同条は予定しておらず、また、「隠避させた」といえるためには、身柄拘束状態が解かれる必要があるとし、消極に解した。しかし、❺は、同条の立法趣旨を「捜査、審判及び刑の執行等広義における刑事司法の作用」と捉え、そこから**「隠避」を「現になされている身柄の拘束を免れさせるような性質の行為」と解した**（❻は同様の基準を確認し、参考人が警察官との口裏合わせに基づいてなした虚偽供述も「隠避」にあたるとした）。判例によれば、丙の行為は「隠避」にあたる。

［**仲道祐樹**］

204★ 証拠隠滅等罪(1)
——証拠偽造の意義

甲は、同じ暴走族に属する乙が起こした交通事故（道交法上の救護義務・報告義務違反および過失運転致死罪）の参考人として、X県警Y警察署において取調べを受けた。甲は、乙が現場からすぐに逃走しており、現場で発見されたのがバイクのみであったことから、乙に有利になるよう、取調べを担当した警察官Aに対して、「そのバイクは、乙の所有しているものだが、数日前に盗まれたものである。事故を起こしたのは乙ではないはずだ」と虚偽の供述をした。Aはその内容を供述調書に記載し、甲がこれに署名押印をした。

(1) 虚偽の供述をした行為に、証拠偽造罪（104）が成立するか。

(2) 虚偽の供述が調書等に文書化された場合はどうか。

(3) 甲が、自ら上申書を作成して警察に提出した場合はどうか。

参考 ❶最決平成28年3月31日刑集70巻3号58頁
❷千葉地判平成8年1月29日判時1583号156頁
❸大阪地判昭和43年3月18日判タ223号244頁
❹東京高判昭和40年3月29日高刑集18巻2号126頁

▶▶解説

Key Word 証拠の意義
参考人の虚偽供述

1．証拠隠滅等罪（104）にいう「証拠」には、物的証拠・人的証拠（証人・参考人等）の両方が含まれる。それゆえ、証人を公判廷に出廷させない行為は、「証拠」の「隠滅」にあたる。参考人の供述もまた、刑事手続においては供述証拠として証拠である。では、参考人の供述は、証拠隠滅等罪にいう「証拠」にあたり、虚偽の供述を行うことは証拠の「偽造」にあたるのであろうか。**判例は、参考人による虚偽の供述は104条の証拠偽造にはあたらないとする**（❶および❷）。その根拠は、**刑法典は、法律により宣誓をした証人が虚偽供述をした場合を特に偽証罪（169）で処罰しており、これは、宣誓をしていない証人や供述を拒む自由がある参考人の虚偽供述を処罰の対象としない趣旨であると解される**ことに求められる（❸参照）。したがって、判例によれば、本設例の甲の虚偽供述はそれ自体としては証拠偽造には該当せず、本罪を構成しない。

2．では、甲の虚偽供述が取調官により録取され、供述調書の形で文書化された場合はどうか。参考人の虚偽供述は「証拠」には該当しないとする説明において、104条にいう「証拠」には証拠方法のみが含まれ、証拠資料は含まれないと整理されるが、供述調書は証拠方法であるから、供述調書は「証拠」に該当する（例えば、供述調書の破棄は証拠隠滅罪を構成する）。このように考えると、虚偽の供述に基づく供述調書の作成は、取調官を利用した間接正犯の形の証拠偽造となるとも考えられる。実際、文書化された場合は証拠偽造罪が成立するとする学説も有力である。しかし、ここでも**判例は、参考人の虚偽供述は、それが供述調書となったとしても、証拠偽造罪にはあたらないとする**（❶および❷）。その根拠は、現行刑法が偽証罪以外の虚偽供述を不可罰としており、それは虚偽供述を調書に録取したとしても同様である点（❷参照）に求められる。したがって、判例によれば、本件に証拠偽造罪は成立しないことになる（**ただし❶は、参考人と捜査官とが「共同して虚偽の内容が記載された証拠を新たに作り出した」場合には証拠偽造にあたるとする**。また、犯人隠避罪〔103〕の成否が別途問題になりうる点には注意が必要である）。

3．本件とは異なり、甲が取調べ以外の場で内容虚偽の上申書を作成した場合はどうか。裁判例には、証拠偽造罪の成立を認めたものがある（❹）。もっとも理論的には、上述した判例の立場と、このような処理が整合的なものであるかがなお問われることになる。

［**仲道祐樹**］

205★ 証拠隠滅等罪(2)
——犯人による証拠偽造教唆

A銀行B支店の支店長である甲は、顧客である乙が経営するC社の経営状態が悪化していることを認識しつつ、地域経済への影響等を考慮して無担保で融資を継続したが、C社は経営破綻し、破産手続に入った。甲は、このままでは自分が背任罪（247）に問われると考え、丙に命じて、C社への貸付にかかる書類を自社の貸金庫に隠匿させるとともに、知人で印刷業を営む丁に依頼して、C社への融資が社内の稟議を経て、担保を得たうえで実行されたものであることを示す書類を作成してもらおうと考えた。丁は、甲の依頼を最初は断っていたが、報酬として300万円を支払うという甲の申出を受けて、各種の書類を作成した。

(1) 証拠隠滅等罪（104）が、「他人の刑事事件」に関する証拠のみを客体とし、「自己の刑事事件」に関わる行為を処罰の対象としていないのはなぜか。

(2) 「自己の刑事事件」について、犯人自身による証拠隠滅等は処罰されないが、他人の同罪にあたる行為を教唆する行為は可罰的か。

(3) 自己の刑事事件について、証拠隠滅の報酬として金銭を支払う旨を申し出る行為はどのような犯罪にあたるか。

参考　❶最決昭和40年9月16日刑集19巻6号679頁

▶▶解説

Key Word 証拠隠滅偽造の教唆　証人等買収罪との関係

1． 証拠隠滅等罪（104）は、「他人の刑事事件に関する証拠」を客体とし、「自己の刑事事件に関する証拠」の隠滅等は処罰の対象としていない。これは、**自己の犯罪の証拠を隠滅しないという選択を行為者に期待することが、通常は困難であること（類型的な期待可能性の欠如）を理由とする**ものである。本設例で対象となっているのは、甲自身の背任罪の証拠である各種の書類であり、これを甲自らが隠匿ないし偽造したとしても、不可罰である。

2． 本設例では、甲の背任事件に関連する書類について、丙が書類の隠匿を、丁が内容虚偽の書類の作成を行っている。前者は、104条にいう「隠滅」に、後者は、「偽造」にそれぞれ該当する。それゆえ、丙・丁は、それぞれ正犯として、「他人の刑事事件に関する証拠」を隠滅・偽造している。では、このような行為を教唆した甲について、丙・丁を正犯者とする教唆犯は成立しうるか。❶のケースにおいて、弁護人は、期待可能性の欠如を理由に、自己の刑事事件に関する証拠を自ら隠滅等した行為を不可罰とするのであれば、他人を教唆してこのような行為を行わせたとしても、同じように処理するべきであるとして、無罪を主張した。しかし、❶は、**犯人が他人を教唆して、自己の刑事事件に関する証拠を偽造させたときは、証拠隠滅等罪の教唆犯が成立する**とした。理論的には、**自ら証拠を隠滅等するのはやむを得ないとしても、他人に犯罪を行わせてまで証拠を隠滅するという行為はなお思いとどまることが可能（他人を犯罪に巻き込まないという選択を期待可能）であり、期待可能性が欠けるとはいえない**という点に、その根拠が求められよう。したがって、本設例の甲には、証拠隠滅・偽造の教唆犯が成立する（因果的共犯論との関係につき、項目**203**参照）。

3． 本設例では、甲が丁に対して、自己の刑事事件についての証拠偽造の報酬としての金銭の支払いを申し出ている。この点は、平成29年に証人等買収罪（組織犯罪7の2）が新設されたことにより検討が必要となった。同罪は、同条所定の罪に係る「自己又は他人の刑事事件に関し、……証拠を隠滅し、偽造し、若しくは変造すること……の報酬として、金銭その他の利益を供与し、又はその申込み若しくは約束をした者」を処罰する。本設例では、甲が丁に報酬としての金銭供与を約束したといえるから、証人等買収罪が成立する。金銭供与の約束により、丁が証拠偽造を決意した、すなわち1個の行為で証人等買収罪と証拠偽造教唆罪を実現したといえるから、両罪は観念的競合（54Ⅰ前）となる。［**仲道祐樹**］

206★ 偽証罪における虚偽の陳述

　ＡとＢとの間の所有権移転登記抹消登記請求事件において、証拠として提出されたＡ・Ｂ間の契約書が本当に売主Ａにおいて作成されたものかに関する証人として、甲が取り調べられることになった。Ｃ地方裁判所の裁判官Ｄが甲方に赴いてなした証人尋問において、甲は、裁判官Ｄが宣誓の手続について説明する前に、「この契約書は確かに、Ａを売主、Ｂを買主とするもので、ここに押されている印もＡの印であり、筆跡もＡのものだ」と証言した。裁判官Ｄはその証言の後で、宣誓についての説明をし、甲は宣誓をした。

　甲は、Ａと知り合いであることから、契約書の筆跡等を見てＡが作成したものと考えていたが、実際には、ＢがＡの筆跡を真似て作成した偽造契約書であった。

(1)　甲の証言は、宣誓の前に行われている。甲の証言は「法律により宣誓した証人」によるものといえるか。

(2)　甲の証言は「虚偽の陳述」に該当するか。

参考　❶大判明治 45 年 7 月 23 日刑録 18 輯 1100 頁
❷大判大正 3 年 4 月 29 日刑録 20 輯 654 頁
❸東京高判昭和 34 年 6 月 29 日下刑集 1 巻 6 号 1366 頁

▶▶解説

Key Word 宣誓の意義
虚偽の陳述の意義

1．偽証罪（169）は、「法律により宣誓した証人が虚偽の陳述をしたとき」に成立する。刑事事件の証人のみならず（刑訴 154 参照）、民事事件の証人についても同罪は成立する（民訴 201、民訴規 112 参照）。また、裁判所外での証人尋問（民訴 195）においても本罪が成立しうる。問題となるのは、宣誓が事後的に行われる場合である。「宣誓した」という文言からは、事前宣誓のみが対象となるようにもみえる。しかし判例（❶）・**通説は、事後宣誓の場合でも、虚偽の陳述がなされた場合には、偽証罪が成立する**とする。宣誓のうえでの発言は、自らの発言について、それが真実であるとの信用性を高める（ゆえに虚偽であった場合の違法性が高まる）ものである。事前宣誓の場合には、「これから自分が述べることは真実である」という意味で、事後宣誓の場合には、「先ほど自分が述べたことは真実である」という意味で信用性の担保を行っており、それを虚偽の陳述によって破ることは、違法評価のうえで異なるものではない。ゆえに、本件甲は「法律により宣誓した証人」に該当する。

2．では、甲の証言は「虚偽の陳述」にあたるか。甲の証言は本設例記載の通りである。甲の認識は、「この契約書はＡが作成したものである」というものであり、甲の認識と証言内容は異なるものではない。一方で、客観的には、「この契約書はＢが作成したもの」であり、この点で甲の証言内容と食い違う。虚偽の陳述をどのように解するかが問題の解決に影響する。偽証罪の保護法益は国家の公正な審判作用であり、その危殆化が偽証罪の処罰根拠であるという理解からは、客観的事実と合致する証言には公正な審判作用を害する危険はないことになる。ここから、「虚偽の陳述」を陳述内容が客観的事実に反することと解する客観説が導かれる。客観説によれば、本件甲の証言は「虚偽の陳述」に該当する。しかし、❷は、「證人カ故ラニ其記憶ニ反シタル陳述ヲ爲スニ於テハ僞證罪ヲ構成スヘキハ勿論ニシテ即チ僞證罪ハ證言ノ不實ナルコトヲ要件ト爲スモノニ非サル」として、**証人の記憶との不一致をもって「虚偽の陳述」とする主観説に立っている**（その他、❸）。主観説の根拠は、**①自己の体験をありのままに再現させ、その中から思い違いなどを吟味していくのが証拠調べであるから、むしろ自己の体験をそのまま語らせるべきである、②自己の確信に反する供述がたまたま客観的事実に合致していても、裁判を誤らせる危険がある**という点に求められる。主観説によれば、本件甲の証言は「虚偽の陳述」には該当しない。　［**仲道祐樹**］

207 職権濫用の意義

警察官である甲および乙は、（まだ通信傍受法が立法されていない時代に）職務として、某政党に関する警備情報を得るため、意思を通じたうえ、同党の幹部であるA宅の電話を盗聴した。その際、両名は、その行為が電気通信事業法に触れる違法なものであることなどから、電話回線への工作、盗聴場所の確保をはじめ盗聴行為全般を通じ、終始何人に対しても警察官による行為でないことを装う行動をとっていた。

(1)　公務員職権濫用罪と強要罪における権利妨害等の要件の異同を説明しなさい。

(2)　公務員職権濫用罪における「職権」とは何か。上記の甲・乙にはそれが認められるか。

(3)　同罪における職権の「濫用」とは何か。上記の甲・乙にはそれが認められるか。

参考　❶最決平成元年3月14日刑集43巻3号283頁
❷最決昭和57年1月28日刑集36巻1号1頁

▶▶解説

Key Word 事実上の不利益 特別の職務権限 職権行使への仮託

1．公務員職権濫用罪（193）も強要罪（223 Ⅰ・Ⅱ）も、「人に義務のないことを行わせ、又は権利の行使を妨害した」ことが要件である。強要罪では、被害者の意思に働きかけて一定の作為・不作為を強制し、行動の自由を侵害することが必要であるが、職権濫用罪もこれと同様だと解すると、強要罪よりも刑が軽い同罪を規定した意味がなくなる。そこで多数説は、職権濫用罪における権利妨害等には、**被害者の意思侵害を介せず結果として単に事実上の不利益を受忍させること**も含まれると解して、同罪の範囲を広げる。❶も、「行為の相手方の意思に働きかけ、これに影響を与える」ことや、「相手方において、職権の行使であることを認識できる外観を備えたもの」であることは、不可欠でないとする。

2．「職権」とは、当該公務員の一般的職務権限のすべてをいうとする見解も有力であるが、❶は、**公務員の一般的職務権限のうち、「職権行使の相手方に対し法律上、事実上の負担ないし不利益を生ぜしめるに足りる特別の職務権限」をいう**ものとする。そのような「特別の職務権限」が認められない場合は、職権を濫用することで被害者に不利益を受忍させる結果を生じさせることはできないから、処罰範囲の限定が「職権」の概念に前倒ししてなされているのである。

警察官は「強制力を行使する権力的公務」を担う公務員であり（項目**127**参照）、甲・乙には「特別の職務権限」が優に認められる。

3．当該公務員に「特別の職務権限」が認められるとしても、個別の事案においてそれが「濫用」されたといえるかどうかは別問題である。**「濫用」とは、「職権の行使に仮託して実質的、具体的に違法、不当な行為をすること」をいう**（❷）。これには、私的行為であるのに職務遂行を仮装してなされる場合と、職務行為が要件を充たさないのになされる場合とがある。

甲・乙の盗聴行為は要件を充たさない職務行為の類型にあたるとも考えられるが、同様の事案で最高裁は職権の濫用を否定した（❶）。適法な職務行為でも国民に不利益を生じさせるから、「職権の行使に仮託し」たというためには、不法な行為を単に職務として行うのではなく、**「特別な職務権限」を利用すること、すなわちその権限がなければできない態様の行為を行うこと**が必要なのである。

なお、現在では通信傍受法 37 条 1 項に捜査官等による通信の秘密侵害罪が規定されており、警察官の違法な盗聴行為にはこれが適用される。

［**和田俊憲**］

208★ 賄賂罪(1)
――保護法益

(1)　警察官甲は、交通違反取締中に自動車運転の速度違反を現認したが、運転者が旧友の乙だったため、交通事件として必要な処理をせずに見逃した。後日、乙は「見逃してくれたお礼に」と言って現金5000円を持参し、甲はそれを受領した。賄賂罪（197以下）の保護法益に関する信頼保護説（通説・判例）からは、この事例における法益の危殆化はどのように説明されるか。
(2)　**(1)**は、純粋性説（有力説）からはどのような説明になるか。
(3)　A市市役所住民課の課員甲は、窓口で住民票の作成・交付手続を担当していた。ある日、行列に並ぶ時間のなかった市民乙が、現金1万円をこっそり差し出しながら、急ぎで住民票を交付してほしいと依頼してきたので、これを受け取った甲は、すでに住民票の請求をして交付を待っていたほかの市民らと順序を入れ替えて、乙の手続を真っ先に処理した。信頼保護説からは、この事例における法益の危殆化はどのように説明されるか。
(4)　**(3)**は、純粋性説からはどのような説明になるか。

参考　❶最大判平成7年2月22日刑集49巻2号1頁

▶▶解説

Key Word 賄賂罪の保護法益　信頼保護説　純粋性説

1．事前に授受された賄賂に基づき違法な公務が行われれば、公務員の職務の公正に対する侵害が認められる。この中核的事例から賄賂罪の範囲を拡張させたときに法益の侵害・危殆化をどのように説明するかが問題である。

(1)の特徴は職務の執行と賄賂の授受との時間的関係にある。賄賂の授受や約束等がない段階で不正な職務がなされ、その後に初めて賄賂が授受される場合は、賄賂の影響により当該職務の公正が害されるおそれはないものの、**当該公務員による将来の職務の公正や公務員一般の職務の公正に対する社会的信頼が危殆化される**とするのが、信頼保護説（判例〔❶〕・通説）の説明である。

2．信頼保護説が「公務員の職務の公正とこれに対する社会一般の信頼」が保護法益だとするのに対して、純粋性説は「公務員の職務の公正」だけが保護法益であるという。この見解からは、あくまで賄賂が授受された当該事案における職務の公正に対する危険が認められる必要がある。そうすると事後的に賄賂が約束・授受された場合の説明が難しくなるが、公正でない職務は、通常、具体的な約束がなくても事後的な賄賂を期待して行われるものであり、事後的に賄賂が授受等されると、事前にそのような期待があったことが確証され、つまり**職務の公正に対する危険があったことが事後的に証明される**、といった説明がなされている。

3．信頼保護説は、「公正」と「不正」を対置している。その理解からは、公務員が単に事務処理の順序を変える**(3)**のような、それ自体として公務員の裁量の範囲内にある職務は、公正を失するものではなく、その対価として賄賂が授受されても職務の公正は害されない。そこで、**賄賂を収受するような公務員は、将来、不正な職務の執行をしかねないという意味で、職務の公正に対する社会一般の信頼が危殆化される**、と説明することになる。

4．これに対して、純粋性説が「公正」と対置するのは「不公平」である。公務員は全体の奉仕者として市民を公平・平等に扱う責務を負っている。**不正・違法な職務を行わなくても、賄賂の影響により裁量権を濫用して市民を不公平・不平等に扱うだけで公務員の職務の公正が害されると解するのが、純粋性説である。**
(3)でも、純粋性説からは職務の公正が現に侵害されたといえる。

要するに、信頼保護説は「信頼」の追加により、また、純粋性説は「公正」の概念を広く解することにより、賄賂罪の処罰範囲の拡張を説明するのである。

〔和田俊憲〕

209 賄賂罪(2)
——賄賂と職務関連性

甲は、警視庁警部補として警視庁A警察署地域課に勤務し、犯罪の捜査等の職務に従事していた。ある日、甲は、警視庁B警察署長に対して、事件aについて告発状を提出していた乙から、同事件について、告発状の検討、助言、捜査情報の提供、捜査関係者への働きかけなどの有利かつ便宜な取り計らいを受けたいとの趣旨の下に供与されるものであることを知りながら、現金の供与を受けた。

(1) 甲が事件aについて、提出された告発状を検討したり捜査情報を提供したりすることは、甲の具体的職務権限に属する行為といえるか。

(2) **(1)**のような行為は、甲の一般的職務権限に属するか。

(3) 一般的職務権限に属する行為の対価として賄賂が授受されれば、当該公務員の具体的職務権限が認められない場合であっても賄賂罪が成立することは、どのように説明されるか。

参考 ❶最決平成17年3月11日刑集59巻2号1頁

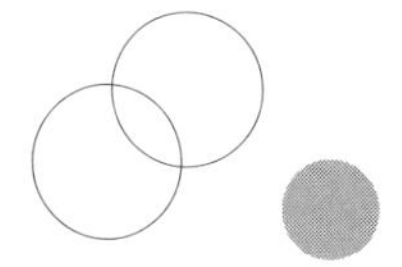

▶▶解説

Key Word 具体的職務権限 一般的職務権限

1．事件 α は警視庁 B 警察署長に対して告発状が提出された事件であり、それは B 警察署に管轄が認められるものである。これを具体的に担当するのは B 警察署の警察官のうちの誰かであって、A 警察署に勤務していた甲には、事件 α を取り扱うことについての具体的職務権限は認められない。

2．しかし、甲にも、事件 α を取り扱うことについての**一般的職務権限**は認められる。ここでポイントとなるのは、具体的な「職務行為」と抽象的な「職務」とを分けて考えることである。甲は、A 警察署の中で、日々、様々な事件についての具体的な「職務行為」を担当しているが、その前提として甲は、警視庁警察官としての「職務」に就いている。**B 警察署管轄の特定の事件について取り扱う具体的な「職務行為」は、甲にその権限が認められなくても、そのような行為は甲の警視庁警察官としての抽象的な「職務」の範囲内には含まれる**。それを指して、甲には事件 α を取り扱うことについての一般的職務権限があるという。

最高裁は、上記事例のような事案に単純収賄罪（197 Ⅰ前）の成立を認める際、次のように述べている。「警察法 64 条等の関係法令によれば、[警視] 庁警察官の犯罪捜査に関する職務権限は、同庁の管轄区域である東京都の全域に及ぶと解されることなどに照らすと、被告人が、調布警察署管内の交番に勤務しており、多摩中央警察署刑事課の担当する上記事件の捜査に関与していなかったとしても、……その職務に関し賄賂を収受したものであるというべきである」（❶）。ここでは単に「職務権限」の語が挙げられているが、これは上述の一般的職務権限を指す。

3．賄賂は、公務員の「職務」の対価として授受される不正な利益である。そこにいう**「職務」は、当該公務員の就いている職位に対応した抽象的な職務である**。賄賂と直接的な対価関係を結ぶ具体的な職務行為が目下のところ担当外のものであったとしても、それが当該公務員の一般的職務権限に属するのであれば、**賄賂と「職務」との対価関係**は肯定できるのである。

［**和田俊憲**］

210★ 賄賂罪(3)
——職務密接関連行為

甲は、文部大臣の任命により同大臣の諮問に応じて大学の設置の認可等に関する事項を調査審議する大学設置審議会の委員をし、同時に歯科大学の専門課程における教員の資格等を審査する同審議会内の歯学専門委員会の委員をしていた。甲は、ある日、歯科大学設置の認可申請をしていた関係者乙らに対し、①各教員予定者の適否を上記専門委員会における審査基準に従って予め判定して教示し、また、②同専門委員会の中間的審査結果をその正式通知前に知らせた。それらの行為の対価として、甲は乙から現金等の供与を受けた。

(1)　甲による①や②の行為は、大学設置審議会委員および歯学専門委員会委員としての甲の一般的職務権限に属するものか。それが否定されると、甲には収賄罪が成立しないことになるか。

(2)　職務密接関連行為にはどのような類型があるか。甲の行為はそのうちどれにあたるか。

(3)　職務密接関連行為と「職務に関し」という条文の文言とはどのような関係か。

参考　❶最決昭和 59 年 5 月 30 日刑集 38 巻 7 号 2682 頁
❷最決昭和 60 年 6 月 11 日刑集 39 巻 5 号 219 頁
❸大判大正 2 年 12 月 9 日刑録 19 輯 1393 頁
❹最決昭和 32 年 12 月 19 日刑集 11 巻 13 号 3300 頁
❺最判昭和 25 年 2 月 28 日刑集 4 巻 2 号 268 頁

▶▶解説

Key Word 職務密接関連行為

1． 甲の審議会委員等としての一般的職務権限は、審議会内部で調査・審議・審査する職務に限られ、本設例の①や②のような審議会の外部者への非公式な対応はそれに属しないと考えられる。それでも甲の収賄罪は直ちに否定されるわけではなく、判例・通説は、**職務と密接に関連する行為の対価**として賄賂が授受等された場合も賄賂罪の対象になるものと解している。上記事例のような事案で最高裁は、「右審議会の委員であり且つ右専門委員会の委員である者としての職務に密接な関係のある行為というべきである」として収賄罪（197 Ⅰ前）の成立を認めた（❶）。

2． 判例で職務密接関連行為が認められたものは、①公務員の本来的な職務行為から派生する行為（市議会議員の会派内での議長候補者選定行為〔❷〕等）と、②公務員の地位を利用する行為とに分けられる。後者には、行為の対象者が、ⓘ自己と同一の権限を有する同僚公務員である類型（県議会議員が他の議員を勧誘して議案に賛成させる行為〔❸〕等）、ⓘⓘ自己と権限を異にする公務員である類型（建設省総務局の技官が特別建設局の石油製品割当証明書発行をあっせんする行為〔❹〕等）、そしてⓘⓘⓘ非公務員である類型がある。さらに、このうちⓘⓘⓘには行政指導的な行為とあっせん行為（戦災復興院の建築資材需要者割当証明書の発行担当者が特定の店舗からの板硝子の買受けを仕向ける行為〔❺〕等）とがあると整理されている。

上記事例における甲の行為は、公務員の地位を利用した非公務員に対する行政指導的な行為である。

3． 職務密接関連行為の対価として賄賂が授受された場合、ⓐ職務密接関連行為は「職務」に含まれないとしつつも、「職務に関して」の賄賂の授受だといえるとする見解もあるが、ⓑ**職務密接関連行為も「職務」に含まれる**と解することで賄賂と職務の対価関係を厳格に維持する見解が多数である。もっとも、職務行為の不作為や違法行為など、それ自体としては職務行為でない行為の対価としての賄賂も賄賂罪の対象になることを考えると、ⓒ**職務に密接に関連する具体的行為と賄賂が直接的な対価関係にある場合は、それがいわば間接証拠となって、抽象的な職務と賄賂の対価関係が認定されている**とみるのが自然だともいえよう。

いずれにせよ、賄賂が何の対価であるかについて、公務員の具体的行為と抽象的職務の２つが登場するので、両者間の調整をする必要があるのである。

［**和田俊憲**］

事項索引

判例索引

昭和 30 年～ 39 年

昭和 40 年～ 49 年

昭和 50 年〜 59 年

昭和 60 年〜 63 年

平成元年～9年

平成10年～19年

平成 20 年～ 29 年

平成 30 年～令和 5 年

【編著者】

井田　良　中央大学大学院法務研究科教授
大塚裕史　神戸大学名誉教授・弁護士
城下裕二　北海道大学大学院法学研究科教授
髙橋直哉　中央大学大学院法務研究科教授

刑法演習サブノート210問〔第2版〕

2020（令和２）年４月30日　初　版１刷発行
2024（令和６）年３月30日　第２版１刷発行

編著者　井田　良・大塚裕史・城下裕二・髙橋直哉
発行者　鯉渕 友南
発行所　株式会社 弘文堂　101-0062 東京都千代田区神田駿河台１の７
TEL03（3294）4801　振替00120-6-53909
https://www.koubundou.co.jp

装　丁　笠 井 亞 子
印　刷　大 盛 印 刷
製　本　井上製本所

ISBN978-4-335-35977-4